Z 19774

Paris
1824-1826

Descartes, René

Œuvres de Descartes, précédées de l'éloge de René Descartes par Thomas

janvier   **Tome 3**

Z. 2130.
B. 3.

OEUVRES

DE DESCARTES.

TOME TROISIÈME.

DE L'IMPRIMERIE DE LACHEVARDIERE FILS,
SUCCESSEUR DE CELLOT, RUE DU COLOMBIER, N° 30.

OEUVRES

DE DESCARTES,

PUBLIÉES

PAR VICTOR COUSIN.

TOME TROISIÈME.

A PARIS,

CHEZ F. G. LEVRAULT, LIBRAIRE,

RUE DES FOSSÉS-MONSIEUR-LE-PRINCE, N° 31;
ET A STRASBOURG, RUE DES JUIFS, N° 33.

M. DCCC. XXIV.

LES PRINCIPES

DE

LA PHILOSOPHIE.

Les principes de la philosophie parurent d'abord à Amsterdam en 1644, en latin, avec la distinction des chapitres et les titres marginaux tels qu'on les reproduit ici. L'abbé Picot les traduisit et les publia en 1647, 1651, 1658. L'édition que nous avons choisie pour texte est celle de 1681, qui a été revue par M. Clerselier. Elle a été réimprimée in-12 en 1724.

A LA SÉRÉNISSIME PRINCESSE

ÉLISABETH,

PREMIÈRE FILLE DE FRÉDÉRIC, ROI DE BOHÊME,
COMTE PALATIN ET PRINCE ÉLECTEUR DE L'EMPIRE.

MADAME,

Le plus grand avantage que j'aie reçu des écrits que j'ai ci-devant publiés a été qu'à leur occasion j'ai eu l'honneur d'être connu de votre altesse, et de lui pouvoir quelquefois parler, ce qui m'a procuré le bonheur de remarquer en elle des qualités si rares et si estimables, que je crois que c'est rendre service au public de les proposer à la postérité pour exemple. J'aurois mauvaise grâce à vouloir flatter, ou bien à écrire des choses dont je n'aurois point de connoissance certaine, principalement aux premières pages de ce livre, dans lequel je tâcherai de mettre les principes de toutes les vérités que l'esprit humain peut savoir. Et la généreuse modestie que l'on voit reluire en toutes les actions de votre altesse m'assure que les discours simples et francs d'un homme qui n'écrit que ce qu'il croit lui seront plus agréables que ne seroient des louanges ornées de termes pompeux et recherchés par ceux qui ont étudié l'art des compliments. C'est pourquoi je ne mettrai rien en cette lettre dont l'expérience et la raison ne m'ait rendu certain; et j'y écrirai en philosophe ainsi que dans le reste du livre. Il y a bien de la différence entre les vraies vertus et celles qui ne sont qu'apparentes; et il y en a aussi beaucoup entre les vraies qui procèdent d'une exacte connoissance de la vérité, et celles qui sont accompagnées d'ignorance ou d'erreur. Les vertus que je nomme apparentes ne sont, à proprement parler, que des vices, qui, n'étant pas si fréquents que d'autres vices qui leur sont contraires, ont coutume d'être plus estimés que les vertus qui consistent en la médiocrité, dont ces vices opposés sont les excès. Ainsi, à cause qu'il y a bien plus de personnes qui craignent trop les dangers qu'il n'y en a qui les craignent trop peu, on prend souvent la témérité pour une vertu; et elle éclate bien plus aux occasions que ne fait le vrai courage. Ainsi les prodigues ont coutume d'être plus loués que les libéraux; et ceux qui sont véritablement gens de bien n'acquièrent point tant la réputation d'être dévots que font les superstitieux et les hypocrites. Pour ce qui est des vraies vertus, elles ne viennent pas toutes d'une vraie connoissance, mais il y en a qui naissent aussi quelquefois du défaut ou de l'erreur : ainsi la simplicité est souvent la cause de la bonté, souvent la peur donne de la dévotion, et le désespoir du courage. Or les vertus qui sont ainsi accompagnées de quelque imperfection sont différentes entre elles, et on leur a aussi donné divers noms. Mais celles qui sont si pures et si parfaites qu'elles ne viennent que de la seule connoissance du bien, sont toutes de même nature, et peuvent être comprises sous le seul nom de la sagesse. Car quiconque a une volonté ferme et constante d'user toujours de sa raison le mieux qu'il est en son pouvoir, et de faire en toutes ses actions ce qu'il juge être le meilleur, est véritablement sage autant que sa nature permet qu'il le soit; et par cela seul il est juste, courageux, modéré, et a toutes les autres vertus, mais tellement jointes ensemble qu'il n'y en a aucune qui paroisse plus que les autres : c'est pourquoi, encore qu'elles soient beaucoup plus parfaites que celles que le mélange de quelque défaut fait éclater, toutefois, à cause que le commun des hommes les remarque moins, on n'a pas coutume de leur donner tant de louanges. Outre cela, de deux choses qui sont requises à la sagesse ainsi décrite, à savoir que l'entendement connoisse tout ce qui est bien et que la volonté soit toujours disposée à le suivre, il n'y a que celle qui consiste en la volonté que tous les hommes puissent également avoir, d'autant que l'entendement de quelques uns n'est pas si bon que celui des autres. Mais encore que ceux qui n'ont pas tant d'esprit puissent être aussi parfaitement sages que leur nature le permet, et se rendre très agréables à Dieu par leur vertu, si seulement ils ont toujours une ferme résolution de faire tout le bien qu'ils sauront, et de n'omettre rien pour apprendre celui qu'ils ignorent; toutefois ceux qui avec une constante volonté de bien faire et un soin très particulier de s'instruire ont aussi un très excellent esprit, arrivent sans doute à un plus haut degré de sagesse que les autres. Et je vois que ces trois choses se trouvent très parfaitement en votre altesse. Car pour le soin qu'elle a eu de s'instruire il paroît assez, de ce que ni les divertissements de la cour, ni la façon dont les princesses ont coutume d'être nourries, qui les détournent entièrement de la connoissance des lettres, n'ont pu empêcher que vous n'ayez étudié avec beaucoup de soin tout ce qu'il y a de meilleur dans les sciences : et on connoît l'excellence de votre esprit en ce que vous les avez parfaitement apprises en fort peu de temps. Mais j'en ai encore une autre preuve qui m'est particulière, en ce que je n'ai jamais rencontré personne qui ait si généralement et si bien entendu tout ce qui est contenu dans mes écrits. Car il y en a plusieurs qui les trouvent très obscurs, même entre les

meilleurs esprits et les plus doctes ; et je remarque
presque en tous que ceux qui conçoivent aisément
les choses qui appartiennent aux mathématiques
ne sont nullement propres à entendre celles qui se
rapportent à la métaphysique, et au contraire que
ceux à qui celles-ci sont aisées ne peuvent comprendre les autres : en sorte que je puis dire avec
vérité que je n'ai jamais rencontré que le seul esprit de votre altesse auquel l'un et l'autre fût également facile ; ce qui fait que j'ai une très juste
raison de l'estimer incomparable. Mais ce qui augmente le plus mon admiration, c'est qu'une si parfaite et si diverse connoissance de toutes les sciences n'est point en quelque vieux docteur qui ait
employé beaucoup d'années à s'instruire, mais en
une princesse encore jeune, et dont le visage représente mieux celui que les poëtes attribuent aux
Grâces que celui qu'ils attribuent aux Muses ou
à la savante Minerve. Enfin, je ne remarque pas
seulement en votre altesse tout ce qui est requis
de la part de l'esprit à la plus haute et plus excellente sagesse, mais aussi tout ce qui peut être requis de la part de la volonté ou des mœurs, dans
lesquelles on voit la magnanimité et la douceur
jointes ensemble avec un tel tempérament que,
quoique la fortune, en vous attaquant par de continuelles injures, semble avoir fait tous ses efforts
pour vous faire changer d'humeur, elle n'a jamais

pu tant soit peu ni vous irriter ni vous abattre. Et cette sagesse si parfaite m'oblige à tant de vénération, que non seulement je pense lui devoir ce livre, puisqu'il traite de la philosophie qui en est l'étude, mais aussi je n'ai pas plus de zèle à philosopher, c'est-à-dire à tâcher d'acquérir de la sagesse, que j'en ai à être,

MADAME,

DE VOTRE ALTESSE

Le très humble, très obéissant
et très dévot serviteur,

DESCARTES.

LETTRE DE L'AUTEUR

A CELUI QUI A TRADUIT LE LIVRE,

LAQUELLE PEUT SERVIR ICI DE PRÉFACE.

Monsieur,

La version que vous avez pris la peine de faire de mes principes est si nette et si accomplie, qu'elle me fait espérer qu'ils seront lus par plus de personnes en français qu'en latin, et qu'ils seront mieux entendus. J'appréhende seulement que le titre n'en rebute plusieurs qui n'ont point été nourris aux lettres, ou bien qui ont mauvaise opinion de la philosophie, à cause que celle qu'on leur a enseignée ne les a pas contentés; et cela me fait croire qu'il seroit bon d'y ajouter une préface, qui leur déclarât quel est le sujet du livre, quel dessein j'ai eu en l'écrivant, et quelle utilité l'on en peut tirer. Mais, encore que ce dût être à moi à faire cette préface, à cause que je dois savoir ces choses-là mieux qu'aucun autre, je ne puis néanmoins rien obtenir de moi autre chose sinon que je mettrai ici en abrégé les principaux points qui me semblent y devoir être traités; et je laisse à votre discrétion d'en faire telle part au public que vous jugerez être à propos.

J'aurois voulu premièrement y expliquer ce que c'est que philosophie, en commençant par les choses les plus vulgaires, comme sont, que ce mot de *philosophie* signifie l'étude de la sagesse, et que par la sagesse on n'entend pas seulement la prudence dans les affaires, mais une parfaite connoissance de toutes les choses que l'homme peut savoir, tant pour la conduite de sa vie que pour la conservation de sa santé et l'invention de tous les arts; et qu'afin que cette connoissance soit telle il est nécessaire qu'elle soit déduite des premières causes; en sorte que, pour étudier à l'acquérir, ce qui se nomme proprement philosopher, il faut commencer par la recherche de ces premières causes, c'est-à-dire des principes; et que ces principes doivent avoir deux conditions, l'une, qu'ils soient si clairs et si évidents que l'esprit humain ne puisse douter de leur vérité lorsqu'il s'applique avec attention à les considérer; l'autre, que ce soit d'eux que dépende la connoissance des autres choses, en sorte qu'ils puissent être connus sans elles, mais non pas réciproquement elles sans eux; et qu'après cela il faut tâcher de déduire tellement de ces principes la connoissance des choses qui en dépendent, qu'il n'y ait rien en toute la suite des déductions qu'on en fait qui ne soit très manifeste. Il n'y a véritablement que Dieu seul qui soit parfaitement sage, c'est-à-dire qui ait l'entière connoissance de la vérité de toutes choses; mais on peut dire que les hommes ont plus ou moins de sagesse à proportion qu'ils ont plus ou moins de connoissance des vérités plus importantes. Et je crois qu'il n'y a rien en ceci dont tous les doctes ne demeurent d'accord.

J'aurois ensuite fait considérer l'utilité de cette philosophie, et montré que, puisqu'elle s'étend à tout ce que l'esprit humain peut savoir, on doit croire que c'est elle seule qui nous distingue des plus sauvages et barbares, et que chaque nation est d'autant plus civilisée et polie que les hommes y philosophent mieux; et ainsi que c'est le plus grand bien qui puisse être dans un état que d'avoir de vrais philosophes. Et outre cela que, pour chaque homme en particulier, il n'est pas seulement utile de vivre avec ceux qui s'appliquent à cette étude, mais qu'il est incomparablement meilleur de s'y appliquer soi-même : comme sans doute il vaut beaucoup mieux se servir de ses propres yeux pour se conduire, et jouir par même moyen de la beauté des couleurs et de la lumière, que non pas de les avoir fermés et suivre la conduite d'un autre; mais ce dernier est encore meilleur que de les tenir fermés, et n'avoir que soi pour se conduire. Or c'est proprement avoir les yeux fermés, sans tâcher jamais de les ouvrir, que de vivre sans philosopher; et le plaisir de voir toutes les choses que notre vue découvre n'est point comparable à la satisfaction que donne la connoissance de celles qu'on trouve par la philosophie; et, enfin, cette étude est plus nécessaire pour régler nos mœurs et nous conduire en cette vie, que n'est l'usage de nos yeux pour guider nos pas. Les bêtes brutes, qui n'ont que leurs corps à conserver, s'occupent continuellement à chercher de quoi le nourrir; mais les hommes, dont la principale partie est l'esprit, devroient employer leurs principaux soins à la recherche de la sagesse, qui en est la vraie nourriture; et je m'assure aussi qu'il y en a plusieurs qui n'y manqueroient pas, s'ils avoient espérance d'y réussir, et qu'ils sussent combien ils en sont capables. Il n'y a point d'âme tant soit peu noble qui demeure si fort attachée aux objets des sens qu'elle ne s'en détourne quelquefois pour souhaiter quelque autre plus grand bien, nonobstant qu'elle ignore souvent en quoi il consiste. Ceux que la fortune favorise le plus, qui ont abondance de santé, d'honneurs, de richesses, ne sont pas plus exempts de ce désir que les autres; au contraire, je me persuade que ce sont eux qui soupirent avec le plus d'ardeur après un autre bien, plus souverain que tous ceux qu'ils possèdent. Or ce souverain bien, considéré par la raison naturelle sans la lumière de la foi, n'est autre chose que la connoissance de la vérité par ses premières causes, c'est-à-dire la sagesse, dont la philosophie est l'étude. Et, parceque toutes ces choses sont entièrement vraies, elles ne seroient pas difficiles à persuader si elles étoient bien déduites.

Mais, d'autant qu'on est empêché de les croire à cause de l'expérience qui montre que ceux qui font profession d'être philosophes sont souvent moins sages et moins raisonnables que d'autres qui ne se sont jamais appliqués à cette étude, j'aurois ici sommairement expliqué en quoi consiste toute la science qu'on a maintenant, et quels sont les degrés de sagesse auxquels on est parvenu. Le premier ne contient que des notions qui sont si claires d'elles-mêmes qu'on les peut acquérir sans méditation; le second comprend tout ce que l'expérience des sens fait connoître; le troisième, ce que la conversation des autres hommes nous enseigne; à quoi l'on peut ajouter, pour le quatrième, la lecture non de tous les livres, mais particulièrement de ceux qui ont été écrits par des personnes capables de nous donner de bonnes instructions, car c'est une espèce de conversation que nous avons avec leurs auteurs. Et il me semble que toute la sagesse qu'on a coutume d'avoir n'est acquise que par ces quatre moyens; car je ne mets point ici en rang la révélation divine, parcequ'elle ne nous conduit pas par degrés, mais nous élève tout d'un coup à une croyance infaillible.

Or il y a eu de tout temps de grands hommes qui ont tâché de trouver un cinquième degré pour parvenir à la sagesse, incomparablement plus haut et plus assuré que les quatre autres : c'est de chercher les premières causes et les vrais principes dont on puisse déduire les raisons de tout ce qu'on est capable de savoir ; et ce sont particulièrement ceux qui ont travaillé à cela qu'on a nommés philosophes. Toutefois je ne sache point qu'il y en ait eu jusqu'à présent à qui ce dessein ait réussi. Les premiers et les principaux dont nous ayons les écrits sont Platon et Aristote, entre lesquels il n'y a eu autre différence sinon que le premier, suivant les traces de son maître Socrate, a ingénument confessé qu'il n'avoit encore rien pu trouver de certain, et s'est contenté d'écrire les choses qui lui ont semblé être vraisemblables, imaginant à cet effet quelques principes par lesquels il tâchoit de rendre raison des autres choses : au lieu qu'Aristote a eu moins de franchise; et, bien qu'il eût été vingt ans son disciple, et qu'il n'eût point d'autres principes que les siens, il a entièrement changé la façon de les débiter, et les a proposés comme vrais et assurés, quoiqu'il n'y ait aucune apparence qu'il les ait jamais estimés tels. Or ces deux hommes avoient beaucoup d'esprit et beaucoup de la sagesse qui s'acquiert par les quatre moyens précédents, ce qui leur donnoit beaucoup d'autorité ; en sorte que

PRÉFACE. 15

ceux qui vinrent après eux s'arrêtèrent plus à suivre leurs opinions qu'à chercher quelque chose de meilleur; et la principale dispute que leurs disciples eurent entre eux fut pour savoir si on devoit mettre toutes choses en doute, ou bien s'il y en avoit quelques unes qui fussent certaines: ce qui les porta de part et d'autre à des erreurs extravagantes; car quelques uns de ceux qui étoient pour le doute l'étendoient même jusques aux actions de la vie, en sorte qu'ils négligeoient d'user de prudence pour se conduire; et ceux qui maintenoient la certitude, supposant qu'elle devoit dépendre des sens, se fioient entièrement à eux, jusque là qu'on dit qu'Épicure osoit assurer, contre tous les raisonnements des astronomes, que le soleil n'est pas plus grand qu'il paroît.

C'est un défaut qu'on peut remarquer en la plupart des disputes, que la vérité étant moyenne entre les deux opinions qu'on soutient, chacun s'en éloigne d'autant plus qu'il a plus d'affection à contredire. Mais l'erreur de ceux qui penchoient trop du côté du doute ne fut pas long-temps suivie, et celle des autres a été quelque peu corrigée, en ce qu'on a reconnu que les sens nous trompent en beaucoup de choses. Toutefois je ne sache point qu'on l'ait entièrement ôtée en faisant voir que la certitude n'est pas dans le sens, mais dans l'entendement seul lorsqu'il a des perceptions évidentes; et que, pendant qu'on n'a que les connoissances qui s'acquièrent par les quatre premiers degrés de sagesse, on ne doit pas douter des choses qui semblent vraies en ce qui regarde la conduite de vie; mais qu'on ne doit pas aussi les estimer si certaines qu'on ne puisse changer d'avis lorsqu'on y est obligé par l'évidence de quelque raison.

Faute d'avoir connu cette vérité, ou bien, s'il y en a qui l'ont connue, faute de s'en être servis, la plupart de ceux de ces derniers siècles qui ont voulu être philosophes ont suivi aveuglément Aristote; en sorte qu'ils ont souvent corrompu le sens de ses écrits, en lui attribuant diverses opinions qu'il ne reconnoîtroit pas être siennes s'il revenoit en ce monde; et ceux qui ne l'ont pas suivi, du nombre desquels ont été plusieurs des meilleurs esprits, n'ont pas laissé d'avoir été imbus de ses opinions en leur jeunesse, parceque ce sont les seules qu'on enseigne dans les écoles, ce qui les a tellement préoccupés qu'ils n'ont pu parvenir à la connoissance des vrais principes. Et bien que je les estime tous, et que je ne veuille pas me rendre odieux en les reprenant, je puis donner une preuve de mon dire, que je ne crois pas qu'aucun d'eux désavoue, qui est qu'ils ont tous supposé pour principe quelque chose qu'ils n'ont point parfaitement connue. Par exemple, je n'en sache aucun qui n'ait supposé la pesanteur dans les corps terrestres; mais, encore que l'expérience nous montre bien clairement que les corps qu'on nomme pesants descendent vers le centre de la terre, nous ne connoissons point pour cela quelle est la nature de ce qu'on nomme pesanteur, c'est-à-dire de la cause ou du principe qui les fait ainsi descendre, et nous le devons apprendre d'ailleurs. On peut dire le même du vide et des atomes, comme aussi du chaud et du froid, du sec et de l'humide, et du sel, du soufre et du mercure, et de toutes les choses semblables, que quelques uns ont supposées pour leurs principes. Or toutes les conclusions que l'on déduit d'un principe qui n'est point évident ne peuvent pas être évidentes, quand bien même elles en seroient déduites évidemment; d'où il suit que tous les raisonnements qu'ils ont appuyés sur de tels principes n'ont pu leur donner la connoissance certaine d'aucune chose, ni par conséquent les faire avancer d'un pas en la recherche de la sagesse. Et s'ils ont trouvé quelque chose de vrai, ce n'a été que par quelques uns des quatre moyens ci-dessus déduits. Toutefois je ne veux rien diminuer de l'honneur que chacun d'eux peut prétendre ; je suis seulement obligé de dire, pour la consolation de ceux qui n'ont point étudié, que tout de même qu'en voyageant, pendant qu'on tourne le dos au lieu où l'on veut aller, on s'en éloigne d'autant plus qu'on marche plus long-temps et plus vite, en sorte que, bien qu'on soit mis par après dans le droit chemin, on ne peut pas y arriver sitôt que si on n'avoit point marché auparavant; ainsi, lorsqu'on a de mauvais principes, d'autant qu'on les cultive davantage et qu'on s'applique avec plus de soin à en tirer diverses conséquences, pensant que ce soit bien philosopher, d'autant s'éloigne-t-on davantage de la connoissance de la vérité et de la sagesse : d'où il faut conclure que ceux qui ont le moins appris de tout ce qui a été nommé jusques ici philosophie sont les plus capables d'apprendre la vraie.

Après avoir bien fait entendre ces choses, j'aurois voulu mettre ici les raisons qui servent à prouver que les vrais principes par lesquels on peut parvenir à ce plus haut degré de sagesse, auquel consiste le souverain bien de la vie humaine, sont ceux que j'ai mis en ce livre : et deux seules sont suffisantes à cela, dont la première est qu'ils sont très clairs; et la seconde, qu'on en peut déduire toutes les autres choses; car il n'y a que ces deux conditions qui soient requises en eux. Or je prouve aisément qu'ils sont très clairs; premièrement, par la façon dont je les ai trouvés, à savoir en rejetant toutes les choses auxquelles je pouvois rencontrer la moindre occasion de douter : car il est certain que celles qui n'ont pu en cette façon être rejetées lorsqu'on s'est appliqué à les considérer sont les plus évidentes et les plus claires que l'esprit humain puisse connoître. Ainsi, en considérant que celui qui veut douter de tout ne peut toutefois douter qu'il ne soit pendant qu'il doute, et que ce qui raisonne ainsi, en ne pouvant douter de soi-même et doutant néanmoins de tout le reste, n'est pas ce que nous disons être notre corps, mais ce que nous appelons notre âme ou notre pensée, j'ai pris l'être ou l'existence de cette pensée pour le premier principe, duquel j'ai déduit très clairement les suivants, à savoir qu'il y a un Dieu qui est auteur de tout ce qui est au monde, et qui, étant la source de toute vérité, n'a point créé notre entendement de telle nature qu'il se puisse tromper au jugement qu'il fait des choses dont il a une perception fort claire et fort distincte. Ce sont là tous les principes dont je me sers touchant les choses immatérielles ou métaphysiques, desquels je déduis très clairement ceux des choses corporelles ou physiques, à savoir qu'il y a des corps étendus en longueur, largeur et profondeur, qui ont diverses figures et se meuvent en diverses façons. Voilà en peu de mots tous les principes dont je déduis la vérité des autres choses. L'autre raison qui prouve la clarté de ces principes, est qu'ils ont été connus de tout temps et même reçus pour vrais et indubitables par tous les hommes, excepté seulement l'existence de Dieu, qui a été mise en doute par quelques uns, à cause qu'ils ont trop attribué aux perceptions des sens, et que Dieu ne peut être vu ni touché.

Mais, encore que toutes les vérités que je mets entre mes principes aient été connues de tout temps de tout le monde, il n'y a toutefois eu personne jusques à présent, que je sache, qui les ait reconnues pour les principes de la philosophie, c'est-à-dire pour telles qu'on en peut déduire la connoissance de toutes les autres choses qui sont au monde : c'est pourquoi il me reste ici à prouver qu'elles sont telles ; et il me semble ne le pouvoir mieux prouver qu'en le faisant voir par expérience, c'est-à-dire en conviant les lecteurs à lire ce livre. Car, encore que je n'aie pas traité de toutes choses, et que cela soit impossible, je pense avoir tellement expliqué toutes celles dont j'ai eu occasion de traiter, que ceux qui les liront avec attention auront sujet de se persuader qu'il n'est pas besoin de chercher d'autres principes que ceux que j'ai établis pour parvenir à toutes les plus hautes connoissances dont l'esprit humain soit capable ; principalement si, après avoir lu mes écrits, ils prennent la peine de considérer combien de diverses questions y sont expliquées, et que, parcourant aussi ceux des autres, ils voient combien peu de raisons vraisemblables on a pu donner pour expliquer les mêmes questions par des principes différents des miens.

Et, afin qu'ils entreprennent cela plus aisément, j'aurois pu leur dire que ceux qui sont imbus de mes opinions ont beaucoup moins de peine à entendre les écrits des autres et à en connoître la juste valeur que ceux qui n'en sont point imbus : tout au contraire de ce que j'ai tantôt dit de ceux qui ont commencé par l'ancienne philosophie, que d'autant plus qu'ils ont étudié, d'autant ont-ils coutume d'être moins propres à bien apprendre la vraie.

J'aurois aussi ajouté un mot d'avis touchant la façon de lire ce livre, qui est que je voudrois qu'on le parcourût d'abord tout entier ainsi qu'un roman, sans forcer beaucoup son attention ni s'arrêter aux difficultés qu'on y peut rencontrer, afin seulement de savoir en gros quelles sont les matières dont j'ai traité; et qu'après cela, si on trouve qu'elles méritent d'être examinées et qu'on ait la curiosité d'en connoître les causes, on le peut lire une seconde fois pour remarquer la suite de mes raisons; mais qu'il ne se faut pas derechef rebuter si on ne la peut assez connoître partout, ou qu'on ne les entende pas toutes; il faut seulement marquer d'un trait de plume les lieux où l'on trouvera de la difficulté et continuer de lire sans interruption jusqu'à la fin; puis, si on reprend le livre pour la troisième fois, j'ose croire qu'on y trouvera la solution de la plupart des difficultés qu'on aura marquées auparavant, et que, s'il en reste encore quelques unes, on en trouvera enfin la solution en relisant.

J'ai pris garde, en examinant le naturel de plusieurs esprits, qu'il n'y en a presque point de si grossiers ni de si tardifs qu'ils ne fussent capables d'entrer dans les bons sentiments et même d'acquérir toutes les plus hautes sciences, s'ils étoient conduits comme il faut. Et cela peut aussi être prouvé par raison : car, puisque les principes sont clairs et qu'on n'en doit rien déduire que par des raisonnements très évidents, on a toujours assez d'esprit pour entendre les choses qui en dépendent. Mais, outre l'empêchement des préjugés, dont aucun n'est entièrement exempt, bien que ce sont ceux qui ont le plus étudié les mauvaises sciences auxquels ils nuisent le plus, il arrive presque toujours que ceux qui ont l'esprit modéré négligent d'étudier, parcequ'ils n'en pensent pas être capables, et que les autres qui sont plus ardents se hâtent trop, d'où vient qu'ils reçoivent souvent des principes qui ne sont pas évidents, et qu'ils en tirent des conséquences incertaines. C'est pourquoi je voudrois assurer ceux qui se défient trop de leurs forces qu'il n'y a aucune chose en mes écrits qu'ils ne puissent entièrement entendre s'ils prennent la peine de les examiner; et néanmoins aussi avertir les autres que même les plus excellents esprits auront besoin de beaucoup de temps et d'attention pour remarquer toutes les choses que j'ai eu dessein d'y comprendre.

Ensuite de quoi, pour faire bien concevoir quel dessein j'ai eu en les publiant, je voudrois ici expliquer l'ordre qu'il me semble qu'on doit tenir pour s'instruire. Premièrement, un homme qui n'a encore que la connoissance vulgaire et imparfaite que l'on peut acquérir par les quatre moyens ci-dessus expliqués doit, avant toutes choses, tâcher de se former une morale qui puisse suffire pour régler les actions de sa vie, à cause que cela ne souffre point de délai, et que nous devons surtout tâcher de bien vivre. Après cela, il doit aussi étudier la logique, non pas celle de l'école, car elle n'est, à proprement parler, qu'une dialectique qui enseigne les moyens de faire entendre à autrui les choses qu'on sait, ou même aussi de dire sans jugement plusieurs paroles touchant celles qu'on ne sait pas, et ainsi elle corrompt le bon sens plutôt qu'elle ne l'augmente; mais celle qui apprend à bien conduire sa raison pour découvrir les vérités qu'on ignore; et, parcequ'elle dépend beaucoup de l'usage, il est bon qu'il s'exerce long-temps à en pratiquer les règles touchant des questions faciles et simples, comme sont celles des mathématiques. Puis, lorsqu'il s'est acquis quelque habitude à trouver la vérité en ces questions, il doit commencer tout de bon à s'appliquer à la vraie philosophie, dont la première partie est la métaphysique, qui contient les principes de la connoissance, entre lesquels est l'explication des principaux attributs de Dieu, de l'immatérialité de nos âmes, et de toutes les notions claires et simples qui sont en nous. La seconde est la physique, en laquelle, après avoir trouvé les vrais principes des choses matérielles, on examine en général comment tout l'univers est composé; puis en particulier quelle est la nature de cette terre et de tous les corps qui se trouvent le plus communément autour d'elle, comme de l'air, de l'eau, du feu, de l'aimant, et des autres minéraux. Ensuite de quoi il est besoin aussi d'examiner en particulier la nature des plantes, celle des animaux, et surtout celle de l'homme; afin qu'on soit capable par après de trouver les autres sciences qui lui sont utiles. Ainsi toute la philosophie est comme un arbre, dont les racines sont la métaphysique, le tronc est la physique, et les branches qui sortent de ce tronc sont toutes les autres sciences, qui se réduisent à trois principales, à savoir la médecine, la mécanique et la morale; j'entends la plus haute et la plus parfaite morale, qui, présupposant une entière connoissance des autres sciences, est le dernier degré de la sagesse.

Or, comme ce n'est pas des racines ni du tronc des arbres qu'on cueille les fruits, mais seulement des extrémités de leurs branches, ainsi la principale utilité de la philosophie dépend de celles de ses parties qu'on ne peut apprendre que les dernières. Mais, bien que je les ignore presque toutes, le zèle que j'ai toujours eu pour tâcher de rendre service au public est cause que je fis imprimer, il y a dix ou douze ans, quelques essais des choses qu'il me sembloit avoir apprises. La première partie de ces essais fut un discours touchant la Méthode pour bien conduire sa raison et chercher la vérité dans les sciences, où je mis sommairement les principales règles de la logique et d'une morale imparfaite, qu'on peut suivre par provision pendant qu'on n'en sait point encore de meilleure. Les autres parties furent trois traités, l'un de la Dioptrique, l'autre des Météores, et le dernier de la Géométrie. Par la Dioptrique, j'eus dessein de faire voir qu'on pouvoit aller assez avant en la philosophie pour arriver par son moyen jusques à la connoissance des arts qui sont utiles à la vie, à cause que l'invention des lunettes d'approche, que j'y expliquois, est l'une des plus difficiles qui aient jamais été cherchées. Par les Météores, je désirai qu'on reconnût la différence qui est entre la philosophie que je cultive et celle qu'on enseigne dans les écoles où l'on a coutume de traiter de la même matière. Enfin, par la Géométrie, je prétendois démontrer que j'avois trouvé plusieurs choses qui ont été ci-devant ignorées, et ainsi donner occasion de croire qu'on en peut découvrir encore plusieurs autres, afin d'inciter par ce moyen tous les hommes à la recherche de la vérité. Depuis ce temps-là, prévoyant la difficulté que plusieurs auroient à concevoir les fondements de la métaphysique, j'ai tâché d'en expliquer les principaux points dans un livre de Méditations qui n'est pas bien grand, mais dont le volume a été grossi et la matière beaucoup éclaircie par les objections que plusieurs personnes très doctes m'ont envoyées à leur sujet, et par les réponses que je leur ai faites. Puis enfin, lorsqu'il m'a semblé que ces traités précédents avoient assez préparé l'esprit des lecteurs à recevoir les principes de la philosophie, je les ai aussi publiés; et j'en ai divisé le livre en quatre parties, dont la première contient les principes de la connoissance, qui est ce qu'on peut nommer la première philosophie ou bien la métaphysique : c'est pourquoi, afin de la bien entendre, il est à propos de lire auparavant les Méditations que j'ai écrites sur le même sujet. Les trois autres parties contiennent tout ce qu'il y a de plus général en la physique, à savoir l'explication des premières lois ou des principes de la nature, et la façon dont les cieux, les étoiles fixes, les planètes, les comètes, et généralement tout l'univers est composé; puis en particulier la nature de cette terre, et de l'air, de l'eau, du feu, de l'aimant, qui sont les corps qu'on peut trouver le plus communément partout autour d'elle, et de toutes les qualités qu'on remarque en ces corps, comme sont la lumière, la chaleur, la pesanteur, et semblables; au moyen de quoi je pense avoir commencé à expliquer toute la philosophie par ordre, sans avoir omis aucune des choses qui doivent précéder les dernières dont j'ai écrit.

Mais, afin de conduire ce dessein jusqu'à sa fin, je devrois ci-après expliquer en même façon la nature de chacun des autres corps plus particuliers qui sont sur la terre, à savoir des minéraux, des plantes, des animaux, et principalement de l'homme; puis enfin traiter exactement de la médecine, de la morale et des mécaniques. C'est ce qu'il faudroit que je fisse pour donner aux hommes un corps de philosophie tout entier. Et je ne me sens point encore si vieil, je ne me défie point tant de mes forces, je ne me trouve pas si éloigné de la connoissance de ce qui reste, que je n'osasse entreprendre d'achever ce dessein si j'avois la commodité de faire toutes les expériences dont j'aurois besoin pour appuyer et justifier mes raisonnements. Mais, voyant qu'il faudroit pour cela de grandes dépenses auxquelles un particulier comme moi ne sauroit suffire s'il n'étoit aidé par le public, et ne voyant pas que je doive attendre cette aide, je crois devoir dorénavant me contenter d'étudier pour mon instruction particulière, et que la postérité m'excusera si je manque à travailler désormais pour elle.

Cependant, afin qu'on puisse voir en quoi je pense lui avoir déjà servi, je dirai ici quels sont les fruits que je me persuade qu'on peut tirer de mes principes. Le premier est la satisfaction qu'on aura d'y trouver plusieurs vérités qui ont été ci-devant ignorées; car, bien que souvent la vérité ne touche pas tant notre imagination que font les faussetés et les feintes à cause qu'elle paroît moins admirable et plus simple, toutefois le contentement qu'elle donne est toujours plus durable et plus solide. Le second fruit est qu'en étudiant ces principes on s'accoutumera peu à peu à mieux juger de toutes les choses qui se rencontrent, et ainsi à être plus sage : en quoi ils auront un effet tout contraire à celui de la philosophie commune; car on peut aisément remarquer en ceux qu'on appelle pédants qu'elle les rend moins capables de raison qu'ils ne seroient s'ils ne l'avoient jamais apprise. Le troisième est que les vérités qu'ils contiennent, étant très claires et très certaines, ôteront tous sujets de dispute, et ainsi disposeront les esprits à la douceur et à la concorde : tout au contraire des controverses de l'école, qui, rendant insensiblement ceux qui les apprennent plus pointilleux et plus opiniâtres, sont peut-être la première cause des hérésies et des dissensions qui travaillent maintenant le monde. Le dernier et le principal fruit de ces principes est qu'on pourra, en les cultivant, découvrir plusieurs vérités que je n'ai point expliquées; et ainsi, passant peu à peu des unes aux autres, acquérir avec le temps une parfaite connoissance de toute la philosophie et monter au plus haut degré de la sagesse. Car, comme on voit en tous les arts que, bien qu'ils soient au commencement rudes et imparfaits, toutefois, à cause qu'ils contiennent quelque chose de vrai et dont l'expérience montre l'effet, ils se perfectionnent peu à peu par l'usage: ainsi, lorsqu'on a de vrais principes en philosophie, on ne peut manquer en les suivant de rencontrer parfois d'autres vérités; et on ne sauroit mieux prouver la fausseté de ceux d'Aristote, qu'en disant qu'on n'a su faire aucun progrès par leur moyen depuis plusieurs siècles qu'on les a suivis.

Je sais bien qu'il y a des esprits qui se hâtent tant et qui usent de si peu de circonspection en ce qu'ils font, que, même ayant des fondements bien solides, ils ne sauroient rien bâtir d'assuré : et, parceque ce sont d'ordinaire ceux-là qui sont les plus prompts à faire des livres, ils pourroient en peu de temps gâter tout ce que j'ai fait, et introduire l'incertitude et le doute en ma façon de philosopher, d'où j'ai soigneusement tâché de les bannir, si on recevoit leurs écrits comme miens ou comme remplis de mes opinions. J'en ai vu depuis peu l'expérience en l'un de ceux qu'on a le plus cru me vouloir suivre [1], et même duquel j'avois écrit en quelque endroit que je m'assurois tant sur son esprit, que je ne croyois pas qu'il eût aucune opinion que je ne voulusse bien avouer pour mienne : car il publia l'année passée un livre intitulé *Fundamenta physicæ*, où, encore qu'il semble n'avoir rien mis touchant la physique et la médecine qu'il n'ait tiré de mes écrits, tant de ceux que j'ai publiés que d'un autre encore imparfait touchant la nature des animaux, qui lui est tombé entre les mains; toutefois, à cause qu'il a mal transcrit et changé l'ordre, et nié quelques vérités de métaphysique sur qui toute la physique doit être appuyée, je suis obligé de le désavouer entièrement, et de prier ici les lecteurs qu'ils ne m'attribuent jamais aucune opinion s'ils ne la trouvent expressément en mes écrits, et qu'ils n'en reçoivent aucune pour vraie, ni dans mes écrits ni ailleurs, s'ils ne la voient très clairement être déduite des vrais principes.

Je sais bien aussi qu'il pourra se passer plusieurs siècles avant qu'on ait ainsi déduit de ces principes toutes les vérités qu'on en peut déduire, tant parceque la plupart de celles qui restent à

---

[1] M. Henri Leroy. Voyez les Lettres.

trouver dépendent de quelques expériences particulières qui ne se rencontreront jamais par hasard, mais qui doivent être cherchées avec soin et dépense par des hommes fort intelligents, que parcequ'il arrivera difficilement que les mêmes qui auront l'adresse de s'en bien servir aient le pouvoir de les faire, et parce aussi que la plupart des meilleurs esprits ont conçu une si mauvaise opinion de toute la philosophie, à cause des défauts qu'ils ont remarqués en celle qui a été jusques à présent en usage, qu'ils ne pourront jamais se résoudre à s'appliquer à en chercher une meilleure.

Mais enfin, si la différence qu'ils verront entre ces principes et tous ceux des autres, et la grande suite des vérités qu'on en peut déduire, leur fait connoître combien il est important de continuer en la recherche de ces vérités, et jusques à quel degré de sagesse, à quelle perfection de vie et à quelle félicité elles peuvent conduire, j'ose croire qu'il n'y en aura pas un qui ne tâche de s'employer à une étude si profitable, ou du moins qui ne favorise et ne veuille aider de tout son pouvoir ceux qui s'y emploieront avec fruit. Je souhaite que nos neveux en voient le succès, etc.

TABLE

DES PRINCIPES DE LA PHILOSOPHIE.

PREMIÈRE PARTIE.

DES PRINCIPES DE LA CONNOISSANCE HUMAINE.

1. Que, pour examiner la vérité, il est besoin une fois en sa vie de mettre toutes choses en doute autant qu'il se peut.

2. Qu'il est utile aussi de considérer comme fausses toutes les choses dont on peut douter.

3. Que nous ne devons point user de ce doute pour la conduite de nos actions.

4. Pourquoi on peut douter de la vérité des choses sensibles.

5. Pourquoi on peut aussi douter des démonstrations de mathématique.

6. Que nous avons un libre arbitre qui fait que nous pouvons nous abstenir de croire les choses douteuses, et ainsi nous empêcher d'être trompés.

7. Que nous ne saurions douter sans être, et que cela est la première connoissance certaine qu'on peut acquérir.

8. Qu'on connoît aussi ensuite la distinction qui est entre l'âme et le corps.

9. Ce que c'est que la pensée.

10. Qu'il y a des notions d'elles-mêmes si claires qu'on les obscurcit en les voulant définir à la façon de l'école, et qu'elles ne s'acquièrent point par étude, mais naissent avec nous.

11. Comment nous pouvons plus clairement connoître notre âme que notre corps.

12. D'où vient que tout le monde ne la connoît pas en cette façon.

13. En quel sens on peut dire que si on ignore Dieu on ne peut avoir connoissance certaine d'aucune autre chose.

14. Qu'on peut démontrer qu'il y a un Dieu de cela seul que la nécessité d'être ou d'exister est comprise en la notion que nous avons de lui.

15. Que la nécessité d'être n'est pas comprise en la notion que nous avons des autres choses, mais seulement le pouvoir d'être.

16. Que les préjugés empêchent que plusieurs ne connoissent clairement cette nécessité d'être qui est en Dieu.

17. Que d'autant que nous concevons plus de perfection en une chose, d'autant devons-nous croire que sa cause doit aussi être plus parfaite.

18. Qu'on peut derechef démontrer par cela qu'il y a un Dieu.

19. Qu'encore que nous ne comprenions pas tout ce qui est en Dieu, il n'y a rien toutefois que nous connoissions si clairement comme ses perfections.

20. Que nous ne sommes pas la cause de nous-même, mais que c'est Dieu, et que par conséquent il y a un Dieu.

21. Que la seule durée de notre vie suffit pour démontrer que Dieu est.

22. Qu'en connoissant qu'il y a un Dieu en la façon ici expliquée on connoît aussi tous ses attributs, autant qu'ils peuvent être connus par la seule lumière naturelle.

23. Que Dieu n'est point corporel, et ne connoît point par l'aide des sens comme nous, et n'est point auteur du péché.

24. Qu'après avoir connu que Dieu est, pour passer à la connoissance des créatures, il se faut souvenir que notre entendement est fini et la puissance de Dieu infinie.

25. Et qu'il faut croire tout ce que Dieu a révélé, encore qu'il soit au-dessus de la portée de notre esprit.

26. Qu'il ne faut point tâcher de comprendre l'infini, mais seulement penser que tout ce en quoi nous ne trouvons aucunes bornes est indéfini.

27. Quelle différence il y a entre indéfini et infini.

28. Qu'il ne faut point examiner pour quelle fin Dieu a fait chaque chose, mais seulement par quel moyen il a voulu qu'elle fût produite.

29. Que Dieu n'est point la cause de nos erreurs.

30. Et que par conséquent tout cela est vrai que nous connoissons clairement être vrai, ce qui nous délivre des doutes ci-dessus proposés.

31. Que nos erreurs au regard de Dieu ne sont que des négations, mais au regard de nous sont des privations ou des défauts.

32. Qu'il n'y a en nous que deux sortes de pensées, à savoir la perception de l'entendement et l'action de la volonté.

33. Que nous ne nous trompons que lorsque nous jugeons de quelque chose qui ne nous est pas assez connue.

34. Que la volonté aussi bien que l'entendement est requise pour juger.

35. Qu'elle a plus d'étendue que lui, et que de là viennent nos erreurs.

36. Lesquelles ne peuvent être imputées à Dieu.

37. Que la principale perfection de l'homme est d'avoir un libre arbitre, et que c'est ce qui le rend digne de louange ou de blâme.

38. Que nos erreurs sont des défauts de notre façon d'agir, mais non point de notre nature; et que les fautes des sujets peuvent souvent être attribuées aux autres maîtres, mais non point à Dieu.

3.

39. Que la liberté de notre volonté se connoît sans preuve, par la seule expérience que nous en avons.

40. Que nous savons aussi très certainement que Dieu a préordonné toutes choses.

41. Comment on peut accorder notre libre arbitre avec la préordination divine.

42. Comment encore que nous ne voulions jamais faillir, c'est néanmoins par notre volonté que nous faillons.

43. Que nous ne saurions faillir en ne jugeant que des choses que nous apercevons clairement et distinctement.

44. Que nous ne saurions que mal juger de ce que nous n'apercevons pas clairement, bien que notre jugement puisse être vrai, et que c'est souvent notre mémoire qui nous trompe.

45. Ce que c'est qu'une perception claire et distincte.

46. Qu'elle peut être claire sans être distincte, mais non au contraire.

47. Que, pour ôter les préjugés de notre enfance, il faut considérer ce qu'il y a de clair en chacune de nos premières notions.

48. Que tout ce dont nous avons quelque notion est considéré comme une chose ou comme une vérité : et le dénombrement des choses.

49. Que les vérités ne peuvent ainsi être dénombrées, et qu'il n'en est pas besoin.

50. Que toutes ces vérités peuvent être clairement aperçues, mais non pas de tous, à cause des préjugés.

51. Ce que c'est que la substance ; et que c'est un nom qu'on ne peut attribuer à Dieu et aux créatures en même sens.

52. Qu'il peut être attribué à l'âme et au corps en même sens, et comment on connoît la substance.

53. Que chaque substance a un attribut principal, et que celui de l'âme est la pensée, comme l'extension est celui du corps.

54. Comment nous pouvons avoir des pensées distinctes de la substance qui pense, de celle qui est corporelle et de Dieu.

55. Comme nous en pouvons aussi avoir de la durée, de l'ordre et du nombre.

56. Ce que c'est que qualité et attribut, et façon ou mode.

57. Qu'il y a des attributs qui appartiennent aux choses auxquelles ils sont attribués, et d'autres qui dépendent de notre pensée.

58. Que les nombres et les universaux dépendent de notre pensée.

59. Quels sont les universaux.

60. Des distinctions, et premièrement de celle qui est réelle.

61. De la distinction modale.

62. De la distinction qui se fait par la pensée.

63. Comment on peut avoir des notions distinctes de l'extension et de la pensée, en tant que l'une constitue la nature du corps, et l'autre celle de l'âme.

64. Comment on peut aussi les concevoir distinctement en les prenant pour des modes ou attributs de ces substances.

65. Comment on conçoit aussi leurs diverses propriétés ou attributs.

66. Que nous avons aussi des notions distinctes de nos sentiments, de nos affections et de nos appétits, bien que souvent nous nous trompions aux jugements que nous en faisons.

67. Que souvent même nous nous trompons en jugeant que nous sentons de la douleur en quelque partie de notre corps.

68. Comment on doit distinguer en telles choses ce en quoi on peut se tromper d'avec ce qu'on conçoit clairement.

69. Qu'on connoît tout autrement les grandeurs, les figures, etc., que les couleurs et les douleurs, etc.

70. Que nous pouvons juger en deux façons des choses sensibles, par l'une desquelles nous tombons en erreur, et par l'autre nous l'évitons.

71. Que la première et principale cause de nos erreurs sont les préjugés de notre enfance.

72. Que la seconde est que nous ne pouvons oublier ces préjugés.

73. La troisième, que notre esprit se fatigue quand il se rend attentif à toutes les choses dont nous jugeons.

74. La quatrième, que nous attachons nos pensées à des paroles qui ne les expriment pas exactement.

75. Abrégé de tout ce qu'on doit observer pour bien philosopher.

76. Que nous devons préférer l'autorité divine à nos raisonnements, et ne rien croire de ce qui n'est pas révélé que nous ne le connoissions fort clairement.

SECONDE PARTIE.

DES PRINCIPES DES CHOSES MATÉRIELLES.

1. Quelles raisons me font savoir certainement qu'il y a des corps.

2. Comment nous savons aussi que notre âme est jointe à un corps.

3. Que nos sens ne nous enseignent pas la nature des choses, mais seulement ce en quoi elles nous sont utiles ou nuisibles.

4. Que ce n'est pas la pesanteur, ni la dureté, ni la couleur, etc., qui constitue la nature du corps, mais l'extension seule.

5. Que cette vérité est obscurcie par les opinions dont on est préoccupé touchant la raréfaction et le vide.

6. Comment se fait la raréfaction.

7. Qu'elle ne peut être intelligiblement expliquée qu'en la façon ici proposée.

8. Que la grandeur ne diffère de ce qui est grand, ni le nombre des choses nombrées, que par notre pensée.

9. Que la substance corporelle ne peut être clairement conçue sans son extension.

10. Ce que c'est que l'espace ou le lieu intérieur.

11. En quel sens on peut dire qu'il n'est point différent du corps qu'il contient.

12. Et en quel sens il en est différent.

13. Ce que c'est que le lieu extérieur.

14. Quelle différence il y a entre le lieu et l'espace.

15. Comment la superficie qui environne un corps peut être prise pour son lieu extérieur.

16. Qu'il ne peut y avoir aucun vide, au sens que les philosophes prennent ce mot.

17. Que le mot de vide, pris selon l'usage ordinaire, n'exclut point toute sorte de corps.

18. Comment on peut corriger la fausse opinion dont on est préoccupé touchant le vide.

19. Que cela confirme ce qui a été dit de la raréfaction.

20. Qu'il ne peut y avoir aucuns atomes ou petits corps indivisibles.

21. Que l'étendue du monde est indéfinie.

22. Que la terre et les cieux ne sont faits que d'une même matière, et qu'il ne peut y avoir plusieurs mondes.

23. Que toutes les variétés qui sont en la matière dépendent du mouvement de ses parties.

24. Ce que c'est que le mouvement pris selon l'usage commun.

25. Ce que c'est que le mouvement proprement dit.

26. Qu'il n'est pas requis plus d'action pour le mouvement que pour le repos.

27. Que le mouvement et le repos ne sont rien que deux diverses façons dans le corps où ils se trouvent.

28. Que le mouvement en sa propre signification ne se rapporte qu'aux corps qui touchent celui qu'on dit se mouvoir.

29. Et même qu'il ne se rapporte qu'à ceux de ces corps que nous considérons comme en repos.

30. D'où vient que le mouvement qui sépare deux corps qui se touchent est plutôt attribué à l'un qu'à l'autre.

31. Comment il peut y avoir plusieurs divers mouvements en un même corps.

32. Comment le mouvement unique proprement dit, qui est unique en chaque corps, peut aussi être pris pour plusieurs.

33. Comment en chaque mouvement il doit y avoir tout un cercle ou anneau de corps qui se meuvent ensemble.

34. Qu'il suit de là que la matière se divise en des parties indéfinies et innombrables.

35. Que nous ne devons point douter que cette division ne se fasse, encore que nous ne la puissions comprendre.

36. Que Dieu est la première cause du mouvement, et qu'il en conserve toujours une égale quantité en l'univers.

37. La première loi de la nature, que chaque chose demeure en l'état qu'elle est pendant que rien ne le change.

38. Pourquoi les corps poussés de la main continuent de se mouvoir après qu'elle les a quittés.

39. La seconde loi de la nature, que tout corps qui se meut tend à continuer son mouvement en ligne droite.

40. La troisième, que, si un corps qui se meut en rencontre un autre plus fort que soi, il ne perd rien de son mouvement; et s'il en rencontre un plus foible qu'il puisse mouvoir, il en perd autant qu'il lui en donne.

41. La preuve de la première partie de cette règle.

42. La preuve de la seconde partie.

43. En quoi consiste la force de chaque corps pour agir ou pour résister.

44. Que le mouvement n'est pas contraire à un autre mou-

vement, mais au repos; et la détermination d'un mouvement vers un côté à sa détermination vers un autre.

45. Comment on peut déterminer combien les corps qui se rencontrent changent les mouvements les uns des autres par les règles qui suivent.

46. La première.

47. La seconde.

48. La troisième.

49. La quatrième.

50. La cinquième.

51. La sixième.

52. La septième.

53. Que l'explication de ces règles est difficile, à cause que chaque corps est touché par plusieurs autres en même temps.

54. En quoi consiste la nature des corps durs et des liquides.

55. Qu'il n'y a rien qui joigne les parties des corps durs, sinon qu'elles sont en repos au regard l'une de l'autre.

56. Que les parties des corps fluides ont des mouvements qui tendent également de tous côtés, et que la moindre force suffit pour mouvoir les corps durs qu'elles environnent.

57. La preuve de l'article précédent.

58. Qu'un corps ne doit pas être estimé entièrement fluide au regard d'un corps dur qu'il environne, quand quelques unes de ses parties se meuvent moins vite que ne fait ce corps dur.

59. Qu'un corps du restant poussé par un autre ne reçoit pas de lui seul tout le mouvement qu'il acquiert, mais en emprunte aussi une partie du corps fluide qui l'environne.

60. Qu'il ne peut toutefois avoir plus de vitesse que ce corps dur ne lui en donne.

61. Qu'un corps fluide qui se meut tout entier vers quel-

que côté emporte nécessairement avec soi tous les corps durs qu'il contient ou environne.

62. Qu'on ne peut pas dire proprement qu'un corps dur se meut lorsqu'il est ainsi emporté par un corps fluide.

63. D'où vient qu'il y a des corps si durs qu'ils ne peuvent être divisés par nos mains, bien qu'ils soient plus petits qu'elles.

64. Que je ne reçois point de principes en physique qui ne soient aussi reçus en mathématique, afin de pouvoir prouver par démonstration tout ce que j'en déduirai, et que ces principes suffisent, d'autant que tous les phénomènes de la nature peuvent être expliqués par leur moyen.

TROISIÈME PARTIE.

DU MONDE VISIBLE.

1. Qu'on ne sauroit penser trop hautement des œuvres de Dieu.

2. Qu'on présumeroit trop de soi-même si on entreprenoit de connoître la fin que Dieu s'est proposée en créant le monde.

3. En quel sens on peut dire que Dieu a créé toutes choses pour l'homme.

4. Des phénomènes ou expériences, et à quoi elles peuvent ici servir.

5. Quelle proportion il y a entre le soleil, la terre et la lune, à raison de leurs distances et de leurs grandeurs.

6. Quelle distance il y a entre les autres planètes et le soleil.

7. Qu'on peut supposer les étoiles fixes autant éloignées qu'on veut.

8. Que la terre étant vue du ciel ne paroîtroit que comme une planète moindre que Jupiter ou Saturne.

9. Que la lumière du soleil et des étoiles fixes leur est propre.

10. Que celle de la lune et des autres planètes est empruntée du soleil.

11. Qu'en ce qui est de la lumière, la terre est semblable aux planètes.

12. Que la lune, lorsqu'elle est nouvelle, est illuminée par la terre.

13. Que le soleil peut être mis au nombre des étoiles fixes, et la terre au nombre des planètes.

14. Que les étoiles fixes demeurent toujours en même situation au regard l'une de l'autre, et qu'il n'en est pas de même des planètes.

15. Qu'on peut user de diverses hypothèses pour expliquer les phénomènes des planètes.

16. Qu'on les peut expliquer tous par celle de Ptolomée.

17. Que celle de Copernic et de Tycho ne diffèrent point, si on ne les considère que comme hypothèses.

18. Que par celle de Tycho on attribue en effet plus de mouvement à la terre que par celle de Copernic, bien qu'on lui en attribue moins en paroles.

19. Que je nie le mouvement de la terre avec plus de soin que Copernic, et plus de vérité que Tycho.

20. Qu'il faut supposer les étoiles fixes extrêmement éloignées de Saturne.

21. Que la matière du soleil ainsi que celle de la flamme est fort mobile, mais qu'il n'est pas besoin pour cela qu'il passe tout entier d'un lieu en un autre.

22. Que le soleil n'a pas besoin d'aliment comme la flamme.

23. Que toutes les étoiles ne sont point en une superficie sphérique, et qu'elles sont fort éloignées l'une de l'autre.

24. Que les cieux sont liquides.

25. Qu'ils transportent avec eux tous les corps qu'ils contiennent.

26. Que la terre se repose en son ciel, mais qu'elle ne laisse pas d'être transportée par lui.

27. Qu'il en est de même de toutes les planètes.

28. Qu'on ne peut pas proprement dire que la terre ou les planètes se meuvent, bien qu'elles soient ainsi transportées.

29. Que même, en parlant improprement et suivant l'usage, on ne doit point attribuer de mouvement à la terre, mais seulement aux autres planètes.

30. Que toutes les planètes sont emportées autour du soleil par le ciel qui les contient.

31. Comment elles sont ainsi emportées.

32. Comment le sont aussi les taches qui se voient sur la superficie du soleil.

33. Que la terre est aussi portée en rond autour de son centre, et la lune autour de la terre.

34. Que les mouvements des cieux ne sont pas parfaitement circulaires.

35. Que toutes les planètes ne sont pas toujours en un même plan.

36. Et que chacune n'est pas toujours également éloignée d'un même centre.

37. Que tous les phénomènes peuvent être expliqués par l'hypothèse ici proposée.

38. Que, suivant l'hypothèse de Tycho, on doit dire que la terre se meut autour de son centre.

39. Et aussi qu'elle se meut autour du soleil.

40. Encore que la terre change de situation au regard des autres planètes, cela n'est pas sensible au regard des étoiles fixes, à cause de leur extrême distance.

41. Que cette distance des étoiles fixes est nécessaire pour expliquer les mouvements des comètes.

42. Qu'on peut mettre au nombre des phénomènes toutes

les choses qu'on voit sur la terre, mais qu'il n'est pas ici besoin de les considérer toutes.

43. Qu'il n'est pas vraisemblable que les causes desquelles on peut déduire tous les phénomènes soient fausses.

44. Que je ne veux point toutefois assurer que celles que je propose sont vraies.

45. Que même j'en supposerai ici quelques unes que je crois fausses.

46. Quelles sont ces suppositions.

47. Que leur fausseté n'empêche point que ce qui en sera déduit ne soit vrai.

48. Comment toutes les parties du ciel sont devenues rondes.

49. Qu'entre ces parties rondes il y en doit avoir d'autres plus petites pour remplir tout l'espace où elles sont.

50. Que ces plus petites parties sont aisées à diviser.

51. Et qu'elles se meuvent très vite.

52. Qu'il y a trois principaux éléments du monde visible.

53. Qu'on peut distinguer l'univers en trois divers cieux.

54. Comment le soleil et les étoiles ont pu se former.

55. Ce que c'est que la lumière.

56. Comment on peut dire d'une chose inanimée qu'elle tend à produire quelque effort.

57. Comment un corps peut tendre à se mouvoir en plusieurs diverses façons en même temps.

58. Comment il tend à s'éloigner du centre autour duquel il se meut.

59. Combien cette tension a de force.

60. Que toute la matière des cieux tend ainsi à s'éloigner de certains centres.

61. Que cela est cause que les corps du soleil et des étoiles fixes sont ronds.

62. Que la matière céleste qui les environne tend à s'éloigner de tous les points de leur superficie.

63. Que les parties de cette matière ne s'empêchent point en cela l'une l'autre.

64. Que cela suffit pour expliquer toutes les propriétés de la lumière, et pour faire paroître les astres lumineux sans qu'ils contribuent aucune chose.

65. Que les cieux sont divisés en plusieurs tourbillons, et que les poles de quelques uns de ces tourbillons touchent les parties les plus éloignées des poles des autres.

66. Que les mouvements de ces tourbillons se doivent un peu détourner pour n'être pas contraires l'un à l'autre.

67. Que deux tourbillons ne se peuvent toucher par leurs poles.

68. Qu'ils ne peuvent être tous de même grandeur.

69. Que la matière du premier élément entre par les poles de chaque tourbillon vers son centre, et sort de là par les endroits les plus éloignés des poles.

70. Qu'il n'en est pas de même du second élément.

71. Quelle est la cause de cette diversité.

72. Comment se meut la matière qui compose le corps du soleil.

73. Qu'il y a beaucoup d'inégalités en ce qui regarde la situation du soleil au milieu du tourbillon qui l'environne.

74. Qu'il y en a aussi beaucoup en ce qui regarde le mouvement de sa matière.

75. Que cela n'empêche pas que la figure ne soit ronde.

76. Comment se meut la matière du premier élément qui est entre les parties du second dans le ciel.

77. Que le soleil n'envoie pas seulement sa lumière vers l'écliptique, mais aussi vers les poles.

78. Comment il l'envoie vers l'écliptique.

79. Combien il est aisé quelquefois aux corps qui se meuvent d'étendre extrêmement loin leur action.

80. Comment le soleil envoie sa lumière vers les poles.

81. Qu'il n'a peut-être pas du tout tant de force vers les poles que vers l'écliptique.

82. Quelle diversité il y a en la grandeur et aux mouvements des parties du second élément qui composent les cieux.

83. Pourquoi les plus éloignées du soleil dans le premier ciel se meuvent plus vite que celles qui en sont un peu plus loin.

84. Pourquoi aussi celles qui sont les plus proches du soleil se meuvent plus vite que celles qui en sont un peu plus loin.

85. Pourquoi ces plus proches du soleil sont plus petites que celles qui en sont plus éloignées.

86. Que ces parties du second élément ont divers mouvements qui les rendent rondes en tous sens.

87. Qu'il y a divers degrés d'agitation dans les petites parties du premier élément.

88. Que celles de ces parties qui ont le moins de vitesse en perdent aisément une partie, et s'attachent les unes aux autres.

89. Que c'est principalement en la matière qui coule des poles vers le centre de chaque tourbillon qu'il se trouve de telles parties.

90. Quelle est la figure de ces parties que nous nommerons cannelées.

91. Qu'entre ces parties cannelées, celles qui viennent d'un pole sont tout autrement tournées que celles qui viennent de l'autre.

92. Qu'il n'y a que trois canaux en la superficie de chacune.

93. Qu'entre les parties cannelées et les plus petites du premier élément il y en a d'une infinité de diverses grandeurs.

94. Comment elles produisent des taches sur le soleil ou sur les étoiles.

95. Quelle est la cause des principales propriétés de ces taches.

96. Comment elles sont détruites, et comment il s'en produit de nouvelles.

97. D'où vient que leurs extrémités paroissent quelquefois peintes des mêmes couleurs que l'arc-en-ciel.

98. Comment ces taches se changent en flammes, ou au contraire les flammes en taches.

99. Quelles sont les parties en quoi elles se divisent.

100. Comment il se forme une espèce d'air autour des astres.

101. Que les causes qui produisent ou dissipent ces taches sont fort incertaines.

102. Comment quelquefois une seule tache couvre toute la superficie d'un astre.

103. Pourquoi le soleil a paru quelquefois plus obscur que de coutume, et pourquoi les étoiles ne paroissent pas toujours de même grandeur.

104. Pourquoi il y en a qui disparoissent ou qui paroissent de nouveau.

105. Qu'il y a des pores dans les taches par où les parties cannelées ont libre passage.

106. Pourquoi elles ne peuvent retourner par les mêmes pores par où elles entrent.

107. Pourquoi celles qui viennent d'un pole doivent avoir d'autres pores que celles qui viennent de l'autre.

108. Comment la matière du premier élément prend son cours par ces pores.

109. Qu'il y a encore d'autres pores en ces taches qui croisent les précédents.

110. Que ces taches empêchent la lumière des astres qu'elles couvrent.

111. Comment il peut arriver qu'une nouvelle étoile paroisse tout-à-coup dans le ciel.

112. Comment une étoile peut disparoître peu à peu.

113. Que les parties cannelées se font plusieurs passages en toutes les taches.

114. Qu'une même étoile peut paroître et disparoître plusieurs fois.

115. Que quelquefois tout un tourbillon peut être détruit.

116. Comment cela peut arriver avant que les taches qui couvrent son astre soient fort épaisses.

117. Comment ces taches peuvent aussi quelquefois devenir fort épaisses avant que le tourbillon qui les contient soit détruit.

118. En quelle façon elles sont produites.

119. Comment une étoile fixe peut devenir comète ou planète.

120. Comment se meut cette étoile lorsqu'elle commence à n'être plus fixe.

121. Ce que j'entends par la solidité des corps et par leur agitation.

122. Que la solidité d'un corps ne dépend pas seulement de la matière dont il est composé, mais aussi de la quantité de cette matière et de sa figure.

123. Comment les petites boules du second élément peuvent avoir plus de solidité que tout le corps d'un astre.

124. Comment elles peuvent aussi en avoir moins.

125. Comment quelques unes en peuvent avoir plus et quelques autres en avoir moins.

126. Comment une comète peut commencer à se mouvoir.

127. Comment les comètes continuent leur mouvement.

128. Quels sont leurs principaux phénomènes.

129. Quelles sont les causes de ces phénomènes.

130. Comment la lumière des étoiles fixes peut parvenir jusques à la terre.

131. Que les étoiles ne sont peut-être pas aux mêmes lieux où elles paroissent; et ce que c'est que le firmament.

5.

132. Pourquoi nous ne voyons point les comètes quand elles sont hors de notre ciel.

133. De la queue des comètes et des diverses choses qu'on y a observées.

134. En quoi consiste la réfraction qui fait paroître la queue des comètes.

135. Explication de cette réfraction.

136. Explication des causes qui font paroître les queues des comètes.

137. Explication de l'apparition des chevrons de feu.

138. Pourquoi la queue des comètes n'est pas toujours exactement droite ni directement opposée au soleil.

139. Pourquoi les étoiles fixes et les planètes ne paroissent point avec de telles queues.

140. Comment les planètes ont pu commencer à se mouvoir.

141. Quelles sont les diverses causes qui détournent le mouvement des planètes. La première.

142. La seconde.

143. La troisième.

144. La quatrième.

145. La cinquième.

146. Comment toutes les planètes peuvent avoir été formées.

147. Pourquoi toutes les planètes ne sont pas également distantes du soleil.

148. Pourquoi les plus proches du soleil se meuvent plus vite que les plus éloignées, et toutefois ses taches qui en sont fort proches se meuvent moins vite qu'aucune planète.

149. Pourquoi la lune tourne autour de la terre.

150. Pourquoi la terre tourne autour de son centre.

151. Pourquoi la lune se meut plus vite que la terre.

152. Pourquoi c'est toujours un même côté de la lune qui est tourné vers la terre.

153. Pourquoi la lune va plus vite et s'écarte moins de sa

route, étant pleine ou nouvelle, que pendant son croissant ou son décours.

154. Pourquoi les planètes qui sont autour de Jupiter y tournent fort vite, et qu'il n'en est pas de même de celles qu'on dit être autour de Saturne.

155. Pourquoi les poles de l'équateur sont fort éloignés de ceux de l'écliptique.

156. Pourquoi ils s'en approchent peu à peu.

157. La cause générale de toutes les variétés qu'on remarque aux mouvements des astres.

QUATRIÈME PARTIE.

DE LA TERRE.

1. Que pour trouver les vraies causes de ce qui est sur la terre il faut retenir l'hypothèse déjà prise, nonobstant qu'elle soit fausse.

2. Quelle a été la génération de la terre suivant cette hypothèse.

3. Sa division en trois diverses régions, et la description de la première.

4. Description de la seconde.

5. Description de la troisième.

6. Que les parties du troisième élément qui sont en cette troisième région doivent être assez grandes.

7. Qu'elles peuvent être changées par l'action des deux autres éléments.

8. Qu'elles sont plus grandes que celles du second, mais non pas si solides ni tant agitées.

9. Comment elles se sont au commencement assemblées.

10. Qu'il est demeuré plusieurs intervalles autour d'elles, que les deux autres éléments ont remplis.

4.

11. Que les parties du second élément étoient alors plus petites, proches de la terre, qu'un peu plus haut.

12. Que les espaces par où elles passoient entre les parties de la troisième région étoient plus étroites.

13. Que les plus grosses parties de cette troisième région n'étoient pas toujours les plus basses.

14. Qu'il s'est par après formé en elle divers corps.

15. Quelles sont les principales actions par lesquelles ces corps ont été produits. Et l'explication de la première.

16. Le premier effet de cette première action, qui est de rendre les corps transparents.

17. Comment les corps durs et solides peuvent être transparents.

18. Le second effet de la première action, qui est de purifier les liqueurs et les diviser en divers corps.

19. Le troisième effet, qui est d'arrondir les gouttes de ces liqueurs.

20. L'explication de la seconde action, en laquelle consiste la pesanteur.

21. Que chaque partie de la terre, étant considérée toute seule, est plutôt légère que pesante.

22. En quoi consiste la légèreté de la matière du ciel.

23. Que c'est la légèreté de cette matière du ciel qui rend les corps terrestres pesants.

24. De combien les corps sont plus pesants les uns que les autres.

25. Que leur pesanteur n'a pas toujours même rapport avec leur matière.

26. Pourquoi les corps pesants n'agissent point lorsqu'ils ne sont qu'entre leurs semblables.

27. Pourquoi c'est vers le centre de la terre qu'ils tendent.

28. Et la troisième action, qui est la lumière, comment elle agit sur les parties de l'air.

29. Explication de la quatrième action, qui est la chaleur; et pourquoi elle demeure près la lumière qui l'a produite.

30. Comment elle pénètre dans les corps qui ne sont point transparents.

31. Pourquoi elle a coutume de dilater les corps où elle est, et pourquoi elle en condense aussi quelques uns.

32. Comment la troisième région de la terre a commencé à se diviser en deux divers corps.

33. Qu'il y a trois divers genres de parties terrestres.

34. Comment il s'est formé un troisième corps entre les deux précédents.

35. Que ce corps ne s'est composé que d'un seul genre de parties.

36. Que toutes les parties de ce genre se sont réduites à deux espèces.

37. Comment le corps marqué C s'est divisé en plusieurs autres.

38. Comment il s'est formé un quatrième corps au-dessus du troisième.

39. Comment ce quatrième corps s'est accru, et le troisième s'est purifié.

40. Comment l'épaisseur de ce troisième corps s'est diminuée, en sorte qu'il est demeuré de l'espace entre lui et le quatrième corps, lequel espace s'est rempli de la matière au premier.

41. Comment il s'est fait plusieurs fentes dans le quatrième corps.

42. Comment ce quatrième corps s'est rompu en plusieurs pièces.

43. Comment une partie du troisième est montée au-dessus du quatrième.

44. Comment ont été produites les montagnes, les plaines, les mers, etc.

45. Quelle est la nature de l'air.

46. Pourquoi il peut être facilement dilaté et condensé.

47. D'où vient qu'il a beaucoup de force à se dilater étant pressé en certaines machines.

48. De la nature de l'eau, et pourquoi elle se change aisément en air et en glace.

49. Du flux et reflux de la mer.

50. Pourquoi l'eau de la mer emploie douze heures et environ vingt-quatre minutes à monter et descendre en chaque marée.

51. Pourquoi les marées sont plus grandes lorsque la lune est pleine ou nouvelle qu'aux autres temps.

52. Pourquoi elles sont aussi plus grandes aux équinoxes qu'aux solstices.

53. Pourquoi l'eau et l'air coulent sans cesse des parties orientales de la terre vers les occidentales.

54. Pourquoi les pays qui ont la mer à l'orient sont ordinairement moins chauds que ceux qui l'ont au couchant.

55. Pourquoi il n'y a point de flux et reflux dans les lacs, et pourquoi vers les bords de la mer il ne se fait pas aux mêmes heures qu'au milieu.

56. Comment on peut rendre raison de toutes les différences particulières des flux et reflux.

57. De la nature de la terre intérieure qui est au-dessous des plus basses eaux.

58. De la nature de l'argent vif.

59. Des inégalités de la chaleur qui est entre cette terre intérieure.

60. Quel est l'effet de cette chaleur.

61. Comment s'engendrent les sucs aigres ou corrosifs qui entrent en la composition du vitriol, de l'alun, et autres tels minéraux.

62. Comment s'engendre la matière huileuse qui entre en la composition du soufre, du bitume, etc.

63. Des principes de la chimie et de quelle façon les métaux viennent dans les mines.

64. De la nature de la terre extérieure et de l'origine des fontaines.

65. Pourquoi l'eau de la mer ne croît point de ce que les rivières y entrent.

66. Pourquoi l'eau de la plupart des fontaines est douce, et la mer demeure salée.

67. Pourquoi il y a aussi quelques fontaines dont l'eau est salée.

68. Pourquoi il y a des mines de sel en quelques montagnes.

69. Pourquoi, outre le sel commun, on en trouve aussi de quelques autres espèces.

70. Quelle différence il y a ici entre les vapeurs, les esprits et les exhalaisons.

71. Comment leur mélange compose diverses espèces de pierres, dont quelques unes sont transparentes et les autres ne le sont pas.

72. Comment les métaux viennent dans les mines, et comment s'y fait le vermillon.

73. Pourquoi les métaux ne se trouvent qu'en certains endroits de la terre.

74. Pourquoi c'est principalement au pied des montagnes, du côté qui regarde le midi ou l'orient, qu'ils se trouvent.

75. Que toutes les mines sont en la terre extérieure, et qu'on ne sauroit creuser jusques à l'intérieur.

76. Comment se composent le soufre, le bitume, l'huile minérale et l'argile.

77. Quelle est la cause des tremblements de la terre.

78. D'où vient qu'il y a des montagnes dont il sort quelquefois de grandes flammes.

79. D'où vient que les tremblements de terre se font souvent à plusieurs secousses.

80. Quelle est la nature du feu.
81. Comment il peut être produit.
82. Comment il est conservé.
83. Pourquoi il doit avoir quelque corps à consumer afin de se pouvoir entretenir.
84. Comment on peut allumer du feu avec un fusil.
85. Comment on en allume aussi en frottant un bois sec.
86. Comment avec un miroir creux ou un verre convexe.
87. Comment la seule agitation d'un corps le peut embraser.
88. Comment le mélange de deux corps peut aussi faire qu'ils s'embrasent.
89. Comment s'allume le feu de la foudre, des éclairs et des étoiles qui traversent.
90. Comment s'allument les étoiles qui tombent, et quelle est la cause de tous les autres tels feux qui luisent et ne brûlent point.
91. Quelle est la lumière de l'eau de mer, des bois pourris, etc.
92. Quelle est la cause des feux qui brûlent ou échauffent, et ne luisent point, comme lorsque le foin s'échauffe de soi-même.
93. Pourquoi, lorsqu'on jette de l'eau sur de la chaux vive, et généralement lorsque deux corps de diverses natures sont mêlés ensemble, cela excite en eux de la chaleur.
94. Comment le feu est allumé dans les concavités de la terre.
95. De la façon que brûle un flambeau.
96. Ce que c'est qui conserve la flamme.
97. Pourquoi elle monte en pointe, et d'où vient la fumée.
98. Comment l'air et les autres corps nourrissent la flamme.
99. Que l'air revient circulairement vers le feu en la place de la fumée.
100. Comment les liqueurs éteignent le feu, et d'où vient qu'il y a des corps qui brûlent dans l'eau.
101. Quelles matières sont propres à la nourrir.

102. Pourquoi la flamme de l'eau-de-vie ne brûle point un linge mouillé de cette même eau.

103. D'où vient que l'eau-de-vie brûle facilement.

104. D'où vient que l'eau commune éteint le feu.

105. D'où vient qu'elle peut aussi quelquefois l'augmenter, et que tous les sels font le semblable.

106. Quels corps sont les plus propres à entretenir le feu.

107. Pourquoi il y a des corps qui s'enflamment et d'autres que le feu consume sans les enflammer.

108. Comment le feu se conserve dans le charbon.

109. De la poudre à canon qui se fait de soufre, de salpêtre et de charbon; et premièrement du soufre.

110. Du salpêtre.

111. Du mélange de ces deux ensemble.

112. Quel est le mouvement des parties du salpêtre.

113. Pourquoi la flamme de la poudre se dilate beaucoup, et pourquoi son action tend en haut.

114. Quelle est la nature du charbon.

115. Pourquoi on graine la poudre, et en quoi principalement consiste sa force.

116. Ce qu'on peut juger des lampes qu'on dit avoir conservé leur flamme durant plusieurs siècles.

117. Quels sont les autres effets du feu.

118. Quels sont les corps qu'il fait fondre et bouillir.

119. Quels sont ceux qu'il rend secs et durs.

120. Comment on tire diverses eaux par distillation.

121. Comment on tire aussi des sublimés et des huiles.

122. Qu'en augmentant ou diminuant la force du feu on change souvent son effet.

123. Comment on calcine plusieurs corps.

124. Comment se fait le verre.

125. Comment ses parties se joignent ensemble.

126. Pourquoi il est liquide et gluant lorsqu'il est embrasé.

127. Pourquoi il est fort dur étant froid.

128. Pourquoi il est aussi fort cassant.

129. Pourquoi il devient moins cassant lorsqu'on le laisse refroidir lentement.

130. Pourquoi il est transparent.

131. Comment on le teint de diverses couleurs.

132. Ce que c'est qu'être roide ou faire ressort, et pourquoi cette qualité se trouve aussi dans le verre.

133. Explication de la nature de l'aimant.

134. Qu'il n'y a point de pores dans l'air ni dans l'eau qui soient propres à recevoir les parties cannelées.

135. Qu'il n'y en a point aussi en aucun autre corps sur cette terre, excepté dans le fer.

136. Pourquoi il y a de tels pores dans le fer.

137. Comment peuvent être ces pores en chacune de ces parties.

138. Comment ils y sont disposés à recevoir les parties cannelées des deux côtés.

139. Quelle différence il y a entre l'aimant et le fer.

140. Comment on fait du fer ou de l'acier en fondant la mine.

141. Pourquoi l'acier est fort dur et roide et cassant.

142. Quelle différence il y a entre le simple fer et l'acier.

143. Quelle est la raison des diverses trempes qu'on donne à l'acier.

144. Quelle différence il y a entre les pores de l'aimant, de l'acier et du fer.

145. Le dénombrement de toutes les propriétés de l'aimant.

146. Comment les parties cannelées prennent leur cours au travers et autour de la terre.

147. Qu'elles passent plus difficilement par l'air et par le reste de la terre extérieure que par l'intérieure.

148. Qu'elles n'ont pas la même difficulté à passer par l'aimant.

149. Quels sont ses poles.

150. Pourquoi ils se tournent vers les poles de la terre.

151. Pourquoi ils se penchent aussi diversement vers son centre, à raison des divers lieux où ils sont.

152. Pourquoi deux pierres d'aimant se tournent l'une vers l'autre, ainsi que chacune se tourne vers la terre, laquelle est aussi un aimant.

153. Pourquoi deux aimants s'approchent l'un de l'autre, et quelle est la sphère de leur vertu.

154. Pourquoi aussi quelquefois ils se fuient.

155. Pourquoi, lorsqu'un aimant est divisé, les parties qui ont été jointes se fuient.

156. Comment il arrive que deux parties d'un aimant qui se touchent deviennent deux poles de vertu contraire lorsqu'on le divise.

157. Comment la vertu qui est en chaque petite pièce d'un aimant est semblable à celle qui est dans le tout.

158. Comment cette vertu est communiquée au fer par l'aimant.

159. Comment elle est communiquée au fer diversement, à raison des diverses façons que l'aimant est tourné vers lui.

160. Pourquoi néanmoins un fer, qui est plus long que large ni épais, la reçoit toujours suivant la longueur.

161. Pourquoi l'aimant ne perd rien de sa vertu en la communiquant au fer.

162. Pourquoi elle se communique au fer fort proprement, et comment elle y est affermie par le temps.

163. Pourquoi l'acier la reçoit mieux que le simple fer.

164. Pourquoi il la reçoit plus grande d'un fort bon aimant que d'un moindre.

165. Comment la terre seule peut communiquer cette vertu au fer.

166. D'où vient que de fort petites pierres d'aimant paroissent souvent avoir plus de force que toute la terre.

167. Pourquoi les aiguilles aimantées ont toujours les poles de leur vertu en leur extrémité.

168. Pourquoi les poles de l'aimant ne se tournent pas toujours exactement vers les poles de la terre.

169. Comment cette variation peut changer avec le temps en un même endroit de la terre.

170. Comment elle peut aussi être changée par la diverse situation de l'aimant.

171. Pourquoi l'aimant attire le fer.

172. Pourquoi il soutient plus de fer lorsqu'il est armé que lorsqu'il ne l'est pas.

173. Comment les deux poles de l'aimant s'aident l'un l'autre à soutenir le fer.

174. Pourquoi une pirouette de fer n'est point empêchée de tourner par l'aimant auquel elle est suspendue.

175. Comment deux aimants doivent être situés pour s'aider ou s'empêcher l'un l'autre à soutenir le fer.

176. Pourquoi un aimant bien fort ne peut attirer le fer qui pend à un aimant plus foible.

177. Pourquoi quelquefois au contraire le plus foible aimant attire le fer d'un autre plus fort.

178. Pourquoi en ces pays septentrionaux le pole austral de l'aimant peut tirer plus de fer que l'autre.

179. Comment s'arrangent les grains de la limure d'acier autour d'un aimant.

180. Comment une lame de fer jointe à l'un des poles de l'aimant empêche sa vertu.

181. Que cette même vertu ne peut être empêchée par l'interposition d'aucun autre corps.

182. Que la situation de l'aimant, qui est contraire à celle

qu'il prend naturellement quand rien ne l'empêche, lui ôte peu à peu sa vertu.

183. Que cette vertu peut aussi lui être ôtée par le feu et diminuée par la rouille.

184. Quelle est l'attraction de l'ambre, du jayet, de la cire, du verre, etc.

185. Quelle est la cause de cette attraction dans le verre.

186. Que la même cause semble aussi avoir lieu en toutes les autres attractions.

187. Qu'à l'exemple des choses qui ont été expliquées on peut rendre raison de tous les plus admirables effets qui sont sur la terre.

188. Quelles choses doivent encore être expliquées, afin que ce traité soit complet.

189. Ce que c'est que le sens, et en quelle façon nous sentons.

190. Combien il y a de divers sens, et quels sont les intérieurs, c'est-à-dire les appétits naturels et les passions.

191. Des sens extérieurs; et en premier lieu de l'attouchement.

192. Du goût.

193. De l'odorat.

194. De l'ouïe.

195. De la vue.

196. Comment on prouve que l'âme ne sent qu'en tant qu'elle est dans le cerveau.

197. Comment on prouve qu'elle est de telle nature que le seul mouvement de quelque corps suffit pour lui donner toute sorte de sentiments.

198. Qu'il n'y a rien dans les corps qui puisse exciter en nous quelque sentiment, excepté le mouvement, la figure ou situation, et grandeur de leurs parties.

199. Qu'il n'y aucun phénomène en la nature qui ne soit compris en ce qui a été expliqué en ce Traité.

200. Que ce Traité ne contient aussi aucuns principes qui n'aient été reçus de tout temps de tout le monde; en sorte que cette philosophie n'est pas nouvelle, mais la plus ancienne et la plus commune qui puisse être.

201. Qu'il est certain que les corps sensibles sont composés de parties insensibles.

202. Que ces principes ne s'accordent pas mieux avec ceux de Démocrite qu'avec ceux d'Aristote ou des autres.

203. Comment on peut parvenir à la connoissance des figures, grandeurs et mouvements des corps insensibles.

204. Que, touchant les choses que nos sens n'aperçoivent point, il suffit d'expliquer comme elles peuvent être: et que c'est tout ce qu'Aristote a tâché de faire.

205. Que néanmoins on a une certitude morale que toutes les choses de ce monde sont telles qu'il a été ici démontré qu'elles peuvent être.

206. Et même qu'on en a une certitude plus que morale.

207. Mais que je soumets toutes mes opinions au jugement des plus sages et à l'autorité de l'église.

LES PRINCIPES
DE
LA PHILOSOPHIE.

PREMIÈRE PARTIE.

DES PRINCIPES DE LA CONNOISSANCE HUMAINE.

Comme nous avons été enfants avant que d'être hommes, et que nous avons jugé tantôt bien et tantôt mal des choses qui se sont présentées à nos sens lorsque nous n'avions pas encore l'usage entier de notre raison, plusieurs jugements ainsi précipités nous empêchent de parvenir à la connoissance de la vérité, et nous préviennent de telle sorte qu'il n'y a point d'apparence que nous puissions nous en délivrer, si nous n'entreprenons de douter une fois en notre vie de toutes les choses où nous trouverons le moindre soupçon d'incertitude.

1.
Que pour examiner la vérité il est besoin une fois en sa vie de mettre toutes choses en doute autant qu'il se peut.

2.
Qu'il est utile aussi de considérer comme fausses toutes les choses dont on peut douter.

Il sera même fort utile que nous rejetions comme fausses toutes celles où nous pourrons imaginer le moindre doute, afin que si nous en découvrons quelques unes qui, nonobstant cette précaution, nous semblent manifestement être vraies, nous fassions état qu'elles sont aussi très certaines et les plus aisées qu'il est possible de connoître.

3.
Que nous ne devons point user de ce doute pour la conduite de nos actions.

Cependant il est à remarquer que je n'entends point que nous nous servions d'une façon de douter si générale, sinon lorsque nous commençons à nous appliquer à la contemplation de la vérité. Car il est certain qu'en ce qui regarde la conduite de notre vie, nous sommes obligés de suivre bien souvent des opinions qui ne sont que vraisemblables, à cause que les occasions d'agir en nos affaires se passeroient presque toujours avant que nous pussions nous délivrer de tous nos doutes; et lorsqu'il s'en rencontre plusieurs de telles sur un même sujet, encore que nous n'apercevions peut-être pas davantage de vraisemblance aux unes qu'aux autres, si l'action ne souffre aucun délai, la raison veut que nous en choisissions une, et qu'après l'avoir choisie nous la suivions constamment, de même que si nous l'avions jugée très certaine.

4.
Pourquoi on peut douter de la vérité des choses sensibles.

Mais, d'autant que nous n'avons point maintenant d'autre dessein que de vaquer à la recherche de la vérité, nous douterons en premier lieu si de toutes les choses qui sont tombées sous nos sens ou que nous avons jamais imaginées, il y en a quelques unes qui soient véritablement dans le monde, tant à cause que nous savons par expérience que nos sens nous ont trompés en plusieurs rencontres, et qu'il y auroit de l'imprudence de nous trop fier à ceux qui nous ont trompés, quand même ce n'auroit été qu'une fois, comme aussi à cause que nous songeons presque toujours en dormant, et que pour lors il nous semble que nous sentons vivement et que nous imaginons clairement une infinité de choses qui ne sont point ailleurs, et que lorsqu'on est ainsi résolu à douter de tout, il ne reste plus de marque par où l'on puisse savoir si les pensées qui viennent en songe sont plutôt fausses que les autres.

Nous douterons aussi de toutes les autres choses qui nous ont semblé autrefois très certaines, même des démonstrations de mathématique et de ses principes, encore que d'eux-mêmes ils soient assez manifestes, à cause qu'il y a des hommes qui se sont mépris en raisonnant sur de telles matières ; mais principalement parceque nous avons ouï dire que Dieu, qui nous a créés, peut faire tout ce qu'il lui plaît, et que nous ne savons pas encore si peut-être il n'a point voulu nous faire tels que nous soyons toujours trompés, même dans les choses que nous pensons le mieux connoître : car,

5. Pourquoi on peut aussi douter des démonstrations de mathématique.

puisqu'il a bien permis que nous nous soyons trompés quelquefois, ainsi qu'il a été déjà remarqué, pourquoi ne pourroit-il pas permettre que nous nous trompions toujours? Et si nous voulons feindre qu'un Dieu tout-puissant n'est point l'auteur de notre être, et que nous subsistons par nous-mêmes ou par quelque autre moyen, de ce que nous supposerons cet auteur moins puissant, nous aurons toujours d'autant plus de sujet de croire que nous ne sommes pas si parfaits que nous ne puissions être continuellement abusés.

6. Que nous avons un libre arbitre qui fait que nous pouvons nous abstenir de croire les choses douteuses, et ainsi nous empêcher d'être trompés.

Mais quand celui qui nous a créés seroit tout-puissant, et quand même il prendroit plaisir à nous tromper, nous ne laissons pas d'éprouver en nous une liberté qui est telle que, toutes les fois qu'il nous plaît, nous pouvons nous abstenir de recevoir en notre croyance les choses que nous ne connoissons pas bien, et ainsi nous empêcher d'être jamais trompés.

7. Que nous ne saurions douter sans être, et que cela est la première connoissance certaine qu'on peut acquérir.

Pendant que nous rejetons ainsi tout ce dont nous pouvons douter le moins du monde, et que nous feignons même qu'il est faux, nous supposons facilement qu'il n'y a point de Dieu, ni de ciel, ni de terre, et que nous n'avons point de corps; mais nous ne saurions supposer de même que nous ne sommes point pendant que nous doutons de la vérité de toutes ces choses : car nous avons tant de répugnance à concevoir que ce qui pense n'est pas véritablement au même temps qu'il pense, que, nonobstant toutes les plus extravagantes suppositions, nous ne saurions nous empêcher de croire que cette conclusion, *Je pense, donc je suis*, ne soit vraie, et par conséquent la première et la plus certaine qui se présente à celui qui conduit ses pensées par ordre.

Il me semble aussi que ce biais est tout le meilleur que nous puissions choisir pour connoître la nature de l'âme, et qu'elle est une substance entièrement distincte du corps : car, examinant ce que nous sommes, nous qui sommes persuadés maintenant qu'il n'y a rien hors de notre pensée qui soit véritablement ou qui existe, nous connoissons manifestement que, pour être, nous n'avons pas besoin d'extension, de figure, d'être en aucun lieu, ni d'aucune autre semblable chose que l'on peut attribuer au corps, et que nous sommes par cela seul que nous pensons; et par conséquent que la notion que nous avons de notre âme ou de notre pensée précède celle que nous avons du corps, et qu'elle est plus certaine, vu que nous doutons encore qu'il y ait aucun corps au monde, et que nous savons certainement que nous pensons.

8. Qu'on connoît aussi ensuite la distinction qui est entre l'âme et le corps.

Par le mot de penser, j'entends tout ce qui se fait en nous de telle sorte que nous l'apercevons immédiatement par nous-mêmes; c'est pourquoi non seulement entendre, vouloir, imaginer, mais aussi

9. Ce que c'est que penser.

sentir, est la même chose ici que penser. Car si je dis que je vois ou que je marche, et que j'infère de là que je suis ; si j'entends parler de l'action qui se fait avec mes yeux ou avec mes jambes, cette conclusion n'est pas tellement infaillible, que je n'aie quelque sujet d'en douter, à cause qu'il se peut faire que je pense voir ou marcher, encore que je n'ouvre point les yeux et que je ne bouge de ma place ; car cela m'arrive quelquefois en dormant, et le même pourroit peut-être m'arriver encore que je n'eusse point de corps : au lieu que si j'entends parler seulement de l'action de ma pensée ou du sentiment, c'est-à-dire de la connoissance qui est en moi, qui fait qu'il me semble que je vois ou que je marche, cette même conclusion est si absolument vraie que je n'en puis douter, à cause qu'elle se rapporte à l'âme, qui seule a la faculté de sentir ou bien de penser en quelque autre façon que ce soit.

10. Qu'il y a des notions d'elles-mêmes si claires qu'on les obscurcit en les voulant définir à la façon de l'école, et qu'elles ne s'acquièrent point par l'étude, mais naissent avec nous.

Je n'explique pas ici plusieurs autres termes dont je me suis déjà servi et dont je fais état de me servir ci-après ; car je ne pense pas que, parmi ceux qui liront mes écrits, il s'en rencontre de si stupides qu'ils ne puissent entendre d'eux-mêmes ce que ces termes signifient. Outre que j'ai remarqué que les philosophes, en tâchant d'expliquer par les règles de leur logique des choses qui sont manifestes d'elles-mêmes, n'ont rien fait que les obscurcir; et lorsque j'ai dit que cette proposition, *je pense, donc je suis,* est la première et la plus certaine qui se présente à celui qui conduit ses pensées par ordre, je n'ai pas pour cela nié qu'il ne fallût savoir auparavant ce que c'est que pensée, certitude, existence, et que pour penser il faut être, et autres choses semblables : mais, à cause que ce sont là des notions si simples que d'elles-mêmes elles ne nous font avoir la connoissance d'aucune chose qui existe, je n'ai pas jugé qu'on en dût faire ici aucun dénombrement.

Or, afin de savoir comment la connoissance que nous avons de notre pensée précède celle que nous avons du corps, et qu'elle est incomparablement plus évidente, et telle qu'encore qu'il ne fût point, nous aurions raison de conclure qu'elle ne laisseroit pas d'être tout ce qu'elle est ; nous remarquerons qu'il est manifeste, par une lumière qui est naturellement en nos âmes, que le néant n'a aucunes qualités ni propriétés qui lui appartiennent, et qu'où nous en apercevons quelques unes il se doit trouver nécessairement une chose ou substance dont elles dépendent. Cette même lumière nous montre aussi que nous connoissons d'autant mieux une chose ou substance, que nous remarquons en elle davantage de propriétés : or il est certain que nous en remarquons beaucoup plus en notre pensée qu'en aucune autre chose que ce puisse

11. Comment nous pouvons plus clairement connoitre notre âme que notre corps.

être, d'autant qu'il n'y a rien qui nous fasse connoître quoi que ce soit, qui ne nous fasse encore plus certainement connoître notre pensée. Par exemple, si je me persuade qu'il y a une terre à cause que je la touche ou que je la vois : de cela même, par une raison encore plus forte, je dois être persuadé que ma pensée est ou existe, à cause qu'il se peut faire que je pense toucher la terre, encore qu'il n'y ait peut-être aucune terre au monde ; et qu'il n'est pas possible que moi, c'est-à-dire mon âme, ne soit rien pendant qu'elle a cette pensée : nous pouvons conclure le même de toutes les autres choses qui nous viennent en la pensée, à savoir que nous qui les pensons existons, encore qu'elles soient peut-être fausses ou qu'elles n'aient aucune existence.

12. D'où vient que tout le monde ne la connoît pas en cette façon.

Ceux qui n'ont pas philosophé par ordre ont eu d'autres opinions sur ce sujet, parcequ'ils n'ont jamais distingué assez soigneusement leur âme, ou ce qui pense, d'avec le corps, ou ce qui est étendu en longueur, largeur et profondeur. Car, encore qu'ils ne fissent point difficulté de croire qu'ils étoient dans le monde, et qu'ils en eussent une assurance plus grande que d'aucune autre chose, néanmoins, comme ils n'ont pas pris garde que par eux, lorsqu'il étoit question d'une certitude métaphysique, ils devoient entendre seulement leur pensée, et qu'au contraire ils ont mieux aimé croire que c'étoit leur corps qu'ils voyoient de leurs yeux, qu'ils touchoient de leurs mains, et auquel ils attribuoient mal à propos la faculté de sentir, ils n'ont pas connu distinctement la nature de leur âme.

Mais lorsque la pensée, qui se connoît soi-même en cette façon, nonobstant qu'elle persiste encore à douter des autres choses, use de circonspection pour tâcher d'étendre sa connoissance plus avant, elle trouve en soi premièrement les idées de plusieurs choses ; et pendant qu'elle les contemple simplement, et qu'elle n'assure pas qu'il y ait rien hors de soi qui soit semblable à ces idées, et qu'aussi elle ne le nie pas, elle est hors de danger de se méprendre. Elle rencontre aussi quelques notions communes, dont elle compose des démonstrations qui la persuadent si absolument, qu'elle ne sauroit douter de leur vérité pendant qu'elle s'y applique. Par exemple, elle a en soi les idées des nombres et des figures, elle a aussi entre ses communes notions, « que, si on ajoute des quan- » tités égales à d'autres quantités égales, les tous » seront égaux, » et beaucoup d'autres aussi évidentes que celle-ci, par lesquelles il est aisé de démontrer que les trois angles d'un triangle sont égaux à deux droits, etc. Or, tant qu'elle aperçoit ces notions et l'ordre dont elle a déduit cette conclusion ou d'autres semblables, elle est très assurée

13. En quel sens on peut dire que si on ignore Dieu on ne peut avoir de connoissance certaine d'aucune autre chose.

de leur vérité : mais, comme elle ne sauroit y penser toujours avec tant d'attention, lorsqu'il arrive qu'elle se souvient de quelque conclusion sans prendre garde à l'ordre dont elle peut être démontrée, et que cependant elle pense que l'auteur de son être auroit pu la créer de telle nature qu'elle se méprît en tout ce qui lui semble très évident, elle voit bien qu'elle a un juste sujet de se défier de la vérité de tout ce qu'elle n'aperçoit pas distinctement, et qu'elle ne sauroit avoir aucune science certaine jusques à ce qu'elle ait connu celui qui l'a créée.

14. Qu'on peut démontrer qu'il y a un Dieu de cela seul que la nécessité d'être ou d'exister est comprise en la notion que nous avons de lui.

Lorsque par après elle fait une revue sur les diverses idées ou notions qui sont en soi, et qu'elle y trouve celle d'un être tout-connoissant, tout-puissant, et extrêmement parfait, elle juge facilement, parcequ'elle aperçoit en cette idée que Dieu, qui est cet être tout parfait, est ou existe : car encore qu'elle ait des idées distinctes de plusieurs autres choses, elle n'y remarque rien qui l'assure de l'existence de leur objet; au lieu qu'elle aperçoit en celle-ci, non pas seulement une existence possible, comme dans les autres, mais une existence absolument nécessaire et éternelle. Et comme de ce qu'elle voit qu'il est nécessairement compris dans l'idée qu'elle a du triangle que ses trois angles soient égaux à deux droits, elle se persuade absolument que le triangle a les trois angles égaux à deux droits; de même, de cela seul qu'elle aperçoit que l'existence nécessaire et éternelle est comprise dans l'idée qu'elle a d'un être tout parfait, elle doit conclure que cet être tout parfait est ou existe.

Elle pourra s'assurer encore mieux de la vérité de cette conclusion, si elle prend garde qu'elle n'a point en soi l'idée ou la notion d'aucune autre chose où elle puisse reconnoître une existence qui soit ainsi absolument nécessaire; car de cela seul elle saura que l'idée d'un être tout parfait n'est point en elle par une fiction, comme celle qui représente une chimère, mais qu'au contraire elle y est empreinte par une nature immuable et vraie, et qui doit nécessairement exister, parcequ'elle ne peut être conçue qu'avec une existence nécessaire.

15, Que la nécessité d'être n'est pas comprise en la notion que nous avons des autres choses, mais seulement le pouvoir d'être.

Notre âme ou notre pensée n'auroit pas de peine à se persuader cette vérité si elle étoit libre de ses préjugés : mais, d'autant que nous sommes accoutumés à distinguer en toutes les autres choses l'essence de l'existence, et que nous pouvons feindre à plaisir plusieurs idées de choses qui peut-être n'ont jamais été et qui ne seront peut-être jamais, lorsque nous n'élevons pas comme il faut notre esprit à la contemplation de cet être tout parfait, il se peut faire que nous doutions si l'idée que nous avons de lui n'est pas l'une de celles que nous feignons quand bon nous semble,

16. Que les préjugés empêchent que plusieurs ne connoissent clairement cette nécessité d'être qui est en Dieu.

ou qui sont possibles encore que l'existence ne soit pas nécessairement comprise en leur nature.

17.
Que d'autant que nous concevons plus de perfection en une chose, d'autant devons-nous croire que sa cause doit aussi être plus parfaite.

De plus, lorsque nous faisons réflexion sur les diverses idées qui sont en nous, il est aisé d'apercevoir qu'il n'y a pas beaucoup de différence entre elles, en tant que nous les considérons simplement comme les dépendances de notre âme ou de notre pensée, mais qu'il y en a beaucoup en tant que l'une représente une chose, et l'autre une autre ; et même que leur cause doit être d'autant plus parfaite que ce qu'elles représentent de leur objet a plus de perfection. Car tout ainsi que, lorsqu'on nous dit que quelqu'un a l'idée d'une machine où il y a beaucoup d'artifice, nous avons raison de nous enquérir comment il a pu avoir cette idée, à savoir s'il a vu quelque part une telle machine faite par un autre, ou s'il a appris la science des mécaniques, ou s'il est avantagé d'une telle vivacité d'esprit que de lui-même il ait pu l'inventer sans avoir rien vu de semblable ailleurs, à cause que tout l'artifice qui est représenté dans l'idée qu'a cet homme, ainsi que dans un tableau, doit être en sa première et principale cause, non pas seulement par imitation, mais en effet de la même sorte ou d'une façon encore plus éminente qu'il n'est représenté.

18.
Qu'on peut derechef dé-

De même, parceque nous trouvons en nous l'idée d'un Dieu, ou d'un être tout parfait, nous pouvons rechercher la cause qui fait que cette idée est en nous ; mais, après avoir considéré avec attention combien sont immenses les perfections qu'elle nous représente, nous sommes contraints d'avouer que nous ne saurions la tenir que d'un être très parfait, c'est-à-dire d'un Dieu, qui est véritablement ou qui existe, parcequ'il est non seulement manifeste par la lumière naturelle que le néant ne peut être auteur de quoi que ce soit, et que le plus parfait ne sauroit être une suite et une dépendance du moins parfait, mais aussi parceque nous voyons, par le moyen de cette même lumière, qu'il est impossible que nous ayons l'idée ou l'image de quoi que ce soit, s'il n'y a en nous ou ailleurs un original qui comprenne en effet toutes les perfections qui nous sont ainsi représentées : mais comme nous savons que nous sommes sujets à beaucoup de défauts, et que nous ne possédons pas ces extrêmes perfections dont nous avons l'idée, nous devons conclure qu'elles sont en quelque nature qui est différente de la nôtre, et en effet très parfaite, c'est-à-dire qui est Dieu, ou du moins qu'elles ont été autrefois en cette chose, et il suit de ce qu'elles étoient infinies qu'elles y sont encore.

montrer par cela qu'il y a un Dieu.

Je ne vois point en cela de difficulté pour ceux qui ont accoutumé leur esprit à la contemplation de la Divinité, et qui ont pris garde à ses perfections

19. Qu'encore que nous ne comprenions pas tout ce

infinies : car encore que nous ne les comprenions pas, parceque la nature de l'infini est telle que des pensées finies ne le sauroient comprendre, nous les concevons néanmoins plus clairement et plus distinctement que les choses matérielles, à cause qu'étant plus simples et n'étant point limitées, ce que nous en concevons est beaucoup moins confus. Aussi il n'y a point de spéculation qui puisse plus aider à perfectionner notre entendement, et qui soit plus importante que celle-ci, d'autant que la considération d'un objet qui n'a point de bornes en ses perfections, nous comble de satisfaction et d'assurance.

Mais tout le monde n'y prend pas garde comme il faut; et parceque nous savons assez, lorsque nous avons une idée de quelque machine où il y a beaucoup d'artifice, la façon dont nous l'avons eue, et que nous ne saurions nous souvenir de même quand l'idée que nous avons d'un Dieu nous a été communiquée de Dieu, à cause qu'elle a toujours été en nous, il faut que nous fassions encore cette revue, et que nous recherchions quel est donc l'auteur de notre âme ou de notre pensée, qui a en soi l'idée des perfections infinies qui sont en Dieu, parcequ'il est évident que ce qui connoît quelque chose de plus parfait que soi ne s'est point donné l'être, à cause que par même moyen il se seroit donné toutes les perfections

qui est en Dieu, il n'y a rien toutefois que nous connoissions si clairement comme ses perfections.

20. Que nous ne sommes pas la cause de nous-même, mais que c'est Dieu, et que par conséquent il y a un Dieu.

dont il auroit eu connoissance, et par conséquent qu'il ne sauroit subsister par aucun autre que par celui qui possède en effet toutes ces perfections, c'est-à-dire qui est Dieu.

Je ne crois pas que l'on puisse douter de la vérité de cette démonstration, pourvu qu'on prenne garde à la nature du temps, ou de la durée de notre vie; car, étant telle que ses parties ne dépendent point les unes des autres et n'existent jamais ensemble, de ce que nous sommes maintenant, il ne s'ensuit pas nécessairement que nous soyons un moment après, si quelque cause, à savoir la même qui nous a produits, ne continue à nous produire, c'est-à-dire ne nous conserve. Et nous connoissons aisément qu'il n'y a point de force en nous par laquelle nous puissions subsister ou nous conserver un seul moment, et que celui qui a tant de puissance qu'il nous fait subsister hors de lui et qui nous conserve, doit se conserver soi-même, ou plutôt n'a besoin d'être conservé par qui que ce soit, et enfin qu'il est Dieu.

21. Que la seule durée de notre vie suffit pour démontrer que Dieu est.

Nous recevons encore cet avantage, en prouvant de cette sorte l'existence de Dieu, que nous connoissons par même moyen ce qu'il est, autant que le permet la foiblesse de notre nature. Car, faisant réflexion sur l'idée que nous avons naturellement de lui, nous voyons qu'il est éternel, tout-connoissant, tout-puissant, source de toute

22. Qu'en connoissant qu'il y a un Dieu en la façon ici expliquée, on connoît aussi tous ses attributs, autant qu'ils peuvent être connus

bonté et vérité, créateur de toutes choses, et qu'enfin il a en soi tout ce en quoi nous pouvons reconnoître quelque perfection infinie, ou bien qui n'est bornée d'aucune imperfection.

par la seule lumière naturelle.

23.
Que Dieu n'est point corporel, et ne connoît point par l'aide des sens comme nous, et n'est point auteur du péché.

Car il y a des choses dans le monde qui sont limitées, et en quelque façon imparfaites, encore que nous remarquions en elles quelques perfections; mais nous concevons aisément qu'il n'est pas possible qu'aucunes de celles-là soient en Dieu: ainsi, parceque l'extension constitue la nature du corps, et que ce qui est étendu peut être divisé en plusieurs parties, et que cela marque du défaut, nous concluons que Dieu n'est point un corps. Et bien que ce soit un avantage aux hommes d'avoir des sens, néanmoins, à cause que les sentiments se font en nous par des impressions qui viennent d'ailleurs, et que cela témoigne de la dépendance, nous concluons aussi que Dieu n'en a point, mais qu'il entend et veut, non pas encore comme nous par des opérations aucunement différentes, mais que toujours par une même et très simple action il entend, veut et fait tout, c'est-à-dire toutes les choses qui sont en effet; car il ne veut point la malice du péché, parcequ'elle n'est rien.

24.
Qu'après avoir connu que Dieu est, pour passer à la connoissance des

Après avoir ainsi connu que Dieu existe, et qu'il est l'auteur de tout ce qui est ou qui peut être, nous suivrons sans doute la meilleure méthode dont on se puisse servir pour découvrir la

PREMIÈRE PARTIE.

vérité, si, de la connoissance que nous avons de sa nature, nous passons à l'explication des choses qu'il a créées, et si nous essayons de la déduire en telle sorte des notions qui sont naturellement en nos âmes, que nous ayons une science parfaite, c'est-à-dire que nous connoissions les effets par leurs causes. Mais afin que nous puissions l'entreprendre avec plus de sûreté, toutes les fois que nous voudrons examiner la nature de quelque chose, nous nous souviendrons que Dieu, qui en est l'auteur, est infini, et que nous sommes entièrement finis.

créatures, il se faut souvenir que notre entendement est fini et la puissance de Dieu infinie.

Tellement que s'il nous fait la grâce de nous révéler, ou bien à quelques autres, des choses qui surpassent la portée ordinaire de notre esprit, telles que sont les mystères de l'incarnation et de la Trinité, nous ne ferons point difficulté de les croire, encore que nous ne les entendions peut-être pas bien clairement. Car nous ne devons point trouver étrange qu'il y ait en sa nature, qui est immense, et en ce qu'il a fait, beaucoup de choses qui surpassent la capacité de notre esprit.

25. Et qu'il faut croire tout ce que Dieu a révélé, encore qu'il soit au-dessus de la portée de notre esprit.

Ainsi nous ne nous embarrasserons jamais dans les disputes de l'infini; d'autant qu'il seroit ridicule que nous, qui sommes finis, entreprissions d'en déterminer quelque chose, et par ce moyen le supposer fini en tâchant de le comprendre; c'est pourquoi nous ne nous soucierons pas de répondre à ceux qui demandent si la moitié d'une

26. Qu'il ne faut point tâcher de comprendre l'infini, mais seulement penser que tout ce en quoi nous ne trouvons aucunes bornes est indéfini.

ligne infinie est infinie, et si le nombre infini est pair ou non pair, et autres choses semblables, à cause qu'il n'y a que ceux qui s'imaginent que leur esprit est infini qui semblent devoir examiner telles difficultés. Et pour nous, en voyant des choses dans lesquelles, selon certains sens, nous ne remarquons point de limites, nous n'assurerons pas pour cela qu'elles soient infinies, mais nous les estimerons seulement indéfinies. Ainsi, parceque nous ne saurions imaginer une étendue si grande que nous ne concevions en même temps qu'il y en peut avoir une plus grande, nous dirons que l'étendue des choses possibles est indéfinie; et parcequ'on ne sauroit diviser un corps en des parties si petites que chacune de ces parties ne puisse être divisée en d'autres plus petites, nous penserons que la quantité peut être divisée en des parties dont le nombre est indéfini ; et parceque nous ne saurions imaginer tant d'étoiles que Dieu n'en puisse créer davantage, nous supposerons que leur nombre est indéfini, et ainsi du reste.

27. Quelle différence il y a entre *indéfini* et *infini*.

Et nous appellerons ces choses indéfinies plutôt qu'infinies, afin de réserver à Dieu seul le nom d'infini; tant à cause que nous ne remarquons point de bornes en ses perfections, comme aussi à cause que nous sommes très assurés qu'il n'y en peut avoir. Pour ce qui est des autres choses, nous savons qu'elles ne sont pas ainsi absolument parfaites, parcequ'encore que nous y remarquions quelquefois des propriétés qui nous semblent n'avoir point de limites, nous ne laissons pas de connoître que cela procède du défaut de notre entendement, et non point de leur nature.

Nous ne nous arrêterons pas aussi à examiner les fins que Dieu s'est proposées en créant le monde, et nous rejetterons entièrement de notre philosophie la recherche des causes finales; car nous ne devons pas tant présumer de nous-mêmes que de croire que Dieu nous ait voulu faire part de ses conseils : mais, le considérant comme l'auteur de toutes choses, nous tâcherons seulement de trouver, par la faculté de raisonner qu'il a mise en nous, comment celles que nous apercevons par l'entremise de nos sens ont pu être produites; et nous serons assurés, par ceux de ses attributs dont il a voulu que nous ayons quelque connoissance, que ce que nous aurons une fois aperçu clairement et distinctement appartenir à la nature de ces choses, a la perfection d'être vrai.

28. Qu'il ne faut point examiner pour quelle fin Dieu a fait chaque chose, mais seulement parquel moyen il a voulu qu'elle fût produite.

Et le premier de ses attributs qui semble devoir être ici considéré, consiste en ce qu'il est très véritable et la source de toute lumière, de sorte qu'il n'est pas possible qu'il nous trompe, c'est-à-dire qu'il soit directement la cause des erreurs auxquelles nous sommes sujets, et que nous expérimentons en nous-mêmes; car, encore que l'adresse à pouvoir

29. Que Dieu n'est point la cause de nos erreurs.

tromper semble être une marque de subtilité d'esprit entre les hommes, néanmoins jamais la volonté de tromper ne procède que de malice ou de crainte et de foiblesse, et par conséquent ne peut être attribuée à Dieu.

<small>30. Et que par conséquent tout cela est vrai que nous connoissons clairement être vrai, ce qui nous délivre des doutes ci-dessus proposés.</small>

D'où il suit que la faculté de connoître qu'il nous a donnée, que nous appelons lumière naturelle, n'aperçoit jamais aucun objet qui ne soit vrai en ce qu'elle l'aperçoit, c'est-à-dire en ce qu'elle connoît clairement et distinctement; parceque nous aurions sujet de croire que Dieu seroit trompeur, s'il nous l'avoit donnée telle que nous prissions le faux pour le vrai lorsque nous en usons bien. Et cette considération seule nous doit délivrer de ce doute hyperbolique où nous avons été pendant que nous ne savions pas encore si celui qui nous a créés avoit pris plaisir à nous faire tels, que nous fussions trompés en toutes les choses qui nous semblent très claires. Elle nous doit servir aussi contre toutes les autres raisons que nous avions de douter, et que j'ai alléguées ci-dessus, même les vérités de mathématique ne nous seront plus suspectes, à cause qu'elles sont très évidentes; et si nous apercevons quelque chose par nos sens, soit en veillant, soit en dormant, pourvu que nous séparions ce qu'il y aura de clair et de distinct en la notion que nous aurons de cette chose de ce qui sera obscur et confus, nous pourrons facilement nous assurer de ce qui sera vrai. Je ne m'étends pas ici davantage sur ce sujet, parceque j'en ai amplement traité dans les Méditations de ma métaphysique, et ce qui suivra tantôt servira encore à l'expliquer mieux.

Mais parcequ'il arrive que nous nous méprenons souvent, quoique Dieu ne soit pas trompeur, si nous désirons rechercher la cause de nos erreurs, et en découvrir la source, afin de les corriger, il faut que nous prenions garde qu'elles ne dépendent pas tant de notre entendement comme de notre volonté, et qu'elles ne sont pas des choses ou des substances qui aient besoin du concours actuel de Dieu pour être produites; en sorte qu'elles ne sont à son égard que des négations, c'est-à-dire qu'il ne nous a pas donné tout ce qu'il pouvoit nous donner, et que nous voyons par même moyen qu'il n'étoit point tenu de nous donner; au lieu qu'à notre égard elles sont des défauts et des imperfections.

31. *Que nos erreurs au regard de Dieu ne sont que des négations, mais au regard de nous sont des privations ou des défauts.*

Car toutes les façons de penser que nous remarquons en nous peuvent être rapportées à deux générales, dont l'une consiste à apercevoir par l'entendement, et l'autre à se déterminer par la volonté. Ainsi sentir, imaginer et même concevoir des choses purement intelligibles, ne sont que des façons différentes d'apercevoir; mais désirer, avoir de l'aversion, assurer, nier, douter, sont des façons différentes de vouloir.

32. *Qu'il n'y a en nous que deux sortes de pensées, à savoir la perception de l'entendement et l'action de la volonté.*

Lorsque nous apercevons quelque chose, nous

33. *Que nous ne*

ne sommes point en danger de nous méprendre si nous n'en jugeons en aucune façon; et quand même nous en jugerions, pourvu que nous ne donnions notre consentement qu'à ce que nous connoissons clairement et distinctement devoir être compris en ce dont nous jugeons, nous ne saurions non plus faillir; mais ce qui fait que nous nous trompons ordinairement est que nous jugeons bien souvent, encore que nous n'ayons pas une connoissance bien exacte de ce dont nous jugeons.

nous trompons que lorsque nous jugeons de quelque chose qui ne nous est pas assez connue.

J'avoue que nous ne saurions juger de rien, si notre entendement n'y intervient, parcequ'il n'y a pas d'apparence que notre volonté se détermine sur ce que notre entendement n'aperçoit en aucune façon; mais comme la volonté est absolument nécessaire, afin que nous donnions notre consentement à ce que nous avons aucunement aperçu, et qu'il n'est pas nécessaire pour faire un jugement tel quel que nous ayons une connoissance entière et parfaite; de là vient que bien souvent nous donnons notre consentement à des choses dont nous n'avons jamais eu qu'une connoissance fort confuse.

34. Que la volonté aussi bien que l'entendement est requise pour juger.

De plus, l'entendement ne s'étend qu'à ce peu d'objets qui se présentent à lui, et sa connoissance est toujours fort limitée ; au lieu que la volonté en quelque sens peut sembler infinie, parceque nous n'apercevons rien qui puisse être l'objet de quelque autre volonté, même de cette immense qui est en

35. Qu'elle a plus d'étendue que lui, et que de là viennent nos erreurs.

Dieu, à quoi la nôtre ne puisse aussi s'étendre; ce qui est cause que nous la portons ordinairement au-delà de ce que nous connoissons clairement et distinctement; et lorsque nous en abusons de la sorte, ce n'est pas merveille s'il nous arrive de nous méprendre.

36. Lesquelles ne peuvent être imputées à Dieu.

Or, quoique Dieu ne nous ait pas donné un entendement tout-connoissant, nous ne devons pas croire pour cela qu'il soit l'auteur de nos erreurs, parceque tout entendement créé est fini, et qu'il est de la nature de l'entendement fini de n'être pas tout-connoissant.

37. Que la principale perfection de l'homme est d'avoir un libre arbitre, et que c'est ce qui le rend digne de louange ou de blâme.

Au contraire, la volonté étant de sa nature très étendue, ce nous est un avantage très grand de pouvoir agir par son moyen, c'est-à-dire librement; en sorte que nous soyons tellement les maîtres de nos actions, que nous sommes dignes de louange lorsque nous les conduisons bien : car, tout ainsi qu'on ne donne point aux machines qu'on voit se mouvoir en plusieurs façons diverses, aussi justement qu'on sauroit désirer, des louanges qui se rapportent véritablement à elles, parceque ces machines ne représentent aucune action qu'elles ne doivent faire par le moyen de leurs ressorts, et qu'on en donne à l'ouvrier qui les a faites, parcequ'il a eu le pouvoir et la volonté de les composer avec tant d'artifice; de même on doit nous attribuer quelque chose de plus, de ce que nous choisissons ce qui est vrai, lorsque nous le distinguons d'avec le faux par une détermination de notre volonté, que si nous y étions déterminés et contraints par un principe étranger.

<small>38. Que nos erreurs sont des défauts de notre façon d'agir, mais non point de notre nature; et que les fautes des sujets peuvent souvent être attribuées aux autres maîtres, mais non point à Dieu.</small>

Il est bien vrai que toutes les fois que nous faillons, il y a du défaut en notre façon d'agir ou en l'usage de notre liberté; mais il n'y a point pour cela de défaut en notre nature, à cause qu'elle est toujours la même quoique nos jugements soient vrais ou faux. Et quand Dieu auroit pu nous donner une connoissance si grande que nous n'eussions jamais été sujets à faillir, nous n'avons aucun droit pour cela de nous plaindre de lui; car, encore que parmi nous celui qui a pu empêcher un mal et ne l'a pas empêché en soit blâmé et jugé comme coupable, il n'en est pas de même à l'égard de Dieu, d'autant que le pouvoir que les hommes ont les uns sur les autres est institué afin qu'ils empêchent de malfaire ceux qui leur sont inférieurs, et que la toute-puissance que Dieu a sur l'univers est très absolue et très libre. C'est pourquoi nous devons le remercier des biens qu'il nous a faits, et non point nous plaindre de ce qu'il ne nous a pas avantagés de ceux que nous connoissons qui nous manquent et qu'il auroit peut-être pu nous départir.

<small>39. Que la liberté de notre vo-</small>

Au reste, il est si évident que nous avons une volonté libre, qui peut donner son consentement

PREMIÈRE PARTIE. 87

ou ne le pas donner quand bon lui semble, que cela peut être compté pour une de nos plus communes notions. Nous en avons eu ci-devant une preuve bien claire; car, au même temps que nous doutions du tout, et que nous supposions même que celui qui nous a créés employoit son pouvoir à nous tromper en toutes façons, nous apercevions en nous une liberté si grande, que nous pouvions nous empêcher de croire ce que nous ne connoissions pas encore parfaitement bien. Or ce que nous apercevions distinctement, et dont nous ne pouvions douter pendant une suspension si générale, est aussi certain qu'aucune autre chose que nous puissions jamais connoître.

<small>lonté se connoît sans preuve, par la seule expérience que nous en avons.</small>

Mais, à cause que ce que nous avons depuis connu de Dieu nous assure que sa puissance est si grande que nous ferions un crime de penser que nous eussions jamais été capables de faire aucune chose qu'il ne l'eût auparavant ordonnée, nous pourrions aisément nous embarrasser en des difficultés très grandes, si nous entreprenions d'accorder la liberté de notre volonté avec ses ordonnances, et si nous tâchions de comprendre, c'est-à-dire d'embrasser et comme limiter avec notre entendement toute l'étendue de notre libre arbitre et l'ordre de la Providence éternelle.

<small>40. Que nous savons aussi très certainement que Dieu a préordonné toutes choses.</small>

Au lieu que nous n'aurons point du tout de peine à nous en délivrer, si nous remarquons que notre

<small>41. Comment on peut accorder</small>

pensée est finie, et que la toute-puissance de Dieu, par laquelle il a non seulement connu de toute éternité ce qui est ou qui peut être, mais il l'a aussi voulu, est infinie. Ce qui fait que nous avons bien assez d'intelligence pour connoître clairement et distinctement que cette puissance est en Dieu ; mais que nous n'en avons pas assez pour comprendre tellement son étendue que nous puissions savoir comment elle laisse les actions des hommes entièrement libres et indéterminées ; et que d'autre côté nous sommes aussi tellement assurés de la liberté et de l'indifférence qui est en nous, qu'il n'y a rien que nous connoissions plus clairement ; de façon que la toute-puissance de Dieu ne nous doit point empêcher de la croire. Car nous aurions tort de douter de ce que nous apercevons intérieurement et que nous savons par expérience être en nous, parceque nous ne comprenons pas une autre chose que nous savons être incompréhensible de sa nature.

<small>notre libre arbitre avec la préordination divine.</small>

<small>42. Comment encore que nous ne voulions jamais faillir, c'est néanmoins par notre volonté que nous faillons.</small>

Mais, parceque nous savons que l'erreur dépend de notre volonté, et que personne n'a la volonté de se tromper, on s'étonnera peut-être qu'il y ait de l'erreur en nos jugements. Mais il faut remarquer qu'il y a bien de la différence entre vouloir être trompé et vouloir donner son consentement à des opinions qui sont cause que nous nous trompons quelquefois. Car, encore qu'il n'y ait personne qui veuille expressément se méprendre, il ne s'en trouve presque pas un qui ne veuille donner son consentement à des choses qu'il ne connoît pas distinctement : et même il arrive souvent que c'est le désir de connoître la vérité qui fait que ceux qui ne savent pas l'ordre qu'il faut tenir pour la rechercher manquent de la trouver et se trompent, à cause qu'il les incite à précipiter leurs jugements, et à prendre des choses pour vraies, desquelles ils n'ont pas assez de connoissance.

Mais il est certain que nous ne prendrons jamais le faux pour le vrai tant que nous ne jugerons que de ce que nous apercevons clairement et distinctement ; parceque Dieu n'étant point trompeur, la faculté de connoître qu'il nous a donnée ne sauroit faillir, ni même la faculté de vouloir, lorsque nous ne l'étendons point au-delà de ce que nous connoissons. Et quand même cette vérité n'auroit pas été démontrée, nous sommes naturellement si enclins à donner notre consentement aux choses que nous apercevons manifestement, que nous n'en saurions douter pendant que nous les apercevons de la sorte.

43. *Que nous ne saurions faillir en ne jugeant que des choses que nous apercevons clairement et distinctement.*

Il est aussi très certain que toutes les fois que nous approuvons quelque raison dont nous n'avons pas une connoissance bien exacte, ou que nous nous trompons, ou si nous trouvons la vérité, comme ce n'est que par hasard, que nous ne sau-

44. *Que nous ne saurions que mal juger de ce que nous n'apercevons pas clairement, bien*

que notre jugement puisse être vrai, et que c'est souvent notre mémoire qui nous trompe. rions être assurés de l'avoir rencontrée, et ne saurions savoir certainement que nous ne nous trompons point. J'avoue qu'il arrive rarement que nous jugions d'une chose en même temps que nous remarquons que nous ne la connoissons pas assez distinctement; à cause que la raison naturellement nous dicte que nous ne devons jamais juger de rien que de ce que nous connoissons distinctement auparavant que de juger. Mais nous nous trompons souvent, parceque nous présumons avoir autrefois connu plusieurs choses, et que tout aussitôt qu'il nous en souvient nous y donnons notre consentement, de même que si nous les avions suffisamment examinées, bien qu'en effet nous n'en ayons jamais eu une connoissance bien exacte.

45. Ce que c'est qu'une perception claire et distincte. Il y a même des personnes qui en toute leur vie n'aperçoivent rien comme il faut pour en bien juger; car la connoissance sur laquelle on peut établir un jugement indubitable doit être non seulement claire, mais aussi distincte. J'appelle claire celle qui est présente et manifeste à un esprit attentif; de même que nous disons voir clairement les objets, lorsqu'étant présents à nos yeux ils agissent assez fort sur eux, et qu'ils sont disposés à les regarder; et distincte, celle qui est tellement précise et différente de toutes les autres, qu'elle ne comprend en soi que ce qui paroît manifestement à celui qui la considère comme il faut.

Par exemple, lorsque quelqu'un sent une douleur cuisante, la connoissance qu'il a de cette douleur est claire à son égard, et n'est pas pour cela toujours distincte, parcequ'il la confond ordinairement avec le faux jugement qu'il fait sur la nature de ce qu'il pense être en la partie blessée, qu'il croit être semblable à l'idée ou au sentiment de la douleur qui est en sa pensée, encore qu'il n'aperçoive rien clairement que le sentiment ou la pensée confuse qui est en lui. Ainsi la connoissance peut quelquefois être claire sans être distincte; mais elle ne peut jamais être distincte qu'elle ne soit claire par même moyen.

46. Qu'elle peut être claire sans être distincte, mais non au contraire.

Or, pendant nos premières années, notre âme ou notre pensée étoit si fort offusquée du corps, qu'elle ne connoissoit rien distinctement, bien qu'elle aperçût plusieurs choses assez clairement; et parcequ'elle ne laissoit pas de faire cependant une réflexion telle quelle sur les choses qui se présentoient, et d'en juger témérairement, nous avons rempli notre mémoire de beaucoup de préjugés, dont nous n'entreprenons presque jamais de nous délivrer, encore qu'il soit très certain que nous ne saurions autrement les bien examiner. Mais, afin que nous puissions maintenant nous en délivrer sans beaucoup de peine, je ferai ici un dénombrement de toutes les notions simples qui composent nos pensées, et séparerai ce qu'il y a de clair en

47. Que pour ôter les préjugés de notre enfance il faut considérer ce qu'il y a de clair en chacune de nos premières notions.

chacune d'elles, et ce qu'il y a d'obscur, ou en quoi nous pouvons faillir.

<small>48.
Que tout ce dont nous avons quelque notion est considéré comme une chose ou comme une vérité : et le dénombrement des choses.</small>

Je distingue tout ce qui tombe sous notre connoissance en deux genres : le premier contient toutes les choses qui ont quelque existence, et l'autre toutes les vérités qui ne sont rien hors de notre pensée. Touchant les choses, nous avons premièrement certaines notions générales qui se peuvent rapporter à toutes, à savoir celles que nous avons de la substance, de la durée, de l'ordre et du nombre, et peut-être aussi quelques autres : puis nous en avons aussi de plus particulières, qui servent à les distinguer. Et la principale distinction que je remarque entre toutes les choses créées est que les unes sont intellectuelles, c'est-à-dire sont des substances intelligentes, ou bien des propriétés qui appartiennent à ces substances; et les autres sont corporelles, c'est-à-dire sont des corps, ou bien des propriétés qui appartiennent au corps. Ainsi l'entendement, la volonté, et toutes les façons de connoitre et de vouloir, appartiennent à la substance qui pense; la grandeur, ou l'étendue en longueur, largeur et profondeur, la figure, le mouvement, la situation des parties, et la disposition qu'elles ont à être divisées, et telles autres propriétés, se rapportent au corps. Il y a encore outre cela certaines choses que nous expérimentons en nous-mêmes qui ne doivent point être attribuées à l'âme seule, ni aussi au corps seul, mais à l'étroite union qui est entre eux, ainsi que j'expliquerai ci-après : tels sont les appétits de boire et de manger, etc., comme aussi les émotions ou les passions de l'âme qui ne dépendent pas de la pensée seule, comme l'émotion à la colère, à la joie, à la tristesse, à l'amour, etc.; tels sont, enfin, tous les sentiments, comme la douleur, le chatouillement, la lumière, les couleurs, les sons, les odeurs, le goût, la chaleur, la dureté, et toutes les autres qualités qui ne tombent que sous le sens de l'attouchement.

Jusques ici j'ai dénombré tout ce que nous connoissons comme des choses, il reste à parler de ce que nous connoissons comme des vérités. Par exemple, lorsque nous pensons qu'on ne sauroit faire quelque chose de rien, nous ne croyons point que cette proposition soit une chose qui existe ou la propriété de quelque chose, mais nous la prenons pour une certaine vérité éternelle qui a son siége en notre pensée, et que l'on nomme une notion commune ou une maxime : tout de même quand on dit qu'il est impossible qu'une même chose soit et ne soit pas en même temps, que ce qui a été fait ne peut n'être pas fait, que celui qui pense ne peut manquer d'être ou d'exister pendant qu'il pense, et quantité d'autres semblables, ce sont seulement des vérités, et non pas des choses qui

49. *Que les vérités ne peuvent ainsi être dénombrées, et qu'il n'en est pas besoin.*

soient hors de notre pensée, et il y en a un si grand nombre de telles qu'il seroit malaisé de les dénombrer ; mais aussi n'est-il pas nécessaire, parceque nous ne saurions manquer de les savoir lorsque l'occasion se présente de penser à elles, et que nous n'avons point de préjugés qui nous aveuglent.

50.
Que toutes ces vérités peuvent être clairement aperçues, mais non pas de tous, à cause des préjugés.

Pour ce qui est des vérités qu'on nomme des notions communes, il est certain qu'elles peuvent être connues de plusieurs très clairement et très distinctement ; car autrement elles ne mériteroient pas d'avoir ce nom : mais il est vrai aussi qu'il y en a qui le méritent au regard de quelques personnes, et qui ne le méritent point au regard des autres, à cause qu'elles ne leur sont pas assez évidentes. Non pas que je croie que la faculté de connoître, qui est en quelques hommes, s'étende plus loin que celle qui est communément en tous ; mais c'est plutôt qu'il y a des personnes qui ont imprimé de longue main des opinions en leur créance, qui étant contraires à quelques unes de ces vérités, empêchent qu'ils ne les puissent apercevoir, bien qu'elles soient fort manifestes à ceux qui ne sont point ainsi préoccupés.

51.
Ce que c'est que la substance ; et que c'est un nom qu'on ne peut attribuer à Dieu et aux

Pour ce qui est des choses que nous considérons comme ayant quelque existence, il est besoin que nous les examinions ici l'une après l'autre, afin de distinguer ce qui est obscur d'avec ce qui est évident en la notion que nous avons de chacune.

Lorsque nous concevons la substance, nous concevons seulement une chose qui existe en telle façon qu'elle n'a besoin que de soi-même pour exister. En quoi il peut y avoir de l'obscurité touchant l'explication de ce mot, *n'avoir besoin que de soi-même ;* car, à proprement parler, il n'y a que Dieu qui soit tel, et il n'y a aucune chose créée qui puisse exister un seul moment sans être soutenue et conservée par sa puissance. C'est pourquoi on a raison dans l'école de dire que le nom de substance n'est pas *univoque* au regard de Dieu et des créatures, c'est-à-dire qu'il n'y a aucune signification de ce mot que nous concevions distinctement, laquelle convienne en même sens à lui et à elles: mais, parcequ'entre les choses créées, quelques unes sont de telle nature qu'elles ne peuvent exister sans quelques autres, nous les distinguons d'avec celles qui n'ont besoin que du concours ordinaire de Dieu, en nommant celles-ci des substances, et celles-là des qualités ou des attributs de ces substances.

[créatures en même sens.]

Et la notion que nous avons ainsi de la substance créée se rapporte en même façon à toutes, c'est-à-dire à celles qui sont immatérielles comme à celles qui sont matérielles ou corporelles; car, pour entendre que ce sont des substances, il faut seulement que nous apercevions qu'elles peuvent exister sans l'aide d'aucune chose créée. Mais lorsqu'il est

52. Qu'il peut être attribué à l'âme et au corps en même sens, et comment on connoît la substance.

question de savoir si quelqu'une de ces substances existe véritablement, c'est-à-dire si elle est à présent dans le monde, ce n'est pas assez qu'elle existe en cette façon pour faire que nous l'apercevions : car cela seul ne nous découvre rien qui excite quelque connoissance particulière en notre pensée, il faut outre cela qu'elle ait quelques attributs que nous puissions remarquer; et il n'y en a aucun qui ne suffise pour cet effet, à cause que l'une de nos notions communes est que le néant ne peut avoir aucuns attributs, ni propriétés ou qualités; c'est pourquoi, lorsqu'on en rencontre quelqu'un, on a raison de conclure qu'il est l'attribut de quelque substance, et que cette substance existe.

63. *Que chaque substance a un attribut principal, et que celui de l'âme est la pensée, comme l'extension est celui du corps.*

Mais encore que tout attribut soit suffisant pour faire connoître la substance, il y en a toutefois un en chacune qui constitue sa nature et son essence, et de qui tous les autres dépendent. A savoir l'étendue en longueur, largeur et profondeur, constitue la nature de la substance corporelle; et la pensée constitue la nature de la substance qui pense. Car tout ce que d'ailleurs on peut attribuer au corps présuppose de l'étendue, et n'est qu'une dépendance de ce qui est étendu; de même, toutes les propriétés que nous trouvons en la chose qui pense ne sont que des façons différentes de penser. Ainsi nous ne saurions concevoir par exemple de figure, si ce n'est en une chose étendue, ni de mouvement qu'en un espace qui est étendu, ainsi l'imagination, le sentiment et la volonté dépendent tellement d'une chose qui pense que nous ne les pouvons concevoir sans elle. Mais, au contraire, nous pouvons concevoir l'étendue sans figure ou sans mouvement; et la chose qui pense sans imagination ou sans sentiment, et ainsi du reste.

<small>54. Comment nous pouvons avoir des pensées distinctes de la substance qui pense, de celle qui est corporelle, et de Dieu.</small>

Nous pouvons donc avoir deux notions ou idées claires et distinctes, l'une d'une substance créée qui pense, et l'autre d'une substance étendue, pourvu que nous séparions soigneusement tous les attributs de la pensée d'avec les attributs de l'étendue. Nous pouvons avoir aussi une idée claire et distincte d'une substance incréée qui pense et qui est indépendante, c'est-à-dire d'un Dieu, pourvu que nous ne pensions pas que cette idée nous représente tout ce qui est en lui, et que nous n'y mêlions rien par une fiction de notre entendement; mais que nous prenions garde seulement à ce qui est compris véritablement en la notion distincte que nous avons de lui et que nous savons appartenir à la nature d'un être tout parfait. Car il n'y a personne qui puisse nier qu'une telle idée de Dieu soit en nous, s'il ne veut croire sans raison que l'entendement humain ne sauroit avoir aucune connoissance de la Divinité.

<small>55. Comment nous en pou-</small>

Nous concevons aussi très distinctement ce que c'est que la durée, l'ordre et le nombre, si, au lieu *vous aussi avoir de la durée, de l'ordre et du nombre.* de mêler dans l'idée que nous en avons ce qui appartient proprement à l'idée de la substance, nous pensons seulement que la durée de chaque chose est un mode ou une façon dont nous considérons cette chose en tant qu'elle continue d'être; et que pareillement l'ordre et le nombre ne diffèrent pas en effet des choses ordonnées et nombrées, mais que ce sont seulement des façons sous lesquelles nous considérons diversement ces choses.

56.
Ce que c'est que qualité et attribut, et façon ou mode.
Lorsque je dis ici façon ou mode, je n'entends rien que ce que je nomme ailleurs attribut ou qualité. Mais lorsque je considère que la substance en est autrement disposée ou diversifiée, je me sers particulièrement du nom de mode ou façon; et lorsque, de cette disposition ou changement, elle peut être appelée telle, je nomme qualités les diverses façons qui font qu'elle est ainsi nommée; enfin, lorsque je pense plus généralement que ces modes ou qualités sont en la substance, sans les considérer autrement que comme les dépendances de cette substance, je les nomme attributs. Et, parceque je ne dois concevoir en Dieu aucune variété ni changement, je ne dis pas qu'il y ait en lui des modes ou des qualités, mais plutôt des attributs; et même dans les choses créées, ce qui se trouve en elles toujours de même sorte, comme l'existence et la durée en la chose qui existe et qui dure, je le nomme attribut, et non pas mode ou qualité.

De ces qualités ou attributs, il y en a quelques uns qui sont dans les choses mêmes, et d'autres qui ne sont qu'en notre pensée; ainsi, par exemple, le temps, que nous distinguons de la durée prise en général, et que nous disons être le nombre du mouvement, n'est rien qu'une certaine façon dont nous pensons à cette durée, car nous ne concevons point que la durée des choses qui sont mues soit autre que celle des choses qui ne le sont point : comme il est évident de ce que si deux corps sont mus pendant une heure, l'un vite et l'autre lentement, nous ne comptons pas plus de temps en l'un qu'en l'autre, encore que nous supposions plus de mouvement en l'un de ces deux corps. Mais afin de comprendre la durée de toutes les choses sous une même mesure, nous nous servons ordinairement de la durée de certains mouvements réguliers qui font les jours et les années, et la nommons temps, après l'avoir ainsi comparée ; bien qu'en effet ce que nous nommons ainsi ne soit rien hors de la véritable durée des choses qu'une façon de penser.

57. Qu'il y a des attributs qui appartiennent aux choses auxquelles ils sont attribués, et d'autres qui dépendent de notre pensée.

De même le nombre que nous considérons en général, sans faire réflexion sur aucune chose créée, n'est point hors de notre pensée, non plus que toutes ces autres idées générales que dans l'école on comprend sous le nom d'universaux.

58. Que les nombres et les universaux dépendent de notre pensée.

Qui se font de cela seul que nous nous servons

59. Quels sont les universaux.

d'une même idée pour penser à plusieurs choses particulières qui ont entre elles un certain rapport. Et lorsque nous comprenons sous un même nom les choses qui sont représentées par cette idée, ce nom est aussi universel. Par exemple, quand nous voyons deux pierres, et que, sans penser autrement à ce qui est de leur nature, nous remarquons seulement qu'il y en a deux, nous formons en nous l'idée d'un certain nombre que nous nommons le nombre de deux. Si, voyant ensuite deux oiseaux ou deux arbres, nous remarquons (sans penser aussi à ce qui est de leur nature) qu'il y en a deux, nous reprenons par ce même moyen la même idée que nous avions auparavant formée, et la rendons universelle, et le nombre aussi que nous nommons d'un nom universel le nombre de deux. De même, lorsque nous considérons une figure de trois côtés, nous formons une certaine idée que nous nommons l'idée du triangle, et nous nous en servons ensuite à nous représenter généralement toutes les figures qui n'ont que trois côtés. Mais, quand nous remarquons plus particulièrement que, des figures de trois côtés, les unes ont un angle droit et que les autres n'en ont point, nous formons en nous une idée universelle du triangle rectangle, qui, étant rapportée à la précédente qui est générale et plus universelle, peut être nommée espèce; et l'angle droit, la différence universelle par où les triangles rectangles diffèrent de tous les autres ; de plus, si nous remarquons que le carré du côté qui soutient l'angle droit est égal aux carrés des deux autres côtés, et que cette propriété convient seulement à cette espèce de triangles, nous la pourrons nommer propriété universelle des triangles rectangles. Enfin, si nous supposons que de ces triangles les uns se meuvent et que les autres ne se meuvent point, nous prendrons cela pour un accident universel en ces triangles ; et c'est ainsi qu'on compte ordinairement cinq universaux, à savoir le genre, l'espèce, la différence, le propre, et l'accident.

60. *Des distinctions, et premièrement de celle qui est réelle.*

Pour ce qui est du nombre que nous remarquons dans les choses mêmes, il vient de la distinction qui est entre elles : or il y a des distinctions de trois sortes ; à savoir, une qui est réelle, une autre modale, et une autre qu'on appelle distinction de raison, et qui se fait par la pensée. La réelle se trouve proprement entre deux ou plusieurs substances. Car nous pouvons conclure que deux substances sont réellement distinctes l'une de l'autre de cela seul que nous en pouvons concevoir une clairement et distinctement sans penser à l'autre ; parceque, suivant ce que nous connoissons de Dieu, nous sommes assurés qu'il peut faire tout ce dont nous avons une idée claire et distincte. C'est pourquoi, de ce que nous avons maintenant l'idée, par exemple, d'une substance étendue ou corporelle, bien que nous ne sachions pas encore certainement si une telle chose est à présent dans le monde, néanmoins, parceque nous en avons l'idée, nous pouvons conclure qu'elle peut être, et qu'en cas qu'elle existe, quelque partie que nous puissions déterminer de la pensée doit être distincte réellement de ses autres parties. De même, parcequ'un chacun de nous aperçoit en soi qu'il pense, et qu'il peut en pensant exclure de soi ou de son âme toute autre substance ou qui pense ou qui est étendue, nous pouvons conclure aussi qu'un chacun de nous ainsi considéré est réellement distinct de toute autre substance qui pense, et de toute substance corporelle. Et quand Dieu même joindroit si étroitement un corps à une âme qu'il fût impossible de les unir davantage, et feroit un composé de ces deux substances ainsi unies, nous concevons aussi qu'elles demeureroient toutes deux réellement distinctes, nonobstant cette union; parceque, quelque liaison que Dieu ait mis entre elles, il n'a pu se défaire de la puissance qu'il avoit de les séparer, ou bien de les conserver l'une sans l'autre, et que les choses que Dieu peut séparer ou conserver séparément les unes des autres sont réellement distinctes.

6. De la distinction modale. Il y a deux sortes de distinction modale, à savoir, l'une entre le mode que nous avons appelé façon

et la substance dont il dépend et qu'il diversifie ; et l'autre entre deux différentes façons d'une même substance. La première est remarquable en ce que nous pouvons apercevoir clairement la substance sans la façon qui diffère d'elle en cette sorte ; mais que réciproquement nous ne pouvons avoir une idée distincte d'une telle façon sans penser à une telle substance. Il y a, par exemple, une distinction modale entre la figure ou le mouvement et la substance corporelle dont ils dépendent tous deux ; il y en a aussi entre assurer ou se ressouvenir et la chose qui pense. Pour l'autre sorte de distinction, qui est entre deux différentes façons d'une même substance, elle est remarquable en ce que nous pouvons connoître l'une de ces façons sans l'autre, comme la figure sans le mouvement, et le mouvement sans la figure ; mais que nous ne pouvons penser distinctement ni à l'une ni à l'autre que nous ne sachions qu'elles dépendent toutes deux d'une même substance. Par exemple, si une pierre est mue, et avec cela carrée, nous pouvons connoître sa figure carrée sans savoir qu'elle soit mue, et réciproquement nous pouvons savoir qu'elle est mue sans savoir si elle est carrée ; mais nous ne pouvons avoir une connoissance distincte de ce mouvement et de cette figure si nous ne connoissons qu'ils sont tous deux en une même chose, à savoir en la substance de cette pierre.

Pour ce qui est de la distinction dont la façon d'une substance est différente d'une autre substance ou bien de la façon d'une autre substance, comme le mouvement d'un corps est différent d'un autre corps ou d'une chose qui pense, ou bien comme le mouvement est différent du doute, il me semble qu'on la doit nommer réelle plutôt que modale, à cause que nous ne saurions connoître les modes sans les substances dont ils dépendent, et que les substances sont réellement distinctes les unes des autres.

62. De la distinction qui se fait par la pensée.

Enfin, la distinction qui se fait par la pensée consiste en ce que nous distinguons quelquefois une substance de quelqu'un de ses attributs, sans lequel néanmoins il n'est pas possible que nous en ayons une connoissance distincte; ou bien en ce que nous tâchons de séparer d'une même substance deux tels attributs, en pensant à l'un sans penser à l'autre. Cette distinction est remarquable en ce que nous ne saurions avoir une idée claire et distincte d'une telle substance si nous lui ôtons un tel attribut; ou bien en ce que nous ne saurions avoir une idée claire et distincte de l'un de deux ou plusieurs tels attributs si nous le séparons des autres. Par exemple, à cause qu'il n'y a point de substance qui ne cesse d'exister lorsqu'elle cesse de durer, la durée n'est distincte de la substance que par la pensée; et généralement tous les attributs qui font que nous avons des pensées diverses d'une même chose, tels que sont par exemple l'étendue du corps et sa propriété d'être divisible en plusieurs parties, ne diffèrent du corps qui nous sert d'objet, et réciproquement l'un de l'autre, qu'à cause que nous pensons quelquefois confusément à l'un sans penser à l'autre. Il me souvient d'avoir mêlé la distinction qui se fait par la pensée avec la modale, sur la fin des réponses que j'ai faites aux premières objections qui m'ont été envoyées sur les Méditations de ma métaphysique; mais cela ne répugne point à ce que j'écris ici, parceque, n'ayant pas dessein de traiter pour lors fort amplement de cette matière, il me suffisoit de les distinguer toutes deux de la réelle.

Nous pouvons aussi considérer la pensée et l'étendue comme les choses principales qui constituent la nature de la substance intelligente et corporelle; et alors nous ne devons point les concevoir autrement que comme la substance même qui pense et qui est étendue, c'est-à-dire comme l'âme et le corps; car nous les connoissons en cette sorte très clairement et très distinctement. Il est même plus aisé de connoître une substance qui pense ou une substance étendue que la substance toute seule, laissant à part si elle pense ou si elle est étendue; parcequ'il y a quelque difficulté à séparer la notion que nous avons de la substance de celle

63. Comment on peut avoir des notions distinctes de l'extension et de la pensée, en tant que l'une constitue la nature du corps, et l'autre celle de l'âme.

que nous avons de la pensée et de l'étendue : car elles ne diffèrent de la substance que par cela seul que nous considérons quelquefois la pensée ou l'étendue sans faire réflexion sur la chose même qui pense ou qui est étendue. Et notre conception n'est pas plus distincte parcequ'elle comprend peu de choses, mais parceque nous discernons soigneusement ce qu'elle comprend, et que nous prenons garde à ne le point confondre avec d'autres notions qui la rendroient plus obscure.

64. Comment on peut aussi les concevoir distinctement en les prenant pour des modes ou attributs de ces substances.

Nous pouvons considérer aussi la pensée et l'étendue comme des modes ou des façons différentes qui se trouvent en la substance; c'est-à-dire que lorsque nous considérons qu'une même âme peut avoir plusieurs diverses pensées, et qu'un même corps avec sa même grandeur peut être étendu en plusieurs façons, tantôt plus en longueur et moins en largeur ou en profondeur, et quelquefois au contraire plus en largeur et moins en longueur; et que nous ne distinguons la pensée et l'étendue de ce qui pense et de ce qui est étendu, que comme les dépendances d'une chose de la chose même dont elles dépendent; nous les connoissons aussi clairement et aussi distinctement que leurs substances, pourvu que nous ne pensions point qu'elles subsistent d'elles-mêmes, mais qu'elles sont seulement des façons ou des dépendances de quelques substances. Car, quand nous les considérons comme les propriétés des substances dont elles dépendent, nous les distinguons aisément de ces substances, et les prenons pour telles qu'elles sont véritablement : au lieu que si nous voulions les considérer sans substance, cela pourroit être cause que nous les prendrions pour des choses qui subsistent d'elles-mêmes ; en sorte que nous confondrions l'idée que nous devons avoir de la substance avec celle que nous devons avoir de ses propriétés.

65. *Comment on conçoit aussi leurs diverses propriétés ou attributs.*

Nous pouvons aussi concevoir fort distinctement plusieurs diverses façons de penser, comme entendre, vouloir, imaginer, etc. ; et plusieurs diverses façons d'étendue, ou qui appartiennent à l'étendue, comme généralement toutes les figures, la situation des parties et leurs mouvements, pourvu que nous les considérions simplement comme des dépendances des substances où elles sont ; et quant à ce qui est du mouvement, pourvu que nous pensions seulement à celui qui se fait d'un lieu en un autre, sans rechercher la force qui le produit, laquelle toutefois j'essaierai de faire connoître lorsqu'il en sera temps.

66. *Que nous avons aussi des notions distinctes de nos sentiments, de nos affections et*

Il ne reste plus que les sentiments, les affections et les appétits, desquels nous pouvons avoir aussi une connoissance claire et distincte, pourvu que nous prenions garde à ne comprendre dans les jugements que nous en ferons que ce que nous de nos appétits, bien que souvent nous nous trompons aux jugements que nous en faisons.

connoîtrons précisément par la clarté de notre perception, et dont nous serons assurés par la raison. Mais il est malaisé d'user continuellement d'une telle précaution, au moins à l'égard de nos sentiments, à cause que nous avons cru dès le commencement de notre vie que toutes les choses que nous sentions avoient une existence hors de notre pensée, et qu'elles étoient entièrement semblables aux sentiments ou aux idées que nous avions à leur occasion. Ainsi lorsque nous avons vu, par exemple, une certaine couleur, nous avons cru voir une chose qui subsistoit hors de nous, et qui étoit semblable à l'idée que nous avions. Or nous avons ainsi jugé en tant de rencontres, et il nous a semblé voir cela si clairement et si distinctement, à cause que nous étions accoutumés à juger de la sorte, qu'on ne doit pas trouver étrange que quelques uns demeurent ensuite tellement persuadés de ce faux préjugé qu'ils ne puissent pas même se résoudre à en douter.

67. Que souvent même nous nous trompons en jugeant que nous sentons de la douleur en quelque partie de notre corps.

La même prévention a eu lieu en tous nos autres sentiments, même en ce qui est du chatouillement et de la douleur. Car encore que nous n'ayons pas cru qu'il y eût hors de nous dans les objets extérieurs des choses qui fussent semblables au chatouillement ou à la douleur qu'ils nous faisoient sentir, nous n'avons pourtant pas considéré ces sentiments comme des idées qui étoient seulement en notre âme, mais aussi nous avons cru qu'ils étoient dans nos mains, dans nos pieds, et dans les autres parties de notre corps : sans toutefois qu'il y ait aucune raison qui nous oblige à croire que la douleur que nous sentons, par exemple au pied, soit quelque chose hors de notre pensée qui soit dans notre pied, ni que la lumière que nous pensons voir dans le soleil soit dans le soleil ainsi qu'elle est en nous. Et si quelques uns se laissent encore persuader à une si fausse opinion, ce n'est qu'à cause qu'ils font si grand cas des jugements qu'ils ont faits lorsqu'ils étoient enfants, qu'ils ne sauroient les oublier pour en faire d'autres plus solides, comme il paroîtra encore plus manifestement par ce qui suit.

68. Comment on doit distinguer en telles choses ce en quoi on peut se tromper d'avec ce qu'on connoît clairement.

Mais afin que nous puissions distinguer ici ce qu'il y a de clair en nos sentiments d'avec ce qui est obscur, nous remarquerons en premier lieu que nous connoissons clairement et distinctement la douleur, la couleur, et les autres sentiments, lorsque nous les considérons simplement comme des pensées; mais que, quand nous voulons juger que la couleur, ou que la douleur, etc., sont des choses qui subsistent hors de notre pensée, nous ne concevons en aucune façon quelle chose c'est que cette couleur ou cette douleur, etc. Il en est de même lorsque quelqu'un nous dit qu'il voit de la couleur dans un corps, ou qu'il sent de la douleur en quelqu'un de ses membres; car c'est de même que s'il nous disoit qu'il voit ou qu'il sent quelque chose, mais qu'il ignore entièrement quelle est la nature de cette chose, ou bien qu'il n'a pas une connoissance distincte de ce qu'il voit et de ce qu'il sent. Car encore que, lorsqu'il n'examine pas ses pensées avec attention, il se persuade peut-être qu'il en a quelque connoissance, à cause qu'il suppose que la couleur qu'il croit voir dans un objet a de la ressemblance avec le sentiment qu'il éprouve en soi, néanmoins, s'il fait réflexion sur ce qui lui est représenté par la couleur ou par la douleur, en tant qu'elles existent dans un corps coloré ou bien dans une partie blessée, il trouvera sans doute qu'il n'en a pas de connoissance.

69. Qu'on connoît tout autrement les grandeurs, les figures, etc., que les couleurs et les douleurs, etc.

Principalement s'il considère qu'il connoît bien d'une autre façon ce que c'est que la grandeur dans le corps qu'il aperçoit, ou la figure, ou le mouvement, au moins celui qui se fait d'un lieu en un autre (car les philosophes, en feignant d'autres mouvements que celui-ci, ont fait voir qu'ils ne connoissoient pas bien sa vraie nature), ou la situation des parties, ou la durée, ou le nombre, et les autres propriétés que nous apercevons clairement en tous les corps, comme il a été déjà remarqué; que non pas ce que c'est que la couleur dans ce même corps, ou la douleur, l'odeur, le goût, la saveur, et tout ce que j'ai dit devoir être attribué au sens. Car encore que voyant un corps nous ne soyons pas moins assurés de son existence par la couleur que nous apercevons à son occasion que par la figure qui le termine, toutefois il est certain que nous connoissons tout autrement en lui cette propriété qui est cause que nous disons qu'il est figuré que celle qui fait qu'il nous semble qu'il est coloré.

Il est donc évident, lorsque nous disons à quelqu'un que nous apercevons des couleurs dans les objets, qu'il en est de même que si nous lui disions que nous apercevons en ces objets je ne sais quoi dont nous ignorons la nature, mais qui cause pourtant en nous un certain sentiment fort clair et fort manifeste qu'on nomme le sentiment des couleurs. Mais il y a bien de la différence en nos jugements. Car, tant que nous nous contentons de croire qu'il y a je ne sais quoi dans les objets (c'est-à-dire dans les choses telles qu'elles soient) qui cause en nous ces pensées confuses qu'on nomme sentiments, tant s'en faut que nous nous méprenions, qu'au contraire nous évitons la surprise qui nous pourroit faire méprendre, à cause que nous ne nous emportons pas sitôt à juger témérairement d'une chose que nous remarquons ne pas bien connoître. Mais lorsque nous croyons apercevoir une certaine couleur dans un objet, bien que nous n'ayons aucune connoissance dis-

70. Que nous pouvons juger en deux façons des choses sensibles, par l'une desquelles nous tombons en l'erreur, et par l'autre nous l'évitons.

tincte de ce que nous appelons d'un tel nom, et que notre raison ne nous fasse apercevoir aucune ressemblance entre la couleur que nous supposons être en cet objet et celle qui est en notre pensée; néanmoins, parceque nous ne prenons pas garde à cela, et que nous remarquons en ces mêmes objets plusieurs propriétés, comme la grandeur, la figure, le nombre, etc., qui existent en eux de la même sorte que nos sens ou plutôt notre entendement nous les fait apercevoir, nous nous laissons persuader aisément que ce qu'on nomme couleur dans un objet est quelque chose qui existe en cet objet et qui ressemble entièrement à la couleur qui est en notre pensée; et ensuite nous pensons apercevoir clairement en cette chose ce que nous n'apercevons en aucune façon appartenir à sa nature.

71.
Que la première et principale cause de nos erreurs sont les préjugés de notre enfance.

C'est ainsi que nous avons reçu la plupart de nos erreurs. A savoir pendant les premières années de notre vie, que notre âme étoit si étroitement liée au corps, qu'elle ne s'appliquoit à autre chose qu'à ce qui causoit en lui quelques impressions, elle ne considéroit pas encore si ces impressions étoient causées par des choses qui existassent hors de soi, mais seulement elle sentoit de la douleur lorsque le corps en étoit offensé, ou du plaisir lorsqu'il en recevoit de l'utilité, ou bien, si elles étoient si légères que le corps n'en reçût point de commodité, ni aussi d'incommodité qui fût importante à sa conservation, elle avoit des sentiments tels que sont ceux qu'on nomme goût, odeur, son, chaleur, froid, lumière, couleur, et autres semblables, qui véritablement ne nous représentent rien qui existe hors de notre pensée, mais qui sont divers selon les diversités qui se rencontrent dans les mouvements qui passent de tous les endroits de notre corps jusques à l'endroit du cerveau auquel elle est étroitement jointe et unie. Elle apercevoit aussi des grandeurs, des figures et des mouvements qu'elle ne prenoit pas pour des sentiments, mais pour des choses ou des propriétés de certaines choses qui lui sembloient exister ou du moins pouvoir exister hors de soi, bien qu'elle n'y remarquât pas encore cette différence. Mais lorsque nous avons été quelque peu plus avancés en âge, et que notre corps, se tournant fortuitement de part et d'autre par la disposition de ses organes, a rencontré des choses utiles ou en a évité de nuisibles, l'âme, qui lui étoit étroitement unie, faisant réflexion sur les choses qu'il rencontroit ou évitoit, a remarqué premièrement qu'elles existoient au-dehors, et ne leur a pas attribué seulement les grandeurs, les figures, les mouvements, et les autres propriétés qui appartiennent véritablement au corps, et qu'elle concevoit fort bien ou comme des choses ou comme les dépendances de quelques choses, mais encore les couleurs, les odeurs, et toutes les autres idées de ce genre qu'elle apercevoit aussi à leur occasion ; et comme elle étoit si fort offusquée du corps qu'elle ne considéroit les autres choses qu'autant qu'elles servoient à son usage, elle jugeoit qu'il y avoit plus ou moins de réalité en chaque objet, selon que les impressions qu'il causoit lui sembloient plus ou moins fortes. De là vient qu'elle a cru qu'il y avoit beaucoup plus de substance ou de corps dans les pierres et dans les métaux que dans l'air ou dans l'eau, parcequ'elle y sentoit plus de dureté et de pesanteur ; et qu'elle n'a considéré l'air non plus que rien lorsqu'il n'étoit agité d'aucun vent, et qu'il ne lui sembloit ni chaud ni froid. Et parceque les étoiles ne lui faisoient guère plus sentir de lumière que des chandelles allumées, elle n'imaginoit pas que chaque étoile fût plus grande que la flamme qui paroît au bout d'une chandelle qui brûle. Et parcequ'elle ne considéroit pas encore si la terre pouvoit tourner sur son essieu, et si sa superficie est courbée comme celle d'une boule, elle a jugé d'abord qu'elle étoit immobile, et que sa superficie étoit plate. Et nous avons été par ce moyen si fort prévenus de mille autres préjugés, que, lors même que nous étions capables de bien user de notre raison, nous les avons reçus en notre créance ; et au lieu de penser que nous avions fait ces jugements en un temps que nous n'étions pas capables de bien juger, et par conséquent qu'ils pouvoient être plutôt faux que vrais, nous les avons reçus pour aussi certains que si nous en avions eu une connoissance distincte par l'entremise de nos sens, et n'en avons non plus douté que s'ils eussent été des notions communes.

Enfin, lorsque nous avons atteint l'usage entier de notre raison, et que notre âme n'étant plus si sujette au corps, tâche à bien juger des choses, et à connoître leur nature, bien que nous remarquions que les jugements que nous avons faits lorsque nous étions encore enfants sont pleins d'erreur, nous avons toutefois assez de peine à nous en délivrer entièrement, et néanmoins il est certain que si nous ne nous en délivrons et ne les considérons comme faux ou incertains, nous serons toujours en danger de retomber en quelque fausse prévention. Cela est tellement vrai, qu'à cause que dès notre enfance nous avons imaginé, par exemple, les étoiles fort petites, nous ne saurions nous défaire encore de cette imagination, bien que nous connoissions par les raisons de l'astronomie qu'elles sont fort grandes : tant a de pouvoir sur nous une opinion déjà reçue !

72. Que la seconde est que nous ne pouvons oublier ces préjugés.

De plus, comme notre âme ne sauroit s'arrêter à considérer long-temps une même chose avec attention sans se peiner et même sans se fatiguer,

73. La troisième, que notre esprit se fatigue quand il se

et qu'elle ne s'applique à rien avec tant de peine qu'aux choses purement intelligibles, qui ne sont présentes ni aux sens ni à l'imagination, soit que naturellement elle ait été faite ainsi, à cause qu'elle est unie au corps, ou que pendant les premières années de notre vie nous nous soyons si fort accoutumés à sentir et imaginer, que nous ayons acquis une facilité plus grande à penser de cette sorte, de là vient que beaucoup de personnes ne sauroient croire qu'il y ait des substances, si elles ne sont imaginables et corporelles, et même sensibles; car on ne prend pas garde ordinairement qu'il n'y a que les choses qui consistent en étendue, en mouvement et en figure, qui soient imaginables, et qu'il y en a quantité d'autres que celles-là qui sont intelligibles; de là vient aussi que la plupart du monde se persuade qu'il n'y a rien qui puisse subsister sans corps, et même qu'il n'y a point de corps qui ne soit sensible. Et d'autant que ce ne sont point nos sens qui nous font découvrir la nature de quoi que ce soit, mais seulement notre raison lorsqu'elle y intervient, on ne doit pas trouver étrange que la plupart des hommes n'aperçoivent les choses que fort confusément, vu qu'il n'y en a que très peu qui s'étudient à la bien conduire.

<small>rend attentif à toutes les choses dont nous jugeons.</small>

<small>74. La quatrième, que nous atta-</small> Au reste, parceque nous attachons nos conceptions à certaines paroles, afin de les exprimer de

bouche, et que nous nous souvenons plutôt des paroles que des choses, à peine saurions-nous concevoir aucune chose si distinctement que nous séparions entièrement ce que nous concevons d'avec les paroles qui avoient été choisies pour l'exprimer. Ainsi la plupart des hommes donnent leur attention aux paroles plutôt qu'aux choses; ce qui est cause qu'ils donnent bien souvent leur consentement à des termes qu'ils n'entendent point, et qu'ils ne se soucient pas beaucoup d'entendre, soit parcequ'ils croient les avoir autrefois entendus, soit parcequ'il leur a semblé que ceux qui les leur ont enseignés en connoissoient la signification, et qu'ils l'ont apprise par même moyen. Et, bien que ce ne soit pas ici le lieu de traiter de cette matière, à cause que je n'ai pas enseigné quelle est la nature du corps humain et que je n'ai pas même encore prouvé qu'il y ait au monde aucun corps, il me semble néanmoins que ce que j'en ai dit nous pourra servir à discerner celles de nos conceptions qui sont claires et distinctes d'avec celles où il y a de la confusion et qui nous sont inconnues.

C'est pourquoi si nous désirons vaquer sérieusement à l'étude de la philosophie et à la recherche de toutes les vérités que nous sommes capables de connoître, nous nous délivrerons en premier lieu de nos préjugés, et ferons état de rejeter toutes les opinions que nous avons autrefois reçues en

chons nos pensées à des paroles qui ne les expriment pas exactement.

75. Abrégé de tout ce qu'on doit observer pour bien philosopher.

notre créance, jusques à ce que nous les ayons derechef examinées; nous ferons ensuite une revue sur les notions qui sont en nous, et ne recevrons pour vraies que celles qui se présenteront clairement et distinctement à notre entendement. Par ce moyen, nous connoîtrons premièrement que nous sommes, en tant que notre nature est de penser, et qu'il y a un Dieu duquel nous dépendons; et après avoir considéré ses attributs nous pourrons rechercher la vérité de toutes les autres choses, parcequ'il en est la cause. Outre les notions que nous avons de Dieu et de notre pensée, nous trouverons aussi en nous la connoissance de beaucoup de propositions qui sont perpétuellement vraies, comme, par exemple, que le néant ne peut être l'auteur de quoi que ce soit, etc. Nous y trouverons aussi l'idée d'une nature corporelle ou étendue, qui peut être mue, divisée, etc., et des sentiments qui causent en nous certaines dispositions, comme la douleur, les couleurs, etc.; et, comparant ce que nous venons d'apprendre en examinant ces choses par ordre, avec ce que nous en pensions avant que de les avoir ainsi examinées, nous nous accoutumerons à former des conceptions claires et distinctes sur tout ce que nous sommes capables de connoître. C'est en ce peu de préceptes que je pense avoir compris tous les principes les plus généraux et les plus importants de la connoissance humaine.

Surtout, nous tiendrons pour règle infaillible que ce que Dieu a révélé est incomparablement plus certain que tout le reste, afin que si quelque étincelle de raison sembloit nous suggérer quelque chose au contraire, nous soyons toujours prêts à soumettre notre jugement à ce qui vient de sa part; mais, pour ce qui est des vérités dont la théologie ne se mêle point, il n'y auroit pas d'apparence qu'un homme qui veut être philosophe reçût pour vrai ce qu'il n'a point connu être tel, et qu'il aimât mieux se fier à ses sens, c'est-à-dire aux jugements inconsidérés de son enfance, qu'à sa raison, lorsqu'il est en état de la bien conduire.

76. Que nous devons préférer l'autorité divine à nos raisonnements, et ne rien croire de ce qui n'est pas révélé que nous ne le connoissions fort clairement.

LES PRINCIPES
DE
LA PHILOSOPHIE.

SECONDE PARTIE.

DES PRINCIPES DES CHOSES MATÉRIELLES.

1. Quelles raisons nous font savoir certainement qu'il y a des corps.
Bien que nous soyons suffisamment persuadés qu'il y a des corps qui sont véritablement dans le monde, néanmoins, comme nous en avons douté ci-devant, et que nous avons mis cela au nombre des jugements que nous avons faits dès le commencement de notre vie, il est besoin que nous recherchions ici des raisons qui nous en fassent avoir une science certaine. Premièrement, nous expérimentons en nous-mêmes que tout ce que nous sentons vient de quelque autre chose que de notre pensée;

car il n'est pas en notre pouvoir de faire que nous ayons un sentiment plutôt qu'un autre, mais cela dépend entièrement de cette chose, selon qu'elle touche nos sens. Il est vrai que nous pourrions nous enquérir si Dieu, ou quelque autre que lui, ne seroit point cette chose : mais, à cause que nous sentons, ou plutôt que nos sens nous excitent souvent à apercevoir clairement et distinctement une matière étendue en longueur, largeur et profondeur dont les parties ont des figures et des mouvements divers, d'où procèdent les sentiments que nous avons des couleurs, des odeurs, de la douleur, etc., si Dieu présentoit à notre âme immédiatement par lui-même l'idée de cette matière étendue, ou seulement s'il permettoit qu'elle fût causée en nous par quelque chose qui n'eût point d'extension, de figure, ni de mouvement, nous ne pourrions trouver aucune raison qui nous empêchât de croire qu'il prend plaisir à nous tromper ; car nous concevons cette matière comme une chose différente de Dieu et de notre pensée, et il nous semble que l'idée que nous en avons se forme en nous à l'occasion des corps de dehors, auxquels elle est entièrement semblable. Or, puisque Dieu ne nous trompe point, parceque cela répugne à sa nature, comme il a été déjà remarqué, nous devons conclure qu'il y a une certaine substance étendue en longueur, largeur et profondeur, qui existe à présent dans le monde, avec toutes les propriétés que nous connoissons manifestement lui appartenir. Et cette substance étendue est ce qu'on nomme proprement le corps, ou la substance des choses matérielles.

<small>2.
Comment nous savons aussi que notre âme est jointe à un corps.</small>

Nous devons conclure aussi qu'un certain corps est plus étroitement uni à notre âme que tous les autres qui sont au monde, parceque nous apercevons clairement que la douleur et plusieurs autres sentiments nous arrivent sans que nous les ayons prévus, et que notre âme, par une connoissance qui lui est naturelle, juge que ces sentiments ne procèdent point d'elle seule, en tant qu'elle est une chose qui pense, mais en tant qu'elle est unie à une chose étendue qui se meut par la disposition de ses organes, qu'on nomme proprement le corps d'un homme. Mais ce n'est pas ici l'endroit où je prétends traiter particulièrement de ces choses.

<small>3.
Que nos sens ne nous enseignent pas la nature des choses, mais seulement ce en quoi elles nous sont utiles ou nuisibles.</small>

Il suffira que nous remarquions seulement que tout ce que nous apercevons par l'entremise de nos sens se rapporte à l'étroite union qu'a l'âme avec le corps, et que nous connoissons ordinairement par leur moyen ce en quoi les corps de dehors nous peuvent profiter ou nuire, mais non pas quelle est leur nature, si ce n'est peut-être rarement et par hasard. Car, après cette réflexion, nous quitterons sans peine tous les préjugés qui ne sont fondés que sur nos sens, et ne nous servirons que de notre entendement pour en examiner la nature, parceque c'est en lui seul que les premières notions ou idées, qui sont comme les semences des vérités que nous sommes capables de connoître, se trouvent naturellement.

En ce faisant, nous saurons que la nature de la matière ou du corps pris en général ne consiste point en ce qu'il est une chose dure, ou pesante, ou colorée, ou qui touche nos sens de quelque autre façon, mais seulement en ce qu'il est une substance étendue en longueur, largeur et profondeur. Pour ce qui est de la dureté, nous n'en connoissons autre chose par le moyen de l'attouchement, sinon que les parties des corps durs résistent au mouvement de nos mains lorsqu'elles les rencontrent : mais si toutes les fois que nous portons nos mains quelque part les corps qui sont en cet endroit-là se retiroient aussi vite comme elles en approchent, il est certain que nous ne sentirions jamais de dureté; et néanmoins nous n'avons aucune raison qui nous puisse faire croire que les corps qui se retireroient de cette sorte perdissent pour cela ce qui les fait corps. D'où il suit que leur nature ne consiste pas en la dureté que nous sentons quelquefois à leur occasion, ni aussi en la pesanteur, chaleur, et autres qualités de ce genre : car si nous examinons quelque corps que ce soit, nous pouvons penser qu'il n'a en soi aucunes de ces qualités,

4. Que ce n'est pas la pesanteur, ni la dureté, ni la couleur, etc., qui constitue la nature du corps, mais l'extension seule.

et cependant nous connoissons clairement et distinctement qu'il a tout ce qui le fait corps, pourvu qu'il ait de l'extension en longueur, largeur et profondeur ; d'où il suit aussi que pour être il n'a besoin d'elles en aucune façon, et que sa nature consiste en cela seul qu'il est une substance qui a de l'extension.

5. Que cette vérité est obscurcie par les opinions dont on est préoccupé touchant la raréfaction et le vide.

Pour rendre cette vérité entièrement évidente, il ne reste ici que deux difficultés à éclaircir. La première consiste en ce que quelques uns, voyant proche de nous des corps qui sont quelquefois plus et quelquefois moins raréfiés, se sont imaginé qu'un même corps a plus d'extension lorsqu'il est raréfié que lorsqu'il est condensé ; il y en a même qui ont subtilisé jusques à vouloir distinguer la substance d'un corps d'avec sa propre grandeur, et la grandeur même d'avec son extension. L'autre n'est fondée que sur une façon de penser qui est en usage, à savoir qu'on n'entend pas qu'il y ait un corps où l'on dit qu'il n'y a qu'une étendue en longueur, largeur et profondeur, mais seulement un espace, et encore un espace vide, qu'on se persuade aisément n'être rien.

6. Comment se fait la raréfaction.

Pour ce qui est de la raréfaction et de la condensation, quiconque voudra examiner ses pensées, et ne rien admettre sur ce sujet que ce dont il aura une idée claire et distincte, ne croira pas qu'elles se fassent autrement que par un changement de figure qui arrive au corps, lequel est raréfié ou condensé; c'est-à-dire que toutes fois et quantes que nous voyons qu'un corps est raréfié, nous devons penser qu'il y a plusieurs intervalles entre ses parties, lesquels sont remplis de quelque autre corps, et que lorsqu'il est condensé, ses mêmes parties sont plus proches les unes des autres qu'elles n'étoient, soit qu'on ait rendu les intervalles qui étoient entre elles plus petits, ou qu'on les ait entièrement ôtés, auquel cas on ne sauroit concevoir qu'un corps puisse être davantage condensé ; et toutefois il ne laisse pas d'avoir tout autant d'extension que lorsque ces mêmes parties étant éloignées les unes des autres, et comme éparses en plusieurs branches, embrassoient un plus grand espace. Car nous ne devons point lui attribuer l'étendue qui est dans les pores ou intervalles que ses parties n'occupent point lorsqu'il est raréfié, mais aux autres corps qui remplissent ces intervalles; tout de même que voyant une éponge pleine d'eau ou de quelque autre liqueur, nous n'entendons point que chaque partie de cette éponge ait pour cela plus d'étendue, mais seulement qu'il y a des pores ou intervalles entre ses parties qui sont plus grands que lorsqu'elle est sèche et plus serrée.

Je ne sais pourquoi, lorsqu'on a voulu expliquer comment un corps est raréfié, on a mieux aimé dire que c'étoit par l'augmentation de sa

7.
Qu'elle ne peut être intelligiblement expliquée

quantité, que de se servir de l'exemple de cette éponge. Car bien que nous ne voyions point, lorsque l'air ou l'eau sont raréfiés, les pores qui sont entre les parties de ces corps, ni comment ils sont devenus plus grands, ni même le corps qui les remplit, il est toutefois beaucoup moins raisonnable de feindre je ne sais quoi qui n'est pas intelligible, pour expliquer seulement en apparence, et par des termes qui n'ont aucun sens, la façon dont un corps est raréfié, que de conclure, en conséquence de ce qu'il est raréfié, qu'il y a des pores ou intervalles entre ses parties qui sont devenus plus grands, et qui sont pleins de quelque autre corps. Et nous ne devons pas faire difficulté de croire que la raréfaction ne se fasse ainsi que je dis, bien que nous n'apercevions par aucun de nos sens le corps qui les remplit, parcequ'il n'y a point de raison qui nous oblige à croire que nous devions apercevoir par nos sens tous les corps qui sont autour de nous, et que nous voyons qu'il est très aisé de l'expliquer en cette sorte, et qu'il est impossible de la concevoir autrement; car, enfin, il y auroit, ce me semble, une contradiction manifeste qu'une chose fût augmentée d'une grandeur ou d'une extension qu'elle n'avoit point, et qu'elle ne fût pas accrue par même moyen d'une nouvelle substance étendue ou bien d'un nouveau corps, à cause qu'il n'est pas possible de conce-

qu'en la façon ici proposée.

voir qu'on puisse ajouter de la grandeur ou de l'extension à une chose par aucun autre moyen qu'en y ajoutant une chose grande et étendue, comme il paroîtra encore plus clairement par ce qui suit.

Dont la raison est que la grandeur ne diffère de ce qui est grand, et le nombre de ce qui est nombré, que par notre pensée : c'est-à-dire qu'encore que nous puissions penser à ce qui est de la nature d'une chose étendue qui est comprise en un espace de dix pieds, sans prendre garde à cette mesure de dix pieds, à cause que cette chose est de même nature en chacune de ses parties comme dans le tout; et que nous puissions penser à un nombre de dix, ou bien à une grandeur continue de dix pieds, sans penser à une telle chose, à cause que l'idée que nous avons du nombre de dix est la même, soit que nous considérions un nombre de dix pieds, ou quelque autre dizaine; et que nous puissions même concevoir une grandeur continue de dix pieds, sans faire réflexion sur telle ou telle chose, bien que nous ne puissions la concevoir sans quelque chose d'étendu : toutefois il est évident qu'on ne sauroit ôter aucune partie d'une telle grandeur, ou d'une telle extension, qu'on ne retranche par même moyen tout autant de la chose; et réciproquement, qu'on ne sauroit retrancher de la chose, qu'on n'ôte par même moyen tout autant de la grandeur ou de l'extension.

8. Que la grandeur ne diffère de ce qui est grand, ni le nombre des choses nombrées, que par notre pensée.

Si quelques uns s'expliquent autrement sur ce

9. Que la substance corpo-

sujet, je ne pense pourtant pas qu'ils conçoivent autre chose que ce que je viens de dire ; car lorsqu'ils distinguent la substance corporelle ou matérielle d'avec l'extension et la grandeur, ou ils n'entendent rien par le mot de substance corporelle, ou ils forment seulement en leur esprit une idée confuse de la substance immatérielle, qu'ils attribuent faussement à la substance corporelle, et laissent à l'extension la véritable idée de cette substance corporelle ; laquelle extension ils nomment un accident, mais si improprement qu'il est aisé de connoître que leurs paroles n'ont point de rapport avec leurs pensées.

relle ne peut être clairement conçue sans son extension.

10. *Ce que c'est que l'espace ou le lieu intérieur.*

L'espace, ou le lieu intérieur, et le corps qui est compris en cet espace, ne sont différents aussi que par notre pensée. Car, en effet, la même étendue en longueur, largeur et profondeur qui constitue l'espace, constitue le corps ; et la différence qui est entre eux ne consiste qu'en ce que nous attribuons au corps une étendue particulière, que nous concevons changer de place avec lui toutes fois et quantes qu'il est transporté, et que nous en attribuons à l'espace une si générale et si vague, qu'après avoir ôté d'un certain espace le corps qui l'occupoit, nous ne pensons pas avoir aussi transporté l'étendue de cet espace, à cause qu'il nous semble que la même étendue y demeure toujours pendant qu'il est de même grandeur et de même figure, et qu'il n'a point changé de situation au regard des corps de dehors par lesquels nous le déterminons.

Mais il sera aisé de connoître que la même étendue qui constitue la nature du corps constitue aussi la nature de l'espace, en sorte qu'ils ne diffèrent entre eux que comme la nature du genre ou de l'espèce diffère de la nature de l'individu, si, pour mieux discerner quelle est la véritable idée que nous avons du corps, nous prenons pour exemple une pierre et en ôtons tout ce que nous saurons ne point appartenir à la nature du corps. Otons-en donc premièrement la dureté, parceque, si on réduisoit cette pierre en poudre, elle n'auroit plus de dureté, et ne laisseroit pas pour cela d'être un corps; ôtons-en aussi la couleur, parceque nous avons pu voir quelquefois des pierres si transparentes qu'elles n'avoient point de couleur; ôtons-en la pesanteur, parceque nous voyons que le feu, quoiqu'il soit très léger, ne laisse pas d'être un corps; ôtons-en le froid, la chaleur, et toutes les autres qualités de ce genre, parceque nous ne pensons point qu'elles soient dans la pierre, ou bien que cette pierre change de nature parcequ'elle nous semble tantôt chaude et tantôt froide. Après avoir ainsi examiné cette pierre, nous trouverons que la véritable idée qui nous fait concevoir qu'elle est un corps consiste en cela seul que nous apercevons distinctement qu'elle est une substance étendue en longueur, largeur et pro-

11.
En quel sens on peut dire qu'il n'est point différent du corps qu'il contient.

fondeur: or cela même est compris en l'idée que nous avons de l'espace, non seulement de celui qui est plein de corps, mais encore de celui qu'on appelle vide.

12.
Et en quel sens il en est différent.

Il est vrai qu'il y a de la différence en notre façon de penser; car si on a ôté une pierre de l'espace ou du lieu où elle étoit, nous entendons qu'on en a ôté l'étendue de cette pierre, parceque nous les jugeons inséparables l'une de l'autre: et toutefois nous pensons que la même étendue du lieu où étoit cette pierre est demeurée, nonobstant que le lieu qu'elle occupoit auparavant ait été rempli de bois, ou d'eau, ou d'air, ou de quelque autre corps, ou que même il paroisse vide, parceque nous prenons l'étendue en général, et qu'il nous semble que la même peut être commune aux pierres, au bois, à l'eau, à l'air, et à tous les autres corps, et aussi au vide s'il y en a, pourvu qu'elle soit de même grandeur et de même figure qu'auparavant, et qu'elle conserve une même situation à l'égard des corps de dehors qui déterminent cet espace.

13.
Ce que c'est que le lieu extérieur.

Dont la raison est que les mots de lieu et d'espace ne signifient rien qui diffère véritablement du corps que nous disons être en quelque lieu, et nous marquent seulement sa grandeur, sa figure, et comment il est situé entre les autres corps. Car il faut, pour déterminer cette situation, en remarquer quelques autres que nous considérions comme immobiles; mais, selon que ceux que nous considérons ainsi sont divers, nous pouvons dire qu'une même chose en même temps change de lieu et n'en change point. Par exemple, si nous considérons un homme assis à la poupe d'un vaisseau que le vent emporte hors du port, et ne prenons garde qu'à ce vaisseau, il nous semblera que cet homme ne change point de lieu, parceque nous voyons qu'il demeure toujours en une même situation à l'égard des parties du vaisseau sur lequel il est ; et si nous prenons garde aux terres voisines, il nous semblera aussi que cet homme change incessamment de lieu, parcequ'il s'éloigne de celles-ci, et qu'il approche de quelques autres; si outre cela nous supposons que la terre tourne sur son essieu, et qu'elle fait précisément autant de chemin du couchant au levant comme ce vaisseau en fait du levant au couchant, il nous semblera derechef que celui qui est assis à la poupe ne change point de lieu, parceque nous déterminerons ce lieu par quelques points immobiles que nous imaginerons être au ciel. Mais si nous pensons qu'on ne sauroit rencontrer en tout l'univers aucun point qui soit véritablement immobile, comme on connoîtra par ce qui suit que cela peut être démontré, nous conclurons qu'il n'y a point de lieu d'aucune chose au monde qui soit ferme et arrêté, sinon en tant que nous l'arrêtons en notre pensée.

14.
Quelle différence il y a entre le lieu et l'espace.

Toutefois le lieu et l'espace sont différents en leurs noms, parceque le lieu nous marque plus expressément la situation que la grandeur ou la figure, et qu'au contraire nous pensons plutôt à celles-ci lorsqu'on nous parle de l'espace; car nous disons qu'une chose est entrée en la place d'une autre, bien qu'elle n'en ait exactement ni la grandeur ni la figure, et n'entendons point qu'elle occupe pour cela le même espace qu'occupoit cette autre chose; et lorsque la situation est changée, nous disons que le lieu est aussi changé, quoiqu'il soit de même grandeur et de même figure qu'auparavant : de sorte que si nous disons qu'une chose est en un tel lieu, nous entendons seulement qu'elle est située de telle façon à l'égard de quelques autres choses; mais si nous ajoutons qu'elle occupe un tel espace, ou un tel lieu, nous entendons outre cela qu'elle est de telle grandeur et de telle figure qu'elle peut le remplir tout justement.

15.
Comment la superficie qui environne un corps peut être prise pour son lieu extérieur.

Ainsi nous ne distinguons jamais l'espace d'avec l'étendue en longueur, largeur et profondeur; mais nous considérons quelquefois le lieu comme s'il étoit en la chose qui est placée, et quelquefois aussi comme s'il en étoit dehors. L'intérieur ne diffère en aucune façon de l'espace; mais nous prenons quelquefois l'extérieur ou pour la superficie qui environne immédiatement la chose qui est placée (et il est à remarquer que par la superficie on ne doit entendre aucune partie du corps qui environne, mais seulement l'extrémité qui est entre le corps qui environne et celui qui est environné, qui n'est rien qu'un mode ou une façon), ou bien pour la superficie en général, qui n'est point partie d'un corps plutôt que d'un autre, et qui semble toujours la même, tant qu'elle est de même grandeur et de même figure ; car, encore que nous voyions que le corps qui environne un autre corps passe ailleurs avec sa superficie, nous n'avons pas coutume de dire que celui qui en étoit environné ait pour cela changé de place lorsqu'il demeure en la même situation à l'égard des autres corps que nous considérons comme immobiles. Ainsi nous disons qu'un bateau qui est emporté par le cours d'une rivière, et qui en même temps est repoussé par le vent d'une force si égale qu'il ne change point de situation à l'égard des rivages, demeure en même lieu, bien que nous voyions que toute la superficie qui l'environne change incessamment.

Pour ce qui est du vide, au sens que les philosophes prennent ce mot, à savoir pour un espace où il n'y a point de substance, il est évident qu'il n'y a point d'espace en l'univers qui soit tel, parceque l'extension de l'espace ou du lieu intérieur n'est point différente de l'extension du corps. Et, comme de cela seul qu'un corps est étendu en

16.
Qu'il ne peut y avoir aucun vide au sens que les philosophes prennent ce mot.

longueur, largeur et profondeur, nous avons raison de conclure qu'il est une substance, à cause que nous concevons qu'il n'est pas possible que ce qui n'est rien ait de l'extension, nous devons conclure le même de l'espace qu'on suppose vide, à savoir que puisqu'il y a en lui de l'extension il y a nécessairement aussi de la substance.

<small>17. Que le mot de vide pris selon l'usage ordinaire n'exclut point toute sorte de corps.</small>

Mais lorsque nous prenons ce mot selon l'usage ordinaire, et que nous disons qu'un lieu est vide, il est constant que nous ne voulons pas dire qu'il n'y a rien du tout en ce lieu ou en cet espace, mais seulement qu'il n'y a rien de ce que nous présumons y devoir être. Ainsi, parcequ'une cruche est faite pour tenir de l'eau, nous disons qu'elle est vide lorsqu'elle ne contient que de l'air; et s'il n'y a point de poisson dans un vivier, nous disons qu'il n'y a rien dedans, quoiqu'il soit plein d'eau; ainsi nous disons qu'un vaisseau est vide, lorsqu'au lieu des marchandises dont on le charge d'ordinaire on ne l'a chargé que de sable, afin qu'il pût résister à l'impétuosité du vent : et c'est en ce même sens que nous disons qu'un espace est vide lorsqu'il ne contient rien qui nous soit sensible, encore qu'il contienne une matière créée et une substance étendue. Car nous ne considérons ordinairement les corps qui sont proches de nous qu'en tant qu'ils causent dans les organes de nos sens des impressions si fortes que nous les pouvons sentir. Et si, au lieu de nous souvenir de ce que nous devons entendre par ces mots de vide ou de rien, nous pensions par après qu'un tel espace où nos sens ne nous font rien apercevoir, ne contient aucune chose créée, nous tomberions en une erreur aussi grossière que si, à cause qu'on dit ordinairement qu'une cruche est vide dans laquelle il n'y a que de l'air, nous jugions que l'air qu'elle contient n'est pas une chose ou une substance.

Nous avons presque tous été préoccupés de cette erreur dès le commencement de notre vie, parceque, voyant qu'il n'y a point de liaison nécessaire entre le vase et le corps qu'il contient, il nous a semblé que Dieu pourroit ôter tout le corps qui est contenu dans un vase, et conserver ce vase en son même état sans qu'il fût besoin qu'aucun autre corps succédât en la place de celui qu'il auroit ôté. Mais, afin que nous puissions maintenant corriger une si fausse opinion, nous remarquerons qu'il n'y a point de liaison nécessaire entre le vase et un tel corps qui le remplit, mais qu'elle est si absolument nécessaire entre la figure concave qu'a ce vase et l'étendue qui doit être comprise en cette concavité, qu'il n'y a pas plus de répugnance à concevoir une montagne sans vallée qu'une telle concavité sans l'extension qu'elle contient, et cette extension sans quelque chose d'é-

18. Comment on peut corriger la fausse opinion dont on est préoccupé touchant le vide.

tendu, à cause que le néant, comme il a été déjà remarqué plusieurs fois, ne peut avoir d'extension. C'est pourquoi, si on nous demande ce qui arriveroit en cas que Dieu ôtât tout le corps qui est dans un vase sans qu'il permît qu'il en rentrât d'autre, nous répondrons que les côtés de ce vase se trouveroient si proches qu'ils se toucheroient immédiatement. Car il faut que deux corps s'entre-touchent lorsqu'il n'y a rien entre deux, parcequ'il y auroit contradiction que deux corps fussent éloignés, c'est-à-dire qu'il y eût de la distance de l'un à l'autre, et que néanmoins cette distance ne fût rien : car la distance est une propriété de l'étendue qui ne sauroit subsister sans quelque chose d'étendu.

19. Que cela confirme ce qui a été dit de la raréfaction.
Après qu'on a remarqué que la nature de la substance matérielle ou du corps ne consiste qu'en ce qu'il est quelque chose d'étendu, et que son extension ne diffère point de celle qu'on attribue à l'espace vide, il est aisé de connoître qu'il n'est pas possible qu'en quelque façon que ce soit aucune de ses parties occupe plus d'espace une fois que l'autre, et puisse être autrement raréfiée qu'en la façon qui a été exposée ci-dessus ; ou bien qu'il y ait plus de matière ou de corps dans un vase lorsqu'il est plein d'or ou de plomb, ou de quelque autre corps pesant et dur, que lorsqu'il ne contient que de l'air et qu'il paroit vide : car la grandeur

des parties dont un corps est composé ne dépend point de la pesanteur ou de la dureté que nous sentons à son occasion, comme il a été aussi remarqué, mais seulement de l'étendue qui est toujours égale dans un même vase.

Il est aussi très aisé de connoître qu'il ne peut pas y avoir d'atomes, c'est-à-dire de parties des corps ou de la matière, qui soient de leur nature indivisibles, ainsi que quelques philosophes ont imaginé. D'autant que, pour petites qu'on suppose ces parties, néanmoins, parcequ'il faut qu'elles soient étendues, nous concevons qu'il n'y en a pas une d'entre elles qui ne puisse être encore divisée en deux ou plus grand nombre d'autres plus petites, d'où il suit qu'elle est divisible. Car, de ce que nous connoissons clairement et distinctement qu'une chose peut être divisée, nous devons juger qu'elle est divisible, parceque, si nous en jugions autrement, le jugement que nous ferions de cette chose seroit contraire à la connoissance que nous avons; et quand même nous supposerions que Dieu auroit réduit quelque partie de la matière à une petitesse si extrême qu'elle ne pourroit être divisée en d'autres plus petites, nous ne pourrions conclure pour cela qu'elle seroit indivisible, parceque, quand Dieu auroit rendu cette partie si petite qu'il ne seroit pas au pouvoir d'aucune créature de la diviser, il n'a pu se priver soi-même du pouvoir qu'il

20. Qu'il ne peut y avoir aucuns atomes ou petits corps indivisibles.

a de la diviser, à cause qu'il n'est pas possible qu'il diminue sa toute-puissance, comme il a été déjà remarqué. C'est pourquoi nous dirons que la plus petite partie étendue qui puisse être au monde peut toujours être divisée, parcequ'elle est telle de sa nature.

21. Que l'étendue du monde est indéfinie.

Nous saurons aussi que ce monde, ou la matière étendue qui compose l'univers, n'a point de bornes, parceque, quelque part où nous en voulions feindre, nous pouvons encore imaginer au-delà des espaces indéfiniment étendus, que nous n'imaginons pas seulement, mais que nous concevons être tels en effet que nous les imaginons; de sorte qu'ils contiennent un corps indéfiniment étendu, car l'idée de l'étendue que nous concevons en quelque espace que ce soit est la vraie idée que nous devons avoir du corps.

22. Que la terre et les cieux ne sont faits que d'une même matière, et qu'il ne peut y avoir plusieurs mondes.

Enfin, il n'est pas malaisé d'inférer de tout ceci que la terre et les cieux sont faits d'une même matière, et que, quand même il y auroit une infinité de mondes, ils ne seroient faits que de cette matière; d'où il suit qu'il ne peut y en avoir plusieurs, à cause que nous concevons manifestement que la matière, dont la nature consiste en cela seul qu'elle est une chose étendue, occupe maintenant tous les espaces imaginables où ces autres mondes pourroient être, et que nous ne saurions découvrir en nous l'idée d'aucune autre matière.

Il n'y a donc qu'une même matière en tout l'univers, et nous ne la connoissons que par cela seul qu'elle est étendue; et toutes les propriétés que nous apercevons distinctement en elle se rapportent à cela seul, qu'elle peut être divisée et mue selon ses parties, et partant qu'elle peut recevoir toutes les diverses dispositions que nous remarquons pouvoir arriver par le mouvement de ses parties. Car, encore que nous puissions feindre par la pensée des divisions en cette matière, néanmoins il est constant que notre pensée n'a pas le pouvoir d'y rien changer, et que toute la diversité des formes qui s'y rencontrent dépend du mouvement local : ce que les philosophes ont sans doute remarqué, d'autant qu'ils ont dit en beaucoup d'endroits que la nature est le principe du mouvement et du repos, et que par la nature ils entendoient ce qui fait que les corps se disposent ainsi que nous voyons qu'ils font par expérience.

23. Que toutes les variétés qui sont en la matière dépendent du mouvement de ses parties.

Or le mouvement (à savoir celui qui se fait d'un lieu en un autre, car je ne conçois que celui-là, et je ne pense pas aussi qu'il en faille supposer d'autre en la nature), le mouvement donc, selon qu'on le prend d'ordinaire, n'est autre chose que *l'action par laquelle un corps passe d'un lieu en un autre*. Et partant, comme nous avons remarqué ci-dessus qu'une même chose en même temps change de lieu et n'en change point, de même aussi nous pouvons

24. Ce que c'est que le mouvement pris selon l'usage commun.

dire qu'en même temps elle se meut et ne se meut point. Car, par exemple, celui qui est assis à la poupe d'un vaisseau que le vent fait aller croit se mouvoir quand il ne prend garde qu'au rivage duquel il est parti, et le considère comme immobile; et ne croit pas se mouvoir quand il ne prend garde qu'au vaisseau sur lequel il est, parcequ'il ne change point de situation au regard de ses parties. Toutefois, à cause que nous sommes accoutumés à penser qu'il n'y a point de mouvement sans action, nous dirons que celui qui est ainsi assis est en repos, puisqu'il ne sent point d'action en soi, et que cela est en usage.

25.
Ce que c'est que le mouvement proprement dit.

Mais, si au lieu de nous arrêter à ce qui n'a point d'autre fondement que l'usage ordinaire, nous désirons savoir ce que c'est que le mouvement selon la vérité, nous dirons, afin de lui attribuer une nature qui soit déterminée, « qu'il est le transport » d'une partie de la matière ou d'un corps du voisi- » nage de ceux qui le touchent immédiatement, » et que nous considérons comme en repos, dans » le voisinage de quelques autres. » Par un corps, ou bien par une partie de la matière, j'entends tout ce qui est transporté ensemble, quoiqu'il soit peut-être composé de plusieurs parties qui emploient cependant leur agitation à faire d'autres mouvements; et je dis qu'il est le transport et non pas la force ou l'action qui transporte, afin de montrer que le mouvement est toujours dans le mobile, et non pas en celui qui meut; car il me semble qu'on n'a pas coutume de distinguer ces deux choses assez soigneusement. De plus, j'entends qu'il est une propriété du mobile et non pas une substance; de même que la figure est une propriété de la chose qui est figurée, et le repos de la chose qui est en repos.

Et d'autant que nous nous trompons ordinairement, en ce que nous pensons qu'il faut plus d'action pour le mouvement que pour le repos, nous remarquerons ici que nous sommes tombés en cette erreur dès le commencement de notre vie, parceque nous remuons ordinairement notre corps selon notre volonté, dont nous avons une connoissance intérieure, et qu'il est en repos de cela seul qu'il est attaché à la terre par sa pesanteur, dont nous ne sentons point la force. Et comme cette pesanteur, et plusieurs autres causes que nous n'avons pas coutume d'apercevoir, résistent au mouvement de nos membres, et font que nous nous lassons, il nous a semblé qu'il falloit une force plus grande et plus d'action pour produire un mouvement que pour l'arrêter, à cause que nous avons pris l'action pour l'effort qu'il faut que nous fassions afin de mouvoir nos membres et les autres corps par leur entremise. Mais nous n'aurons point de peine à nous délivrer de ce faux préjugé si

26. Qu'il n'est pas requis plus d'action pour le mouvement que pour le repos.

nous remarquons que nous ne faisons pas seulement quelque effort pour mouvoir les corps qui sont proches de nous, mais que nous en faisons aussi pour arrêter leurs mouvements lorsqu'ils ne sont point amortis par quelque autre cause; de sorte que nous n'employons pas plus d'action pour faire aller, par exemple, un bateau qui est en repos dans une eau calme et qui n'a point de cours, que pour l'arrêter tout-à-coup pendant qu'il se meut; et si l'expérience nous fait voir en ce cas qu'il en faut quelque peu moins pour l'arrêter que pour le faire aller, c'est à cause que la pesanteur de l'eau qu'il soulève lorsqu'il se meut, et sa lenteur (car je la suppose calme et comme dormante) diminuent peu à peu son mouvement.

27. Que le mouvement et le repos ne sont rien que deux diverses façons dans le corps où ils se trouvent.

Mais parcequ'il ne s'agit pas ici de l'action qui est en celui qui meut ou qui arrête le mouvement, et que nous considérons principalement le transport et la cessation du transport ou le repos, il est évident que ce transport n'est rien hors du corps qui est mû, mais que seulement un corps est autrement disposé lorsqu'il est transporté que lorsqu'il ne l'est pas, de sorte que le mouvement et le repos ne sont en lui que deux diverses façons.

28. Que le mouvement en sa propre signification ne se rapporte

J'ai aussi ajouté que le transport du corps se fait du voisinage de ceux qui le touchent dans le voisinage de quelques autres, et non pas d'un lieu en un autre, parceque le lieu peut être pris en plusieurs façons qui dépendent de notre pensée, comme il a été remarqué ci-dessus. Mais quand nous prenons le mouvement pour le transport d'un corps qui quitte le voisinage de ceux qui le touchent, il est certain que nous ne saurions attribuer à un même mobile plus d'un mouvement, à cause qu'il n'y a qu'une certaine quantité de corps qui le puissent toucher en même temps.

qu'aux corps qui touchent celui qu'on dit se mouvoir.

Enfin, j'ai dit que le transport ne se fait pas du voisinage de toutes sortes de corps contigus, mais seulement de ceux que nous considérons comme en repos; car ce transport est réciproque. Et nous ne saurions concevoir que le corps AB[1] soit transporté du voisinage du corps CD que nous ne sachions aussi que le corps CD est transporté du voisinage du corps AB, et qu'il faut tout autant d'action pour l'un que pour l'autre. Tellement que si nous voulons attribuer au mouvement une nature qui lui soit entièrement propre, que l'on puisse considérer toute seule et sans qu'il soit besoin de la rapporter à quelque autre chose, lorsque nous verrons que deux corps qui se touchent immédiatement seront transportés l'un d'un côté et l'autre d'un autre, et seront réciproquement séparés, nous ne ferons point de difficulté de dire qu'il y a tout autant de mouvement en l'un comme en l'autre. J'avoue qu'en cela nous nous éloignerons

29. Et même qu'il ne se rapporte qu'à ceux de ces corps que nous considérons comme en repos.

[1] Voyez première planche, figure 1.

beaucoup de la façon de parler qui est en usage. Car, comme nous sommes sur la terre, et que nous pensons qu'elle est en repos, bien que nous voyions que quelques unes de ses parties qui touchent d'autres corps plus petits soient transportées du voisinage de ces corps, nous n'entendons pas pour cela qu'elle soit mue.

<small>30. D'où vient que le mouvement qui sépare deux corps qui se touchent est plutôt attribué à l'un qu'à l'autre.</small>

Parceque nous pensons qu'un corps ne se meut point s'il ne se meut tout entier, et que nous ne saurions nous persuader que la terre se meuve tout entière de cela seul que quelques unes de ses parties sont transportées du voisinage de quelques autres corps plus petits qui les touchent, dont la raison est que nous remarquons souvent auprès de nous plusieurs tels transports qui sont contraires les uns aux autres; car si nous supposons, par exemple, que le corps EFGH soit la terre[1], et qu'en même temps que le corps AB est transporté de E vers F le corps CD soit transporté de H vers G, bien que nous sachions que les parties de la terre qui touchent le corps AB sont transportées de B vers A, et que l'action qui sert à ce transport n'est point d'autre nature ni moindre dans les parties de la terre que dans celles du corps AB, nous ne dirons pas que la terre se meuve de B vers A, ou bien de l'occident vers l'orient; à cause que celles de ses parties qui touchent le corps CD, étant

---

[1] Voyez première planche, figure 9.

transportées en même sorte de C vers D, il faudroit dire aussi qu'elle se meut vers le côté opposé, à savoir du levant au couchant, et il y auroit en cela trop d'embarras; c'est pourquoi nous nous contenterons de dire que les corps AB et CD, et autres semblables, se meuvent, et non pas la terre. Mais cependant nous nous souviendrons que tout ce qu'il y a de réel dans les corps qui se meuvent, en vertu de quoi nous disons qu'ils se meuvent, se trouve pareillement en ceux qui les touchent, quoique nous les considérions comme en repos.

31. Comment il peut y avoir plusieurs divers mouvements en un même corps.

Mais encore que chaque corps en particulier n'ait qu'un seul mouvement qui lui soit propre, à cause qu'il n'y a qu'une certaine quantité de corps qui le touchent, et qui soient en repos à son égard, toutefois il peut participer à une infinité d'autres mouvements, en tant qu'il fait partie de quelques autres corps qui se meuvent diversement. Par exemple, si un marinier se promenant dans son vaisseau porte sur soi une montre, bien que les roues de sa montre n'aient qu'un mouvement unique qui leur soit propre, il est certain qu'elles participent aussi à celui du marinier qui se promène, parcequ'elles composent avec lui un corps qui est transporté tout ensemble; il est certain aussi qu'elles participent à celui du vaisseau, et même à celui de la mer, parcequ'elles suivent son cours; et à celui de la terre, si on suppose que la terre tourne sur son essieu, parcequ'elles composent un corps avec elle : et bien qu'il soit vrai que tous ces mouvements sont dans les roues de cette montre, néanmoins, parceque nous n'en concevons pas ordinairement un si grand nombre à la fois, et que même il n'est pas en notre pouvoir de connoître tous ceux auxquels elles participent, il suffira que nous considérions en chaque corps celui qui est unique et duquel nous pouvons avoir une connoissance certaine.

32. Comment le mouvement unique proprement dit, qui est unique en chaque corps, peut aussi être pris pour plusieurs.

Nous pouvons même considérer ce mouvement unique qui est proprement attribué à chaque corps comme s'il étoit composé de plusieurs autres mouvements, tout ainsi que nous en distinguons deux dans les roues d'un carrosse, à savoir un circulaire, qui se fait autour de leur essieu, et l'autre droit, qui laisse une trace le long du chemin qu'elles parcourent. Toutefois il est évident que ces deux mouvements ne diffèrent pas en effet l'un de l'autre, parceque chaque point de ces roues, et de tout autre corps qui se meut, ne décrit jamais plus d'une seule ligne : et n'importe que cette ligne soit souvent tortue, en sorte qu'elle semble avoir été produite par plusieurs mouvements divers; car on peut imaginer que quelque ligne que ce soit, même la droite, qui est la plus simple de toutes, a été décrite par une infinité de tels mouvements.

Par exemple [1], si, en même temps que la ligne AB tombe sur CD, on fait avancer son point A vers B, la ligne AD, qui sera décrite par le point A, ne dépendra pas moins des deux mouvements de A vers B et de AB sur CD, qui sont droits, que la ligne courbe qui est décrite par chaque point de la roue dépend du mouvement droit et du circulaire. Et, bien qu'il soit utile de distinguer quelquefois un mouvement en plusieurs parties, afin d'en avoir une connoissance plus distincte, néanmoins, absolument parlant, nous n'en devons jamais compter plus d'un en chaque corps.

Après ce qui a été démontré ci-dessus, à savoir que tous les lieux sont pleins de corps, et que chaque partie de la matière est tellement proportionnée à la grandeur du lieu qu'elle occupe, qu'il n'est pas possible qu'elle en remplisse un plus grand, ni qu'elle se resserre en un moindre, ni qu'aucun autre corps y trouve place pendant qu'elle y est, nous devons conclure qu'il faut nécessairement qu'il y ait toujours un cercle de matière ou anneau de corps qui se meuvent ensemble en même temps; en sorte que quand un corps quitte sa place à quelque autre qui le chasse, il entre en celle d'un autre, et cet autre en celle d'une autre, et ainsi de suite jusques au dernier, qui occupe au même instant le lieu délaissé par le

33. Comment en chaque mouvement il doit y avoir tout un cercle ou anneau de corps qui se meuvent ensemble.

[1] Voyez première planche, figure 2.

premier. Nous concevons cela sans peine en un cercle parfait, à cause que, sans recourir au vide et à la raréfaction ou condensation, nous voyons[1] que la partie A de ce cercle peut se mouvoir vers B, pourvu que sa partie B se meuve en même temps vers C, et C vers D, et D vers A. Mais on n'aura pas plus de peine à concevoir cela même en un cercle imparfait et le plus irrégulier qu'on sauroit imaginer, si on prend garde à la façon dont toutes les inégalités des lieux peuvent être compensées par d'autres inégalités qui se trouvent dans le mouvement des parties : en sorte que toute la matière qui est comprise en l'espace EFGH peut se mouvoir circulairement, et sa partie qui est vers E passer vers G, et celle qui est vers G passer en même temps vers E, sans qu'il faille supposer de condensation ou de vide, pourvu que, comme[2] on suppose l'espace G quatre fois plus grand que l'espace E, et deux fois plus grand que les espaces F et H, on suppose aussi que son mouvement est quatre fois plus vite vers E que vers G, et deux fois plus que vers F ou vers H, et qu'en tous les endroits de ce cercle la vitesse du mouvement compense la petitesse du lieu ; car par ce moyen il est aisé de connoître qu'en chaque espace de temps qu'on voudra déterminer il passera tout

[1] Voyez première planche, figure 3.
[2] Voyez première planche, figure 4.

autant de matière dans ce cercle par un endroit que par l'autre.

Toutefois il faut avouer qu'il y a quelque chose en ce mouvement que notre esprit conçoit être vrai, mais que néanmoins il ne sauroit comprendre, à savoir une division de quelques parties de la matière jusques à l'infini, ou bien une division indéfinie, et qui se fait en tant de parties, que nous n'en saurions déterminer de la pensée aucune si petite que nous ne concevions qu'elle est divisée en effet en d'autres plus petites; car il n'est pas possible que la matière qui remplit maintenant l'espace G remplisse successivement tous les espaces qui sont entre G et E, plus petits les uns que les autres, par des degrés qui sont innombrables, si quelqu'une de ses parties ne change sa figure, et ne se divise ainsi qu'il faut pour emplir tout justement les grandeurs de ces espaces qui sont différentes les unes des autres et innombrables : mais, afin que cela soit, il faut que toutes les petites parcelles auxquelles on peut imaginer qu'une telle partie est divisée, lesquelles véritablement sont innombrables, s'éloignent quelque peu les unes des autres; car, si petit que soit cet éloignement, il ne laisse pas d'être une vraie division.

34. Qu'il suit de là que la matière se divise en des parties indéfinies et innombrables.

Il faut remarquer que je ne parle pas de toute la matière, mais seulement de quelqu'une de ses parties : car, encore que nous supposions qu'il y a deux

35. Que nous ne devons point douter que cette division

ou trois parties en l'espace G de la grandeur de l'espace E, et qu'il y en a d'autres plus petites en plus grand nombre qui demeurent indivises, nous concevons néanmoins qu'elles peuvent se mouvoir toutes circulairement vers E [1], pourvu qu'il y en ait d'autres mêlées parmi, qui changent leurs figures en tant de façons qu'étant jointes à celles qui ne peuvent changer les leurs si facilement, mais qui vont plus ou moins vite à raison du lieu qu'elles doivent occuper, elles puissent emplir tous les angles et les petits recoins où ces autres, pour être trop grandes, ne sauroient entrer; et, bien que nous n'entendions pas comment se fait cette division indéfinie, nous ne devons point douter qu'elle ne se fasse, parceque nous apercevons qu'elle suit nécessairement de la nature de la matière dont nous avons déjà une connoissance très distincte, et que nous apercevons aussi que cette vérité est du nombre de celles que nous ne saurions comprendre, à cause que notre pensée est finie.

ne se fasse, encore que nous ne la puissions comprendre.

36.
Que Dieu est la première cause du mouvement, et qu'il en conserve toujours une égale quantité en l'univers.

Après avoir examiné la nature du mouvement, il faut que nous en considérions la cause, et parcequ'elle peut être prise en deux façons, nous commencerons par la première et plus universelle, qui produit généralement tous les mouvements qui sont au monde; nous considérerons par après l'autre, qui fait que chaque partie de la

---

[1] Voyez la figure ci-devant.

matière en acquiert qu'elle n'avoit pas auparavant. Pour ce qui est de la première, il me semble qu'il est évident qu'il n'y en a point d'autre que Dieu, qui, par sa toute-puissance, a créé la matière avec le mouvement et le repos de ses parties, et qui conserve maintenant en l'univers, par son concours ordinaire, autant de mouvement et de repos qu'il y en a mis en le créant. Car, bien que le mouvement ne soit qu'une façon en la matière qui est mue, elle en a pourtant une certaine quantité qui n'augmente et ne diminue jamais, encore qu'il y en ait tantôt plus et tantôt moins en quelques unes de ses parties ; c'est pourquoi, lorsqu'une partie de la matière se meut deux fois plus vite qu'une autre, et que cette autre est deux fois plus grande que la première, nous devons penser qu'il y a tout autant de mouvement dans la plus petite que dans la plus grande, et que toutes fois et quantes que le mouvement d'une partie diminue, celui de quelque autre partie augmente à proportion. Nous connoissons aussi que c'est une perfection en Dieu, non seulement de ce qu'il est immuable en sa nature, mais encore de ce qu'il agit d'une façon qu'il ne change jamais : tellement qu'outre les changements que nous voyons dans le monde, et ceux que nous croyons parceque Dieu les a révélés, et que nous savons arriver ou être arrivés en la nature sans aucun changement de la part du Créateur, nous ne devons point en supposer d'autres en ses ouvrages, de peur de lui attribuer de l'inconstance ; d'où il suit que, puisqu'il a mû en plusieurs façons différentes les parties de la matière lorsqu'il les a créées, et qu'il les maintient toutes en la même façon et avec les mêmes lois qu'il leur a fait observer en leur création, il conserve incessamment en cette matière une égale quantité de mouvement.

37. La première loi de la nature, que chaque chose demeure en l'état qu'elle est pendant que rien ne le change.

De cela aussi que Dieu n'est point sujet à changer et qu'il agit toujours de même sorte, nous pouvons parvenir à la connoissance de certaines règles, que je nomme les lois de la nature, et qui sont les causes secondes des divers mouvements que nous remarquons en tous les corps, ce qui les rend ici fort considérables. La première est que chaque chose en particulier continue d'être en même état autant qu'il se peut, et que jamais elle ne le change que par la rencontre des autres. Ainsi nous voyons tous les jours que lorsque quelque partie de cette matière est carrée, elle demeure toujours carrée, s'il n'arrive rien d'ailleurs qui change sa figure ; et que, si elle est en repos, elle ne commence point à se mouvoir de soi-même : mais, lorsqu'elle a commencé une fois de se mouvoir, nous n'avons aussi aucune raison de penser qu'elle doive jamais cesser de se mouvoir de même force pendant qu'elle ne rencontre rien qui retarde ou qui arrête son mouvement ; de façon que si un corps a commencé une fois de se mouvoir, nous devons conclure qu'il continue par après de se mouvoir, et que jamais il ne s'arrête de soi-même. Mais, parceque nous habitons une terre dont la constitution est telle que tous les mouvements qui se font auprès de nous cessent en peu de temps, et souvent par des raisons qui sont cachées à nos sens, nous avons jugé, dès le commencement de notre vie, que les mouvements qui cessent ainsi par des raisons qui nous sont inconnues s'arrêtent d'eux-mêmes, et nous avons encore à présent beaucoup d'inclination à croire le semblable de tous les autres qui sont au monde, à savoir que naturellement ils cessent d'eux-mêmes et qu'ils tendent au repos, parcequ'il nous semble que nous en avons fait l'expérience en plusieurs rencontres. Et toutefois ce n'est qu'un faux préjugé, qui répugne manifestement aux lois de la nature; car le repos est contraire au mouvement, et rien ne se porte par l'instinct de sa nature à son contraire ou à la destruction de soi-même.

Nous voyons tous les jours la preuve de cette première règle dans les choses qu'on a poussées au loin : car il n'y a point d'autre raison pourquoi elles continuent de se mouvoir lorsqu'elles sont hors de la main de celui qui les a poussées, sinon que, suivant les lois de la nature, tous les corps qui se meuvent continuent de se mouvoir jusqu'à ce que leur mouvement soit arrêté par quelques au-

38.
Pourquoi les corps poussés de la main continuent de se mouvoir après qu'elle les a quittés.

tres corps; et il est évident que l'air et les autres corps liquides entre lesquels nous voyons ces choses se mouvoir diminuent peu à peu la vitesse de leur mouvement : car nous pouvons même sentir de la main la résistance de l'air, si nous secouons assez vite un éventail qui soit étendu ; et il n'y a point de corps fluide sur la terre qui ne résiste encore plus manifestement que l'air aux mouvements des autres corps.

<small>39. La seconde loi de la nature, que tout corps qui se meut tend à continuer son mouvement en ligne droite.</small>

La seconde loi que je remarque en la nature est que chaque partie de la matière en son particulier ne tend jamais à continuer de se mouvoir suivant des lignes courbes, mais suivant des lignes droites, bien que plusieurs de ces parties soient souvent contraintes de se détourner parcequ'elles en rencontrent d'autres en leur chemin, et que, lorsqu'un corps se meut, il se fait toujours un cercle ou anneau de toute la matière qui est mue ensemble. Cette règle, comme la précédente, dépend de ce que Dieu est immuable et qu'il conserve le mouvement en la matière par une opération très simple ; car il ne le conserve pas comme il a pu être quelque temps auparavant, mais comme il est précisément au même instant qu'il le conserve. Et, bien qu'il soit vrai que le mouvement ne se fait pas en un instant, néanmoins il est évident que tout corps qui se meut est déterminé à se mouvoir suivant une ligne droite, et non pas suivant une circulaire :

SECONDE PARTIE. 155

car, lorsque la pierre A¹ tourne dans la fronde EA, suivant le cercle ABF, dans l'instant même qu'elle est au point A, elle est déterminée à se mouvoir vers quelque côté, à savoir vers C, suivant la ligne droite AC, si l'on suppose que c'est celle-là qui touche le cercle : mais on ne sauroit feindre qu'elle soit déterminée à se mouvoir circulairement, parceque, encore qu'elle soit venue d'L vers A suivant une ligne courbe, nous ne concevons point qu'il y ait aucune partie de cette courbure en cette pierre lorsqu'elle est au point A ; et nous en sommes assurés par l'expérience, parceque cette pierre avance tout droit vers C lorsqu'elle sort de la fronde, et ne tend en aucune façon à se mouvoir vers B : ce qui nous fait voir manifestement que tout corps qui est mû en rond tend sans cesse à s'éloigner du centre du cercle qu'il décrit ; et nous le pouvons même sentir de la main pendant que nous faisons tourner cette pierre dans cette fronde, car elle tire et fait tendre la corde pour s'éloigner directement de notre main. Cette considération est de telle importance, et servira en tant d'endroits ci-après, que nous devons la remarquer soigneusement ici, et je l'expliquerai encore plus au long lorsqu'il en sera temps.

La troisième loi que je remarque en la nature est que si un corps qui se meut et qui en rencon-

40. La troisième, que, si un

---

¹ Voyez première planche, figure 5.

tre un autre a moins de force pour continuer de se mouvoir en ligne droite que cet autre pour lui résister, il perd sa détermination sans rien perdre de son mouvement; et que, s'il a plus de force, il meut avec soi cet autre corps, et perd autant de son mouvement qu'il lui en donne. Ainsi nous voyons qu'un corps dur que nous avons poussé contre un autre plus grand qui est dur et ferme rejaillit vers le côté d'où il est venu, et ne perd rien de son mouvement; mais que si le corps qu'il rencontre est mou, il s'arrête incontinent, parcequ'il lui transfère tout son mouvement. Les causes particulières des changements qui arrivent aux corps sont toutes comprises en cette règle, au moins celles qui sont corporelles, car je ne m'informe pas maintenant si les anges et les pensées des hommes ont la force de mouvoir les corps; c'est une question que je réserve au traité que j'espère faire de l'homme.

corps qui se meut en rencontre un autre plus fort que soi, il ne perd rien de son mouvement; et s'il en rencontre un plus foible qu'il puisse mouvoir, il en perd autant qu'il lui en donne.

41.
La preuve de la première partie de cette règle.

On connoîtra encore mieux la vérité de la première partie de cette règle si on prend garde à la différence qui est entre le mouvement d'une chose et sa détermination vers un côté plutôt que vers un autre, laquelle différence est cause que cette détermination peut être changée sans qu'il y ait rien de changé au mouvement. Car de ce que chaque chose telle qu'elle est continue toujours d'être comme elle est en soi simplement, et non pas comme elle est au regard des autres, jusques à ce qu'elle soit contrainte de changer d'état par la rencontre de quelque autre, il faut nécessairement qu'un corps qui se meut et qui en rencontre un autre en son chemin, si dur et si ferme qu'il ne sauroit le pousser en aucune façon, perde entièrement la détermination qu'il avoit à se mouvoir vers ce côté-là, d'autant que la cause qui la lui fait perdre est manifeste, à savoir la résistance du corps qui l'empêche de passer outre; mais il ne faut point qu'il perde rien pour cela de son mouvement, d'autant qu'il ne lui est point ôté par ce corps, ni par aucune autre cause, et que le mouvement n'est point contraire au mouvement.

On connoîtra mieux aussi la vérité de l'autre partie de cette règle si on prend garde que Dieu ne change jamais sa façon d'agir, et qu'il conserve le monde avec la même action qu'il l'a créé. Car, tout étant plein de corps, et néanmoins chaque partie de la matière tendant à se mouvoir en ligne droite, il est évident que, dès le commencement que Dieu a créé la matière, non seulement il a mû diversement ses parties, mais aussi qu'il les a faites de telle nature que les unes ont dès lors commencé à pousser les autres et à leur communiquer une partie de leur mouvement; et parcequ'il les maintient encore avec la même action et les mêmes lois qu'il leur a fait observer en leur création, il faut

42. La preuve de la seconde partie.

qu'il conserve maintenant en elles toutes le mouvement qu'il y a mis dès lors, avec la propriété qu'il a donnée à ce mouvement de ne demeurer pas toujours attaché aux mêmes parties de la matière, et de passer des unes aux autres, selon leurs diverses rencontres; en sorte que ce continuel changement qui est dans les créatures ne répugne en aucune façon à l'immutabilité qui est en Dieu, et semble même servir d'argument pour la prouver.

43. En quoi consiste la force de chaque corps pour agir ou pour résister.
Outre cela il faut remarquer que la force dont un corps agit contre un autre corps, ou résiste à son action, consiste en cela seul que chaque chose persiste autant qu'elle peut à demeurer au même état où elle se trouve, conformément à la première loi qui a été exposée ci-dessus: de façon qu'un corps qui est joint à un autre corps a quelque force pour empêcher qu'il n'en soit séparé; et, lorsqu'il en est séparé, il a quelque force pour empêcher qu'il ne lui soit joint; comme aussi, lorsqu'il est en repos, il a de la force pour demeurer en ce repos, et par conséquent pour résister à tout ce qui pourroit le faire changer; et de même, lorsqu'il se meut, il a de la force pour continuer son mouvement, c'est-à-dire pour se mouvoir avec la même vitesse et vers le même côté: mais on doit juger de la quantité de cette force par la grandeur du corps où elle est, et de la superficie selon laquelle ce corps est séparé d'un autre, et aussi par la vitesse

du mouvement, et les façons contraires dont plusieurs divers corps se rencontrent.

De plus, il faut remarquer qu'un mouvement n'est pas contraire à un autre mouvement plus vite ou aussi vite que soi, et qu'il n'y a de la contrariété qu'en deux façons seulement, à savoir entre le mouvement et le repos, ou bien entre la vitesse et la tardiveté du mouvement, en tant que cette tardiveté participe de la nature du repos; et entre la détermination qu'a un corps à se mouvoir vers quelque côté, et la résistance des autres corps qu'il rencontre en son chemin, soit que ces autres corps se reposent, ou qu'ils se meuvent autrement que lui, ou que celui qui se meut rencontre diversement leurs parties : car, selon que ces corps se trouvent disposés, cette contrariété est plus ou moins grande.

44. Que le mouvement n'est pas contraire à un autre mouvement, mais au repos; et la détermination d'un mouvement vers un côté à sa détermination vers un autre.

Or, afin que nous puissions déduire de ces principes comment chaque corps en particulier augmente ou diminue ses mouvements, ou change leur détermination à cause de la rencontre des autres corps, il faut seulement calculer combien il y a de force en chacun de ces corps pour mouvoir ou pour résister au mouvement, parcequ'il est évident que celui qui en a le plus doit toujours produire son effet et empêcher celui de l'autre; et ce calcul seroit aisé à faire en des corps parfaitement durs, s'il se pouvoit faire qu'il n'y en eût point plus de

45. Comment on peut déterminer combien les corps qui se rencontrent changent les mouvements les uns des autres par les règles qui suivent.

deux qui se rencontrassent ni qui se touchassent l'un l'autre en même temps, et qu'ils fussent tellement séparés de tous les autres, tant durs que liquides, qu'il n'y en eût aucun qui aidât ni qui empêchât en aucune façon leurs mouvements, car alors ils observeroient les règles suivantes.

<small>46.
La première.</small>

La première est que si ces deux corps, par exemple B et C[1], étoient exactement égaux, et se mouvoient d'égale vitesse en ligne droite l'un vers l'autre, lorsqu'ils viendroient à se rencontrer, ils rejailliroient tous deux également et retourneroient chacun vers le côté d'où il seroit venu, sans perdre rien de leur vitesse; car il n'y a point en cela de cause qui la leur puisse ôter, mais il y en a une fort évidente qui les doit contraindre de rejaillir, et parcequ'elle seroit égale en l'un et en l'autre, ils rejailliroient tous deux en même façon.

<small>47.
La seconde.</small>

La seconde est que si B étoit tant soit peu plus grand que C, et qu'ils se rencontrassent avec même vitesse, il n'y auroit que C qui rejailliroit vers le côté d'où il seroit venu, et ils continueroient par après leur mouvement tous deux ensemble vers ce même côté; car B ayant plus de force que C, il ne pourroit être contraint par lui à rejaillir.

<small>48.
La troisième.</small>

La troisième, que si ces deux corps étoient de même grandeur, mais que B eût tant soit peu plus

---

[1] Voyez première planche, figure 6.

vitesse que C, non seulement, après s'être rencontrés, C seul rejailliroit, et ils iroient tous deux ensemble, comme devant, vers le côté d'où C seroit venu, mais aussi il seroit nécessaire que B lui transférât la moitié de ce qu'il auroit de plus de vitesse, à cause que l'ayant devant soi il ne pourroit aller plus vite que lui; de façon que si B avoit eu, par exemple, six degrés de vitesse avant leur rencontre, et que C en eût eu seulement quatre, il lui transféreroit l'un de ses deux degrés qu'il auroit eu de plus, et ainsi ils iroient par après chacun avec cinq degrés de vitesse: car il lui est bien plus aisé de communiquer un de ses degrés de vitesse à C, qu'il n'est aisé à C de changer le cours de tout le mouvement qui est en B.

La quatrième, que si le corps C étoit tant soit peu plus grand que B, et qu'il fût entièrement en repos, c'est-à-dire que non seulement il n'eût point de mouvement apparent, mais aussi qu'il ne fût point environné d'air, ni d'aucuns autres corps liquides (lesquels, comme je dirai ci-après, disposent les corps durs qu'ils environnent à pouvoir être mus fort aisément), de quelque vitesse que B pût venir vers lui, jamais il n'auroit la force de le mouvoir, mais il seroit contraint de rejaillir vers le même côté d'où il seroit venu. Car, d'autant que B ne sauroit pousser C sans le faire aller aussi vite qu'il iroit soi-même par après, il est certain que C doit d'autant plus résister que B vient plus vite

49.
La quatrième.

vers lui, et que sa résistance doit prévaloir à l'action de B, à cause qu'il est plus grand que lui. Ainsi, par exemple, si C est double de B, et que B ait trois degrés de mouvement, il ne peut pousser C, qui est en repos, si ce n'est qu'il lui en transfère deux degrés, à savoir un pour chacune de ses moitiés, et qu'il retienne seulement le troisième pour soi, à cause qu'il n'est pas plus grand que chacune des moitiés de C, et qu'il ne peut aller par après plus vite qu'elles. Tout de même, si B a trente degrés de vitesse, il faudra qu'il en communique vingt à C; s'il en a trois cents, qu'il en communique deux cents; et ainsi toujours le double de ce qu'il retiendra pour soi. Mais puisque C est en repos, il résiste dix fois plus à la réception de vingt degrés qu'à celle de deux, et cent fois plus à la réception de deux cents; en sorte que, d'autant plus que B a de vitesse, d'autant plus trouve-t-il en C de résistance; et parceque chacune des moitiés de C a autant de force pour demeurer en son repos que B en a pour la pousser, et qu'elles lui résistent toutes deux en même temps, il est évident qu'elles doivent prévaloir à le contraindre de rejaillir. De façon que, de quelque vitesse que B aille vers C ainsi en repos et plus grand que lui, jamais il ne peut avoir la force de le mouvoir.

50. La cinquième. La cinquième est que, si au contraire le corps C étoit tant soit peu moindre que B, celui-ci ne sau-

roit aller si lentement vers l'autre, lequel je suppose encore parfaitement en repos, qu'il n'eût la force de le pousser et de lui transférer la partie de son mouvement qui seroit requise pour faire qu'ils allassent par après de même vitesse : à savoir, si B étoit double de C, il ne lui transféreroit que le tiers de son mouvement, à cause que ce tiers feroit mouvoir C aussi vite que les deux autres tiers feroient mouvoir B, puisqu'il est supposé deux fois aussi grand; et ainsi après que B auroit rencontré C, il iroit d'un tiers plus lentement qu'auparavant, c'est-à-dire qu'en autant de temps qu'il auroit pu parcourir auparavant trois espaces, il n'en pourroit plus parcourir que deux. Tout de même, si B étoit trois fois plus grand que C, il ne lui transféreroit que la quatrième partie de son mouvement, et ainsi des autres; et B ne sauroit avoir si peu de force qu'elle ne lui suffise toujours pour mouvoir C : car il est certain que les plus foibles mouvements doivent suivre les mêmes lois et avoir à proportion les mêmes effets que les plus forts, bien que souvent on pense remarquer le contraire sur cette terre, à cause de l'air et des autres liqueurs qui environnent toujours les corps durs qui se meuvent, et qui peuvent beaucoup augmenter ou retarder leur vitesse, ainsi qu'il paroîtra ci-après.

La sixième, que si le corps C étoit en repos et *La sixième.*

parfaitement égal en grandeur au corps B, qui se meut vers lui, il faudroit nécessairement qu'il fût en partie poussé par B, et qu'en partie il le fît rejaillir; en sorte que, si B étoit venu vers C avec quatre degrés de vitesse, il faudroit qu'il lui en transférât un, et qu'avec les trois autres il retournât vers le côté d'où il seroit venu. Car étant nécessaire, ou bien que B pousse C sans rejaillir, et ainsi qu'il lui transfère deux degrés de son mouvement, ou bien qu'il rejaillisse sans le pousser, et que par conséquent il retienne ces deux degrés de vitesse avec les deux autres qui ne lui peuvent être ôtés, ou bien enfin qu'il rejaillisse en retenant une partie de ces deux degrés, et qu'il le pousse en lui en transférant l'autre partie, il est évident que puisqu'ils sont égaux, et ainsi qu'il n'y a pas plus de raison pourquoi il doive rejaillir que pousser C, ces deux effets doivent être également partagés : c'est-à-dire que B doit transférer à C l'un de ces deux degrés de vitesse, et rejaillir avec l'autre.

52.
La septième.

La septième et dernière règle est que, si B et C vont vers un même côté, et que C précède, mais aille plus lentement que B, en sorte qu'il soit enfin atteint par lui, il peut arriver que B transférera une partie de sa vitesse à C pour le pousser devant soi, et il peut arriver aussi qu'il ne lui en transférera rien du tout, mais rejaillira avec tout son mouvement vers le côté d'où il sera venu ; à

savoir, non seulement lorsque C est plus petit que
B, mais aussi lorsqu'il est plus grand, pourvu que ce
en quoi la grandeur de C surpasse celle de B soit
moindre que ce en quoi la vitesse de B surpasse
celle de C, jamais B ne doit rejaillir, mais il doit
pousser C en lui transférant une partie de sa vitesse;
et au contraire, lorsque ce en quoi la grandeur de
C surpasse celle de B est plus grand que ce en quoi
la vitesse de B surpasse celle de C, il faut que B rejaillisse sans rien communiquer à C de son mouvement ; et enfin lorsque l'excès de grandeur qui
est en C est parfaitement égal à l'excès de vitesse
qui est en B, celui-ci doit transférer une partie de
son mouvement à l'autre, et rejaillir avec le reste ;
ce qui peut être supputé en cette façon. Si C est
justement deux fois aussi grand que B, et que B ne
se meuve pas deux fois aussi vite que C, mais qu'il
en manque quelque chose, B doit rejaillir sans
augmenter le mouvement de C; et si B se meut
plus de deux fois aussi vite que C, il ne doit point
rejaillir, mais il doit transférer autant de son mouvement à C qu'il est requis pour faire qu'ils se
meuvent tous deux par après de même vitesse. Par
exemple, si C n'a que deux degrés de vitesse, et
que B en ait cinq, qui est plus que le double, il
lui en doit communiquer deux de ses cinq, lesquels
deux étant en C n'en feront qu'un, à cause que C est
deux fois aussi grand que B, et ainsi ils iront tous

deux par après avec trois degrés de vitesse. Et les démonstrations de tout ceci sont si certaines, qu'encore que l'expérience nous sembleroit faire voir le contraire, nous serions néanmoins obligés d'ajouter plus de foi à notre raison qu'à nos sens.

53.
Que l'explication de ces règles est difficile, à cause que chaque corps est touché par plusieurs autres en même temps.

En effet, il arrive souvent que l'expérience peut sembler d'abord répugner aux règles que je viens d'expliquer, mais la raison en est évidente; car elles présupposent que les deux corps B et C sont parfaitement durs, et tellement séparés de tous les autres qu'il n'y en a aucun autour d'eux qui puisse aider ou empêcher leur mouvement; et nous n'en voyons point de tels en ce monde. C'est pourquoi, avant qu'on puisse juger si elles s'y observent ou non, il ne suffit pas de savoir comment deux corps, tels que B et C, peuvent agir l'un contre l'autre lorsqu'ils se rencontrent, mais il faut outre cela considérer comment tous les autres corps qui les environnent peuvent augmenter ou diminuer leur action; et parcequ'il n'y a rien qui leur fasse avoir en ceci des effets différents, sinon la différence qui est entre eux, en ce que les uns sont liquides ou mous, et les autres durs, il est besoin que nous examinions en cet endroit en quoi consistent ces deux qualités d'être dur et d'être liquide.

54.
En quoi consiste la nature

En quoi nous devons premièrement recevoir le témoignage de nos sens, puisque ces qualités se rapportent à eux : or ils ne nous enseignent en ceci autre chose, sinon que les parties des corps liquides cèdent si aisément leur place qu'elles ne font point de résistance à nos mains lorsqu'elles les rencontrent ; et qu'au contraire les parties des corps durs sont tellement jointes les unes aux autres qu'elles ne peuvent être séparées sans une force qui rompe cette liaison qui est entre elles. Ensuite de quoi si nous examinons quelle peut être la cause pourquoi certains corps cèdent leur place sans faire de résistance, et pourquoi les autres ne la cèdent pas de même, nous n'en trouvons point d'autre, sinon que les corps qui sont déjà en action pour se mouvoir n'empêchent point que les lieux qu'ils sont disposés à quitter d'eux-mêmes ne soient occupés par d'autres corps ; mais que ceux qui sont en repos ne peuvent être chassés de leur place sans quelque force qui vienne d'ailleurs, afin de causer en eux ce changement. D'où il suit qu'un corps est liquide lorsqu'il est divisé en plusieurs petites parties qui se meuvent séparément les unes des autres en plusieurs façons différentes, et qu'il est dur lorsque toutes ses parties s'entre-touchent sans être en action pour s'éloigner l'une de l'autre.

<small>des corps durs et des liquides.</small>

Et je ne crois pas qu'on puisse imaginer aucun ciment plus propre à joindre ensemble les parties des corps durs que leur propre repos. Car

<small>55. Qu'il n'y a rien qui joigne les parties des corps</small>

durs, sinon qu'elles sont en repos au regard l'une de l'autre.

de quelle nature pourroit-il être? il ne sera pas une chose qui subsiste de soi-même; car toutes ces petites parties étant des substances, pour quelle raison seroient-elles plutôt unies par d'autres substances que par elles-mêmes? il ne sera pas aussi une qualité différente du repos, parcequ'il n'y a aucune qualité plus contraire au mouvement qui pourroit séparer ces parties que le repos qui est en elles; mais, outre les substances et leurs qualités, nous ne connoissons point qu'il y ait d'autres genres de choses.

56.
Que les parties des corps fluides ont des mouvements qui tendent également de tous côtés, et que la moindre force suffit pour mouvoir les corps durs qu'elles environnent.

Pour ce qui est des corps fluides, bien que nous ne voyions point que leurs parties se meuvent, d'autant qu'elles sont trop petites, nous pouvons néanmoins le connoître par plusieurs effets, et principalement parceque l'air et l'eau corrompent plusieurs autres corps, et que les parties dont ces liqueurs sont composées ne pourroient produire une action corporelle telle qu'est cette corruption, si elles ne se remuoient actuellement. Je montrerai ci-après quelles sont les causes qui font mouvoir ces parties. Mais la difficulté que nous devons examiner ici est que les petites parties qui composent ces corps fluides ne sauroient se mouvoir toutes en même temps de tous côtés, et que néanmoins cela semble être requis afin qu'elles n'empêchent pas le mouvement des corps qui peuvent venir vers elles de tous côtés, comme en effet nous voyons qu'elles ne l'empêchent point. Car si nous supposons, par exemple, que le corps dur B se meut vers C, et que quelques parties de la liqueur qui est entre deux se meuvent de C vers B[1], tant s'en faut que celles-là facilitent le mouvement de B vers C, qu'au contraire elles l'empêchent beaucoup plus que si elles étoient tout-à-fait sans mouvement. Pour résoudre cette difficulté, nous nous souviendrons en cet endroit que le mouvement est contraire au repos, et non pas au mouvement; et que la détermination d'un mouvement vers un côté est contraire à la détermination vers le côté opposé, comme il a été remarqué ci-dessus, et aussi que tout ce qui se meut tend toujours à continuer de se mouvoir en ligne droite : ensuite de quoi il est évident que lorsque le corps B est en repos, il est plus opposé, par son repos, aux mouvements des petites parties du corps liquide D, prises toutes ensemble, qu'il ne leur seroit opposé par son mouvement s'il se mouvoit; et, pour ce qui est de leur détermination, il est évident aussi qu'il y en a tout autant qui se meuvent de C vers B, comme il y en a qui se meuvent au contraire; d'autant que ce sont les mêmes qui, venant de C, heurtent contre la superficie du corps B, et retournent par après vers C. Et bien que quelques unes de ces parties, prises en particulier, poussent B vers F

---

[1] Voyez première planche, figure 7.

à mesure qu'elles le rencontrent, et l'empêchent par ce moyen davantage de se mouvoir vers C que si elles étoient sans mouvement ; néanmoins, parcequ'il y en a tout autant d'autres qui, tendant de F vers B, le poussent vers C, il n'est pas plus poussé par elles toutes d'un côté que d'un autre, et ne doit point se mouvoir s'il ne lui arrive rien d'ailleurs, à cause que, quelque figure que l'on suppose en ce corps B, il y aura toujours justement autant de ces parties qui le pousseront vers un côté, comme il y en aura d'autres qui le pousseront au contraire, pourvu que la liqueur qui l'environne n'ait point de cours semblable à celui des rivières qui la fasse couler tout entière vers quelque part. Or je suppose que B est environné de tous côtés par la liqueur FD ; mais il n'importe pas qu'il soit justement au milieu d'elle : car, encore qu'il y en ait plus entre B et C qu'entre B et F, elle n'a pas pour cela plus de force à le pousser vers F que vers C, parcequ'elle n'agit pas tout entière contre lui, mais seulement par celles de ses parties qui touchent sa superficie. Nous avons considéré jusques à cette heure le corps B comme étant en repos ; mais si nous supposons maintenant qu'il soit poussé vers C par quelque force qui lui vienne de dehors, si petite qu'elle puisse être, elle suffira, non pas véritablement à le mouvoir toute seule, mais à se joindre avec les parties du corps liquide

FD, en les déterminant à le pousser aussi vers C, et à lui communiquer une partie de leur mouvement.

Afin de connoître ceci plus distinctement, considérons que quand il n'y a point de corps dur dans le corps fluide FD ses petites parties *a e i o a* sont disposées comme un anneau, et qu'elles se meuvent circulairement suivant l'ordre des lettres *a e i ;* et que celles qui sont marquées *o u y a o* se meuvent de même suivant l'ordre des lettres *o u y*. Car, afin qu'un corps soit fluide, les petites parties qui le composent doivent se mouvoir en plusieurs façons différentes, comme il a été déjà remarqué. Mais, supposant que le corps dur B flotte dans le fluide FD entre ses parties *a* et *o* sans se mouvoir, considérons ce qui en arrive. Premièrement, il empêche que les petites parties *a e i o* ne passent d'*o* vers *a* et n'achèvent le cercle de leur mouvement ; il empêche aussi que celles qui sont marquées *o u y a* ne passent d'*a* vers *o* : de plus, celles qui viennent d'*i* vers *o* poussent B vers C, et celles qui viennent pareillement d'*y* vers *a*, le poussent vers F, d'une force si égale que, s'il n'arrive rien d'ailleurs, elles ne peuvent le faire mouvoir ; mais les unes retournent d'*o* vers *u*, et les autres d'*a* vers *e*, et au lieu des deux circulations qu'elles faisoient auparavant, elles n'en font plus qu'une suivant l'ordre des lettres *a e i o u y a*. Il est donc manifeste qu'elles ne

57.
La preuve de l'article précédent.

perdent rien de leur mouvement par la rencontre du corps B, et qu'elles changent seulement leur détermination, et ne continuent plus de se mouvoir suivant des lignes si droites ni si approchantes de la droite, que si elles ne le rencontroient point en leur chemin. Enfin, si nous supposons que B soit poussé par quelque force qui n'étoit pas en lui auparavant, je dis que cette force étant jointe à celle dont les parties du corps fluide qui viennent d'*i* vers *o* le poussent vers C, ne sauroit être si petite qu'elle ne surmonte celle qui fait que les autres qui viennent d'*y* vers *a* le repoussent au contraire, et qu'elle suffit pour changer leur détermination et faire qu'elles se meuvent suivant l'ordre des lettres *a y u o*, autant qu'il est requis pour ne point empêcher le mouvement du corps B; parceque quand deux corps sont déterminés à se mouvoir vers deux endroits directement opposés l'un à l'autre et qu'ils se rencontrent, celui qui a plus de force doit changer la détermination de l'autre. Et ce que je viens de remarquer touchant les petites parties *a e i o u y* se doit aussi entendre de toutes les autres parties du corps fluide FD, qui heurtent contre le corps B, à savoir que celles qui le poussent vers C sont opposées à un nombre égal d'autres qui le poussent à l'opposite, et que pour peu de force qui survienne aux unes plus qu'aux autres, ce peu de force suffit pour changer la détermination de celles qui en ont moins; et quand même elles ne décriroient pas des cercles tels que ceux qui sont ici représentés, elles emploient sans doute leur agitation à se mouvoir circulairement, ou bien en quelques autres façons équivalentes.

Or la détermination des petites parties du corps fluide qui empêchoient le corps B de se mouvoir vers C étant ainsi changée, ce corps commencera de se mouvoir, et aura tout autant de vitesse qu'en a la force qui doit être ajoutée à celles des petites parties de cette liqueur pour le déterminer à ce mouvement; pourvu toutefois qu'il n'y en ait aucunes parmi elles qui ne se meuvent plus vite ou du moins aussi vite que cette force, parceque, s'il y en a quelques unes qui se meuvent plus lentement, on ne doit pas considérer ce corps comme liquide, en tant qu'il en est composé; et en ce cas aussi la moindre petite force ne pourroit pas mouvoir le corps dur qui seroit dedans, d'autant qu'il faudroit qu'elle fût si grande qu'elle pût surmonter la résistance de celles qui ne se remueroient pas assez vite. Ainsi nous voyons que l'air, l'eau, et les autres corps fluides, résistent assez sensiblement aux corps qui se meuvent parmi eux d'une vitesse extraordinaire, et que ces mêmes liqueurs leur cèdent très aisément lorsqu'ils se meuvent plus lentement.

58. Qu'un corps ne doit pas être estimé entièrement fluide au regard d'un corps dur qu'il environne, quand quelques unes de ses parties se meuvent moins vite que ne fait ce corps dur.

59.
Qu'un corps dur étant poussé par un autre ne reçoit pas de lui seul tout le mouvement qu'il acquiert, mais en emprunte aussi une partie du corps fluide qui l'environne.

Toutefois nous devons penser que, lorsque le corps B est mû par une force extérieure, il ne reçoit pas son mouvement de la seule force qui l'a poussé, mais qu'il en reçoit aussi beaucoup des petites parties du corps fluide qui l'environne ; et que celles qui composent les cercles $aeio$ et $ayuo$ perdent autant de leur mouvement comme elles en communiquent aux parties du corps B qui sont entre o et a, parceque ces parties participent aux mouvements circulaires $aeioa$ et $ayuoa$, nonobstant qu'elles se joignent sans cesse à d'autres parties de cette liqueur pendant qu'elles avancent vers C, ce qui est cause aussi qu'elles ne reçoivent que fort peu de mouvement de chacune en particulier.

60.
Qu'il ne peut toutefois avoir plus de vitesse que ce corps dur ne lui en donne.

Mais il faut que je rende raison pourquoi je n'ai pas dit ci-dessus que la détermination des parties $ayuo$ devoit être entièrement changée, mais seulement qu'elle devoit l'être autant qu'il étoit requis pour ne point empêcher le mouvement du corps B; dont la raison est que ce corps B ne se peut mouvoir plus vite qu'il n'est poussé par la force extérieure, encore que les parties du corps fluide FD aient souvent beaucoup plus d'agitation. Et c'est ce qu'on doit soigneusement observer en philosophant, que de n'attribuer jamais à une cause aucun effet qui surpasse son pouvoir. Car si nous supposons que le corps B, qui étoit environné de tous côtés de la liqueur FD sans se mouvoir, est maintenant poussé assez lentement par quelque force extérieure, à savoir par celle de ma main, nous ne devons pas croire qu'il se meuve avec plus de vitesse qu'il n'en a reçu de ma main, parcequ'il n'y a que la seule impulsion qu'il a reçue de ma main qui soit cause de ce qu'il se meut; et bien que les parties du corps fluide se meuvent peut-être beaucoup plus vite, nous ne devons pas croire qu'elles soient déterminées à des mouvements circulaires, tels que *aeioa* et *ayuoa*, ou autres semblables qui aient plus de vitesse que la force qui pousse le corps B, mais seulement qu'elles emploient l'agitation qu'elles ont de reste à se mouvoir en plusieurs autres façons.

Or il est aisé de connoître, par ce qui vient d'être démontré, qu'un corps dur qui est en repos entre les petites parties d'un corps fluide qui l'environne de tous côtés est également balancé; en sorte que la moindre petite force le peut pousser de côté et d'autre, nonobstant qu'on le suppose fort grand, soit que cette force lui vienne de quelque cause extérieure, ou qu'elle consiste en ce que tout le corps fluide qui l'environne prend son cours vers un certain côté, de même que les rivières coulent vers la mer, et l'air vers le couchant lorsque les vents d'orient soufflent: car en ce cas il faut que le corps dur qui est environné de tous côtés de cette

61.
Qu'un corps fluide qui se meut tout entier vers quelque côté emporte nécessairement avec soi tous les corps durs qu'il contient ou environne.

liqueur soit emporté avec elle; et la quatrième règle, suivant laquelle il a été dit ci-dessus qu'un corps qui est en repos ne peut être mû par un plus petit, bien que ce plus petit se meuve extrêmement vite, ne répugne en aucune façon à cela.

62. Qu'on ne peut pas dire proprement qu'un corps dur se meut lorsqu'il est ainsi emporté par un corps fluide.

Et même si nous prenons garde à la vraie nature du mouvement, qui n'est proprement que le transport du corps qui se meut du voisinage de quelques autres corps qui le touchent, et que ce transport est réciproque dans les corps qui se touchent l'un l'autre, encore que nous n'ayons pas coutume de dire qu'ils se meuvent tous deux, nous saurons néanmoins qu'il n'est pas si vrai de dire qu'un corps dur se meut lorsque, étant environné de tous côtés d'une liqueur, il obéit à son cours, que s'il avoit tant de force pour lui résister qu'il pût s'empêcher d'être emporté par elle, car il s'éloigne beaucoup moins des parties qui l'environnent lorsqu'il suit le cours de cette liqueur que lorsqu'il ne le suit point.

63. D'où vient qu'il y a des corps si durs qu'ils ne peuvent être divisés par nos mains, bien qu'ils soient plus petits qu'elles.

Après avoir montré que la facilité que nous avons quelquefois à mouvoir de fort grands corps, lorsqu'ils flottent ou sont suspendus en quelque liqueur, ne répugne point à la quatrième règle ci-dessus expliquée, il faut aussi que je montre comment la difficulté que nous avons à en rompre d'autres qui sont assez petits se peut accorder avec la cinquième. Car, s'il est vrai que les parties des corps durs ne soient jointes ensemble par aucun ciment, et qu'il n'y ait rien du tout qui empêche leur séparation, sinon qu'elles sont en repos les unes contre les autres, ainsi qu'il a été tantôt dit, et qu'il soit vrai aussi qu'un corps qui se meut, quoique lentement, a toujours assez de force pour en mouvoir un autre plus petit qui est en repos, ainsi qu'enseigne cette cinquième règle, on peut demander pourquoi nous ne pouvons avec la seule force de nos mains rompre un clou ou un autre morceau de fer qui est plus petit qu'elles; d'autant que chacune des moitiés de ce clou peut être prise pour un corps qui est en repos contre son autre moitié, et qui doit ce semble en pouvoir être séparé par la force de nos mains, puisqu'il n'est pas si grand qu'elles, et que la nature du mouvement consiste en ce que le corps qu'on dit se mouvoir est séparé des autres corps qui le touchent. Mais il faut remarquer que nos mains sont fort molles, c'est-à-dire qu'elles participent davantage de la nature des corps liquides que des corps durs; ce qui est cause que toutes les parties dont elles sont composées n'agissent pas ensemble contre le corps que nous voulons séparer, et qu'il n'y a que celles qui, en le touchant, s'appuient conjointement sur lui. Car, comme la moitié d'un clou peut être prise pour un corps, à cause qu'on la peut séparer de son autre moitié, de même la partie de notre main qui touche cette moitié de clou, et qui est beaucoup plus petite que la main entière, peut être prise pour un autre corps, à cause qu'elle peut être séparée des autres parties qui composent cette main ; et parcequ'elle peut être séparée plus aisément du reste de la main qu'une partie de clou du reste du clou, et que nous sentons de la douleur lorsqu'une telle séparation arrive aux parties de notre corps, nous ne saurions rompre un clou avec nos mains : mais si nous prenons un marteau, ou une lime, ou des ciseaux, ou quelque autre tel instrument, et nous en servons en telle sorte que nous appliquions la force de notre main contre la partie du corps que nous voulons diviser, qui doit être plus petite que la partie de l'instrument que nous appliquons contre elle, nous pourrons venir à bout de la dureté de ce corps, bien qu'elle soit fort grande.

64.
Que je ne reçois point de principes en physique qui ne soient aussi reçus en mathématique, afin de pouvoir prouver par démonstration tout ce que j'en déduirai, et que ces

Je n'ajoute rien ici touchant les figures, ni comment de leurs diversités infinies il arrive dans les mouvements des diversités innombrables, d'autant que ces choses pourront être assez entendues d'elles-mêmes lorsqu'il sera temps d'en parler, et que je suppose que ceux qui liront mes écrits savent les éléments de la géométrie, ou pour le moins qu'ils ont l'esprit propre à comprendre les démonstrations de mathématique. Car j'avoue franchement ici que je ne connois point d'autre matière des choses corporelles que celle qui peut être divisée, figurée et mue en toutes sortes de façons, c'est-à-dire celle que les géomètres nomment la quantité et qu'ils prennent pour l'objet de leurs démonstrations ; et que je ne considère en cette matière que ses divisions, ses figures et ses mouvements ; et enfin que touchant cela je ne veux rien recevoir pour vrai, sinon ce qui en sera déduit avec tant d'évidence qu'il pourra tenir lieu d'une démonstration mathématique. Et, d'autant que par ce moyen on peut rendre raison de tous les phénomènes de la nature, comme on pourra voir par ce qui suit, je ne pense pas qu'on doive recevoir d'autres principes en physique, ni même qu'on en doive souhaiter d'autres que ceux qui sont ici expliqués.

<small>principes suffisent, d'autant que tous les phénomènes de la nature peuvent être expliqués par leur moyen.</small>

LES PRINCIPES
DE
LA PHILOSOPHIE.

TROISIÈME PARTIE.

DU MONDE VISIBLE.

<small>1.
Qu'on ne sauroit penser trop hautement des œuvres de Dieu.</small>

Après avoir rejeté ce que nous avions autrefois reçu en notre créance avant que de l'avoir suffisamment examiné, puisque la raison toute pure nous a fourni assez de lumière pour nous faire découvrir quelques principes des choses matérielles, et qu'elle nous les a présentés avec tant d'évidence que nous ne saurions plus douter de leur vérité, il faut maintenant essayer si nous pourrons déduire de ces seuls principes l'explication de tous les phénomènes, c'est-à-dire des effets qui sont en la nature, et que nous apercevons par l'entremise de nos sens. Nous commencerons par ceux qui sont les plus généraux et dont tous les autres dépendent, à savoir par l'admirable structure de ce monde visible. Mais, afin que nous puissions nous garder de nous méprendre en les examinant, il me semble que nous devons soigneusement observer deux choses : la première est que nous nous remettions toujours devant les yeux que la puissance et la bonté de Dieu sont infinies, afin que cela nous fasse connoître que nous ne devons point craindre de faillir en imaginant ses ouvrages trop grands, trop beaux ou trop parfaits ; mais que nous pouvons bien manquer, au contraire, si nous supposons en eux quelques bornes ou quelques limites dont nous n'ayons aucune connoissance certaine.

La seconde est que nous nous remettions aussi toujours devant les yeux que la capacité de notre esprit est fort médiocre, et que nous ne devons pas trop présumer de nous-mêmes, comme il semble que nous ferions si nous supposions que l'univers eût quelques limites, sans que cela nous fût assuré par révélation divine, ou du moins par des raisons naturelles fort évidentes, parceque ce seroit vouloir que notre pensée pût s'imaginer quelque chose au-delà de ce à quoi la puissance de Dieu s'est étendue en créant le monde ; mais aussi

2. Qu'on présumeroit trop de soi-même si on entreprenoit de connoître la fin que Dieu s'est proposée en créant le monde.

encore plus si nous nous persuadions que ce n'est que pour notre usage que Dieu a créé toutes les choses, ou bien seulement si nous prétendions de pouvoir connoître par la force de notre esprit quelles sont les fins pour lesquelles il les a créées.

<small>3. En quel sens on peut dire que Dieu a créé toutes choses pour l'homme.</small>

Car encore que ce soit une pensée pieuse et bonne, en ce qui regarde les mœurs, de croire que Dieu a fait toutes choses pour nous, afin que cela nous excite d'autant plus à l'aimer et à lui rendre grâces de tant de bienfaits, encore aussi qu'elle soit vraie en quelque sens, à cause qu'il n'y a rien de créé dont nous ne puissions tirer quelque usage, quand ce ne seroit que celui d'exercer notre esprit en le considérant, et d'être incités à louer Dieu par son moyen, il n'est toutefois aucunement vraisemblable que toutes choses aient été faites pour nous, en telle façon que Dieu n'ait eu aucune autre fin en les créant ; et ce seroit, ce me semble, être impertinent de se vouloir servir de cette opinion pour appuyer des raisonnements de physique ; car nous ne saurions douter qu'il n'y ait une infinité de choses qui sont maintenant dans le monde, ou bien qui y ont été autrefois, et ont déjà entièrement cessé d'être, sans qu'aucun homme les ait jamais vues ou connues, et sans qu'elles lui aient jamais servi à aucun usage.

<small>4. Des phéno-</small>

Or les principes que j'ai ci-dessus expliqués

sont si amples qu'on en peut déduire beaucoup plus de choses que nous n'en voyons dans le monde, et même beaucoup plus que nous n'en saurions parcourir de la pensée en tout le temps de notre vie. C'est pourquoi je ferai ici une briève description des principaux phénomènes dont je prétends rechercher les causes; non point afin d'en tirer des raisons qui servent à prouver ce que j'ai à dire ci-après, car j'ai dessein d'expliquer les effets par leurs causes, et non les causes par leurs effets, mais afin que nous puissions choisir entre une infinité d'effets qui peuvent être déduits des mêmes causes ceux que nous devons principalement tâcher d'en déduire.

mènes ou expériences, et à quoi elles peuvent ici servir.

Il nous semble d'abord que la terre est beaucoup plus grande que tous les autres corps qui sont au monde, et que la lune et le soleil sont plus grands que les étoiles; mais, si nous corrigeons le défaut de notre vue par des raisonnements de géométrie qui sont infaillibles, nous connoîtrons premièrement que la lune est éloignée de nous d'environ trente diamètres de la terre, et le soleil de six ou sept cents : et, comparant ensuite ces distances avec le diamètre apparent du soleil et de la lune, nous trouverons que la lune est plus petite que la terre, et que le soleil est beaucoup plus grand.

5. Quelle proportion il y a entre le soleil, la terre et la lune, à raison de leurs distances et de leurs grandeurs.

Nous connoîtrons aussi, par l'entremise de nos yeux lorsqu'ils seront aidés de la raison, que

6. Quelle distance il y a

Mercure est distant du soleil de plus de deux cents diamètres de la terre ; Vénus, de plus de quatre cents ; Mars, de neuf cents ou mille ; Jupiter, de trois mille et davantage ; et Saturne, de cinq ou six mille.

7. Qu'on peut supposer les étoiles fixes autant éloignées qu'on veut.

Pour ce qui est des étoiles fixes, selon leurs apparences nous ne devons point croire qu'elles soient plus proches de la terre ou du soleil que Saturne ; mais aussi nous n'y remarquons rien qui nous puisse empêcher de les supposer plus éloignées, même jusques à une distance indéfinie : et nous pourrons même conclure de ce que je dirai ci-après touchant le mouvement des cieux, qu'elles sont si éloignées de la terre que Saturne, à comparaison d'elles, en est extrêmement proche.

8. Que la terre, étant vue du ciel, ne paroîtroit que comme une planète moindre que Jupiter ou Saturne.

Ensuite de quoi il est aisé de connoître que la lune et la terre paroîtroient beaucoup plus petites à celui qui les regarderoit de Jupiter ou de Saturne, que ne paroît Jupiter ou Saturne au même spectateur qui les regarde de la terre, et que si on regardoit le soleil de dessus quelque étoile fixe, il ne paroîtroit peut-être pas plus grand que les étoiles paroissent à ceux qui les regardent du lieu où nous sommes : de sorte que si nous voulons comparer les parties du monde visible les unes aux autres et juger de leurs grandeurs sans prévention, nous ne devons point croire que la lune, ou la terre, ou le soleil, soient plus grands que les étoiles.

Mais outre que les étoiles ne sont pas égales en grandeur, on y remarque encore cette différence, que les unes brillent de leur propre lumière, et que les autres réfléchissent seulement celle qu'elles ont reçue d'ailleurs. Premièrement, nous ne saurions douter que le soleil n'ait en soi cette lumière qui nous éblouit lorsque nous le regardons trop fixement; car elle est si grande que toutes les étoiles ensemble ne lui en pourroient pas tant communiquer, parceque celle qu'elles nous envoient est incomparablement plus foible que la sienne, bien qu'elles ne soient pas tant éloignées de nous que de lui; et s'il y avoit dans le monde quelque autre corps plus brillant duquel il empruntât sa lumière, il faudroit que nous le vissions. Mais si nous considérons aussi combien sont vifs et étincelants les rayons des étoiles fixes nonobstant qu'elles soient extrêmement éloignées de nous et du soleil, nous ne ferons pas difficulté de croire qu'elles lui ressemblent; en sorte que si nous étions aussi proches de quelques unes d'elles que nous sommes de lui, celle-là nous paroîtroit grande et lumineuse comme un soleil.

9. Que la lumière du soleil et des étoiles fixes leur est propre.

Au contraire, de ce que nous voyons que la lune n'éclaire que du côté qui est opposé au soleil, nous devons croire qu'elle n'a point de lumière qui lui soit propre, et qu'elle renvoie seulement vers nos yeux les rayons qu'elle a reçus du soleil. Cela a été

10. Que celle de la lune et des autres planètes est empruntée du soleil.

observé depuis peu sur Vénus, avec des lunettes de longue vue; et nous pouvons juger le semblable de Mercure, Mars, Jupiter et Saturne, parceque leur lumière nous paroît beaucoup plus foible et moins éclatante que celle des étoiles fixes, et que ces planètes ne sont pas si éloignées du soleil qu'elles n'en puissent être éclairées.

<small>11. Qu'en ce qui est de la lumière, la terre est semblable aux planètes.</small>

Enfin, de ce que nous voyons que les corps dont la terre est composée sont opaques, et qu'ils renvoient les rayons qu'ils reçoivent du soleil pour le moins aussi fort que la lune (car les nuages qui l'environnent, bien qu'ils ne soient composés que de celles de ses parties qui sont les moins opaques et les moins propres à réfléchir la lumière, nous paroissent aussi blancs que la lune lorsqu'ils sont éclairés du soleil), nous devons conclure que la terre, en ce qui est de la lumière, n'est point différente de la lune, de Vénus, de Mercure, et des autres planètes.

<small>12. Que la lune, lorsqu'elle est nouvelle, est illuminée par la terre.</small>

Nous en serons encore plus assurés si nous prenons garde à une certaine lumière foible qui paroit sur la partie de la lune qui n'est point éclairée du soleil lorsqu'elle est nouvelle, qui sans doute lui est envoyée de la terre par réflexion, puisqu'elle diminue peu à peu, à mesure que la partie de la terre qui est éclairée du soleil se détourne de la lune.

<small>13. Que le soleil</small>

Tellement que si nous supposions que quelqu'un

de nous fût dessus Jupiter et qu'il considérât notre terre, il est évident qu'elle lui paroîtroit plus petite, mais peut-être aussi lumineuse que Jupiter nous paroît, et qu'elle paroîtroit plus grande au même spectateur s'il étoit sur quelque autre planète plus voisine ; mais qu'il ne la verroit point du tout s'il étoit sur quelqu'une des étoiles fixes, à cause de la trop grande distance : ainsi la terre pourra être mise au nombre des planètes, et le soleil au nombre des étoiles fixes.

<small>peut être mis au nombre des étoiles fixes, et la terre au nombre des planètes.</small>

Il y a encore une autre différence entre les étoiles, qui consiste en ce que les unes gardent un même ordre entre elles et se trouvent toujours également distantes, ce qui est cause qu'on les nomme fixes, et que les autres changent continuellement de situation, ce qui est cause qu'on les nomme planètes ou étoiles errantes.

<small>14. Que les étoiles fixes demeurent toujours en même situation au regard l'une de l'autre, et qu'il n'en est pas de même des planètes.</small>

Et comme celui qui, étant en mer pendant un temps calme, regarde quelques autres vaisseaux assez éloignés qui lui semblent changer de situation, ne sauroit dire bien souvent si c'est le vaisseau sur lequel il est, ou les autres, qui en se remuant causent un tel changement ; ainsi, lorsque nous regardons du lieu où nous sommes le cours des planètes et leurs différentes situations, après les avoir bien considérées, nous n'en saurions tirer aucun éclaircissement qui soit tel que nous puissions déterminer par ce qui nous paroît quel est

<small>15. Qu'on peut user de diverses hypothèses pour expliquer les phénomènes des planètes.</small>

celui de ces corps auquel nous devons proprement attribuer la cause de ces changements, et parcequ'ils sont inégaux et fort embrouillés, il n'est pas aisé de les démêler, si, de toutes les façons dont on les peut concevoir, nous n'en choisissons une suivant laquelle nous supposions qu'ils se fassent. A cette fin les astronomes ont inventé trois différentes hypothèses, ou suppositions, qu'ils ont seulement tâché de rendre propres à expliquer tous les phénomènes, sans s'arrêter particulièrement à examiner si elles étoient avec cela conformes à la vérité.

16. Qu'on ne les peut expliquer tous par celle de Ptolémée.

Ptolémée inventa la première; mais comme elle est aujourd'hui désapprouvée de tous les philosophes, parcequ'elle est contraire à plusieurs observations qui ont été faites depuis peu, et particulièrement aux changements de lumière qu'on remarque sur Vénus, semblables à ceux qui se font sur la lune, je n'en parlerai pas ici davantage.

17. Que celles de Copernic et de Tycho ne diffèrent point, si on ne les considère que comme hypothèses.

La seconde est de Copernic, et la troisième de Tycho-Brahé, lesquelles deux, en tant qu'on les prend seulement pour des suppositions, expliquent également bien les phénomènes, et il n'y a pas beaucoup de différence entre elles, néanmoins celle de Copernic me semble quelque peu plus simple et plus claire; de sorte que Tycho n'a pas eu sujet de la changer, sinon parcequ'il essayoit d'expliquer comment la chose étoit en effet, et non pas seulement par hypothèse.

Car d'autant que Copernic n'avoit pas fait difficulté d'avancer que la terre étoit mue, Tycho, à qui cette opinion sembloit absurde et entièrement éloignée du sens commun, a tâché de la corriger; mais, parcequ'il n'a pas assez considéré quelle est la vraie nature du mouvement, bien qu'il ait dit que la terre étoit immobile, il n'a pas laissé de lui attribuer plus de mouvement que l'autre.

18. Que par celle de Tycho on attribue en effet plus de mouvement à la terre que par celle de Copernic, bien qu'on lui en attribue moins en paroles.

C'est pourquoi, sans être en rien différent de ces deux, excepté en cela seul que j'aurai plus de soin que Copernic de ne point attribuer de mouvement à la terre, et que je tâcherai de faire que mes raisons sur ce sujet soient plus vraies que celles de Tycho, je proposerai ici l'hypothèse qui me semble être la plus simple de toutes et la plus commode, tant pour connoître les phénomènes que pour en rechercher les causes naturelles : et cependant j'avertis que je ne prétends point qu'elle soit reçue comme entièrement conforme à la vérité, mais seulement comme une hypothèse ou supposition qui peut être fausse.

19. Que je nie le mouvement de la terre avec plus de soin que Copernic, et plus de vérité que Tycho.

Premièrement, à cause que nous ne savons pas encore assurément quelle distance il y a entre la terre et les étoiles fixes, et que nous ne saurions les imaginer si éloignées que cela répugne à l'expérience, ne nous contentons point de les mettre au-dessus de Saturne, où tous les astronomes avouent qu'elles sont, mais prenons la liberté de

20. Qu'il faut supposer les étoiles fixes extrêmement éloignées de Saturne.

les supposer autant éloignées au-dessus de lui que cela pourra être utile à notre dessein : car si nous voulions juger de leur hauteur par la comparaison des distances qui sont entre les corps que nous voyons sur la terre, celle qu'on leur attribue déjà seroit aussi peu croyable que la plus grande que nous saurions imaginer; au lieu que si nous considérons la toute-puissance de Dieu qui les a créées, la plus grande distance que nous puissions concevoir n'est pas moins croyable qu'une plus petite. Et je ferai voir ci-après qu'on ne sauroit bien expliquer ce qui nous paroît tant des planètes que des comètes, si on ne suppose un très grand espace entre les étoiles fixes et la sphère de Saturne.

21. Que la matière du soleil ainsi que celle de la flamme est fort mobile, mais qu'il n'est pas besoin pour cela qu'il passe tout entier d'un lieu en un autre.

En second lieu, puisque le soleil a cela de conforme avec la flamme et avec les étoiles fixes, qu'il sort de lui de la lumière, laquelle il n'emprunte point d'ailleurs, pensons qu'il est semblable aussi à la flamme en ce qui est de son mouvement, et aux étoiles fixes en ce qui concerne sa situation. Et comme nous ne voyons rien sur la terre qui soit plus agité que la flamme (en sorte que si les corps qu'elle touche ne sont grandement durs et solides, elle ébranle toutes leurs petites parties et emporte avec soi celles qui ne lui font point trop de résistance), toutefois son mouvement ne consiste qu'en ce que chacune de ses parties se meut séparément; car toute la flamme ne passe point pour cela d'un lieu en un autre, si elle n'est transportée par quelque corps auquel elle soit attachée : ainsi nous pouvons croire que le soleil est composé d'une matière extrêmement liquide, et dont les parties sont si fort agitées qu'elles emportent avec elles les parties du ciel qui leur sont voisines et qui les environnent; mais qu'il a cela de commun avec les étoiles fixes, qu'il ne passe point pour cela d'un endroit du ciel en un autre.

Et on n'a pas sujet de penser que la comparaison que je fais du soleil avec la flamme ne soit pas bonne, à cause que toute la flamme que nous voyons sur la terre a besoin d'être jointe à quelque autre corps qui lui serve de nourriture, et que nous ne remarquons point le même du soleil. Car, suivant les lois de la nature, la flamme, ainsi que tous les autres corps, continueroit d'être après qu'elle est une fois formée, et n'auroit pas besoin d'aucun aliment à cet effet, si ses parties, qui sont extrêmement fluides et mobiles, n'alloient point continuellement se mêler avec l'air qui est autour d'elle, et qui, leur ôtant leur agitation, fait qu'elles cessent de la composer; et ainsi ce n'est pas proprement pour être conservée qu'elle a besoin de nourriture, mais afin qu'il renaisse continuellement d'autre flamme qui lui succède à mesure que l'air la dissipe. Or nous ne voyons pas que le soleil soit dissipé par la matière du ciel qui l'environne;

22. Que le soleil n'a pas besoin d'aliment comme la flamme.

c'est pourquoi nous n'avons pas sujet de juger qu'il ait besoin de nourriture comme la flamme, encore qu'il lui ressemble en autre chose ; et toutefois j'espère faire voir ci-après qu'il lui est encore semblable en cela qu'il entre en lui sans cesse quelque matière, et qu'il en sort d'autre.

23.
Que toutes les étoiles ne sont point en une superficie sphérique, et qu'elles sont fort éloignées l'une de l'autre.

Au reste, il faut ici remarquer que, si le soleil et les étoiles fixes se ressemblent en ce qui est de leur situation, nous ne devons pas néanmoins penser qu'elles soient toutes en la superficie d'une même sphère, ainsi que plusieurs supposent, puisque le soleil ne peut être avec elles en la superficie de cette sphère ; mais nous devons penser que tout ainsi que le soleil est environné d'un vaste espace où il n'y a point d'étoile fixe, de même que chaque étoile fixe est fort éloignée de toutes les autres, et que quelques unes de ces étoiles sont plus éloignées de nous et du soleil que quelques autres : en sorte que si S[1], par exemple, est le soleil, F, f, seront des étoiles fixes ; et nous en pourrons concevoir d'autres sans nombre au-dessus, au-dessous et par-delà le plan de cette figure, éparses par toutes les dimensions de l'espace.

24.
Que les cieux sont liquides.

En troisième lieu, pensons que la matière du ciel est liquide, aussi bien que celle qui compose le soleil et les étoiles fixes. C'est une opinion qui est maintenant communément reçue de tous les

[1] Voyez planche II, figure 1.

astronomes, parcequ'ils voient qu'il est presque impossible sans cela de bien expliquer les phénomènes.

Mais il me semble que plusieurs se méprennent, en ce que, voulant attribuer au ciel la propriété d'être liquide, ils l'imaginent comme un espace entièrement vide, lequel non seulement ne résiste point au mouvement des autres corps, mais aussi qui n'a aucune force pour les mouvoir et les emporter avec soi. Car, outre qu'il ne sauroit y avoir de tel vide en la nature, il y a cela de commun en toutes les liqueurs, que la raison pourquoi elles ne résistent point aux mouvements des autres corps n'est pas qu'elles aient moins qu'eux de matière, mais qu'elles ont autant ou plus d'agitation, et que leurs petites parties peuvent aisément être déterminées à se mouvoir de tous côtés; et lorsqu'il arrive qu'elles sont déterminées à se mouvoir toutes ensemble vers un même côté, cela fait qu'elles doivent nécessairement emporter avec elles tous les corps qu'elles embrassent et environnent de tous côtés, et qui ne sont point empêchés de les suivre par aucune cause extérieure, quoique ces corps soient entièrement en repos, et durs et solides, ainsi qu'il suit évidemment de ce qui a été dit ci-dessus de la nature des corps liquides.

25. Qu'ils transportent avec eux tous les corps qu'ils contiennent.

En quatrième lieu, puisque nous voyons que la terre n'est point soutenue par des colonnes, ni sus-

26. Que la terre se repose en

pendue en l'air par des câbles, mais qu'elle est environnée de tous côtés d'un ciel très liquide, pensons qu'elle est en repos, et qu'elle n'a point de propension au mouvement, vu que nous n'en remarquons point en elle; mais ne croyons pas aussi que cela puisse empêcher qu'elle ne soit emportée par le cours du ciel et qu'elle ne suive son mouvement, sans pourtant se mouvoir : de même qu'un vaisseau qui n'est point emporté par le vent ni par des rames, et qui n'est point aussi retenu par des ancres, demeure en repos au milieu de la mer, quoique peut-être le flux ou reflux de cette grande masse d'eau l'emporte insensiblement avec soi.

son ciel, mais qu'elle ne laisse pas d'être transportée par lui.

27. Qu'il en est de même de toutes les planètes.

Et tout ainsi que les autres planètes ressemblent à la terre, en ce qu'elles sont opaques, et qu'elles renvoient les rayons du soleil, nous avons sujet de croire qu'elles lui ressemblent encore en ce qu'elles demeurent comme elle en repos en la partie du ciel où chacune se trouve, et que tout le changement qu'on observe en leur situation procède seulement de ce qu'elles obéissent au mouvement de la matière du ciel qui les contient.

28. Qu'on ne peut pas proprement dire que la terre ou les planètes se meuvent, bien qu'elles soient ainsi transportées.

Nous nous souviendrons aussi en cet endroit de ce qui a été dit ci-dessus touchant la nature du mouvement, à savoir, qu'à proprement parler il n'est que le transport d'un corps du voisinage de ceux qui le touchent immédiatement, et que nous considérons comme en repos, dans le voisinage de quelques autres ; mais que, selon l'usage commun, on appelle souvent du nom de mouvement toute action qui fait qu'un corps passe d'un lieu en un autre, et qu'en ce sens on peut dire qu'une même chose en même temps est mue et ne l'est pas, selon qu'on détermine son lieu diversement. Or on ne sauroit trouver dans la terre ni dans les autres planètes aucun mouvement selon la propre signification de ce mot, parcequ'elles ne sont point transportées du voisinage des parties du ciel qui les touchent, en tant que nous considérons ces parties comme en repos ; car, pour être ainsi transportées, il faudroit qu'elles s'éloignassent en même temps de toutes les parties de ce ciel prises ensemble, ce qui n'arrive point : mais la matière du ciel étant liquide, et les parties qui la composent fort agitées, tantôt les unes de ces parties s'éloignent de la planète qu'elles touchent, et tantôt les autres, et ce par un mouvement qui leur est propre, et qu'on leur doit attribuer plutôt qu'à la planète qu'elles quittent ; de même qu'on attribue les particuliers transports de l'air ou de l'eau qui se font sur la superficie de la terre à l'air ou à l'eau, et non pas à la terre.

Et si on prend le mouvement suivant la façon vulgaire, on peut bien dire que toutes les autres planètes se meuvent, et même le soleil et les étoiles fixes ; mais on ne sauroit parler ainsi de la terre

29.
Que même, en parlant improprement et suivant l'usage, on ne

doit point attribuer de mouvement à la terre, mais seulement aux autres planètes.

que fort improprement. Car le peuple détermine les lieux des étoiles par certains endroits de la terre qu'il considère comme immobiles, et croit qu'elles se meuvent lorsqu'elles s'éloignent des lieux qu'il a ainsi déterminés; ce qui est commode pour l'usage de la vie, et n'est pas imaginé sans raison, parceque, comme nous avons tous jugé dès notre enfance que la terre étoit plate et non pas ronde, et que le bas et le haut, et ses parties principales, à savoir le levant, le couchant, le midi et le septentrion, étoient toujours et partout les mêmes, nous avons marqué par ces choses qui ne sont arrêtées qu'en notre pensée les lieux des autres corps. Mais si un philosophe qui fait profession de rechercher la vérité, ayant pris garde que la terre est un globe qui flotte dans un ciel liquide dont les parties sont extrêmement agitées, et que les étoiles fixes gardent entre elles toujours une même situation, se vouloit servir de ces étoiles et les considérer comme stables, pour déterminer le lieu de la terre, et ensuite de cela vouloit conclure qu'elle se meut, il se méprendroit, et son discours ne seroit appuyé d'aucune raison. Car si on prend le lieu en son vrai sens, et comme tous les philosophes qui en connoissent la nature le doivent prendre, il faut le déterminer par les corps qui touchent immédiatement celui qu'on dit être mû, et non pas par ceux qui en sont extrêmement éloignés, comme sont les étoiles fixes au regard de la terre; et si on le prend selon l'usage, on n'a point de raison pour se persuader que les étoiles soient stables plutôt que la terre, si ce n'est peut-être qu'on s'imagine qu'il n'y a point d'autres corps par-delà les étoiles qu'elles puissent quitter, et au regard desquels on puisse dire qu'elles se meuvent, et que la terre demeure en repos, au même sens qu'on prétend pouvoir dire que la terre se meut au regard des étoiles fixes. Mais cette imagination seroit sans fondement, parceque notre pensée étant de telle nature qu'elle n'aperçoit point de limites qui bornent l'univers, quiconque prendra garde à la grandeur de Dieu et à la foiblesse de nos sens, jugera qu'il est bien plus à propos de croire que peut-être au-delà de toutes les étoiles que nous voyons il y a d'autres corps au regard desquels il faudroit dire que la terre est en repos et que les étoiles se meuvent, que de supposer que a puissance du Créateur est si peu parfaite qu'il n'y en sauroit avoir de tels, ainsi que doivent supposer ceux qui assurent en cette façon que la terre se meut. Que si néanmoins ci-après, pour nous accommoder à l'usage, nous semblons attribuer quelque mouvement à la terre, il faudra penser que c'est en parlant improprement, et au même sens qu'on peut dire quelquefois de ceux qui dorment et sont couchés dans un vaisseau, qu'ils passent cependant de Calais à Douvres, à cause que le vaisseau les y porte.

<small>30. Que toutes les planètes sont emportées autour du soleil par le ciel qui les contient.</small>

Après avoir ôté par ces raisonnements tous les scrupules qu'on peut avoir touchant le mouvement de la terre, pensons que la matière du ciel où sont les planètes tourne sans cesse en rond, ainsi qu'un tourbillon au centre duquel est le soleil, et que ses parties qui sont proches du soleil se meuvent plus vite que celles qui en sont éloignées jusques à une certaine distance, et que toutes les planètes (au nombre desquelles nous mettrons désormais la terre) demeurent toujours suspendues entre les mêmes parties de cette matière du ciel; car par cela seul, et sans y employer d'autres machines, nous ferons aisément entendre toutes les choses qu'on remarque en elles. Car, tout de même que dans les détours des rivières où l'eau se replie en elle-même, et tournoyant ainsi fait des cercles, si quelques fétus ou autres corps fort légers flottent parmi cette eau, on peut voir qu'elle les emporte et les fait mouvoir en rond avec soi; et même parmi ces fétus on peut remarquer qu'il y en a souvent quelques uns qui tournent aussi autour de leur propre centre; et que ceux qui sont plus proches du centre du tourbillon qui les contient achèvent leur tour plus tôt que ceux qui en sont plus éloignés; et enfin que, bien que ces tourbillons d'eau affectent toujours de tourner en rond, ils ne décrivent presque jamais des cercles entièrement parfaits, et s'étendent quelquefois plus en long et quelquefois plus en large, de façon que toutes les parties de la circonférence qu'ils décrivent ne sont pas également distantes du centre; ainsi on peut aisément imaginer que toutes les mêmes choses arrivent aux planètes; et il ne faut que cela seul pour expliquer tous leurs phénomènes.

Pensons donc que S est le soleil, et que toute la matière du ciel qui l'environne tourne de même côté que lui, à savoir du couchant par le midi vers l'orient, ou d'A par B vers C¹, supposant que le pôle septentrional est élevé au-dessus du plan de cette figure. Pensons aussi que la matière qui est autour de Saturne emploie quasi trente années à lui faire parcourir tout le cercle marqué ♄, et que celle qui environne Jupiter le porte en douze ans avec les autres petites planètes qui l'accompagnent par tout le cercle marqué ♃; que Mars achève par même moyen en deux ans, la terre avec la lune en un an, Vénus en huit mois, Mercure en trois, leurs tours, qui nous sont représentés par les cercles marqués ♂ T ♀ ☿.

31. Comment elles sont ainsi emportées.

Pensons aussi que ces corps opaques qu'on voit avec des lunettes de longue vue sur le soleil, et qu'on nomme ses taches, se meuvent sur sa super-

32. Comment le sont aussi les taches qui se voient sur la superficie du soleil.

¹ Voyez planche II, figure 2.

ficie, et emploient vingt-six jours à y faire leur tour.

33.
Que la terre est aussi portée en rond autour de son centre, et la lune autour de la terre.

Pensons, outre cela, que dans ce grand tourbillon qui compose un ciel, duquel le soleil est le centre, il y en a d'autres plus petits qu'on peut comparer à ceux qu'on voit quelquefois dans le tournant des rivières, où ils suivent tous ensemble le cours du plus grand qui les contient, et se meuvent du même côté qu'il se meut ; et que l'un de ces tourbillons a Jupiter en son centre, lequel fait mouvoir avec lui les autres quatre planètes qui font leur circuit autour de cet astre d'une vitesse tellement proportionnée que la plus éloignée des quatre achève le sien à peu près en seize jours, celle qui la suit en sept, la troisième en quatre-vingt-cinq heures, et la plus proche du centre en quarante-deux, et qu'elles tournent ainsi plusieurs fois autour de lui pendant qu'il décrit un grand cercle autour du soleil ; et que tout de même le tourbillon dont la terre est le centre fait mouvoir la lune autour de la terre en l'espace d'un mois, et la terre même sur son essieu en l'espace de vingt-quatre heures, et que dans le temps que la lune et la terre parcourent ce grand cercle qui leur est commun et qui fait l'année, la terre tourne environ trois cent soixante-cinq fois sur son essieu, et la lune environ douze fois autour de la terre.

34.
Que les mouvements des

Enfin, nous devons penser que les centres des planètes ne sont point tous exactement en un même plan, et que les cercles qu'elles décrivent ne sont point parfaitement ronds, mais qu'il s'en faut toujours quelque peu que cela ne soit exact, et même que le temps y apporte sans cesse du changement, ainsi que nous voyons arriver en tous les autres effets de la nature.

cieux ne sont pas parfaitement circulaires.

De façon que si cette figure nous représente le plan dans lequel est le cercle que le centre de la terre décrit chaque année, lequel on nomme le plan de l'écliptique, on doit penser que chacune des autres planètes fait son cours dans un autre plan quelque peu incliné sur celui-ci, et qui le coupe par une ligne qui ne passe pas loin du centre du soleil, et que les diverses inclinations de ces plans sont déterminées par le moyen des étoiles fixes. Par exemple, le plan dans lequel est maintenant la route de Saturne coupe l'écliptique vis-à-vis des signes de l'écrevisse et du capricorne, et est incliné vers le nord vis-à-vis de la balance, et vers le sud vis-à-vis du belier, et l'angle qu'il fait avec le plan de l'écliptique, en s'inclinant de la sorte, est environ de deux degrés et demi. De même, les autres planètes font leur cours en des plans qui coupent celui de l'écliptique en d'autres endroits; mais l'inclination est moindre en ceux de Jupiter et de Mars qu'elle n'est en celui de Saturne; elle est environ d'un degré plus grande en celui de Vénus, et elle est beaucoup plus grande en celui de Mercure, où

35. Que toutes les planètes ne sont pas toujours en un même plan.

elle est presque de sept degrés. De plus, les taches qui paroissent sur la superficie du soleil y font aussi leurs cours en des plans inclinés à celui de l'écliptique de sept degrés ou davantage, au moins si les observations du P. Scheiner sont vraies ; et il les a faites avec tant de soin qu'il ne semble pas qu'on en doive désirer d'autres que les siennes sur cette matière. La lune aussi fait son cours autour de la terre dans un plan incliné de cinq degrés sur celui de l'écliptique ; et enfin la terre même est portée autour de son centre suivant le plan de l'équateur, lequel elle transfère partout avec soi, et qui est écarté de vingt-trois degrés et demi de celui de l'écliptique. Or on nomme la latitude des planètes la quantité des degrés qui se comptent ainsi entre l'écliptique et les endroits de leurs plans ou elles se trouvent.

36.
Et que chacune n'est pas toujours également éloignée d'un même centre.

Mais le circuit qu'elles font autour du soleil se nomme leur longitude, en laquelle il y a aussi de l'irrégularité, en ce que, n'étant pas toujours à même distance du soleil, elles ne semblent pas se mouvoir toujours à son égard de même vitesse. Car, au siècle où nous sommes, Saturne est plus éloigné du soleil, lorsqu'il est au signe du sagittaire que lorsqu'il est au signe des gémeaux, d'environ la vingtième partie de la distance qui est entre eux ; et lorsque Jupiter est en la balance, il en est plus éloigné que lorsqu'il est au belier ; et ainsi les autres planètes se trouvent en des lieux différents, et ne sont pas vis-à-vis des mêmes signes, lorsqu'elles sont aux endroits où elles s'approchent ou s'éloignent le plus du soleil. Mais après quelques siècles toutes ces choses seront autrement disposées qu'elles ne sont à présent, et ceux qui seront alors pourront remarquer que les planètes, et la terre aussi, couperont le plan où est maintenant l'écliptique en des lieux différents de ceux où elles le coupent à présent, et qu'elles s'en écarteront un peu plus ou moins, et ne seront pas vis-à-vis des mêmes signes où elles se trouvent maintenant, lorsqu'elles sont plus ou moins éloignées du soleil.

Ensuite de quoi il n'est pas besoin que j'explique comment on peut entendre par cette hypothèse que se font les jours et les nuits, les étés et les hivers, le croissant et le décours de la lune, les éclipses, les stations et rétrogradations des planètes, l'avancement des équinoxes, la variation qu'on remarque en l'obliquité de l'écliptique, et choses semblables; car il n'y a rien en cela qui ne soit facile à ceux qui sont un peu versés en l'astronomie.

<small>37. Que tous les phénomènes peuvent être expliqués par l'hypothèse ici proposée.</small>

Mais je dirai encore ici en peu de mots comment par l'hypothèse de Tycho, qui est reçue communément par ceux qui rejettent celle de Copernic, on attribue plus de mouvement à la terre que par l'autre. Premièrement, il faut que, pendant que la terre, selon l'opinion de Tycho, demeure immobile,

<small>38. Que, suivant l'hypothèse de Tycho, on doit dire que la terre se meut autour de son centre.</small>

le ciel avec les étoiles tourne autour d'elle chaque jour ; ce qu'on ne sauroit entendre sans concevoir aussi que toutes les parties de la terre sont séparées de toutes les parties du ciel qu'elles touchoient auparavant, et que de moment en moment elles en touchent d'autres ; et parceque cette séparation est réciproque, ainsi qu'il a été dit ci-dessus, et qu'il faut qu'il y ait autant de force ou d'action en la terre comme au ciel, je ne vois rien qui nous oblige à croire que le ciel soit plutôt mû que la terre ; au contraire, nous avons bien plus de raison d'attribuer ce mouvement à la terre, parceque la séparation se fait en toute sa superficie, et non pas de même en toute la superficie du ciel, mais seulement en la concave qui touche la terre et qui est extrêmement petite à comparaison de la convexe. Et n'importe qu'ils disent que, selon leur opinion, la superficie convexe du ciel étoilé est aussi bien séparée du ciel qui l'environne, à savoir du cristallin ou de l'empyrée, comme la superficie concave du même ciel l'est de la terre, et que pour cela ils attribuent le mouvement au ciel plutôt qu'à la terre ; car ils n'ont aucune preuve qui fasse paroître cette séparation de toute la superficie convexe du ciel étoilé d'avec l'autre ciel qui l'environne, mais ils la feignent à plaisir : et ainsi, par leur hypothèse, la raison pour laquelle on doit attribuer le mouvement au ciel et le repos à la terre est imaginaire, et ne dépend que de leur fantaisie; au lieu que la raison pour laquelle ils pourroient dire que la terre se meut est évidente et certaine.

De plus, suivant l'hypothèse de Tycho, le soleil faisant un circuit tous les ans autour de la terre emporte avec soi non seulement Mercure et Vénus, mais encore Mars, Jupiter et Saturne, qui sont plus éloignés de lui que n'est la terre, ce qu'on ne sauroit concevoir dans un ciel liquide, comme ils le supposent, si la matière du ciel qui est entre le soleil et ces astres n'est emportée tout ensemble avec eux, et que cependant la terre, par une force particulière et différente de celle qui transporte ainsi le ciel, se sépare des parties de cette matière qui la touchent immédiatement, et qu'elle décrive un cercle au milieu d'elles. Mais cette séparation qui se fait ainsi de toute la terre devra être prise pour son mouvement.

<small>39. Et aussi qu'elle se meut autour du soleil.</small>

On peut ici proposer une difficulté contre mon hypothèse; à savoir, que, puisque le soleil garde toujours une même situation à l'égard des étoiles fixes, il est donc nécessaire que la terre qui tourne autour de lui approche de ces étoiles et s'en éloigne aussi de tout l'intervalle qui est compris en ce grand cercle qu'elle décrit en faisant sa route d'une année; et néanmoins on n'en a encore rien su découvrir par les observations qu'on a faites. Mais il est aisé de répondre que la grande distance qui est

<small>40. Encore que la terre change de situation au regard des autres planètes, cela n'est pas sensible au regard des étoiles fixes, à cause de leur extrême distance.</small>

entre la terre et les étoiles en est cause : car je la suppose si immense, que tout le cercle que la terre décrit autour du soleil, à comparaison d'elle, ne doit être compté que pour un point. Ce qui semblera peut-être incroyable à ceux qui n'ont pas accoutumé leur esprit à considérer les merveilles de Dieu, et qui pensent que la terre est la principale partie de l'univers parcequ'elle est la demeure de l'homme, en faveur duquel ils se persuadent sans raison que toutes choses ont été faites; mais je suis assuré que les astronomes, qui savent déjà que la terre comparée au ciel ne tient lieu que d'un point, ne le trouveront pas si étrange.

41.
Que cette distance des étoiles fixes est nécessaire pour expliquer les mouvements des comètes.

Et cette opinion de la distance des étoiles fixes peut être confirmée par les mouvements des comètes, lesquelles on sait maintenant assez n'être point des météores qui s'engendrent en l'air proche de nous, ainsi qu'on a vulgairement cru dans l'école avant que les astronomes eussent examiné leurs parallaxes; car j'espère faire voir ci-après que ces comètes sont des astres qui font de si grandes excursions de tous côtés dans les cieux, et si différentes tant de la stabilité des étoiles fixes que du circuit régulier que font les planètes autour du soleil, qu'il seroit impossible de les expliquer conformément aux lois de la nature, à moins que de supposer un espace extrêmement vaste entre le soleil et les étoiles fixes, dans lequel ces excursions se puissent faire. Et nous ne devons point avoir d'égard à ce que Tycho et les autres astronomes qui ont recherché soigneusement leurs parallaxes ont dit qu'elles étoient seulement au-dessus de la lune, vers la sphère de Vénus ou de Mercure, car ils eussent encore mieux pu déduire de leurs observations qu'elles étoient au-dessus de Saturne; mais parcequ'ils disputoient contre les anciens, qui ont compris les comètes entre les météores qui se forment dans l'air au-dessous de la lune, ils se sont contentés de montrer qu'elles sont dans le ciel, et n'ont osé leur attribuer toute la hauteur qu'ils découvroient par leur calcul, de peur de rendre leur proposition moins croyable.

Outre ces choses générales, je pourrois bien comprendre encore ici entre les phénomènes, non seulement plusieurs autres choses particulières touchant le soleil, les planètes, les comètes et les étoiles fixes, mais aussi toutes celles que nous voyons autour de la terre, ou qui se font sur sa superficie, d'autant que pour connoître la vraie nature de ce monde visible ce n'est pas assez de trouver quelques causes par lesquelles on puisse rendre raison de ce qui paroît dans le ciel bien loin de nous, mais il faut aussi en pouvoir déduire ce que nous voyons proche de nous, et qui nous touche plus sensiblement. Mais je crois qu'il n'est pas besoin pour cela que nous les considérions toutes

42. Qu'on peut mettre au nombre des phénomènes toutes les choses qu'on voit sur la terre, mais qu'il n'est pas ici besoin de les considérer toutes.

d'abord, et qu'il sera mieux que nous tâchions de trouver les causes de ces plus générales que j'ai ici proposées ; afin de voir par après si de ces mêmes causes nous pourrons aussi déduire toutes les autres plus particulières, auxquelles nous n'aurons point pris garde en cherchant ces causes. Car, si nous trouvons que cela soit, ce sera un très fort argument pour nous assurer que nous sommes dans le bon chemin.

43.
Qu'il n'est pas vraisemblable que les causes desquelles on peut déduire tous les phénomènes soient fausses.

Et certes, si les principes dont je me sers sont très évidents, si les conséquences que j'en tire sont fondées sur la certitude des mathématiques, et si ce que j'en déduis de la sorte s'accorde exactement avec toutes les expériences, il me semble que ce seroit faire injure à Dieu de croire que les causes des effets qui sont en la nature, et que nous avons ainsi trouvées, sont fausses : car ce seroit le vouloir rendre coupable de nous avoir créés si imparfaits, que nous fussions sujets à nous méprendre, lors même que nous usons bien de la raison qu'il nous a donnée.

44.
Que je ne veux point toutefois assurer que celles que je propose sont vraies.

Mais parceque les choses dont je traite ici ne sont pas de peu d'importance, et qu'on me croiroit peut-être trop hardi si j'assurois que j'ai trouvé des vérités qui n'ont pas été découvertes par d'autres, j'aime mieux n'en rien décider ; et afin que chacun soit libre d'en penser ce qu'il lui plaira, je désire que ce que j'écrirai soit seulement pris pour une hypothèse, laquelle est peut-être fort éloignée de la vérité ; mais encore que cela fût, je croirai avoir beaucoup fait si toutes les choses qui en seront déduites sont entièrement conformes aux expériences : car si cela se trouve elle ne sera pas moins utile à la vie que si elle étoit vraie, parcequ'on s'en pourra servir en même façon pour disposer les causes naturelles à produire les effets que l'on voudra.

Et tant s'en faut que je veuille que l'on croie toutes les choses que j'écrirai, que même je prétends en proposer ici quelques unes que je crois absolument être fausses : à savoir, je ne doute point que le monde n'ait été créé au commencement avec autant de perfection qu'il en a ; en sorte que le soleil, la terre, la lune et les étoiles ont été dès lors ; et que la terre n'a pas eu seulement en soi les semences des plantes, mais que les plantes même en ont couvert une partie ; et qu'Adam et Ève n'ont pas été créés enfants, mais en âge d'hommes parfaits. La religion chrétienne veut que nous le croyions ainsi, et la raison naturelle nous persuade entièrement cette vérité : car si nous considérons la toute-puissance de Dieu, nous devons juger que tout ce qu'il a fait a eu dès le commencement toute la perfection qu'il devoit avoir. Mais néanmoins, comme on connoîtroit beaucoup mieux quelle a été la nature d'Adam et

45. *Que même j'en supposerai ici quelques unes que je crois fausses.*

celle des arbres du paradis si on avoit examiné comment les enfants se forment peu à peu dans le ventre de leurs mères, et comment les plantes sortent de leurs semences, que si on avoit seulement considéré quels ils ont été quand Dieu les a créés : tout de même, nous ferons mieux entendre quelle est généralement la nature de toutes les choses qui sont au monde si nous pouvons imaginer quelques principes qui soient fort intelligibles et fort simples, desquels nous fassions voir clairement que les astres et la terre, et enfin tout ce monde visible auroit pu être produit ainsi que de quelques semences (bien que nous sachions qu'il n'a pas été produit en cette façon), que si nous le décrivions seulement comme il est, ou bien comme nous croyons qu'il a été créé. Et parceque je pense avoir trouvé des principes qui sont tels, je tâcherai ici de les expliquer.

46. Quelles sont ces suppositions.

Nous avons remarqué ci-dessus que tous les corps qui composent l'univers sont faits d'une même matière, qui est divisible en toutes sortes de parties, et déjà divisée en plusieurs, qui sont mues diversement, et dont les mouvements sont en quelque façon circulaires, et qu'il y a toujours une égale quantité de ces mouvements dans le monde: mais nous n'avons pu déterminer en même façon combien sont grandes les parties auxquelles cette matière est divisée, ni quelle est la vitesse dont elles se meuvent, ni quels cercles elles décrivent; car ces choses ayant pu être ordonnées de Dieu en une infinité de diverses façons, c'est par la seule expérience, et non par la force du raisonnement, qu'on peut savoir laquelle de toutes ces façons il a choisie. C'est pourquoi il nous est maintenant libre de supposer celle que nous voudrons, pourvu que toutes les choses qui en seront déduites s'accordent entièrement avec l'expérience. Supposons donc, s'il vous plaît, que Dieu a divisé au commencement toute la matière dont il a composé ce monde visible en des parties aussi égales entre elles qu'elles ont pu être, et dont la grandeur étoit médiocre, c'est-à-dire moyenne entre les diverses grandeurs des différentes parties qui composent maintenant les cieux et les astres; et, enfin, qu'il a fait qu'elles ont toutes commencé à se mouvoir d'égale force en deux diverses façons : à savoir chacune à part autour de son propre centre, au moyen de quoi elles ont composé un corps liquide, tel que je juge être le ciel; et avec cela plusieurs ensemble autour de quelques centres disposés en même façon dans l'univers que nous voyons que le sont à présent les centres des étoiles fixes, mais dont le nombre a été plus grand, en sorte qu'il a égalé le leur, joint à celui des planètes et des comètes; et que la vitesse dont il les a ainsi mues étoit médiocre, c'est-à-dire qu'il a mis en elles toutes autant de mouvement qu'il y en a encore à présent dans le monde. Ainsi, par exemple, on peut penser que Dieu a divisé toute la matière qui est dans l'espace A E I en un très grand nombre de petites parties, qu'il a mues non seulement chacune autour de son centre, mais aussi toutes ensemble autour du centre S, et tout de même qu'il a mû toutes les parties de la matière qui est en l'espace A E V autour du centre F, et ainsi des autres; en sorte qu'elles ont composé autant de différents tourbillons (je me servirai dorénavant de ce mot pour signifier toute la matière qui tourne ainsi en rond autour de chacun de ces centres) qu'il y a maintenant d'astres dans le monde.

47. *Que leur fausseté n'empêche point que ce qui en sera déduit ne soit vrai.*

Ce peu de suppositions me semble suffire pour m'en servir comme de causes ou de principes, dont je déduirai tous les effets qui paroissent en la nature, par les seules lois ci-dessus expliquées. Et je ne crois pas qu'on puisse imaginer des principes plus simples, ni plus intelligibles, ni aussi plus vraisemblables que ceux-ci. Car, bien que ces lois de la nature soient telles que, quand bien même nous supposerions le chaos des poëtes, c'est-à-dire une entière confusion de toutes les parties de l'univers, on pourroit toujours démontrer que par leur moyen cette confusion doit peu à peu re-

venir à l'ordre qui est à présent dans le monde; et
que j'aie autrefois entrepris d'expliquer comment
cela auroit pu être, toutefois, à cause qu'il ne convient pas si bien à la souveraine perfection qui est
en Dieu de le faire auteur de la confusion que
de l'ordre, et aussi que la notion que nous en avons
est moins distincte, j'ai cru devoir ici préférer la
proportion et l'ordre à la confusion du chaos : et
parcequ'il n'y a aucune proportion ni aucun ordre
qui soit plus simple et plus aisé à comprendre
que celui qui consiste en une parfaite égalité, j'ai
supposé ici que toutes les parties de la matière ont
au commencement été égales entre elles, tant en
grandeur qu'en mouvement, et n'ai voulu concevoir aucune autre inégalité en l'univers que celle
qui est en la situation des étoiles fixes, qui paroît
si clairement à ceux qui regardent le ciel pendant
la nuit qu'il n'est pas possible de la mettre en
doute. Au reste, il importe fort peu de quelle façon
je suppose ici que la matière ait été disposée au
commencement, puisque sa disposition doit par
après être changée, suivant les lois de la nature,
et qu'à peine en sauroit-on imaginer aucune de
laquelle on ne puisse prouver que par ces lois elle
doit continuellement se changer, jusques à ce qu'enfin elle compose un monde entièrement semblable
à celui-ci, bien que peut-être cela seroit plus long
à déduire d'une supposition que d'une autre ; car

ces lois étant cause que la matière doit prendre successivement toutes les formes dont elle est capable, si on considère par ordre toutes ces formes, on pourra enfin parvenir à celle qui se trouve à présent en ce monde. Ce que je mets ici expressément, afin qu'on remarque qu'encore que je parle de suppositions, je n'en fais néanmoins aucune dont la fausseté, quoique connue, puisse donner occasion de douter de la vérité des conclusions qui en seront tirées.

48. Comment toutes les parties du ciel sont devenues rondes.

Or ces choses étant ainsi posées, afin que nous commencions à voir quel effet en peut être déduit par les lois de la nature, considérons que toute la matière dont le monde est composé, ayant été au commencement divisée en plusieurs parties égales, ces parties n'ont pu d'abord être toutes rondes, à cause que plusieurs boules jointes ensemble ne composent pas un corps entièrement solide et continu, tel qu'est cet univers, dans lequel j'ai démontré ci-dessus qu'il ne peut y avoir de vide. Mais, quelque figure que ces parties aient eue pour lors, elles ont dû par succession de temps devenir rondes, d'autant qu'elles ont eu divers mouvements circulaires; et parceque la force dont elles ont été mues au commencement étoit assez grande pour les séparer les unes des autres, cette même force, continuant encore en elles par après, a été aussi sans doute assez grande pour émousser tous leurs angles, à mesure qu'elles se rencontroient, car il n'en falloit pas tant pour cet effet, qu'il en avoit fallu pour l'autre; et de cela seul que tous les angles d'un corps sont ainsi émoussés, il est aisé de concevoir qu'il est rond, à cause que tout ce qui avance en ce corps au-delà de sa figure sphérique est ici compris.

Mais d'autant qu'il ne sauroit y avoir d'espace vide en aucun endroit de l'univers, et que les parties de la matière étant rondes ne sauroient se joindre si étroitement ensemble qu'elles ne laissent plusieurs petits intervalles entre elles, il faut que ces petits intervalles soient remplis de quelques autres parties de cette matière, qui doivent être extrêmement menues, afin de changer de figure à tous moments, pour s'accommoder à celle des lieux où elles entrent; c'est pourquoi nous devons penser que ce qui sort des angles des parties de la matière à mesure qu'elles s'arrondissent en se frottant les unes contre les autres, est si menu et acquiert une vitesse si grande, que l'impétuosité de son mouvement le peut diviser en des parties innombrables, qui, n'ayant aucune grosseur ni figure déterminée, remplissent aisément tous les petits intervalles par où les autres parties de la matière ne peuvent passer.

49. Qu'entre ces parties rondes il y en doit avoir d'autres plus petites pour remplir tout l'espace où elles sont.

Car il faut remarquer que d'autant plus que ce qui sort de la raclure des parties de la matière, à

50. Que ces plus petites parties

sont aisées à diviser.

mesure qu'elles s'arrondissent, est menu, d'autant plus aisément il peut être mû et derechef amenuisé ou divisé en des parties encore plus petites que celles qu'il a déjà, parceque plus un corps est petit, plus il a de superficie à raison de la quantité de sa matière, et que la grandeur de cette superficie fait qu'il rencontre d'autant plus de corps qui font effort pour le mouvoir ou diviser, pendant que son peu de matière fait qu'il peut d'autant moins résister à leur force.

51.
Et qu'elles se meuvent très vite.

Il faut aussi remarquer que, bien que ce qui sort ainsi de la raclure des parties qui s'arrondissent n'ait aucun mouvement qui ne vienne d'elles, il doit toutefois se mouvoir beaucoup plus vite, à cause que, pendant qu'elles vont par des chemins droits et ouverts, elles contraignent cette raclure ou poussière qui est parmi elles à passer par d'autres chemins plus étroits et plus détournés; de même qu'on voit qu'en fermant un soufflet assez lentement on en fait sortir l'air assez vite, à cause que le trou par où cet air sort est étroit. Et j'ai déjà prouvé ci-dessus qu'il doit y avoir nécessairement quelque partie de la matière qui se meuve extrêmement vite et se divise en une infinité de petites parties, afin que tous les mouvements circulaires et inégaux qui sont dans le monde se puissent faire sans aucune raréfaction ni aucun vide; mais je ne crois pas qu'on en puisse imaginer aucune plus propre à cet effet que celle que je viens de décrire.

Ainsi nous pouvons faire état d'avoir déjà trouvé deux diverses formes en la matière, qui peuvent être prises pour les formes des deux premiers éléments du monde visible. La première est celle de cette raclure qui a dû être séparée des autres parties de la matière lorsqu'elles se sont arrondies, et qui est mue avec tant de vitesse que la seule force de son agitation est suffisante pour faire que, rencontrant d'autres corps, elle soit froissée et divisée par eux en une infinité de petites parties qui se font de telle figure qu'elles remplissent toujours exactement tous les recoins ou petits intervalles qu'elles trouvent autour de ces corps. L'autre est celle de tout le reste de la matière, dont les parties sont rondes et fort petites à comparaison des corps que nous voyons sur la terre; mais néanmoins elles ont quelque quantité déterminée, en sorte qu'elles peuvent être divisées en d'autres beaucoup plus petites. Et nous trouverons encore ci-après une troisième forme en quelques parties de la matière, à savoir en celles qui, à cause de leur grosseur et de leurs figures, ne pourront pas être mues si aisément que les précédentes : et je tâcherai de faire voir que tous les corps de ce monde visible sont composés de ces trois formes qui se trouvent en la matière, ainsi que de trois divers éléments;

52.
Qu'il y a trois principaux éléments du monde visible.

à savoir que le soleil et les étoiles fixes ont la forme du premier de ces éléments, les cieux celle du second, et la terre avec les planètes et les comètes celle du troisième. Car, voyant que le soleil et les étoiles fixes envoient vers nous de la lumière, que les cieux lui donnent passage, et que la terre, les planètes et les comètes la rejettent et la font réfléchir, il me semble que j'ai quelque raison de me servir de ces trois différences, être lumineux, être transparent, et être opaque ou obscur, qui sont les principales qu'on puisse rapporter au sens de la vue, pour distinguer les trois éléments de ce monde visible.

53. Qu'on peut distinguer l'univers en trois divers cieux.

Ce ne sera peut-être pas aussi sans raison que je prendrai dorénavant toute la matière comprise en l'espace AEI, qui compose un tourbillon autour du centre S, pour le premier ciel, et toute celle qui compose un fort grand nombre d'autres tourbillons autour des centres Ff, et semblables, pour le second ; et enfin toute celle qui est au-delà de ces deux cieux pour le troisième : et je me persuade que le troisième est immense au regard du second, comme aussi le second est extrêmement grand au regard du premier. Mais je n'aurai point ici occasion de parler de ce troisième, parceque nous ne remarquons en lui aucune chose qui puisse être vue par nous en cette vie, et que j'ai seulement entrepris de traiter du monde visible, comme aussi je ne prends tous les tourbillons qui sont autour des centres Ff que pour un ciel, à cause qu'ils ne nous paroissent point différents, et qu'ils doivent être tous considérés d'une même façon. Mais pour le tourbillon dont le centre est marqué S, encore qu'il ne soit point représenté différent des autres en cette figure, je le prends néanmoins pour un ciel à part, et même pour le premier ou principal, à cause que c'est en lui que nous trouverons ci-après la terre, qui est notre demeure, et que pour ce sujet nous aurons beaucoup plus de choses à remarquer en lui seul que dans les autres; car, n'ayant besoin d'imposer les noms aux choses que pour expliquer les pensées que nous en avons, nous devons ordinairement avoir plus d'égard à ce en quoi elles nous touchent qu'à ce qu'elles sont en effet.

Or, d'autant que les parties du second élément se sont frottées dès le commencement les unes contre les autres, la matière du premier, qui a dû se faire de la raclure de leurs angles, s'est augmentée peu à peu; et lorsqu'il s'en est trouvé en l'univers plus qu'il n'en falloit pour remplir les recoins que les parties du second, qui sont rondes, laissent nécessairement entre elles, le reste s'est écoulé vers le centre SFf, et y a composé des corps très subtils et très liquides, à savoir le soleil dans le centre S, et les étoiles aux autres centres; car, après que tous les angles des parties qui composent le second

54. Comment le soleil et les étoiles ont pu se former.

élément ont été émoussés, et qu'elles ont été arrondies, elles ont occupé moins d'espace qu'auparavant, et ne se sont plus étendues jusqu'au centre ; mais, s'en éloignant également de tous côtés, elles y ont laissé des espaces ronds, lesquels ont été incontinent remplis de la matière du premier qui y affluoit de tous les endroits d'alentour, parceque les lois de la nature sont telles, que tous les corps qui se meuvent en rond doivent continuellement faire quelque effort pour s'éloigner des centres autour desquels ils se meuvent.

55. Ce que c'est que la lumière. Je tâcherai maintenant d'expliquer le plus exactement que je pourrai quel est l'effort que font ainsi non seulement les petites boules qui composent le second élément, mais aussi toute la matière du premier, pour s'éloigner des centres SFf et semblables, autour desquels elles tournent ; car je prétends faire voir ci-après que c'est en cet effort seul que consiste la nature de la lumière, et la connoissance de cette vérité pourra servir à nous faire entendre beaucoup d'autres choses.

56. Comment on peut dire d'une chose inanimée qu'elle tend à produire quelque effort. Quand je dis que ces petites boules font quelque effort, ou bien qu'elles ont de l'inclination à s'éloigner des centres autour desquels elles tournent, je n'entends pas qu'on leur attribue aucune pensée d'où procède cette inclination, mais seulement qu'elles sont tellement situées et disposées à se mouvoir qu'elles s'en éloigneroient en effet, si elles n'étoient retenues par aucune autre cause.

Or, d'autant qu'il arrive souvent que plusieurs diverses causes, agissant ensemble contre un même corps, empêchent l'effet l'une de l'autre, on peut dire, selon diverses considérations, que ce corps tend ou fait effort pour aller vers divers côtés en même temps. Par exemple, la pierre A qu'on fait tourner dans la fronde EA[1] tend véritablement d'A vers B, si on considère toutes les causes qui concourent à déterminer son mouvement, parcequ'elle se meut en effet vers là; mais on peut dire aussi que cette même pierre tend vers C lorsqu'elle est au point A, si on ne considère que la force de son mouvement toute seule et son agitation, supposant que AC est une ligne droite qui touche le cercle au point A : car il est certain que si cette pierre sortoit de la fronde à l'instant qu'elle arrive au point A, elle iroit d'A vers C, et non pas vers B; et bien que la fronde la retienne, elle n'empêche point qu'elle ne fasse effort pour aller vers C. Enfin si, au lieu de considérer toute la force de son agitation, nous prenons garde seulement à l'une de ses parties dont l'effet est empêché par la fronde, et que nous la distinguions de l'autre partie dont l'effet n'est point ainsi empêché, nous dirons que cette pierre étant au point A, tend seulement vers D, ou bien qu'elle fait seulement effort pour s'é-

57. Comment un corps peut tendre à se mouvoir en plusieurs diverses façons en même temps.

[1] Voyez planche III, figure 1.

loigner du centre E, suivant la ligne droite EAD.

58.
Comment il tend à s'éloigner du centre autour duquel il se meut.

Afin de mieux entendre ceci, comparons le mouvement dont cette pierre iroit vers C [1], si rien ne l'en empêchoit, avec le mouvement dont une fourmi qui seroit au même point A iroit vers C, supposant que EY fût une règle sur laquelle cette fourmi marchât en ligne droite d'A vers Y, pendant qu'on feroit tourner cette règle autour du centre E, et que son point marqué A décriroit le cercle ABF, d'un mouvement tellement proportionné à celui de la fourmi qu'elle se trouveroit à l'endroit marqué X quand la règle seroit vers C, puis à l'endroit marqué Y quand la règle seroit vers G, et ainsi de suite, en sorte qu'elle seroit toujours en la ligne droite ACG. Comparons aussi la force dont la pierre qui tourne dans cette fronde, suivant le cercle ABF, fait effort pour s'éloigner du centre E, suivant les lignes AD, BC, FG, avec l'effort que feroit la même fourmi si elle étoit attachée sur la règle EY au point A, de telle façon qu'elle employât toutes ses forces pour aller vers Y et s'éloigner du centre E, suivant les lignes droites EAY, EBY, et autres semblables, pendant que cette règle l'emporteroit autour du centre E.

59.
Combien cette tension a de force.

Je ne doute point que le mouvement de cette fourmi ne doive être très lent au commencement, et que son effort ne sauroit sembler bien grand, si on le rapporte seulement à cette première motion:

[1] Voyez planche III, figure 2.

mais aussi on ne peut pas dire qu'il soit tout-à-fait nul, et d'autant qu'il augmente à mesure qu'il produit son effet, la vitesse qu'il cause devient en peu de temps assez grande. Mais, pour éviter toute sorte de difficulté, servons-nous encore d'une autre comparaison : que la petite boule A [1] soit mise dans le tuyau EY, et voyons ce qui en arrivera. Au premier moment qu'on fera mouvoir ce tuyau autour du centre E, cette boule n'avancera que lentement vers Y, mais elle avancera un peu plus vite au second, à cause qu'outre qu'elle aura retenu la force qui lui avoit été communiquée au premier instant, elle en acquerra encore une nouvelle par le nouvel effort qu'elle fera pour s'éloigner du centre E, parceque cet effort continue autant que dure le mouvement circulaire, et se renouvelle presque à tous moments : car nous voyons que lorsqu'on fait tourner ce tuyau EY assez vite autour du centre E, la petite boule qui est dedans passe fort promptement d'A vers Y; nous voyons aussi que la pierre qui est dans une fronde fait tendre la corde d'autant plus fort qu'on la fait tourner plus vite ; et parceque ce qui fait tendre cette corde n'est autre chose que la force dont la pierre fait effort pour s'éloigner du centre autour duquel elle est mue, nous pouvons connoître par cette tension quelle est la quantité de cet effort.

[1] Voyez planche III, figure 3.

60.
Que toute la matière des cieux tend ainsi à s'éloigner de certains centres.

Il est aisé d'appliquer aux parties du second élément ce que je viens de dire de cette pierre qui tourne dans une fronde autour du centre E, ou de la petite boule qui est dans le tuyau EY ; à savoir que chacune de ces parties emploie une force assez considérable pour s'éloigner du centre du ciel autour duquel elle tourne, mais qu'elle est arrêtée par les autres qui sont arrangées au-dessus d'elle, de même que cette pierre est retenue par la fronde. De plus, il est à remarquer que la force de ces petites boules est beaucoup augmentée, de ce qu'elles sont continuellement poussées, tant par celles de leurs semblables qui sont entre elles et l'astre qui occupe le centre du tourbillon qu'elles composent, que par la matière même de cet astre. Mais afin de pouvoir expliquer ceci plus distinctement, j'examinerai séparément l'effet de ces petites boules, sans penser à celui de la matière des astres, non plus que si tous les espaces qu'elle occupe étoient vides ou pleins d'une matière qui ne contribuât rien au mouvement des autres corps et qui ne l'empêchât point aussi ; car, suivant ce qui a été dit ci-dessus, c'est ainsi que nous devons concevoir le vide.

61.
Que cela est cause que les corps du soleil et des étoiles fixes sont ronds.

Premièrement, de ce que toutes les petites boules qui tournent autour d'S, dans le ciel AEI [1], font effort pour s'éloigner du centre S, comme il a

---
[1] Voyez planche III, figure 4.

été déjà remarqué, nous pouvons conclure que celles qui sont en la ligne droite SA se poussent les unes les autres vers A, et que celles qui sont en la ligne droite SE se poussent vers E, et ainsi des autres; en sorte que s'il n'y en a pas assez pour remplir et occuper tout l'espace qui est entre S et la circonférence AEI, elles laissent vers S tout ce qu'elles n'en occupent point. Et d'autant que celles, par exemple, qui sont en la ligne droite SE, s'appuyant seulement les unes sur les autres, ne tournent pas conjointement comme un bâton, mais font leur tour, les unes plus tôt et les autres plus tard, ainsi que je dirai ci-après, l'espace qu'elles laissent vers S doit être rond, parceque, encore que nous voulussions feindre que la ligne SE fût plus longue et contînt plus de petites boules que la ligne SA ou SI, en sorte que celles qui seroient à l'extrémité de la ligne SE fussent plus proches du centre S que celles qui sont à l'extrémité de la ligne SI; néanmoins, comme ces plus proches auroient plus tôt achevé leur tour que les autres plus éloignées du même centre, quelques unes d'entre elles ne manqueroient pas de s'aller joindre à l'extrémité de la ligne SI, afin de s'éloigner d'autant plus du centre S : c'est pourquoi nous devons conclure qu'elles sont maintenant disposées de telle sorte, que toutes celles qui terminent ces lignes se trouvent également distantes du point S, et par conséquent que l'espace BCD qu'elles laissent autour de ce centre est rond.

<small>62.
Que la matière céleste qui les environne tend à s'éloigner de tous les points de leur superficie.</small>

De plus, il est à remarquer que toutes les petites boules qui sont en la ligne droite SE, non seulement se poussent vers E, mais aussi que chacune d'elles est poussée par toutes les autres qui sont comprises entre les lignes droites qui, étant tirées de l'une de ces petites boules à la circonférence BCD, toucheroient cette circonférence; et que, par exemple, la petite boule F est poussée par toutes celles qui sont comprises entre les lignes BF et DF, ou bien dans le triangle BFD, et qu'elle n'est poussée par aucune de celles qui sont hors de ce triangle; en sorte que si le lieu marqué F étoit vide, toutes celles qui sont en l'espace BFD s'avanceroient autant qu'il se pourroit afin de le remplir, et non point les autres : d'autant que comme nous voyons que la pesanteur d'une pierre, qui la conduit en ligne droite vers le centre de la terre lorsqu'elle est en l'air, la fait rouler de travers lorsqu'elle tombe sur le penchant d'une montagne, de même nous devons penser que la force qui fait que les petites boules qui sont en l'espace BFD tendent à s'éloigner du centre S suivant des lignes droites tirées de ce centre, peut faire aussi qu'elles s'éloignent du même centre par des lignes qui s'en écartent quelque peu.

<small>63.
Que les par-</small>

Et cette comparaison de la pesanteur fera con-

noître ceci fort clairement, si l'on considère plu- | ties de cette
sieurs petites boules de plomb arrangées comme | matière ne
celles qui sont représentées dans le vase BFD¹, qui | s'empêchent
s'appuient de telle façon les unes sur les autres, | point en cela
qu'ayant fait une ouverture au fond de ce vase, la | l'une l'autre.
boule marquée I soit contrainte d'en sortir, tant
par la force de sa pesanteur que par celle des autres qui sont au-dessus d'elle : car, au même instant
que celle-ci sortira, on pourra voir que les deux
marquées 2, 2, et les trois autres marquées 3, 3o, 3,
s'avanceront, et les autres ensuite; on pourra voir
aussi qu'au même instant que la plus basse commencera de se mouvoir, celles qui sont comprises
dans le triangle BFD s'avanceront toutes, mais qu'il
n'y en aura pas une de celles qui sont hors de ce
triangle qui se dispose à se mouvoir vers là. Il est
bien vrai qu'en cet exemple les deux boules 2, 2
s'entre-touchent après être quelque peu descendues, ce qui les empêche de descendre plus bas;
mais il n'en est pas de même des petites boules
qui composent le second élément : car, encore qu'il
arrive quelquefois qu'elles se trouvent disposées en
même façon que celles qui sont représentées en
cette figure, elles ne s'y arrêtent néanmoins que
ce peu de temps qu'on nomme un instant, parcequ'elles sont sans cesse en action pour se mouvoir, ce qui est cause qu'elles continuent leur

¹ Voyez planche III, figure 5.

mouvement sans interruption. De plus, il faut remarquer que la force de la lumière, pour l'explication de laquelle j'écris tout ceci, ne consiste point en la durée de quelque mouvement, mais seulement en ce que ces petites boules sont pressées, et font effort pour se mouvoir vers quelque endroit, encore qu'elles ne s'y meuvent peut-être pas actuellement.

64.
Que cela suffit pour expliquer toutes les propriétés de la lumière, et pour faire paroître les astres lumineux sans qu'ils y contribuent aucune chose.

Ainsi nous n'aurons pas de peine à connoître pourquoi cette action que je prends pour la lumière s'étend en rond de tous côtés autour du soleil et des étoiles fixes, et pourquoi elle passe en un instant à toute sorte de distance, suivant des lignes qui ne viennent pas seulement du centre du corps lumineux, mais aussi de tous les points qui sont en sa superficie; ce qui contient les principales propriétés de la lumière, ensuite desquelles on peut connoître aussi les autres. Et l'on peut remarquer ici une vérité qui semblera peut-être fort paradoxe à plusieurs, à savoir que ces mêmes propriétés ne laisseroient pas de se trouver en la matière du ciel, encore que le soleil ou les autres astres autour desquels elle tourne n'y contribuassent en aucune façon; en sorte que si le corps du soleil n'étoit rien autre chose qu'un espace vide, nous ne laisserions pas de le voir avec la même lumière que nous pensons venir de lui vers nos yeux, excepté seulement qu'elle seroit moins forte. Toutefois ceci ne doit être entendu que de la lumière qui s'étend autour du soleil, au sens que tourne la matière du ciel dans lequel il est, c'est-à-dire vers le cercle de l'écliptique : car je ne considère pas encore ici l'autre dimension de la sphère qui s'étend vers les poles. Mais afin que je puisse aussi expliquer ce que la matière du soleil et des étoiles peut contribuer à la production de cette lumière, et comment elle s'étend non seulement vers l'écliptique, mais aussi vers les poles, et en toutes les dimensions de la sphère, il est besoin que je dise auparavant quelque chose touchant le mouvement des cieux.

65. *Que les cieux sont divisés en plusieurs tourbillons, et que les poles de quelques uns de ces tourbillons touchent les parties les plus éloignées des poles des autres.*

De quelque façon que la matière ait été mue au commencement, les tourbillons auxquels elle est partagée doivent être maintenant tellement disposés entre eux que chacun tourne du côté où il lui est le plus aisé de continuer son mouvement : car, selon les lois de la nature, un corps qui se meut se détourne aisément par la rencontre d'un autre corps. Ainsi, supposant que le premier tourbillon, qui a S pour son centre, est emporté d'A par E vers I, l'autre qui lui est voisin, et qui a F pour son centre, tournera d'A par E vers V, si ceux qui les environnent ne les empêchent point, parceque leurs mouvements s'accordent très bien en cette façon; de même, le troisième, qu'il faut imaginer avoir son centre hors du plan SAFE, et faire un triangle avec les centres S et F, se joignant aux deux tourbillons AEI et AEV, en la ligne droite AE, tournera d'A par E vers le haut. Cela supposé, le quatrième tourbillon, dont le centre est f, ne tournera pas d'E vers I, à cause que si son mouvement s'accordoit avec celui du premier il seroit contraire à ceux du second et du troisième; ni aussi de même que le second, à savoir d'E vers V, à cause que le premier et le troisième l'en empêcheroient; ni enfin d'E par en haut, comme le troisième, à cause que le premier et le second lui seroient contraires; mais il tournera sur son essieu marqué E B, d'I vers V, et l'un de ses poles sera vers E, et l'autre à l'opposite vers B.

66. Que les mouvements de ces tourbillons se doivent un peu détourner pour n'être pas contraires l'un à l'autre.

De plus, il est à remarquer qu'il y auroit encore quelque peu de contrariété en ces mouvements si les écliptiques de ces trois premiers tourbillons, c'est-à-dire les cercles qui sont les plus éloignés de leurs poles, se rencontroient directement au point E, où je mets le pole du quatrième. Car si, par exemple, IVX[1] est sa partie qui est vers le pole E, qui tourne suivant l'ordre des lettres IVX, le premier tourbillon se frottant contre elle, suivant la ligne droite EI et les autres qui sont parallèles à celle-ci, le second tourbillon se frottant aussi contre elle suivant la ligne droite EV, et le troisième

[1] Voyez planche III, figure 6.

suivant la ligne EX, empêcheroient son mouvement circulaire. Mais la nature accommode cela fort aisément par les lois du mouvement, en détournant quelque peu les écliptiques de ces trois tourbillons, vers l'endroit où tourne le quatrième IVX; en sorte que, ne se frottant plus contre lui suivant les lignes droites EI, EV, EX, mais suivant les lignes courbes 1I, 2V, 3X, ils s'accordent très bien avec son mouvement.

Je ne crois pas que l'on puisse rien inventer de mieux pour ajuster les mouvements de plusieurs tourbillons. Car si l'on suppose qu'il y en ait deux qui se touchent par leurs poles, ou ils tourneront tous deux de même côté et de même sens, et s'unissant ensemble n'en feront plus qu'un ; ou bien l'un prendra son cours d'un côté et l'autre d'un autre, et par ce moyen ils s'empêcheront tous deux extrêmement: c'est pourquoi, bien que je n'entreprenne pas de déterminer comment tous les tourbillons qui composent le ciel sont situés, ni comment ils se meuvent, je pense néanmoins que je peux déterminer en général que chaque tourbillon a ses poles plus éloignés des poles de ceux qui sont les plus proches de lui que de leurs écliptiques, et il me semble même que je l'ai suffisamment démontré.

Il me semble aussi que cette variété incompréhensible qui paroît en la situation des étoiles fixes

67.
Que deux tourbillons ne se peuvent toucher par leurs poles.

68.
Qu'ils ne peuvent être tous

de même grandeur.

montre assez que les tourbillons qui tournent autour d'elles ne sont pas égaux en grandeur. Et je tiens qu'il est manifeste, par la lumière qu'elles nous envoient, que chaque étoile est au centre d'un tourbillon, et ne peut être ailleurs : car, si on admet cette supposition, il est aisé de comprendre comment leur lumière peut parvenir jusques à nos yeux par des espaces immenses, ainsi qu'il paroîtra évidemment, partie de ce qui a déjà été dit, et partie de ce qui suit, et il n'est pas possible sans cela d'en pouvoir rendre aucune raison qui soit plausible. Mais, d'autant que nous n'apercevons rien dans les étoiles fixes par l'entremise de nos sens que leur lumière et la situation où nous les voyons, nous ne devons supposer que ce qui est absolument nécessaire pour rendre raison de ces deux effets; et parcequ'on ne sauroit connoître la nature de la lumière si on ne suppose que chaque tourbillon tourne autour d'une étoile avec toute la matière qu'il contient, et qu'on ne peut aussi rendre raison de la situation où elles nous paroissent si on ne suppose que ces tourbillons sont différents en grandeur, je crois qu'il est également nécessaire que ces deux suppositions soient admises. Mais s'il est vrai qu'ils soient inégaux, il faudra que les parties éloignées des poles des uns touchent les autres aux endroits qui sont proches de leurs poles, à cause qu'il n'est pas possible que les parties semblables des corps qui sont inégaux en grandeur conviennent entre elles.

On peut inférer de ceci que la matière du premier élément sort sans cesse de chacun de ces tourbillons par les endroits qui sont les plus éloignés de leurs poles, et qu'il y en entre aussi d'autre sans cesse par les endroits qui en sont les plus proches. Car, si nous supposons, par exemple, que le premier ciel AYBM[1], au centre duquel est le soleil tourne sur ses poles, dont l'un, marqué A, est l'austral, et B le septentrional, et que les quatre tourbillons KOLC qui sont autour de lui tournent sur leurs essieux TT, YY, ZZ, MM, et qu'il touche les deux marqués O et C vers leurs poles, et les deux autres K et L vers les endroits qui en sont fort éloignés, il est évident, par ce qui a déjà été dit, que toute la matière dont il est composé, faisant effort pour s'éloigner de l'essieu AB, tend plus fort vers les endroits marqués Y et M que vers ceux qui sont marqués A et B ; et parcequ'elle rencontre vers Y et M les poles des tourbillons O et C qui ont peu de force pour lui résister, et qu'elle rencontre vers A et B les tourbillons K et L aux endroits les plus éloignés de leurs poles, et qui ont plus de force pour avancer de K et d'L vers S que les parties qui sont vers les poles du ciel S n'en ont pour avancer vers L et vers K, il est

69. Que la matière du premier élément entre par les poles de chaque tourbillon vers son centre, et sort de là par les endroits les plus éloignés des poles.

[1] Voyez planche IV, figure 1.

évident aussi que celle qui est aux endroits K et L doit s'avancer vers S, et que celle qui est à l'endroit S doit s'avancer et prendre son cours vers O et vers C.

<small>70.
Qu'il n'en est pas de même du second élément.</small>

Cela se devroit entendre de la matière du second élément aussi bien que de celle du premier, si quelques causes particulières n'empêchoient ses petites parties de s'avancer jusque là; mais parceque l'agitation du premier élément est beaucoup plus grande que celle du second, et qu'il est toujours très aisé à ce premier de passer par les petits intervalles que les parties du second, qui sont rondes, laissent nécessairement autour d'elles; quand même on supposeroit que toute la matière, tant du premier que du second élément, qui est comprise dans le tourbillon L, commenceroit en même temps de se mouvoir d'L vers S, il faudroit néanmoins que celle du premier parvînt au centre S plus tôt que celle du second; et cette matière du premier étant ainsi parvenue dans l'espace S, pousse d'une telle impétuosité les parties du second, non seulement vers l'écliptique *eg*, ou MY, mais aussi vers les poles *fd*, ou AB, comme j'expliquerai tout maintenant, qu'elle empêche que les petites boules qui viennent du tourbillon L n'avancent vers S que jusques à un certain terme qui est ici marqué par la lettre B; le même se doit entendre du tourbillon K et de tous les autres.

De plus, il faut remarquer que les parties du second élément qui tournent autour du centre L n'ont pas seulement la force de s'éloigner de ce centre, mais aussi celle de retenir la vitesse de leur mouvement, et que ces deux effets sont en quelque façon contraires l'un à l'autre, parceque, pendant qu'elles tournent dans le tourbillon L, l'espace dans lequel elles peuvent s'étendre est limité en quelques endroits de la circonférence qu'elles décrivent par les autres tourbillons qu'il faut imaginer au-dessus et au-dessous du plan de cette figure : de façon qu'elles ne peuvent s'éloigner davantage de ce centre vers l'endroit B, où leur espace n'est pas ainsi limité, si ce n'est que leur vitesse y soit d'autant plus diminuée qu'il y aura plus d'espace entre L et B qu'entre le même L et la superficie de ces autres tourbillons. Ainsi, quoique la force qu'elles ont à s'éloigner du centre L soit cause qu'elles s'en éloignent davantage vers B que vers les autres côtés, parcequ'elles y rencontrent les parties polaires du tourbillon S, qui ne leur font pas beaucoup de résistance, toutefois la force qu'elles ont de retenir leur vitesse est cause qu'elles ne s'en éloignent pas sans fin, et qu'elles n'avancent pas jusques à S. Il n'en est pas de même de la matière du premier élément : car, encore qu'elle s'accorde avec les parties du second, en ce que, tournant comme elles dans les tourbillons qui

71.
Quelle est la cause de cette diversité.

la contiennent, elle tend à s'éloigner de leurs centres; il y a néanmoins cette différence, qu'elle peut s'éloigner de ces centres sans rien perdre de sa vitesse, à cause qu'elle trouve de tous côtés des passages entre les parties du second élément qui sont à peu près égaux les uns aux autres, ce qui fait qu'elle coule sans cesse vers le centre S par les endroits qui sont proches des poles A et B, non seulement des tourbillons marqués K et L, mais aussi de plusieurs autres qui n'ont pu être commodément représentés en cette figure, parcequ'ils ne doivent pas être tous imaginés en un même plan, et que je ne peux déterminer leur situation, ni leur grandeur, ni leur nombre, et qu'elle passe du centre S vers les tourbillons O et C, et vers plusieurs autres semblables, dont je n'entreprends point aussi de déterminer ni la situation, ni la grandeur, ni le nombre, ni même de déterminer si cette même matière retourne immédiatement d'O et C vers K et L, ou bien si elle passe par beaucoup d'autres tourbillons plus éloignés d'S que ceux-ci, avant que d'achever le cercle de son mouvement.

72. *Comment se meut la matière qui compose le corps du soleil.*

Mais je tâcherai d'expliquer la force dont elle est mue dans l'espace *defg*. Celle qui est venue d'A vers *f* doit continuer son mouvement en ligne droite jusques à *d*, parcequ'il n'y a rien entre deux qui l'en empêche; mais quand elle y est parvenue, elle rencontre les parties du second élément, qu'elle pousse vers B, et qui en même temps la repoussent et contraignent de retourner en dedans du pole *d*, vers tous les côtés de l'écliptique *eg* : de même, celle qui est venue de B vers *d* continue son mouvement en ligne droite jusques à *f*, où elle rencontre aussi les parties du second élément, qu'elle pousse vers A, et qui la repoussent du pole *f* vers la même écliptique *eg* ; et passant ainsi des deux poles *d* et *f* vers tous les côtés de l'écliptique *eg*, elle pousse également toutes le parties du second élément qu'elle rencontre en la superficie de la sphère *defg*, et s'écoule ensuite vers M et Y par les petits passages qu'elle trouve entre les parties du second élément vers cette écliptique *eg*. De plus, pendant que cette matière du premier élément est mue en ligne droite par sa propre agitation, depuis les poles du ciel A et B jusques aux poles du corps du soleil *d* et *f*, elle est aussi portée en rond autour de l'essieu AB, par le mouvement circulaire de ce ciel; au moyen de quoi chacune de ses parties décrit une ligne spirale ou tournée en limaçon ; et ces spirales s'avancent tout droit d'A jusques à *d*, et de B jusques à *f*; mais étant parvenues à *d* et *f*, elles se replient de part et d'autre vers l'écliptique *eg* ; et d'autant que l'espace que contient la sphère *defg* est plus grand que la matière du premier élément qui passe entre les parties du second n'en pourroit occuper, si elle ne faisoit qu'y entrer et sortir suivant ces spirales, cela fait qu'il y en reste toujours quelque partie qui y compose un corps très liquide qui tourne sans cesse autour de l'essieu fd, à savoir le corps du soleil.

73. Qu'il y a beaucoup d'inégalités en ce qui regarde la situation du soleil au milieu du tourbillon qui l'environne.

Et il faut ici remarquer que ce corps ne peut manquer d'être rond; car, encore que l'inégalité des tourbillons qui environnent le ciel AMBY soit cause que nous ne devons pas penser que la matière du premier élément vienne aussi abondamment vers le soleil par l'un des poles de ce ciel que par l'autre; ni que ces poles soient directement opposés, en sorte que la ligne ASB soit exactement droite; ni qu'il y ait aucun cercle parfait qu'on puisse prendre pour son écliptique, et auquel se rapportent si également tous les tourbillons qui l'environnent que la matière du premier élément, qui vient du soleil, puisse sortir de ce ciel avec pareille facilité par tous les endroits de cette écliptique : toutefois on ne peut pas de là inférer qu'il y ait aucune notable inégalité en la figure du soleil, mais seulement qu'il y en a en sa situation, en son mouvement et en sa grandeur, comparée à celle des autres astres. Car, par exemple, si la matière du premier élément qui vient du pole A vers S a plus de force que celle qui vient du pole B, elle ira plus loin avant qu'elles se puissent détourner l'une l'autre par leur mutuelle rencontre; et ainsi elles feront que le soleil sera plus proche du pole B que du pole A. Mais les petites parties du second élément ne seront pas poussées plus fort à l'endroit de la circonférence marqué *d* qu'en l'autre marqué *f* qui lui est directement opposé, et cette circonférence ne laissera pas d'être ronde. Tout de même, si la matière du premier élément passe plus aisément d'S vers O que vers C (à savoir parcequ'elle y trouve des chemins plus droits et plus ouverts), cela sera cause que le corps du soleil s'approchera quelque peu plus d'O que de C, et que, accourcissant par ce moyen l'espace qui est entre O et S, il s'arrêtera à l'endroit où la force de cette matière sera également balancée des deux côtés. Et partant, quand nous n'aurions égard qu'aux quatre tourbillons LCKO, pourvu que nous les supposions inégaux, cela suffit pour nous obliger à conclure que le soleil n'est pas situé justement au milieu de la ligne OC, ni aussi au milieu de la ligne KL; et l'on peut encore concevoir beaucoup d'autres inégalités en sa situation, si l'on considère qu'il y a plusieurs autres tourbillons qui l'environnent.

De plus, si la matière du premier élément qui vient des tourbillons K et L n'est pas si disposée à se mouvoir vers S que vers quelques autres endroits proches de là : par exemple, si celle qui

74. Qu'il y en a aussi beaucoup en ce qui regarde le mouvement de sa matière.

vient de K est plus disposée à se mouvoir vers *e*, et celle qui vient d'L à se mouvoir vers *g*, cela sera cause que les poles *f* et *d*, autour desquels elle tourne lorsqu'elle compose le corps du soleil, ne seront pas dans les lignes droites menées de K et L vers S, mais que le pole austral *f* s'avancera quelque peu plus vers *e*, et le septentrional *d* vers *g*. Tout de même, si la ligne droite SM, suivant laquelle je suppose que la matière du premier élément va plus facilement d'S vers C que suivant aucune autre, passe par un point de la circonférence *fed* qui soit plus proche du point *d* que du point *f*; de même aussi, si la ligne SY, suivant laquelle je suppose que cette matière tend d'S vers O, passe par un point de la circonférence *fgd* qui soit plus proche du point *f* que du point *d*, cela sera cause que *gSe*, qui représente ici l'écliptique du soleil, c'est-à-dire le plan dans lequel se meut la partie de sa matière qui décrit le plus grand cercle, aura sa partie S*e* plus penchée vers le pole *d* que vers le pole *f*, mais non pas toutefois du tout tant qu'est la ligne droite SM, et que son autre partie S*g* sera plus penchée vers *f* que vers *d*, mais non pas aussi du tout tant que la ligne droite SY. D'où il suit que l'essieu autour duquel toute la matière dont le corps du soleil est composé fait son tour, et qui est terminé par les deux poles *f* et *d*, n'est pas exactement droit, mais quelque peu courbé des deux côtés ; et que cette matière tourne quelque peu plus vite entre *e* et *d.* ou entre *f* et *g,* qu'entre *e* et *f,* ou *d* et *g;* et que peut-être aussi la vitesse dont elle tourne entre *e* et *d* n'est pas entièrement égale à celle dont elle tourne entre *f* et *g*.

Mais cela ne peut pourtant empêcher que le corps du soleil ne soit assez exactement rond, par-ceque sa matière a cependant un autre mouvement, savoir de ses poles vers son écliptique, lequel corrige ces inégalités : et comme on voit qu'une bouteille de verre se fait ronde par cela seul qu'en soufflant par un tuyau de fer on fait entrer de l'air dans la matière dont on la fait, à cause que cet air n'a pas plus de force à pousser la partie de cette matière qui est directement opposée au bout du tuyau par où il entre, qu'à pousser celle qui est en tous les autres côtés vers lesquels il est repoussé par la résistance qu'elle lui fait, ainsi la matière du premier élément qui entre dans le corps du soleil par ses poles doit pousser également de tous côtés les parties du second qui l'environnent, aussi bien celles contre qui elle est repoussée obliquement que celles qu'elle rencontre de front.

75. Que cela n'empêche pas que la figure ne soit ronde.

Il faut aussi remarquer, touchant cette matière du premier élément, que, pendant qu'elle est entre les petites boules qui composent le ciel AMBY, outre

76. Comment se meut la matière du premier élément

qu'elle a deux mouvements, l'un en ligne droite, qui la porte des poles A et B vers le soleil, puis du soleil vers l'écliptique YM, et l'autre circulaire autour de ces poles, qui lui est commun avec tout le reste de ce ciel, elle emploie la plus grande partie de son agitation à se mouvoir en toutes les autres façons qui sont requises pour changer continuellement les figures de ses petites parties, et ainsi remplir exactement tous les recoins qu'elle trouve autour des petites boules entre lesquelles elle passe; ce qui est cause que sa force est plus foible étant ainsi divisée, et que ce peu de matière qui est en chacun des petits recoins par où elle passe est toujours près d'en sortir et de céder au mouvement de ces boules, pour continuer le sien en ligne droite vers quelque côté que ce soit. Mais ce qu'il y a de cette matière vers S, où elle compose le corps du soleil, a une force qui est très notable et très grande, à cause que toutes ses parties s'accordent ensemble à se mouvoir fort vite en même sens, et qu'elle emploie cette force à pousser toutes les petites boules du second élément qui environnent le soleil.

qui est entre les parties du second dans le ciel.

77. Que le soleil n'envoie pas seulement sa lumière vers l'écliptique, mais aussi vers les poles.

Ensuite de quoi il est aisé de connoître combien la matière du premier élément contribue à l'action que je crois devoir être prise pour la lumière, et comment cette action s'étend de tous côtés, aussi bien vers les poles que vers l'écliptique; car, premièrement, si nous supposons qu'il y ait en quelque endroit du ciel vers l'écliptique, par exemple en l'endroit marqué H, un espace assez grand pour contenir une ou plusieurs des petites boules du second élément, dans lequel il n'y ait que de la matière du premier, nous pourrons facilement remarquer que les petites boules qui sont dans le cône *d*H*f*, lequel a pour base l'hémisphère *def*, se doivent avancer toutes en même temps vers cet espace pour le remplir.

78. Comment il l'envoie vers l'écliptique.

Et j'ai déjà prouvé ceci touchant les petites boules qui sont comprises dans le triangle qui a pour sa base l'écliptique du soleil, bien que je ne considérasse point encore que la matière du premier élément y contribue ; mais le même peut maintenant être encore mieux expliqué par son moyen, non seulement touchant les petites boules qui sont en ce triangle, mais aussi touchant toutes les autres qui sont dans le cône *d*H*f* : car, en tant que cette matière compose le corps du soleil, elle pousse aussi bien celles qui sont dans le demi-cercle *def*, et généralement toutes celles qui sont dans le cône *d*H*f*, que celles qui sont dans le demi-cercle qui coupe *def* à angles droits au point *e* ; d'autant qu'elle ne se meut pas avec plus de force vers l'écliptique *e* que vers les poles *d* et *f*, et vers toutes les autres parties de la superficie sphérique *defg* ; et, en tant que nous la supposons remplir l'espace H, elle est disposée à sortir du lieu où elle est pour aller vers C, et de là, passant par les tourbillons L et K, et autres semblables, retourner vers S. C'est pourquoi elle n'empêche en aucune façon que toutes les petites boules comprises dans le cône dHf ne s'avancent vers H; et, en même temps qu'elles s'avancent, il vient des tourbillons K et L, et semblables, autant de matière du premier élément vers le soleil qu'il en entre de celle du second en l'espace H.

70. Combien il est aisé quelquefois aux corps qui se meuvent d'étendre extrêmement loin leur action.

Et tant s'en faut qu'elle les empêche de s'avancer ainsi vers H, que plutôt elle les y dispose ; car, puisque tout corps qui se meut tend à continuer son mouvement en ligne droite, ainsi que j'ai prouvé ci-dessus, cette matière du premier élément qui est en l'espace H étant extrèmement agitée, a bien plus de facilité à passer en ligne droite vers C, qu'à tournoyer dans le lieu où elle est; et, n'y ayant point de vide en la nature, il est nécessaire qu'il y ait toujours tout un cercle de matière qui se meuve ensemble en même temps, ainsi que j'ai aussi prouvé ci-dessus. Mais d'autant plus que le cercle de la matière qui se meut ainsi ensemble est grand, d'autant plus le mouvement de chacune de ses parties est libre, à cause qu'il se fait suivant une ligne moins courbée ou moins différente de la droite; ce qui peut servir pour empêcher qu'on ne trouve étrange que souvent le mouvement des plus petits corps étende son action jusques aux plus grandes distances, et ainsi que la lumière du soleil et des étoiles les plus éloignées passe en un moment jusques à la terre.

Ayant ainsi vu comment le soleil agit vers l'écliptique, nous pouvons voir en même façon comment il agit vers les poles, si nous supposons qu'il s'y trouve quelque espace, comme par exemple au point N, qui ne soit rempli que du premier élément, bien qu'il soit assez grand pour contenir quelques unes des parties du second; car, puisque la matière qui compose le corps du soleil pousse de tous côtés avec grande force la superficie du ciel qui l'environne, il est évident qu'elle doit faire avancer vers N toutes les parties du second élément qui sont comprises dans le cône *eNg*, encore que peut-être ces parties n'aient en elles-mêmes aucune disposition à se mouvoir vers là, car elles n'en ont aussi aucune qui les fasse résister à l'action qui les y pousse; et la matière du premier élément dont l'espace N est rempli ne les empêche point aussi d'y entrer, à cause qu'elle est entièrement disposée à en sortir et à aller vers S remplir la place qu'elles laissent derrière elles en la superficie du soleil *efg* à mesure qu'elles s'avancent vers N. Et il n'y a en ceci aucune difficulté, bien qu'il soit besoin pour cet effet que, pendant que toute la matière du second élément qui est dans le cône *eNg* s'a-

80.
Comment le soleil envoie sa lumière vers les poles.

vance en ligne droite d'S vers N, celle du premier se meuve tout au contraire d'N vers S; car celle-ci passant aisément par les petits intervalles que les parties de l'autre laissent autour d'elles, son mouvement ne peut empêcher ni être empêché par le leur; ainsi qu'on voit en une horloge de sable que l'air enfermé dans le vase d'en bas n'est point empêché de monter en celui d'en-haut par les petits grains de sable qui en descendent, bien que ce soit parmi eux qu'il doive passer.

<small>81.
Qu'il n'a peut-être pas du tout tant de force vers les poles que vers l'écliptique.</small>

Mais on peut faire ici une question, savoir si les petites boules du cône eNg sont poussées avec autant de force vers N par la matière du soleil toute seule, que celles du cône dHf le sont vers H par la même matière du soleil, et avec cela par leur propre mouvement, lequel fait qu'elles tendent à s'éloigner du centre S; et il y a grande apparence que cette force n'est pas égale, si on suppose que H et N soient également éloignés du point S : mais comme j'ai déjà remarqué que la distance qui est entre le soleil et la circonférence du ciel qui l'environne est moindre vers ses poles que vers son écliptique, on doit, ce me semble, juger qu'afin qu'elles soient poussées aussi fort vers N que vers H, il faut que la ligne droite SH soit au moins aussi grande, au regard de la ligne SN, que SM au regard de SA; et il n'y a qu'un seul phénomène en la nature qui nous puisse faire savoir la vérité de ceci par expérience, à savoir lorsqu'il arrive quelquefois qu'une comète passe par une si grande partie de notre ciel, qu'elle est vue premièrement vers l'écliptique, puis vers l'un des poles, et après derechef vers l'écliptique; car alors on peut connoître, ayant égard à la diversité de sa distance, si sa lumière (laquelle, ainsi que je dirai ci-après, lui vient du soleil) est plus forte à proportion vers l'écliptique que vers les poles, ou bien si elle est seulement égale.

Il reste encore ici à remarquer que les parties du second élément qui sont les plus proches du centre de chaque tourbillon sont plus petites et se meuvent plus vite que celles qui en sont quelque peu plus éloignées, et ce jusqu'à un certain terme, au-delà duquel celles qui sont plus hautes se meuvent plus vite que celles qui sont plus basses; et, pour ce qui est de leur grosseur, elles sont égales : par exemple, on peut penser que dans le premier ciel les plus petites parties du second élément sont celles qui touchent la superficie du soleil, et que celles qui en sont plus éloignées sont plus grosses, selon les différents étages où elles se rencontrent jusqu'à la superficie de la sphère irrégulière HNQR ; mais que celles qui sont au-delà de cette sphère sont toutes également grosses, et que celles qui se meuvent le plus lentement de toutes sont en la superficie HNQR : en sorte que les parties du

82. Quelle diversité il y a en la grandeur et aux mouvements des parties du second élément qui composent les cieux.

second élément qui sont vers H et Q emploient peut-être trente années ou plus à décrire un cercle autour des poles A et B; au lieu que celles qui sont plus hautes vers M et Y, et celles qui sont plus basses vers *e* et *g*, se meuvent si vite qu'elles n'emploient que peu de semaines à faire leur tour.

83. Pourquoi les plus éloignées du soleil dans le premier ciel se meuvent plus vite que celles qui en sont un peu plus proche.

Et, premièrement, il est aisé de prouver que celles qui sont vers M et Y se doivent mouvoir plus vite que celles qui sont plus bas vers H et Q : car, de ce que j'ai supposé qu'elles ont été au commencement du monde toutes égales (ce que je pense avoir eu raison de supposer pendant que je n'en avois point qui m'obligeât de les estimer inégales), et de ce que le ciel qui les contient et qui les emporte avec soi circulairement, ainsi qu'un tourbillon, n'est pas exactement rond, tant à cause que les autres tourbillons qui le touchent ne sont pas égaux entre eux, comme aussi à cause qu'il doit être plus serré vis-à-vis des centres de ces tourbillons qu'aux autres endroits, il faut nécessairement que quelques unes de ses parties se meuvent quelquefois plus vite que les autres, à savoir lorsqu'elles doivent changer leur rang pour passer d'un chemin plus large en un plus étroit ; comme, par exemple, on peut voir ici que les deux boules qui sont entre les points A et B[1] ne peuvent passer entre les deux autres points

---

[1] Voyez planche IV, figure 2.

C et D, que je suppose plus proches, s'il n'y en a une qui s'avance devant l'autre, et qui par conséquent aille plus vite. Or, d'autant que toutes les parties du second élément qui composent le premier ciel tendent à s'éloigner du centre S, sitôt qu'il y en a quelqu'une qui va plus vite que celles qui en sont plus éloignées, cette vitesse lui donnant plus de force fait qu'elle passe au-dessus d'elles, tellement que ce sont toujours celles qui se meuvent le plus vite qui en doivent être les plus éloignées. Je ne détermine point quelle est la quantité de leur vitesse, parceque c'est par la seule expérience que nous pouvons l'apprendre, et cette expérience ne se peut faire que par le moyen des comètes, qui, comme je ferai voir ci-après, traversent d'un ciel dans un autre, et suivent à peu près le cours de celui où elles se trouvent. Je ne détermine point non plus combien est lent le mouvement du cercle HQ, car nous ne le connoissons qu'autant que nous l'apprend le cours de Saturne, qui ne s'achève qu'en trente ans, et doit être compris dans ce cercle, comme il paroîtra de ce qui suit.

Il est aisé aussi de prouver qu'entre les parties du second élément qui sont au dedans du cercle HQ, celles qui sont les plus proches du centre S doivent faire leur tour en moins de temps que celles qui en sont plus éloignées, à cause que le mouvement qu'a le soleil autour du même cen-

84. Pourquoi aussi celles qui sont les plus proches du soleil se meuvent plus vite que celles qui en sont un peu plus loin.

tre doit augmenter leur vitesse : car, d'autant qu'il se meut plus vite qu'elles et qu'il sort continuellement de lui quelques parties de sa matière qui coulent entre celles du second élément vers l'écliptique, pendant qu'il en reçoit d'autres vers les poles, il est évident qu'il doit entraîner avec soi toute la matière du ciel qui est autour de lui, jusques à une certaine distance. Et les limites de cette distance sont ici représentés par l'ellipse HNQR plutôt que par un cercle : car, encore que le soleil soit rond, et qu'il ne pousse pas moins fort les parties du ciel qui sont vers les poles que celles qui sont vers l'écliptique, par l'action que j'ai dit devoir être prise pour sa lumière, il n'en est pas néanmoins de même de cette autre action par laquelle il entraîne avec soi celles qui sont les plus proches de lui, parcequ'elle ne dépend que du mouvement circulaire qu'il fait autour de son essieu, lequel sans doute a moins de force vers les poles que vers l'écliptique; c'est pourquoi H et Q doivent être plus éloignés du centre S que N et R ; et ceci servira ci-après pour rendre raison de ce que les queues des comètes nous paroissent quelquefois droites, et quelquefois courbées.

85. Pourquoi ces plus proches du soleil sont plus petites

Or, de ce que les parties du second élément qui sont fort proches du soleil se meuvent plus vite que celles qui en sont un peu plus éloignées, jusques à l'endroit du ciel marqué HNQR, on peut prouver qu'elles doivent aussi être plus petites; car, si elles étoient plus grosses ou égales, elles iroient au-dessus des autres, à cause que ce qu'elles ont de vitesse plus que ces autres leur feroit avoir plus de force. Mais lorsqu'il arrive que quelqu'une de ces parties devient si petite, à proportion de celles qui sont au-dessus d'elle, que la vitesse dont elle les surpasse, à cause qu'elle est plus proche du soleil, n'augmente pas sa force de tant comme la grandeur dont ces autres la surpassent augmente la leur, il est évident qu'elle doit toujours demeurer au-dessous d'elle vers le soleil, encore qu'elle se meuve plus vite. Et bien que j'aie supposé que toutes ces parties du second élément ont été égales en leur commencement, quelques unes ont dû par succession de temps devenir plus petites que les autres, à cause que les endroits par où elles étoient contraintes de passer n'étant pas tous égaux, il a dû y avoir quelque inégalité en leur mouvement, ainsi que j'ai tantôt prouvé; et il a dû aussi suivre de là quelque inégalité en leur grosseur, parceque celles qui ont eu le plus de vitesse se sont heurtées l'une l'autre avec plus de force, et ainsi ont perdu davantage de leur matière. Et il ne peut y en avoir eu si peu qui par succession de temps soient devenues notablement moindres que les autres, qu'il ne soit facile à croire qu'elles

que celles qui en sont plus éloignées.

suffisent pour remplir l'espace HNQR, parcequ'il est extrêmement petit à comparaison de tout le ciel AYBM, bien qu'à comparaison du soleil il soit assez grand : mais la proportion qui est entre eux n'a pu être représentée en cette figure, à cause qu'il l'eût fallu faire trop grande. Il y a encore plusieurs autres inégalités à remarquer touchant le mouvement des parties du ciel, principalement de celles qui sont en l'espace HNQR[1], mais elles pourront plus commodément ci-après être expliquées.

86. Que ces parties du second élément ont divers mouvements qui les rendent rondes en tous sens.

Au reste il ne faut pas oublier ici à prendre garde que, bien que la matière du premier élément qui vient des tourbillons KL, et semblables, prenne principalement son cours vers le soleil, elle ne laisse pas de couler aussi de divers côtés vers les autres endroits du ciel AYBM, et de passer de là vers les autres tourbillons CO, et semblables, sans avoir été jusques au soleil, et que coulant ainsi de divers côtés entre les petites parties du second élément, elle fait que chacune d'elles se meut non seulement autour de son centre, mais souvent aussi en plusieurs autres façons. Ensuite de quoi il est évident que, quelques figures que ces parties du second élément aient eues au commencement, elles ont dû par succession de temps devenir rondes de tous côtés comme des boules, et non point

---

[1] Voyez planche IV, figure 1.

seulement comme des cylindres, ou autres solides qui ne sont ronds que d'un côté.

Après avoir acquis une médiocre notion de la nature des deux premiers éléments, il faut que nous tâchions aussi de connoître celle du troisième : et à cet effet il est besoin de considérer que la matière du premier n'est pas également agitée en toutes ses parties, et que souvent en une fort petite quantité de cette matière il y a tant de divers degrés de vitesse qu'il seroit impossible de les nombrer ; ce qui peut facilement être prouvé, tant par la façon que j'ai supposé ci-dessus qu'elle a été produite, que par l'usage auquel elle doit continuellement servir. Car j'ai supposé qu'elle a été produite de ce que, lorsque les parties du second élément n'étoient pas encore rondes, et qu'elles remplissoient entièrement l'espace qui les contenoit, elles n'ont pu se mouvoir sans rompre les petites pointes de leurs angles, et sans que ce qui s'est séparé d'elles à mesure qu'elles se sont arrondies ait changé diversement de figures pour remplir exactement tous les petits intervalles qu'elles ont laissés autour d'elles, au moyen de quoi il a pris la forme du premier élément. Et je crois que maintenant encore son usage est de remplir ainsi tous les petits espaces qui se trouvent entre tous les corps, quels qu'ils soient : d'où il est évident que chacune des parties dont ce premier élément est composé n'a pu au commence-

87. Qu'il y a divers degrés d'agitation dans les petites parties du premier élément.

ment être plus grande que les petites pointes d'angles qui devoient être ôtées de celles du second afin qu'elles se pussent mouvoir, ou tout au plus que l'espace qui s'est trouvé entre trois de ces parties du second élément, jointes l'une à l'autre après qu'elles ont été arrondies, et que quelques unes ont pu retenir par après la même grosseur ; mais qu'il a fallu que les autres se soient froissées et divisées en une infinité de plus petites parties, qui n'eussent aucune grosseur ni figure déterminée, afin qu'elles se pussent accommoder aux diverses grandeurs des petits espaces qui se trouvent entre les parties du second élément pendant qu'elles se meuvent. Par exemple, si nous pensons que les petites boules ABC [1] sont trois de ces parties du second élément, et que les deux premières A et B qui se touchent au point G ne se meuvent chacune qu'autour de son propre centre, pendant que la troisième C, qui touche la première au point E, roule sur la superficie de cette première d'E vers I jusques à ce que son point D aille rencontrer le point F de la seconde, il est évident que la matière du premier élément qui est dans l'espace triangulaire FIG y peut cependant demeurer sans avoir aucun mouvement, et ainsi n'être composée que d'une seule partie (bien qu'elle puisse aussi être composée de plusieurs), mais que celle qui rem-

[1] Voyez planche IV, figure 3.

plit l'espace FIED ne peut manquer de se mouvoir, et même qu'on ne sauroit déterminer aucune partie si petite entre les points F et D, qu'elle ne soit plus grande que celle qui doit sortir à chaque moment hors de la ligne FD, à cause que, pendant tous les moments de temps que la boule C approche de B, elle accourcit cette ligne FD, et lui fait avoir successivement plus de différentes longueurs qu'on n'en sauroit exprimer par aucun nombre.

Ainsi on voit qu'il doit y avoir quelques parties en la matière du premier élément qui soient moins petites et moins agitées que les autres : et, parceque nous supposons qu'elles ont été faites de la raclure qui est sortie d'autour de celles du second élément pendant qu'elles se sont arrondies, leurs figures doivent avoir eu beaucoup d'angles et être fort empêchantes ; ce qui est cause qu'elles s'attachent facilement les unes aux autres et transfèrent une grande partie de leur agitation à celles qui sont les plus petites et les plus agitées : car, suivant les lois de la nature, quand des corps de diverses grandeurs sont mêlés ensemble, le mouvement des uns est souvent communiqué aux autres; mais il y a bien plus de rencontres où celui des plus grands doit passer dans les plus petits, qu'il n'y en a au contraire où les plus petits puissent donner le leur aux plus grands, de façon qu'on peut assu-

88. Que celles de ces parties qui ont le moins de vitesse en perdent aisément une partie, et s'attachent les unes aux autres.

rer que ces plus petits sont ordinairement les plus agités.

89. Que c'est principalement en la matière qui coule des poles vers le centre de chaque tourbillon qu'il se trouve de telles parties.

Et les parties qui s'attachent ainsi les unes aux autres, et qui retiennent le moins d'agitation, se trouvent principalement en la matière du premier élément qui coule en ligne droite des poles de chaque tourbillon vers son centre : car elles n'ont pas besoin d'être tant agitées pour ce seul mouvement droit, que pour les autres plus détournés et divers qui se font aux autres lieux; de façon que lorsqu'elles se trouvent en ces autres lieux, elles ont coutume d'en être repoussées vers celui-là, où elles se joignent plusieurs ensemble, et composent certains petits corps dont je tâcherai d'expliquer ici fort particulièrement la figure, à cause qu'elle mérite d'être remarquée.

90. Quelle est la figure de ces parties, que nous nommerons cannelées.

Premièrement, ils doivent avoir la figure d'un triangle en leur largeur et profondeur, à cause qu'ils passent par ces petits espaces triangulaires qui se trouvent au milieu de trois des parties du second élément quand elles se touchent; et pour ce qui est de leur longueur, il n'est pas aisé de la déterminer, d'autant qu'il ne semble pas qu'elle dépende d'aucune autre cause que de l'abondance de la matière qui se trouve aux endroits où se forment ces petits corps; mais il suffit que nous les concevions ainsi que de petites colonnes cannelées, à trois raies ou canaux, et tournées comme la coquille d'un limaçon, tellement qu'elles puissent passer en tournoyant par les petits intervalles qui ont la figure du triangle curviligne FIG, et qui se rencontrent infailliblement entre trois boules lorsqu'elles s'entre-touchent. Car d'autant que ces parties cannelées peuvent être beaucoup plus longues que larges, et qu'elles passent fort promptement entre les parties du second élément, pendant que celles-ci suivent le cours du tourbillon qui les emporte autour de son essieu, on conçoit aisément que les trois canaux qui sont en la superficie de chacune doivent être tournés à vis ou comme une coquille, et que ces trois canaux sont plus ou moins tournés, selon qu'elles passent par des endroits qui sont plus ou moins éloignés de cet essieu, à cause que les parties du second élément tournent plus vite aux endroits qui en sont plus éloignés qu'aux autres qui en sont plus proches.

Et parcequ'elles viennent vers le milieu du ciel de deux côtés qui sont opposés l'un à l'autre, à savoir les unes du pole austral, et les autres du septentrional, pendant que tout le ciel tourne en même sens sur son essieu, il est manifeste que celles qui viennent du pole austral doivent être tournées en coquille d'un autre sens que celles qui viennent du septentrional; et cette particularité me semble fort remarquable, à cause que

91. Qu'entre ces parties cannelées, celles qui viennent d'un pole sont tout autrement tournées que celles qui viennent de l'autre.

258 LES PRINCIPES DE LA PHILOSOPHIE.

c'est principalement d'elle que dépend la force ou la vertu de l'aimant, laquelle j'expliquerai ci-après.

> 92. Qu'il n'y a que trois canaux en la superficie de chacune.

Mais afin qu'on ne croie pas que j'assure sans raison que ces parties du premier élément n'ont que trois canaux en leur superficie, nonobstant que les parties du second ne se touchent pas toujours de telle sorte que les intervalles qu'elles laissent entre elles aient la figure d'un triangle, on peut voir ici que les autres figures qu'ont les intervalles qui se trouvent entre ces parties du second élément ont toujours leurs angles entièrement égaux à ceux du triangle FGI; et qu'au reste elles se remuent incessamment, ce qui fait que les parties cannelées qui passent par ces intervalles y doivent prendre la figure que j'ai décrite. Par exemple, les quatre boules ABCH[1], qui se touchent aux points KLGE, laissent au milieu d'elles un espace qui a quatre angles, chacun desquels est égal à chaque angle du triangle FGI; et parceque ces petites boules, en se remuant, changent sans cesse la figure de cet espace, en sorte que tantôt il est carré, tantôt plus long que large, et qu'il est aussi quelquefois divisé en deux autres espaces qui ont chacun la figure d'un triangle, cela fait que la matière du premier élément la moins agitée qui se trouve là est contrainte de se retirer vers un ou

[1] Voyez planche IV, figure 4.

deux de ces angles, et de quitter ce qui reste de place à la matière la plus agitée, laquelle peut changer à tous moments de figure pour s'accommoder à tous les mouvements de ces petites boules. Et si par hasard il y a quelque partie de cette matière du premier élément, ainsi retirée vers l'un de ces angles, qui s'étende vers l'endroit opposé à cet angle, au-delà d'un espace égal au triangle FGI, elle sera heurtée et divisée par la rencontre de la troisième boule lorsqu'elle s'avancera pour toucher les deux autres qui font l'angle où cette matière s'est retirée. Par exemple, si la matière qui n'est pas la plus agitée, après s'être retirée en l'angle G, s'étend vers D, plus loin que la ligne FI, la boule C, en roulant vers B, la chassera hors de cet angle, ou bien en retranchera ce qui l'empêche de fermer le triangle FGI. Et parceque les parties du premier élément qui sont les moins petites et les moins agitées doivent fort souvent, pendant qu'elles passent çà et là dans les cieux, se trouver entre trois boules qui s'avancent ainsi pour s'entre-toucher, il ne semble pas qu'elles puissent avoir aucune figure déterminée qui demeure en elles pendant quelque temps, excepté celle que je viens de décrire.

Or, encore que ces parties cannelées soient fort différentes des plus petites parties du premier élément, je ne laisse pas de les comprendre sous ce

93. Qu'entre les parties cannelées et les plus petites du pre-

mier élément il y en a d'une infinité de diverses grandeurs.

nom de premier élément, pendant qu'elles sont autour des parties du second, tant à cause que je ne remarque point qu'elles y produisent aucuns effets différents, comme aussi à cause que je juge qu'entre ces parties cannelées et les plus petites il y en a de moyennes d'une infinité de diverses grandeurs, ainsi qu'il est aisé à prouver par la diversité des lieux par où elles passent et qu'elles remplissent.

94. Comment elles produisent des taches sur le soleil ou sur les étoiles.

Mais lorsque la matière du premier élément compose le corps du soleil ou de quelque étoile, tout ce qu'il y a en elle de plus subtil n'étant point détourné par la rencontre des parties du second élément, s'accorde à se mouvoir tout ensemble fort vite; ce qui fait que les parties cannelées et plusieurs autres un peu moins grosses, qui, à cause de l'irrégularité de leurs figures, ne peuvent recevoir un mouvement si prompt, sont rejetées par les plus subtiles hors de l'astre qu'elles composent, et, s'attachant facilement les unes aux autres, elles nagent sur sa superficie, où, perdant la forme du premier élément, elles acquièrent celle du troisième; et lorsqu'elles y sont en fort grande quantité, elles y empêchent l'action de sa lumière, et ainsi composent des taches semblables à celles qu'on a observées sur le soleil : ce qui se fait en même façon et pour la même raison qu'il sort ordinairement de l'écume hors des liqueurs qu'on fait bouillir sur le feu lorsqu'elles ne sont pas pures, et qu'elles ont des parties qui, ne pouvant être agitées par l'action du feu si fort que les autres, s'en séparent, et, s'attachant facilement ensemble, composent cette écume.

Ensuite de quoi il est aisé à entendre pourquoi ces taches ont coutume de paroître sur le soleil vers son écliptique plutôt que vers ses poles, et pourquoi elles ont des figures fort irrégulières et changeantes, et enfin pourquoi elles se meuvent en rond autour de lui, non pas peut-être si vite que la matière qui le compose, mais au moins conjointement avec celle du ciel qui l'environne, ainsi que l'on voit que l'écume qui nage sur quelque liqueur suit aussi son cours, et reçoit cependant plusieurs diverses figures.

95. Quelle est la cause des principales propriétés de ces taches.

Et comme il y a beaucoup de liqueurs qui, en continuant de bouillir, dissipent l'écume qu'elles ont auparavant produite, ainsi doit-on penser que les taches qui sont sur la superficie du soleil s'y détruisent avec la même facilité qu'elles s'y engendrent; car ce n'est pas de toute la matière qui est dans le soleil, mais seulement de celle qui est nouvellement entrée qu'elles se composent. Et pendant que les moins subtiles parties de cette nouvelle matière s'en séparent, et, s'attachant les unes aux autres, font continuellement de nouvelles taches, ou augmentent celles qui sont déjà faites,

96. Comment elles sont détruites, et comment il s'en produit de nouvelles.

262   LES PRINCIPES DE LA PHILOSOPHIE.

l'autre matière, qui a été plus long-temps dans le soleil, où elle s'est entièrement purifiée et subtilisée, y tourne avec tant de violence qu'elle emporte sans cesse avec soi quelque partie des taches qui sont en sa superficie, et ainsi en défait ou en dissout à peu près autant qu'il s'en produit de nouvelles. Et l'expérience fait voir que toute la superficie du soleil, excepté celle qui est vers ses poles, est ordinairement couverte de la matière qui compose ces taches, bien qu'on ne lui donne proprement le nom de taches qu'aux endroits où elle est si épaisse qu'elle obscurcit notablement la lumière qui vient de lui vers nos yeux.

97. D'où vient que leurs extrémités paroissent quelquefois peintes des mêmes couleurs que l'arc-en-ciel.

Or il peut aisément arriver, lorsque ces taches sont assez épaisses et serrées, que la matière du soleil, qui les dissout peu à peu en coulant sous elles, les diminue davantage en leur circonférence qu'au milieu, et que par ce moyen leurs extrémités deviennent transparentes et moins épaisses vers la circonférence que vers le milieu, ce qui fait que la lumière qui passe au travers y souffre réfraction; d'où il suit que ces extrémités doivent alors paroître peintes des couleurs de l'arc-en-ciel, pour les raisons que j'ai expliquées au huitième discours des météores, en parlant d'un prisme ou triangle de cristal, et on a souvent observé de telles couleurs en ces taches.

98. Comment ces

Il peut souvent aussi arriver que la matière du

soleil rend leurs extrémités si minces en passant sous elles, qu'elle peut enfin passer aussi au-dessus, et les enfoncer sous soi ; au moyen de quoi, se trouvant engagée entre elles et la superficie du ciel qui est tout proche, elle est contrainte de se mouvoir plus vite qu'à l'ordinaire : ainsi que les rivières sont plus rapides aux endroits où leur lit étant fort étroit, il se trouve encore des bancs de sable qui s'élèvent presque à fleur d'eau, qu'en ceux où il est plus large et plus profond. Et de ce qu'elle se meut plus vite, il est évident que la lumière y doit paroître plus vive qu'aux autres endroits de la superficie du soleil : ce qui s'accorde fort bien avec l'expérience, car on observe souvent de petites flammes qui succèdent aux taches qu'on avoit auparavant observées ; mais on observe aussi quelquefois, au contraire, qu'il revient des taches aux endroits où ces petites flammes ont paru, ce qui arrive lorsque les taches qui avoient précédé ces flammes n'étant enfoncées que d'un côté dans la matière du soleil, la nouvelle matière des taches qu'il rejette continuellement hors de soi s'arrête et s'accumule contre elles de l'autre côté.

taches se changent en flammes, ou au contraire les flammes en taches.

Au reste, lorsque ces taches se défont, les parties en quoi elles se divisent ne sont pas entièrement semblables à celles dont elles ont été composées, mais quelques unes sont plus petites, et avec

99. Quelles sont les parties en quoi elles se divisent.

cela plus massives ou solides, à cause que leurs pointes se sont rompues, et pour ce sujet elles passent facilement entre les parties du second élément pour aller vers les centres des tourbillons d'alentour ; quelques autres sont encore plus petites, à savoir celles qui se font des pointes rompues des précédentes, et celles-ci peuvent aussi passer de tous côtés vers le ciel, ou bien être repoussées vers le soleil, et servir à composer sa plus pure substance ; enfin, les autres demeurent plus grosses, parcequ'elles sont composées de plusieurs parties cannelées, ou autres, jointes ensemble, et celles-ci ne pouvant passer par les espaces triangulaires qui se trouvent autour des petites boules du second élément dans le ciel, entrent dans les places de quelques unes de ces boules, mais parcequ'elles ont des figures fort irrégulières et embarrassantes, elles ne les peuvent pas imiter en la vitesse de leur mouvement.

100.
Comment il se forme une espèce d'air autour des astres.

Et se joignant les unes aux autres sans aucunement se presser, elles composent un corps fort rare, semblable à l'air qui est autour de la terre, au moins à celui qui est le plus pur au-dessus des nues ; et ce corps rare, que j'appellerai air dorénavant, environne le soleil de tous côtés, s'étendant depuis sa superficie jusques vers la sphère de Mercure, et peut-être même plus loin. Mais encore qu'il reçoive sans cesse de nouvelles parties de la matière des taches qui se défont, il ne peut pas pour cela croître à l'infini; parceque l'agitation du second élément, qui passe tout autour et tout au travers de son corps, dissipe autant de ses parties qu'il lui en vient de nouvelles, et les divisant en plusieurs pièces, leur fait reprendre la forme du premier élément. Mais pendant qu'elles composent cet air ou ces taches, soit autour du soleil, soit autour des autres astres, lesquels sont en ceci tous semblables, elles ont la forme que j'attribue au troisième élément, à cause qu'elles sont plus grosses et moins propres à se mouvoir que les parties des deux premiers.

Il faut si peu de chose pour faire qu'il se produise des taches sur un astre, ou pour l'empêcher, qu'on n'a pas sujet de trouver étrange si quelquefois il n'en paroît aucune sur le soleil, et si quelquefois au contraire il y en a tant que sa lumière en devient notablement plus obscure; car il ne faut que deux ou trois des moins subtiles parties du premier élément qui s'attachent l'une à l'autre pour former le commencement d'une tache, contre laquelle s'assemblent par après quantité d'autres parties qui ne se fussent point ainsi assemblées si elles ne l'avoient rencontrée, parceque cette rencontre diminue la force de leur agitation.

101. Que les causes qui produisent ou dissipent ces taches sont fort incertaines.

Et il faut remarquer que ces taches sont fort molles et fort rares lorsqu'elles commencent à se

102. Comment quelquefois

former, ce qui fait qu'elles peuvent diminuer l'agitation des parties du premier élément qu'elles rencontrent, et les joindre à soi; mais que la matière du soleil qui coule sous elles avec grande force, pressant leur superficie du côté qu'elle les touche, ne les rend pas seulement égales et polies de ce côté-là, mais aussi peu à peu plus serrées et plus dures, bien qu'elles demeurent molles et rares de l'autre côté qui est tourné vers le ciel, et ainsi qu'elles ne peuvent pas aisément être défaites par la matière du soleil qui coule sous elles, si ce n'est qu'elle coule aussi autour de leurs bords, et les rende peu à peu si minces qu'elle puisse passer par-dessus : car, pendant que leurs bords sont si élevés au-dessus de la superficie du soleil qu'ils ne sont aucunement pressés par sa matière, elles se peuvent plutôt accroître que diminuer, parcequ'il s'attache toujours quelques nouvelles parties contre ces bords; c'est pourquoi il se peut faire qu'une seule tache devienne si grande qu'enfin elle s'étende sur toute la superficie de l'astre qui l'a produite, et qu'elle s'y arrête quelque temps avant que de pouvoir être dissipée.

C'est ainsi que quelques historiens nous rapportent qu'autrefois le soleil, pendant plusieurs jours, voire même pendant toute une année, a paru plus pâle qu'à l'ordinaire, et n'a fait voir qu'une lumière fort pâle et sans rayons, quasi comme celle de la

une seule tache couvre toute la superficie d'un astre.

103. *Pourquoi le soleil a paru quelquefois plus obscur que de coutume, et pourquoi les étoi-*

lune : et l'on remarque qu'il y a certaines étoiles qui nous paroissent plus petites, et d'autres plus grandes qu'elles n'ont paru autrefois aux astronomes qui en ont exprimé la grandeur en leurs écrits; de quoi je ne pense pas qu'on puisse rendre aucune autre raison, sinon qu'étant maintenant plus ou moins couvertes de taches qu'elles n'ont été autrefois, leur lumière nous doit paroître plus sombre ou plus vive.

les ne paroissent pas toujours de même grandeur.

Il se peut faire aussi que les taches qui couvrent quelque astre soient devenues par succession de temps si épaisses, qu'elles nous en ôtent entièrement la vue ; et c'est ainsi qu'on a compté autrefois sept Pléiades, au lieu qu'on n'en voit maintenant que six. Et il se peut faire au contraire qu'un astre que nous n'avons point vu auparavant paroisse tout-à-coup, et nous surprenne par l'éclat de sa lumière, à savoir si tout le corps de cet astre ayant été couvert jusques à présent d'une tache assez épaisse pour nous en ôter entièrement la vue, il arrive maintenant que la matière du premier élément, y affluant plus abondamment qu'à l'ordinaire, se répande sur la superficie extérieure de cette tache : car, cela étant, elle la doit couvrir toute en fort peu de temps, et faire que cet astre nous paroisse avec autant de lumière que s'il n'étoit enveloppé d'aucune tache. Et il peut continuer long-temps par après à paroître avec cette même lumière, ou bien

104. Pourquoi il y en a qui disparoissent ou qui paroissent de nouveau.

il peut aussi la perdre peu à peu; et c'est ainsi qu'il arriva, sur la fin de l'année 1572, qu'une étoile qu'on n'avoit point vue auparavant, parut dans le signe de Cassiopée, avec une lumière fort éclatante et fort vive, laquelle s'obscurcit par après peu à peu, tant qu'elle disparut entièrement vers le commencement de l'année 1574; et nous en remarquons quelques autres dans le ciel que les anciens n'ont point vues, mais qui ne disparoissent pas sitôt : de toutes lesquelles choses je tâcherai ici de rendre raison.

105. Qu'il y a des pores dans les taches par où les parties cannelées ont libre passage.

Posons, par exemple, que l'astre I [1] est entièrement couvert de la tache *defg*, et considérons que cette tache ne peut être si épaisse qu'il n'y ait en elle plusieurs pores ou petits trous par où la matière du premier élément et même ses parties cannelées peuvent passer : car, ayant été fort molle et fort rare en son commencement, il y a eu en elle quantité de tels pores; et, bien que ses parties se soient par après plus serrées, et qu'elle soit devenue plus dure, toutefois les parties cannelées et autres du premier élément, passant continuellement par-dedans ses pores, n'ont pas permis qu'ils se soient fermés tout-à-fait, mais seulement qu'ils se soient étrécis, en telle sorte qu'il n'y est resté qu'autant d'espace qu'il en faut pour donner passage à ces parties cannelées, qui sont les plus gros-

[1] Voyez planche V, figure 1.

ses du premier élément, et même qu'autant qu'il en faut pour leur donner passage du côté qu'elles ont coutume d'y entrer; en sorte que les pores par où passent celles qui viennent de l'un des poles vers I ne seroient pas propres à les recevoir si elles retournoient d'I vers ce même pole, ni même à recevoir celles qui viennent de l'autre pole, parceque celles-là sont tournées en coquille d'une autre façon.

Ainsi il faut penser que les parties cannelées qui coulent sans cesse d'A vers I, c'est-à-dire de toute la partie du ciel qui est autour du pole A vers la partie du ciel HIQ, se sont formé certains pores dans la tache *defg*, suivant des lignes droites qui sont parallèles à l'essieu *fd* (ou peut-être qui sont tant soit peu plus proches l'une de l'autre vers *d* que vers *f*, à cause que l'espace qui est vers A, d'où elles viennent, est plus ample que celui où elles se vont rendre vers I), et que les entrées de ces pores sont éparses en toute la moitié de la superficie *efg*, et les sorties en l'autre moitié *edg*; de façon que les parties cannelées qui viennent d'A peuvent aisément entrer par *efg*, et sortir par *edg*, mais non point retourner par *edg*, ni sortir par *efg*. Dont la raison est que cette tache n'ayant été composée que des parties du premier élément qui, étant très petites, et ayant des figures fort irrégulières, se sont jointes les unes aux autres, ainsi que

106. Pourquoi elles ne peuvent retourner par les mêmes pores par où elles entrent.

plusieurs petites branches d'arbres entassées toutes ensemble, les parties cannelées qui sont venues d'A par *f* vers *d* ont dû plier et faire pencher d'*f* vers *d* toutes les extrémités de ces petites branches qu'elles ont rencontrées en passant par les pores qu'elles se sont formés ; de sorte que si elles repassoient de *d* vers *f*, par ces mêmes pores, elles rencontreroient à contre-sens les extrémités de ces petites branches qu'elles ont ainsi pliées, et les redressant quelque peu se boucheroient le passage. En même façon, les parties cannelées qui viennent du pole B se sont formé d'autres pores en cette tache *defg*, l'entrée desquels est en la moitié de cette tache *edg*, et la sortie en l'autre moitié *efg*.

107. Pourquoi celles qui viennent d'un pole doivent avoir d'autres pores que celles qui viennent de l'autre.

Et il faut remarquer que ces pores sont creusés en dedans, ainsi que l'écrou d'une vis, au sens qu'ils le doivent être pour donner libre passage aux parties cannelées qu'ils ont coutume de recevoir ; ce qui est cause que ceux par où passent les parties cannelées qui viennent d'un pole ne sauroient recevoir celles qui viennent de l'autre pole, parceque leurs raies ou canaux sont tournés en coquille d'une façon toute contraire.

108. Comment la matière du premier élément prend son cours par ces pores.

Ainsi donc la matière du premier élément qui vient de part et d'autre des poles peut passer par ces pores jusques à l'astre I ; et parceque celles de ses parties qui sont cannelées sont les plus grosses de toutes, et qu'elles ont par conséquent le plus de force à continuer leur mouvement en ligne droite, elles n'ont pas coutume de s'y arrêter; mais celles qui entrent par *f* sortent par *d*, par où elles arrivent dans le ciel, où elles rencontrent les parties du second élément, ou bien la matière du premier venant de B, qui, les empêchant de passer plus avant en ligne droite, fait qu'elles retournent de tous côtés entre les parties de l'air marquées par *xx* vers *efg*, l'hémisphère de la tache par lequel elles sont auparavant entrées en cet astre. Et toutes celles de ces parties cannelées qui peuvent trouver place dans les pores de cette tache (ou de ces taches, car il y en peut avoir plusieurs l'une sur l'autre, ainsi que je ferai voir ci-après) rentrent par eux en l'astre I, puis en ressortant par l'hémisphère *edg*, et de là retournant par l'air de tous côtés vers l'hémisphère *efg*, elles composent comme un tourbillon autour de cet astre; mais celles qui ne peuvent trouver place en ces pores sont brisées et dissipées par la rencontre des parties de cet air, ou bien sont chassées vers les parties du ciel qui sont proches de l'écliptique HQ ou MY. Car il faut ici remarquer que les parties cannelées qui viennent d'A vers I ne sont point en si grand nombre qu'elles occupent continuellement tous les pores qui leur peuvent donner passage au travers de la tache *efg*, parcequ'elles n'occupent pas aussi dans le ciel tous les intervalles qui sont autour des petites boules du second élément, et qu'il doit y avoir là parmi elles beaucoup d'autre matière plus subtile, afin de remplir tous ces intervalles, nonobstant les divers mouvements de ces boules ; laquelle matière plus subtile, venant d'A vers I avec les parties cannelées, entreroit avec elles dans les pores de la tache *efg*, si les autres parties cannelées qui sont sorties de cette tache par son hémisphère *edg*, et qui sont revenues de là par l'air *xx* vers *f*, n'avoient plus de force qu'elle pour les occuper. Au reste, ce que je viens de dire des parties cannelées qui viennent du pole A et entrent par l'hémisphère *efg*, se doit entendre de même façon de celles qui viennent du pole B et entrent par l'hémisphère *edg*; à savoir qu'elles y ont creusé des passages tournés en coquille tout au rebours des autres, par lesquels elles coulent à travers l'astre I de *d* vers *f*, puis de là retournent vers *d* par l'air *xx*, faisant ainsi une espèce de tourbillon autour de cet astre ; et que cependant il y a toujours autant de ces parties cannelées qui se défont ou bien qui s'écoulent dans le ciel vers l'écliptique MY, qu'il en vient de nouvelles du pole B.

109. Qu'il y a encore d'autres pores en ces taches qui croisent les précédents.

Pour le reste de la matière du premier élément qui compose l'astre I, comme il tourne autour de l'essieu *fd*, il fait continuellement effort pour s'en éloigner et aller dans le ciel vers l'écliptique MY ; c'est pourquoi il s'est formé dès le commencement d'autres pores, et les a conservés depuis dans la tache *defg*, lesquels croisent les précédents; et il y a toujours quelques parties de cette matière qui sortent par eux, à cause qu'il en entre aussi toujours quelques unes par les autres pores avec les parties cannelées : car les parties de cette tache sont tellement jointes l'une à l'autre que l'astre I, qu'elles environnent, ne peut devenir plus grand ni plus petit qu'il est; c'est pourquoi il doit toujours sortir de lui autant de matière qu'il y en entre.

Et pour la même raison, la force en quoi j'ai dit ci-dessus que consiste la lumière des astres doit être en celui-ci entièrement éteinte, ou du moins fort affoiblie; car, en tant que sa matière se meut autour de l'essieu *fd*, toute la force dont elle tend à s'éloigner de cet essieu s'amortit contre la tache et n'agit point contre les parties du second élément qui sont au-delà. Et aussi la force dont les parties cannelées qui viennent d'un pole tendent directement vers l'autre en sortant de cet astre, ne peut avoir en ceci aucun effet, non seulement à cause que ces parties cannelées ne se meuvent pas du tout si vite que le reste de la matière du premier élément, et sont fort petites à comparaison de celles du second, lesquelles il faudroit qu'elles poussassent pour exciter de la lumière; mais principalement à cause que celles qui

110. Que ces taches empêchent la lumière des astres qu'elles couvrent.

sortent de cet astre ne peuvent avoir plus de force à pousser la matière du ciel vers les poles, que celles qui viennent des poles à la repousser en même temps vers cet astre.

III. Comment il peut arriver qu'une nouvelle étoile paroisse tout-à-coup dans le ciel.

Mais cela n'empêche pas que la matière du second élément qui est autour de cet astre et compose le tourbillon AYBM ne retienne la force dont elle pousse de tous côtés les autres tourbillons qui l'environnent; et même, encore que peut-être cette force soit trop petite pour faire sentir de la lumière à nos yeux, dont je suppose que ce tourbillon est fort éloigné, elle peut néanmoins être assez grande pour prévaloir à celle des autres tourbillons voisins de celui-ci, en sorte qu'il les presse plus fort qu'il n'est pressé par eux, ensuite de quoi il faudroit que l'astre I devînt plus grand qu'il n'est, s'il n'étoit point borné de tous côtés par la tache *defg*. Car si nous pensons que maintenant AYBM est la circonférence du tourbillon I, nous devons aussi penser que la force dont les parties de sa matière qui sont vers cette circonférence tendent à passer plus outre et entrer en la place des autres tourbillons voisins, n'est ni plus ni moins grande, mais exactement égale à celle dont la matière de ces autres tourbillons tend à s'avancer vers I, parcequ'il n'y a aucune cause que la seule égalité de ces forces qui fasse que cette circonférence soit où elle est, et non point plus proche ni plus éloignée du point I. Que si après cela nous pensons, par exemple, que la force dont la matière du tourbillon O presse celle du tourbillon I diminue sans qu'il y ait rien de changé en celle des autres (et ceci peut arriver pour plusieurs causes, comme si sa matière s'écoule en quelqu'un des autres tourbillons qui le touchent, ou bien qu'il devienne couvert de taches, etc.), il faut, suivant les lois de la nature, que la circonférence du tourbillon I s'avance d'Y vers P; ensuite de quoi il faudroit aussi que celle de l'astre I devînt plus grande qu'elle n'est, si elle n'étoit point bornée par la tache *defg*, à cause que toute la matière de ce tourbillon s'éloigne le plus qu'elle peut du centre I ; mais parceque la tache *defg* ne permet pas que la grandeur de cet astre se change, il ne peut arriver ici autre chose sinon que les petites parties du second élément qui sont autour de cette tache s'écarteront les unes des autres, afin d'occuper plus de place qu'auparavant; et elles peuvent ainsi un peu s'écarter, sans pour cela se séparer entièrement ni cesser d'être jointes à cette tache, ce qui n'y causera aucun changement remarquable, à cause que la matière du premier élément qui remplira tous les intervalles qui sont autour d'elles y sera tellement divisée qu'elle n'aura pas beaucoup de force. Mais s'il arrive qu'elles s'écartent si fort les unes des autres que la matière du premier élément qui les pousse en sortant de la tache, ou quelque autre cause que ce soit, ait la force de faire que quelques unes cessent de toucher la superficie de cette tache, la matière du premier élément, qui remplira incontinent tout l'espace qui sera entre deux, y aura aussi assez de force pour en séparer encore quelques autres ; et parceque sa force augmentera d'autant plus qu'elle en aura ainsi séparé davantage de la superficie de cette tache, et que son action est extrêmement prompte, elle séparera presque en un instant toute la superficie de cette tache de celle du ciel, et, prenant son cours entre deux, elle tournera en même façon que celle qui compose l'astre I, pressant par ce moyen de tous côtés la matière du ciel qui l'environne, avec autant de force que feroit cet astre s'il n'étoit couvert d'aucune tache; et ainsi il paroîtra tout-à-coup avec une lumière fort éclatante.

112. Comment une étoile peut disparoître peu à peu.

Or, si cette tache est si mince et si rare que la matière du premier élément prenant ainsi son cours sur sa superficie extérieure, la puisse dissoudre et dissiper, l'astre I ne disparoîtra pas aisément derechef, parcequ'il faudroit à cet effet qu'il se formât sur lui une nouvelle tache qui couvrît toute sa superficie. Mais, si elle est si épaisse que l'agitation de la matière du premier élément ne la dissipe point, elle la rendra tout au contraire plus dure et plus serrée en sa superficie extérieure ; et s'il arrive cependant que les causes qui ont fait auparavant que la matière du tourbillon O s'est reculée d'Y vers P soient changées, en sorte que, tout au contraire, elle s'avance peu à peu de P vers Y, ce qu'il y a du premier élément entre la tache *degf* et le ciel diminuera et se couvrira de plusieurs autres taches qui obscurciront peu à peu sa lumière ; puis, si cela continue, elles la pourront enfin éteindre tout-à-fait, et même occuper entièrement l'espace qu'a rempli le premier élément entre la tache *defg* et le ciel *xx* : car les parties du second élément qui composent le tourbillon O, s'avançant de P vers Y, presseront toutes celles du tourbillon I qui sont en sa circonférence extérieure APBM, et ensuite aussi toutes celles de sa circonférence intérieure *xx*, lesquelles étant ainsi pressées et engagées dans les pores de l'air que j'ai dit se trouver autour de chaque astre feront que les parties cannelées, et autres des moins subtiles du premier élément qui sortent de l'astre I, n'entreront pas si librement que de coutume dans le ciel *xx*; c'est pourquoi elles seront contraintes de se joindre les unes aux autres, et de composer des taches, lesquelles occupant enfin tout l'espace qui étoit entre *defg* et *xx* y feront comme une nouvelle écorce, au-dessus de la première qui couvre l'astre I.

113.
Que les parties cannelées se font plusieurs passages en toutes les taches.

Et il peut, par succession, de temps se former en même façon plusieurs autres telles écorces sur ce même astre, touchant lesquelles on peut ici remarquer par occasion que les parties cannelées se font des passages par où elles peuvent suivre leur cours sans interruption au travers de toutes ces taches, ainsi qu'au travers d'une seule ; car, à cause qu'elles ne sont composées que de la matière du premier élément, elles sont fort molles en leur commencement et laissent passer aisément ces parties cannelées, qui, continuant toujours par après le même cours pendant que ces taches deviennent plus dures, empêchent que les chemins qu'elles se sont faits ne se bouchent : mais il n'en est pas de même de l'air qui environne les astres ; car, bien qu'étant composé du débris de ces taches, les plus grosses de ses parties retiennent encore quelques unes des ouvertures que les parties cannelées y ont faites ; néanmoins, parcequ'elles obéissent aux mouvements de la matière du ciel qui est mêlée parmi elles, et ne sont pas toujours en une même situation, les entrées et sorties de ces ouvertures ne se rapportent pas les unes aux autres ; et ainsi les parties cannelées qui tendent à suivre leur cours en ligne droite ne peuvent que fort rarement les rencontrer.

114.
Qu'une même étoile peut

Mais il peut aisément arriver qu'une même étoile nous paroisse et disparoisse plusieurs fois en la façon qui a été ici expliquée, et qu'à chaque fois qu'elle disparoîtra il se forme une nouvelle écorce de taches qui la couvre; car ces changements alternatifs qui arrivent aux corps qui se meuvent sont fort ordinaires en la nature, en sorte que, lorsqu'un corps est poussé vers un lieu par quelque cause, au lieu de s'arrêter en ce lieu-là lorsqu'il y est parvenu, il a coutume de passer outre, jusques à ce qu'il soit repoussé vers le même lieu par une autre cause. Ainsi, pendant qu'un poids attaché à une corde est emporté de travers par la force de sa pesanteur vers la ligne qui joint le centre de la terre avec le point duquel pend cette corde, il acquiert une autre force qui lui fait continuer son mouvement au-delà de cette ligne vers le côté opposé à celui d'où il a commencé à se mouvoir, jusques à ce que sa pesanteur ayant surmonté cette autre force, le fasse retourner, et en retournant il acquiert derechef une autre force qui le fait passer au-delà de cette même ligne : ainsi, lorsqu'on a mû un vaisseau, quoiqu'on l'ait seulement poussé vers un côté, la liqueur qui est contenue dedans va et revient plusieurs fois vers les bords de ce vaisseau, avant que de s'arrêter; et ainsi, parceque tous les tourbillons qui composent les cieux sont à peu près égaux en force, et comme balancés entre eux, si la matière de quelques uns sort de cet équilibre (comme je suppose que fait ici celle des tourbil-

paroître et disparoître plusieurs fois.

lons O et I), elle peut avancer et reculer plusieurs fois de P vers Y, et d'Y vers P avant que ce mouvement soit arrêté.

115. Que quelquefois tout un tourbillon peut être détruit.

Il peut arriver aussi qu'un tourbillon entier soit détruit par les autres qui l'environnent, et que l'étoile qui étoit en son centre passant en quelqu'un de ces autres tourbillons, se change en une comète ou en une planète. Car nous n'avons trouvé ci-dessus que deux causes qui empêchent ces tourbillons de se détruire les uns les autres, dont l'une, qui consiste en ce que la matière d'un tourbillon est empêchée de s'avancer vers un autre par ceux qui en sont plus proches, ne peut avoir lieu en tous, parceque si, par exemple, la matière du tourbillon S est tellement pressée de part et d'autre par celle des tourbillons L et N, que cela l'empêche de s'avancer vers D plus qu'elle ne fait, elle ne peut être empêchée en même façon de s'avancer vers L ou vers N par celle du tourbillon D, ni d'aucuns autres, si ce n'est qu'ils soient plus proches de lui que ne sont L et N; et ainsi cette cause n'a point lieu en ceux qui sont les plus proches. Pour l'autre, qui consiste en ce que la matière de l'astre qui est au centre de chaque tourbillon pousse continuellement celle de ce tourbillon vers les autres qui l'environnent, elle a véritablement lieu en tous les tourbillons dont les astres ne sont offusqués d'aucunes taches; mais il est certain qu'elle cesse en ceux dont les astres sont entièrement couverts de ces taches, principalement lorsqu'il y en a plusieurs couches qui sont comme autant d'écorces l'une sur l'autre.

Ainsi on peut voir que chaque tourbillon n'est point en danger d'être détruit pendant que l'astre qu'il a en son centre est sans taches; mais que, lorsqu'il en est entièrement couvert, il n'y a que la façon dont ce tourbillon est situé entre les autres qui fasse qu'il soit détruit par eux, plus tôt ou plus tard. A savoir, s'il est tellement situé qu'il fasse beaucoup d'empêchement au cours de la matière des autres tourbillons, il pourra être détruit par eux avant que les taches qui couvrent son astre aient le loisir de devenir fort épaisses; mais, s'il ne les empêche pas tant, ils le feront diminuer peu à peu en attirant vers eux quelques parties de sa matière; et cependant les taches qui couvrent l'astre qu'il a en son centre s'épaissiront de plus en plus, et il s'accumulera continuellement de nouvelle matière, non seulement en dehors en la façon ci-dessus expliquée, mais aussi en dedans autour d'elles. Par exemple, en cette figure le tourbillon N 'est tellement situé qu'il empêche manifestement davantage le cours du tourbillon S que ne fait aucun des autres qui l'environnent; c'est pourquoi il sera facilement emporté par lui, sitôt que l'astre qu'il a en son centre, étant couvert de taches,

116. Comment cela peut arriver avant que les taches qui couvrent son astre soient fort épaisses.

n'aura plus de force pour lui résister : et alors la circonférence du tourbillon S, qui est maintenant resserrée par la ligne courbe OPQ, s'étendra jusques à la ligne ORQ, parcequ'il emportera avec soi toute la matière qui est contenue entre ces deux lignes OPQ, ORQ, et lui fera suivre son cours, pendant que le reste de la matière qui composoit le tourbillon N, à savoir celle qui est entre les lignes ORQ, OMQ, sera aussi emportée par les autres tourbillons voisins; car rien ne sauroit conserver le tourbillon N en la situation où je le suppose à présent, sinon la force de l'astre qui est en son centre, et qui, poussant de tous côtés la matière du second élément qui l'environne, la contraint de suivre son cours plutôt que celui des tourbillons d'alentour; et cette force s'affoiblit, puis enfin se perd tout-à-fait, à mesure que cet astre se couvre de taches.

117. Comment ces taches peuvent aussi quelquefois devenir fort épaisses avant que le tourbillon qui les contient soit détruit.

Mais en cette autre figure le tourbillon C[1] est tellement situé entre les quatre SFGH, et les deux autres M et N, lesquels on doit concevoir au-dessus de ces quatre, que, bien qu'il s'amasse quantité de taches fort épaisses autour de l'astre qu'il a en son centre, il ne pourra toutefois être entièrement détruit pendant que les forces de ces six qui l'environnent seront égales. Car je suppose que les deux SF et le troisième M, qui est au-dessus d'eux, en-

[1] Voyez planche V, figure 2.

viron le point D, se meuvent chacun autour de son propre centre de D vers C, et que les trois autres GH, et le sixième N, qui est sur eux, se meuvent aussi chacun autour de son centre d'E vers C; et enfin que le tourbillon C est tellement environné de ces six qu'il n'en touche aucuns autres, et que son centre est également distant de tous leurs centres, et que l'essieu autour duquel il se meut est en la ligne ED, au moyen de quoi les mouvements de ces sept tourbillons s'accordent fort bien; et quelque quantité de taches qu'il puisse y avoir autour de l'astre C, en sorte qu'il ne lui reste que peu ou point de force pour faire tourner avec soi la matière du tourbillon qui l'environne, il n'y a aucune raison pour laquelle les six autres tourbillons puissent chasser cet astre hors de sa place pendant qu'ils sont tous six égaux en force.

Mais afin de savoir en quelle façon il a pu s'amasser fort grande quantité de taches autour de lui, pensons que son tourbillon a été au commencement aussi grand que chacun des six autres qui l'environnent, et que cet astre étant composé de la matière du premier élément qui venoit en lui des trois tourbillons SFM par son pole D, et des trois autres GHN par son autre pole, et n'en ressortoit par son écliptique, qui étoit vis-à-vis des points K et L, que pour rentrer en ces mêmes

118. En quelle façon elles sont produites.

tourbillons, a été aussi fort grand, en sorte qu'il avoit la force de faire tourner avec soi toute la matière du ciel comprise en la circonférence 1, 2, 3, 4, et ainsi d'en composer son tourbillon. Mais que l'inégalité et incommensurabilité des figures et grandeurs qu'ont les autres parties de l'univers, n'ayant pu permettre que les forces de ces sept tourbillons soient toujours demeurées égales, comme nous supposons qu'elles ont été au commencement, lorsqu'il est arrivé que le tourbillon C a eu tant soit peu moins de force que ses voisins, il y a eu quelque partie de sa matière qui a passé en eux, et cela s'est fait avec impétuosité, en sorte qu'il en est plus passé que la différence qui étoit entre sa force et la leur ne requéroit ; c'est pourquoi il a dû repasser en lui un peu après quelque partie de la matière des autres, et ainsi par intervalles en passer derechef de lui en eux, et d'eux en lui plusieurs fois. Et parcequ'à chaque fois qu'il est ainsi sorti de lui quelque matière son astre s'est dû couvrir d'une nouvelle écorce de taches, en la façon ci-dessus expliquée, ses forces se sont diminuées de plus en plus, ce qui a été cause qu'il est à chaque fois sorti de lui un peu plus de matière qu'il n'y en est rentré, jusques à ce qu'enfin il est devenu fort petit, ou même qu'il n'est rien du tout resté de lui, excepté l'astre qu'il avoit en son centre; lequel astre étant enveloppé de plusieurs taches, ne peut se mêler avec la matière des autres tourbillons, ni être chassé par eux hors de sa place, pendant que ces autres tourbillons sont entre eux à peu près d'égale force : mais cependant les taches qui l'enveloppent se doivent épaissir de plus en plus; et enfin, si quelqu'un des tourbillons voisins devient notablement plus grand et plus fort que les autres, comme, par exemple, si le tourbillon H s'augmente tant qu'il étende sa superficie jusques à la ligne 5, 6, 7, alors il emportera facilement avec soi tout cet astre C, lequel ne sera plus liquide et lumineux, mais dur et obscur, ou opaque, ainsi qu'une comète ou une planète.

Maintenant il faut que nous considérions de quelle façon se doit mouvoir cet astre lorsqu'il commence à être ainsi emporté par le cours de quelqu'un des tourbillons qui lui sont voisins. Il ne doit pas seulement se mouvoir en rond avec la matière de ce tourbillon, mais aussi être poussé par elle vers le centre de ce mouvement circulaire, pendant qu'il a en soi moins d'agitation que les parties de cette matière qui le touchent. Et parceque toutes les petites parties de la matière qui compose un tourbillon ne sont pas égales ni en agitation, ni en grandeur, et que leur mouvement est plus lent selon qu'elles sont plus éloignées de la circonférence, jusques à un certain

119. Comment une étoile fixe peut devenir comète ou planète.

endroit au-dessous duquel elles se meuvent plus vite, et sont plus petites selon qu'elles sont plus proches du centre, ainsi qu'il a été dit ci-dessus, si cet astre est si solide que, devant que d'être descendu jusques à l'endroit où sont les parties du tourbillon qui se meuvent le plus lentement de toutes, il ait acquis autant d'agitation qu'en ont celles entre lesquelles il se trouvera, il ne descendra point plus bas vers le centre de ce tourbillon, mais, au contraire, il montera vers sa circonférence, puis passera de là dans un autre, et ainsi sera changé en une comète. Au lieu que s'il n'est pas assez solide pour acquérir tant d'agitation, et que pour ce sujet il descende plus bas que l'endroit où les parties du tourbillon se meuvent le moins vite, il arrivera jusques à quelque autre endroit entre celui-ci et le centre, où étant parvenu il ne fera plus que suivre le cours de la matière qui tourne autour de ce centre, sans monter ni descendre davantage, et alors il sera changé en une planète.

120. Comment se meut cette étoile lorsqu'elle commence à n'être plus fixe.

Pensons, par exemple, que la matière du tourbillon AEIO commence maintenant à emporter avec soi l'astre N, et voyons vers où elle doit le conduire. Puisque toute cette matière se meut autour du centre S, il est certain qu'elle tend à s'en éloigner, suivant ce qui a été dit ci-dessus, et par conséquent que celle qui est à présent vers O, en tournant par R vers Q, doit pousser cet astre en ligne droite d'N vers S, et, par ce moyen, le faire descendre vers là ; car, considérant ci-après la nature de la pesanteur, on connoîtra que lorsqu'un corps est ainsi poussé vers le centre du tourbillon dans lequel il est, on peut dire proprement qu'il descend. Or cette matière du ciel qui est vers O, doit ainsi faire descendre cet astre au commencement, lorsque nous ne concevons point qu'elle lui donne encore aucune autre agitation : mais parceque, l'environnant de toutes parts, elle l'emporte aussi circulairement avec soi d'N vers A, cela lui donne incontinent quelque force pour s'éloigner du centre S ; et ces deux forces étant contraires, c'est selon qu'il est plus ou moins solide que l'une a plus d'effet que l'autre ; en sorte que s'il a fort peu de solidité il doit descendre fort bas vers S, et s'il en a beaucoup, il ne doit que fort peu descendre au commencement, puis incontinent après remonter, et s'éloigner du centre S.

J'entends ici par la solidité de cet astre la quantité de la matière du troisième élément dont les taches et l'air qui l'environnent sont composés, en tant qu'elle est comparée avec l'étendue de leur superficie et la grandeur de l'espace qu'occupe cet astre ; car la force dont la matière du tourbillon AEIO l'emporte circulairement autour du centre

121. Ce que j'entends par la solidité des corps et par leur agitation.

S doit être estimée par la grandeur des superficies qu'elle rencontre en l'air ou aux taches de cet astre, à cause que, d'autant plus que ces superficies sont grandes, il y a d'autant plus grande quantité de cette matière qui agit contre lui. Mais la force dont cette même matière le fait descendre vers S doit être mesurée par la grandeur de l'espace qu'il occupe, à cause que, bien que toute la matière qui est dans le tourbillon AEIO fasse effort pour s'éloigner d'S, ce n'est pas toutefois toute cette matière, mais seulement celles de ses parties qui montent en la place de l'astre N lorsqu'il descend, et qui par conséquent sont égales en grandeur à l'espace qu'il quitte, lesquelles agissent contre lui ; enfin, la force que cet astre acquiert de ce qu'il est transporté circulairement autour du centre S par la matière du ciel qui le contient, cette force, dis-je, qu'il acquiert pour continuer à être ainsi transporté, ou bien à se mouvoir, qui est ce que j'appelle son agitation, ne doit pas être mesurée par la grandeur de sa superficie ni par la quantité de toute la matière dont il est composé, mais seulement par ce qu'il y a en lui ou autour de lui de la matière du troisième élément dont les petites parties se soutiennent et demeurent jointes les unes aux autres : car pour la matière qui appartient au premier ou bien au second élément, d'autant qu'elle sort continuellement hors de cet astre, et qu'il y en entre d'autre en sa place, cette nouvelle matière ne peut pas retenir la force de l'agitation qui a été mise en celle à qui elle succède, outre qu'il n'avoit peut-être été mis aucune nouvelle agitation en celle-là ; mais le mouvement qu'elle avoit d'ailleurs avoit peut-être été seulement déterminé à se faire vers certain côté plutôt que vers d'autres, et cette détermination peut être continuellement changée par diverses causes.

Ainsi nous voyons sur cette terre que des pièces d'or, de plomb, ou d'autre métal, conservent bien plus leur agitation, et ont beaucoup plus de force à continuer leur mouvement lorsqu'elles sont une fois ébranlées que n'ont des pièces de bois ou des pierres de même grandeur et de même figure ; ce qui fait que nous jugeons qu'elles sont plus solides, c'est-à-dire que ces métaux ont en eux plus de la matière du troisième élément, et moins de pores qui soient remplis de celle du premier ou du second. Mais une boule pourroit être si petite, que, encore qu'elle fût d'or, elle auroit moins de force à continuer son mouvement qu'une autre beaucoup plus grosse qui ne seroit que de bois ou de pierre ; et on pourroit aussi donner telle figure à un lingot d'or qu'une boule de bois plus petite que lui seroit capable d'une plus grande agitation, à savoir si on le tiroit en filets fort déliés, ou si on le battoit en feuilles fort minces, ou si on le

122. Que la solidité d'un corps ne dépend pas seulement de la matière dont il est composé, mais aussi de la quantité de cette matière et de sa figure.

rendoit plein de pores, ou petits trous semblables à ceux d'une éponge, ou enfin si en quelque autre façon que ce soit on lui faisoit avoir plus de superficie, à raison de la quantité de sa matière, que n'en a cette boule de bois.

123. Comment les petites boules du second élément peuvent avoir plus de solidité que tout le corps d'un astre.

Et il peut arriver en même façon que l'astre N ait moins de solidité ou moins de force pour continuer son mouvement que les petites boules du second élément qui l'environnent, nonobstant qu'il soit fort gros et couvert de plusieurs écorces de taches : car ces petites boules sont aussi solides qu'aucun corps de même grandeur sauroit être, d'autant que nous ne supposons point qu'il y ait en elles aucuns pores qui doivent être remplis de quelque autre matière, et que leur figure est sphérique, qui est celle qui contient le plus de matière sous une moindre superficie, ainsi que savent les géomètres. Et de plus, encore qu'il y ait beaucoup d'inégalité entre leur petitesse et la grandeur d'un astre, cela est récompensé, parceque ce n'est pas une seule de ces boules qui doit être ici comparée avec cet astre, mais une quantité de telles boules qui puisse occuper autant de place que lui : en sorte que pendant qu'elles tournent avec l'astre N autour du centre S, et que ce mouvement circulaire leur donne, tant à elles qu'à cet astre, quelque force pour s'éloigner de ce centre, s'il arrive que cette force soit plus grande en cet astre seul qu'en toutes les petites boules jointes ensemble qui doivent occuper sa place en cas qu'il la quitte, il se doit éloigner de ce centre; mais si au contraire il en a moins, il doit s'en approcher.

Et comme il se peut faire qu'il en ait moins, il se peut faire aussi qu'il en ait davantage, nonobstant qu'il n'y ait peut-être pas tant en lui de la matière du troisième élément, en laquelle seule consiste cette force, qu'il y en a de celle du second en autant de ces petites boules qu'il en faut pour occuper une place égale à la sienne; dont la raison est, qu'étant séparées les unes des autres, et ayant divers mouvements, quoiqu'elles conspirent toutes ensemble pour agir contre lui, elles ne sauroient être si bien d'accord, qu'il n'y ait toujours quelque partie de leur force qui est divertie, et demeure en cela inutile; mais au contraire, toutes les parties de la matière du troisième élément qui composent l'air et les taches de cet astre ne font ensemble qu'un seul corps qui se meut tout entier d'un même branle, et emploie ainsi toute sa force à continuer son mouvement vers un seul côté. Et c'est pour cette même raison que les pièces de bois et les glaçons qui sont emportés par le cours d'une rivière, ont beaucoup plus de force que son eau à continuer leur mouvement en ligne droite, ce qui fait qu'ils choquent avec plus d'impétuosité les détours de son rivage, et les

124. Comment elles peuvent aussi en avoir moins.

autres obstacles qu'ils rencontrent, nonobstant qu'il y ait moins en eux de la matière du troisième élément, qu'il n'y en a en une quantité d'eau qui leur est égale en grosseur.

<small>125. Comment quelques unes en peuvent avoir plus et quelques autres en avoir moins.</small>

Enfin, il se peut faire qu'un même astre soit moins solide que quelques parties de la matière du ciel, et le soit plus que quelques autres qui seront un peu plus petites; tant pour la raison que je viens d'expliquer, à savoir que les forces de plusieurs petites boules ne sont pas si unies que celles d'une plus grosse qui leur est égale; comme aussi à cause que, bien qu'il y ait justement autant de la matière du second élément en toutes les boules qui occupent un espace égal à celui de cet astre, lorsqu'elles sont fort petites, que lorsqu'elles sont plus grosses, toutefois les plus petites ont moins de force, à cause qu'elles ont plus de superficie, à raison de la quantité de leur matière; et pour ce sujet elles peuvent plus facilement être détournées que les plus grosses, soit par la matière du premier élément qui est dans les recoins qu'elles laissent autour d'elles, soit par les autres corps qu'elles rencontrent.

<small>126. Comment une comète peut commencer à se mouvoir.</small>

Si donc maintenant nous supposons que l'astre N soit plus solide que les parties du second élément assez éloignées du centre S, et qui sont égales entre elles, il est vrai qu'il pourra d'abord être poussé vers divers côtés, et aller plus ou moins directement vers S, suivant la diverse disposition des autres tourbillons du voisinage desquels il s'éloignera, d'autant qu'ils peuvent le retenir ou le pousser en plusieurs façons; à quoi contribuera aussi sa solidité, parceque d'autant plus qu'elle est grande, d'autant peut-elle aussi plus résister aux causes qui le détournent du premier chemin qu'il a pris. Mais néanmoins les tourbillons dont il est voisin ne le peuvent pousser au commencement avec beaucoup de force, vu que nous supposons qu'il est demeuré un peu auparavant au milieu d'eux sans changer de place, et par conséquent sans être poussé par eux d'aucun côté; d'où il suit qu'il ne peut commencer à se mouvoir contre le cours du tourbillon AEIOQ, c'est-à-dire passer du lieu où il est vers les parties de ce tourbillon qui sont entre le côté de sa circonférence IO et le centre S, mais seulement vers l'autre côté, entre S et AQ; et, en se mouvant ainsi, il doit enfin arriver en quelque lieu où la ligne, soit droite, soit courbe, que décrit son mouvement, touchera l'une des lignes circulaires que décrivent les parties du second élément en tournant autour du centre S, où, après être parvenu, il continuera son cours de telle sorte qu'il s'éloignera toujours de plus en plus du point S, jusques à ce qu'il sorte entièrement du tourbillon AEIO, et passe dans les limites d'un autre.

Par exemple, s'il se meut au commencement suivant la ligne NC, lorsqu'il sera parvenu au point C, où cette ligne courbe NC touche le cercle que décrivent en ce lieu les parties du second élément qui tournent autour d'S, il commencera à s'éloigner de ce centre S suivant la ligne courbe C 2, laquelle passe entre ce cercle et la ligne droite qui le touche au point C: car, ayant été conduit jusques à C par la matière du second élément, plus éloignée d'S que celle qui est vers C, et qui par conséquent se mouvoit plus vite, et avec cela étant plus solide qu'elle, ainsi que nous supposons, il ne peut manquer d'avoir plus de force à continuer son mouvement suivant la ligne droite qui touche ce cercle; mais parceque, sitôt qu'il est au-delà du point C, il rencontre d'autre matière du second élément qui se meut un peu plus vite que celle qui est vers C, et qui tourne en rond comme elle autour du centre S, le mouvement circulaire de cette matière fait que cet astre se détourne quelque peu de la ligne droite qui touche le cercle au point C, et ce qu'elle a de vitesse plus que lui augmente la sienne, et est cause qu'il monte plus haut, et ainsi qu'il suit la ligne courbe C2, laquelle s'écarte d'autant moins de la ligne droite qui touche le cercle, que cet astre est plus solide, et qu'il est venu d'N vers C avec plus de vitesse.

127. Comment les

Pendant qu'il suit ainsi son cours vers la circonférence du tourbillon AEIO, il acquiert assez d'agitation pour avoir la force de passer au-delà et entrer dans un autre tourbillon, d'où il passe par après dans un autre, et continue ainsi son mouvement, touchant lequel il y a ici deux choses à remarquer. La première est que, lorsque cet astre passe d'un tourbillon dans un autre, il pousse toujours devant soi quelque peu de la matière de celui d'où il sort, et n'en peut être entièrement développé qu'il ne soit entré assez avant dans les limites de l'autre : par exemple, lorsqu'il sort du tourbillon AEIO et qu'il est vers 2, il se trouve encore environné de la matière de ce tourbillon qui tourne autour de lui, et n'en peut être entièrement dégagé qu'il ne soit vers 3, dans le tourbillon AEV. L'autre chose qu'il faut remarquer est que le cours de cet astre décrit une ligne diversement courbée selon les divers mouvements des tourbillons par où il passe; comme on voit ici que la partie de cette ligne 2, 3, 4 est courbée tout autrement que la précédente NC2, parceque la matière du tourbillon AEV tourne d'A par E vers V, et celle du tourbillon AEIO, d'A par E vers I; et la partie de cette ligne 5, 6, 7, 8 est presque droite, parceque la matière du tourbillon où elle est tourne sur l'essieu XX. Au reste, les astres qui passent ainsi d'un tourbillon dans un autre sont ceux qu'on nomme des comètes,

comètes continuent leur mouvement.

desquelles je tâcherai ici d'expliquer tous les phénomènes.

128. Quels sont leurs principaux phénomènes.

Les principales choses qu'on observe en elles sont qu'elles passent l'une par un endroit du ciel, l'autre par un autre, sans suivre en cela aucune règle qui nous soit connue, et que nous n'en voyons une même que pendant peu de mois, ou quelquefois même peu de jours; et que pendant ce temps-là elles ne traversent jamais plus ou guère plus, mais souvent beaucoup moins que la moitié de notre ciel : et que lorsqu'elles commencent à paroître elles semblent assez grosses, en sorte que leur grosseur apparente n'augmente guère par après, sinon lorsqu'elles traversent une fort grande partie du ciel; mais que lorsqu'elles tendent à leur fin, on les voit diminuer peu à peu, jusques à ce qu'elles cessent de paroître; et que leur mouvement est aussi en sa plus grande force au commencement ou peu après le commencement de leur apparition, mais qu'il s'alentit par après peu à peu jusques à la fin. Et je ne me souviens point d'avoir lu que d'une seule qu'elle ait été vue traverser environ la moitié de notre ciel, à savoir dans le livre de Lotharius Sarsius, ou bien Horatius Gratius, nommé *Libra astronomica*, où il en parle comme de deux comètes; mais je juge que ce n'a été qu'une même, dont il a tiré l'histoire de deux auteurs, Regiomontanus et Pontanus, qui l'ont expliquée en termes différents, et qu'on dit avoir paru en l'année 1475, entre les étoiles de la Vierge, et avoir été au commencement assez petite et tardive en son mouvement; mais que peu après elle devint d'une merveilleuse grandeur, et acquit tant de vitesse qu'en passant par le septentrion elle y parcourut en un jour trente ou quarante degrés de l'un des grands cercles qu'on imagine en la sphère, et alla par après peu à peu disparoître proche des étoiles du poisson septentrional, ou bien vers le signe du belier.

Or les causes de toutes ces observations se peuvent ici entendre fort aisément : car nous voyons que la comète que nous y avons décrite y traverse le tourbillon F d'autre façon que le tourbillon Y, et qu'il n'y a aucun côté dans le ciel par lequel elle ne puisse passer en cette sorte; et il faut penser qu'elle retient à peu près la même vitesse, à savoir celle qu'elle acquiert en passant vers les extrémités de ces tourbillons, où la matière du ciel est si fort agitée qu'elle y fait son tour en peu de mois, comme il a été dit ci-dessus; d'où il suit que cette comète, qui ne fait qu'environ la moitié d'un tel tour dans le tourbillon Y, et en fait beaucoup moins dans le tourbillon F, et n'en peut jamais faire guère plus en aucun, ne peut demeurer que peu de mois dans un même tourbillon. Et si nous

129. Quelles sont les causes de ces phénomènes.

considérons qu'elle ne sauroit être vue de nous que pendant qu'elle est dans le premier ciel, c'est-à-dire dans le tourbillon vers le centre duquel nous habitons, et même que nous ne l'y pouvons apercevoir que lorsqu'elle cesse d'être environnée et suivie par la matière du tourbillon d'où elle vient, nous pourrons entendre pourquoi, nonobstant qu'une même comète se meuve toujours à peu près de même vitesse et demeure de même grandeur, il doit néanmoins sembler qu'elle est plus grande et se meut plus vite au commencement de son apparition qu'à la fin, et quelquefois aussi qu'elle est encore plus grande et se meut plus vite entre ces deux temps qu'au commencement. Car si nous pensons que l'œil de celui qui la regarde est vers le centre du tourbillon F, elle lui paroîtra plus grande, et avec un mouvement plus vite, étant vers 3, où il commencera de l'apercevoir, que vers 4, où elle cessera de lui paroître, parceque la ligne droite F3 est beaucoup plus courte que F4, et que l'angle F43 est plus aigu que l'angle F34; mais si le spectateur est vers Y, cette comète lui paroîtra sans doute plus grande, et avec un mouvement plus vite, quand elle sera vers 5, où il commencera de la voir, que quand elle sera vers 8, où il la perdra de vue; mais elle lui paroîtra encore beaucoup plus grande et avec plus de vitesse que vers 5, quand elle passera de 6 jusqu'à 7, parcequ'elle sera fort proche de ses yeux. En sorte que si nous prenons ce tourbillon Y pour le premier ciel où nous sommes, elle pourra paroître entre les étoiles de la Vierge étant vers 5, et proche du pole boréal en passant de 6 jusques à 7, et là parcourir en un jour trente ou quarante degrés de l'un des grands cercles de la sphère, et enfin se cacher vers 8, proche des étoiles du poisson septentrional, en même façon que cette admirable comète de l'année 1475, qu'on dit avoir été observée par Regiomontanus.

Il est vrai qu'on peut ici demander pourquoi nous cessons de voir les comètes sitôt qu'elles sortent de notre ciel, et que nous ne laissons pas de voir les étoiles fixes, encore qu'elles soient fort loin au-delà; mais il y a de la différence, en ce que la lumière des étoiles venant d'elles-mêmes est bien plus vive et plus forte que celle des comètes, qui est empruntée du soleil : et si on prend garde que la lumière de chaque étoile consiste en l'action dont toute la matière du tourbillon dans lequel elle est fait effort pour s'éloigner d'elle suivant les lignes droites qu'on peut tirer de tous les points de sa superficie, et qu'elle presse par ce moyen la matière de tous les autres tourbillons qui l'environnent, suivant les mêmes lignes droites (ou suivant celles que les lois de la réfraction leur font produire quand elles passent obliquement d'un corps en un

130. Comment la lumière des étoiles fixes peut parvenir jusques à la terre.

autre, ainsi que j'ai expliqué en la Dioptrique), on n'aura pas de difficulté à croire que la lumière des étoiles, non seulement de celles qui, comme ƒFLD, sont les plus proches de la terre (laquelle je suppose être vers S), mais aussi de celles qui en sont beaucoup plus éloignées, comme Y et semblables, peut parvenir jusques à nos yeux; car, d'autant que les forces de toutes ces étoiles (au nombre desquelles je mets aussi le soleil), jointes à celles des tourbillons qui les environnent, sont toujours égales entre elles, la force dont les rayons de lumière qui viennent d'F tendent vers S est véritablement diminuée à mesure qu'ils entrent dans le tourbillon AEIO par la résistance qu'ils y trouvent, mais elle ne peut être entièrement éteinte que lorsqu'ils sont parvenus jusques au centre S; c'est pourquoi lorsqu'ils arrivent à la terre, qui est un peu éloignée de ce centre, il leur en reste encore assez pour agir contre nos yeux; et tout de même, les rayons qui viennent d'Y peuvent étendre leur action jusques à la terre, car l'interposition du tourbillon AEV ne diminue rien de leur force, sinon en ce qu'elle les en rend plus éloignés, parcequ'elle ne leur résiste pas davantage, en tant qu'elle fait effort pour aller d'F vers Y, qu'elle leur aide en tant qu'elle fait aussi effort pour aller d'F vers S: et le même se doit entendre des autres étoiles.

131. Que les étoiles

On peut aussi remarquer en cet endroit que les

rayons qui viennent d'Y vers la terre tombent obliquement sur les lignes AE et VX, lesquelles représentent les superficies qui séparent les tourbillons SFY les uns des autres, de façon qu'ils y doivent souffrir réfraction et se courber : d'où il suit qu'on ne voit point de la terre toutes les étoiles comme étant aux lieux où elles sont véritablement, mais qu'on les voit comme si elles étoient dans les lignes droites menées vers la terre, des endroits de la superficie de notre ciel AEIO par lesquels passent ceux de leurs rayons qui viennent à nos yeux ; et peut-être aussi qu'on voit une même étoile comme si elle étoit en deux ou plusieurs lieux, et ainsi qu'on la compte pour plusieurs : car, par exemple, les rayons de l'étoile Y peuvent aussi bien aller vers S, en passant obliquement par les superficies du tourbillon f, qu'en passant par celles de l'autre marqué F, au moyen de quoi on doit voir cette étoile en deux lieux, à savoir entre E et I, et entre A et E ; mais d'autant que les lieux où se voient ainsi les étoiles demeurent fermes, et n'ont point paru se changer depuis que les astronomes les ont remarqués, il me semble que le firmament n'est autre chose que la superficie qui sépare ces tourbillons les uns des autres, laquelle superficie ne peut être changée que les lieux apparents des étoiles ne changent aussi.

ne sont peut-être pas aux mêmes lieux où elles paroissent ; et ce que c'est que le firmament.

Pour ce qui est de la lumière des comètes, d'au-

132. Pourquoi

302 LES PRINCIPES DE LA PHILOSOPHIE.

nous ne voyons point les comètes quand elles sont hors de notre ciel.

tant qu'elle est beaucoup plus foible que celle des étoiles fixes, elle n'a point assez de force pour agir contre nos yeux si nous ne les voyons sous un angle assez grand, de façon que leur distance seule peut empêcher que nous ne les apercevions quand elles sont fort éloignées de notre ciel : car il est constant que nous voyons un même corps sous un angle d'autant plus petit qu'il est plus éloigné de nous. Mais lorsqu'elles sont assez proches de notre ciel, il est aisé d'imaginer diverses causes qui nous peuvent empêcher de les voir avant qu'elles y soient tout-à-fait entrées, bien qu'il ne soit pas aisé de savoir laquelle c'est de ces causes qui véritablement nous en empêche ; par exemple, si l'œil du spectateur est vers F, il ne commencera de voir la comète ici représentée que lorsqu'elle sera vers 3, et ne la verra pas encore quand elle sera vers 2, parcequ'elle ne sera pas tout-à-fait développée de la matière du tourbillon d'où elle sort, suivant ce qui a été dit ci-dessus ; et toutefois il la pourra voir lorsqu'elle sera vers 4, bien qu'il y ait plus de distance entre F et 4 qu'entre F et 2 ; ce qui peut être causé par la façon dont les rayons de l'étoile F qui tendent vers 2 souffrent réfraction en la superficie convexe de la matière du ciel AEIO, qui se trouve encore autour de la comète : car cette réfraction les détourne de la perpendiculaire (conformément à ce que j'ai démontré en la Dioptrique), à cause que ces rayons passent beaucoup plus difficilement par la matière du ciel AEIO que par celle du tourbillon AEVX ; ce qui fait qu'il en arrive beaucoup moins jusques à la comète qu'il n'y en arriveroit sans cette réfraction, et ainsi que, recevant peu de rayons, ceux qu'elle renvoie vers l'œil du spectateur ne sont pas assez forts pour la rendre visible. Le même effet peut aussi être causé de ce que comme c'est toujours la même face de la lune qui regarde la terre, ainsi chaque comète a peut-être un côté qu'elle tourne toujours vers le centre du tourbillon dans lequel elle est, et n'a que ce côté qui soit propre à réfléchir les rayons qu'elle reçoit : de façon que la comète qui est vers 2 a encore celui de ses côtés qui est propre à réfléchir la lumière tourné vers S, et ainsi ne peut être vue par ceux qui sont vers F; mais étant vers 3 elle l'a tourné vers F, et ainsi commence à pouvoir y être vue : car nous avons grande raison de penser, premièrement, que pendant que la comète a passé d'N par C vers 2, celui de ses côtés qui étoit vis-à-vis de l'astre S a été plus échauffé ou agité en ses petites parties, et raréfié par la lumière de cet astre, que n'étoit pas son autre côté; et ensuite, que les plus petites, ou, pour ainsi parler, les plus molles parties du troisième élément qui étoient sur ce côté de la superficie de la comète, en ont été séparées par cette agitation; ce qui l'a rendue plus propre à renvoyer les rayons de la lumière de ce côté-là que de l'autre. Ainsi qu'on pourra connoître par ce que je dirai ci-après de la nature du feu, que la raison qui fait que les corps brûlés étant convertis en charbons sont tout noirs, et convertis en cendres sont blancs, consiste en ce que l'action du feu agitant toutes les plus petites et plus molles parties des corps qu'il brûle, fait que ces petites parties viennent premièrement couvrir toutes les superficies, tant extérieures qu'intérieures, qui sont dans les pores de ces corps, et que de là par après elles s'envolent et ne laissent que les plus grossières qui n'ont pu être ainsi agitées; d'où vient que si le feu est éteint pendant que ces petites parties couvrent encore les superficies du corps brûlé, ce corps paroît noir et est converti en charbon; mais s'il ne s'éteint que de soi-même, après avoir séparé de ces corps toutes les petites parties qu'il en peut séparer, alors il n'y reste que les plus grossières, qui sont les cendres, et ces cendres sont blanches, à cause qu'ayant pu résister à l'action du feu, elles résistent aussi à celle de la lumière et la font réfléchir : car les corps blancs sont les plus propres de tous à réfléchir la lumière, et les noirs y sont les moins propres. De plus, nous avons raison de penser que ce côté de la comète qui a été le plus raréfié est moins propre à se mouvoir que l'autre, à cause qu'il est le moins solide; et que par conséquent, suivant les lois de la mécanique, il doit toujours se tourner vers les centres des tourbillons dans lesquels passe la comète; ainsi qu'on voit que les flèches se tournent en l'air, et que c'est toujours le plus léger de leurs côtés qui est le plus bas pendant qu'elles montent, et le plus haut pendant qu'elles descendent: dont la raison est que par ce moyen la ligne que décrit le plus rare côté de la comète et le plus léger de la flèche est un peu plus courte que celle qui est décrite par l'autre; comme ici la partie concave du chemin de la comète marqué NC2, qui est tournée vers S, est un peu plus courte que la convexe; et celle du chemin 2,3,4, qui est tournée vers F, est aussi la plus courte, et ainsi des autres. On pourroit encore imaginer d'autres raisons qui nous pourroient empêcher de voir les comètes pendant qu'elles sont hors de notre ciel, à cause qu'il ne faut que fort peu de chose pour faire que la superficie d'un corps soit propre à renvoyer les rayons de la lumière, ou pour l'empêcher; et touchant tels effets particuliers, desquels nous n'avons pas assez d'expériences pour déterminer quelles sont les vraies causes qui les produisent, nous devons nous contenter d'en savoir quelques unes par lesquelles il se peut faire qu'ils soient produits.

133.
De la queue des comètes, et des diverses choses qu'on y a observées.

Outre les propriétés des comètes que je viens d'expliquer, il y en a encore une autre bien remarquable, à savoir cette lumière fort étendue en forme de queue ou de chevelure qui a coutume de les accompagner, et dont elles ont pris leur nom. Touchant laquelle on observe que c'est toujours vers le côté le plus éloigné du soleil qu'elle paroît. En sorte que si la terre se rencontre justement en ligne droite entre la comète et le soleil, cette lumière se répand également de tous côtés autour de la comète; et lorsque la terre se trouve hors de cette ligne droite, c'est du même côté où est la terre que paroît cette lumière, laquelle on nomme la chevelure de la comète lorsqu'elle la précède au regard du mouvement qu'on observe en elle, et on la nomme sa queue lorsqu'elle la suit. Comme on observa en la comète de l'année 1475, qu'au commencement de son apparition elle avoit une chevelure qui la précédoit, et à la fin une queue qui la suivoit, à cause qu'elle étoit alors en la partie du ciel opposée à celle où elle avoit été au commencement. On observe aussi que cette queue ou chevelure est plus grande ou plus petite, non seulement à raison de la grandeur apparente des comètes, en sorte qu'on n'en voit aucune en celles qui sont fort petites, et qu'on la voit diminuer en toutes les autres, à mesure qu'approchant de leur fin elles paroissent moins grandes, mais aussi à raison du lieu où elles sont; en sorte que, supposant le reste égal, la chevelure de la comète paroît d'autant plus longue que la terre est plus éloignée du point de sa route qui est en la ligne droite qu'on peut tirer de cette comète vers le soleil, et même que lorsqu'elle en est si éloignée que le corps de la comète ne peut être vu, à cause qu'il est offusqué par les rayons du soleil, l'extrémité de sa queue ou chevelure ne laisse pas quelquefois de paroître, et on la nomme alors une barre ou chevron de feu, à cause qu'elle en a la figure. Enfin, on observe que cette queue ou chevelure des comètes est quelquefois un peu plus large, quelquefois un peu plus étroite que de coutume; qu'elle est quelquefois droite, et quelquefois un peu courbée; et qu'elle paroît quelquefois exactement dans le même cercle qu'on imagine passer par les centres du soleil et de la comète, et que quelquefois elle semble s'en détourner quelque peu : de toutes lesquelles choses je tâcherai ici de rendre raison.

Et, à cet effet, il faut que j'explique un nouveau genre de réfraction, duquel je n'ai point parlé en la Dioptrique, à cause qu'on ne le remarque point dans les corps terrestres; il consiste en ce que les parties du second élément qui composent le ciel n'étant pas toutes égales, mais plus petites au-dessous de la sphère de Saturne qu'au-dessus, les rayons de lumière qui viennent des comètes vers

134. En quoi consiste la réfraction qui fait paroître la queue des comètes.

20.

la terre sont tellement transmis des plus grosses de ces parties aux plus petites, qu'outre qu'ils suivent leurs cours en lignes droites, ils s'écartent aussi quelque peu de part et d'autre par le moyen de ces plus petites, et ainsi souffrent quelque réfraction.

135. Explication de cette réfraction.

Considérons, par exemple, cette figure[1], en laquelle des boules assez grosses sont appuyées sur d'autres beaucoup plus petites, et pensons que ces boules sont en continuel mouvement, ainsi que les parties du second élément ont été ci-dessus représentées; en sorte que, si l'une d'elles est poussée vers quelque côté, par exemple si la boule A est poussée vers B, elle pousse en même temps toutes les autres qui sont vers ce même côté, à savoir toutes celles qui sont en la ligne droite AB, et ainsi leur communique cette action ; touchant laquelle action il faut remarquer qu'elle passe bien tout entière en ligne droite depuis A jusques à C, mais qu'il n'y en a qu'une partie qui continue ainsi en ligne droite de C jusques à B, et que le reste se détourne et se répand tout à l'entour jusque vers D et vers E : car la boule C ne peut pousser vers B la petite boule marquée 2, qu'elle ne pousse les deux autres 1 et 3 vers D et vers E, au moyen de quoi elle pousse aussi toutes celles qui sont dans le triangle DCE. Et il n'en est pas de même de la boule A

[1] Voyez planche V, figure 3.

lorsqu'elle pousse les deux autres boules 4 et 5 vers C; car, encore que l'action dont elle les pousse soit tellement reçue par ces deux boules qu'elle semble être détournée par elles vers D et vers E, elle ne laisse pas de passer tout entière vers C, tant à cause que ces deux boules 4 et 5 étant également soutenues des deux côtés par celles qui les environnent, la transfèrent toute à la boule 6, comme aussi à cause que leur continuel mouvement fait que cette action ne peut jamais être reçue conjointement par deux telles boules pendant quelque espace de temps ; et que si elle est maintenant reçue par une qui soit disposée à la détourner vers un côté, elle est incontinent après reçue par une autre qui est disposée à la détourner vers le côté contraire, au moyen de quoi elle suit toujours la même ligne droite. Mais lorsque la boule C pousse les autres plus petites 1,2,3 vers B, son action ne peut pas être ainsi renvoyée tout entière par elle vers ce côté-là : car, encore qu'elles se meuvent, il y en a toujours plusieurs qui la reçoivent obliquement, et la détournent vers divers côtés en même temps ; c'est pourquoi, encore que la principale force ou le principal rayon de cette action soit toujours celui qui passe en ligne droite de C vers B, elle se divise en une infinité d'autres plus foibles, qui s'étendent de part et d'autre vers D et vers E. Tout de même, si la boule F est poussée vers G, son action passe en ligne droite d'F jusques à H, où étant parvenue, elle se communique aux petites boules 7,8,9, qui la divisent en plusieurs rayons dont le principal va vers G, et les autres se détournent vers D; mais il faut ici remarquer que, parceque je suppose que la ligne HC, suivant laquelle les plus grosses de ces boules sont arrangées sur les plus petites, est un cercle, les rayons de l'action dont elles sont poussées se doivent détourner diversement, à raison de leurs diverses incidences sur ce cercle : en sorte que l'action qui vient d'A vers C envoie son principal rayon vers B, et distribue les autres également vers les deux côtés D et E, parceque la ligne AC rencontre ce cercle à angles droits; et l'action qui vient d'F vers H envoie bien aussi son principal rayon vers G; mais, supposant que la ligne FH rencontre le cercle le plus obliquement qu'il se puisse, les autres rayons ne se détournent que vers un seul côté, à savoir vers D, où ils se répandent en tout l'espace qui est entre G et B, et sont toujours d'autant plus foibles qu'ils se détournent davantage de la ligne HG; enfin, si la ligne FH ne rencontre pas si obliquement le cercle, il y a quelques uns de ces rayons qui se détournent aussi vers l'autre côté, mais il y en a d'autant moins, et ils sont d'autant plus foibles, que l'incidence de cette ligne est plus oblique.

Après avoir bien compris les raisons de tout ceci, il est aisé de les approprier à la matière du ciel, dont toutes les petites parties sont rondes comme ces boules ; car, encore qu'il n'y ait aucun lieu où ces parties du ciel soient fort notablement plus grosses que celles qui les suivent immédiatement, ainsi que ces boules sont ici représentées en la ligne CH, toutefois, à cause qu'elles vont en diminuant peu à peu depuis la sphère de Saturne jusques au soleil, ainsi qu'il a été dit ci-dessus, et que ces diminutions se font suivant des cercles tels que celui qui est ici représenté par cette ligne CH, on peut aisément se persuader qu'il n'y a pas moins de différence entre celles qu isont au-dessus de Saturne et celles qui sont vers la terre, qu'il y a entre les plus grosses et les plus petites de ces boules ; et que par conséquent les rayons de la lumière n'y doivent pas moins être détournés que ceux de l'action dont je viens de parler, sans qu'il y ait d'autre diversité, sinon qu'au lieu que les rayons de cette action se détournent beaucoup en un endroit et point ailleurs, ceux de la lumière ne se détournent que peu à peu, à mesure que les parties du ciel par où ils passent vont en diminuant : par exemple, si S est le soleil, 2,3,4,5, le cercle que la terre décrit chaque année y prenant son cours, suivant l'ordre des chiffres 2,3,4, et DEFGH, la sphère qui marque l'endroit où les

136.
Explication des causes qui font paroître les queues des comètes.

parties du ciel cessent d'être égales et vont en diminuant jusques au soleil (laquelle sphère j'ai dit ci-dessus n'être pas entièrement régulière, mais beaucoup plus plate vers les poles que vers l'écliptique), et que C soit une comète située au-dessus de Saturne en notre ciel, il faut penser que les rayons du soleil qui vont vers cette comète sont tellement renvoyés par elle vers la sphère DEFGH[1], que la plupart de ceux qui rencontrent cette sphère à angles droits au point F passent outre en ligne droite vers 3, mais que les autres se détournent quelque peu tout autour de la ligne F3, comme vers 2 et vers 4; et que la plupart de ceux qui la rencontrent obliquement au point G passent aussi en ligne droite vers 4, et que les autres se détournent, non pas également tout autour, mais beaucoup plus vers 3, c'est-à-dire vers le centre de la sphère, que vers l'autre côté; et que la plupart de ceux qui la rencontrent au point H, passant outre en ligne droite, ne parviennent point jusques au cercle 2,3,4,5, mais que les autres qui se détournent vers le centre de la sphère y parviennent; et, enfin, que ceux qui rencontrent cette sphère en d'autres lieux, comme vers E ou vers D, pénètrent au dedans en même façon, partie en lignes droites, et partie en se détournant. Ensuite de quoi il est évident que si la terre est en

[1] Voyez planche VI, figure 1.

l'endroit de sa route marquée 3, nous devons voir cette comète avec une chevelure également éparse de tous côtés; car les plus forts rayons qui viennent en ligne droite d'F vers 3 représentent son corps, et les autres plus foibles, qui, étant détournés, viennent aussi de G et d'E vers 3, font voir sa chevelure : et on a donné le nom de rose à cette espèce de comète. Tout de même, il est évident que si la terre est vers 4, nous devons voir le corps de cette comète par le moyen des rayons qui suivent la ligne droite CG4, et sa chevelure, ou, pour mieux dire, sa queue, étendue vers un seul côté, par le moyen des rayons courbés qui viennent d'H, et de tous les autres lieux qui sont entre G et H vers 4. Il est évident aussi que si la terre est vers 2, nous devons voir la comète par le moyen des rayons droits CE2, et sa chevelure par le moyen de tous les rayons courbés qui passent entre les lignes CE2 et CD2, et qui s'assemblent vers 2, sans qu'il y ait en cela autre différence, sinon que la terre étant vers 2, cette comète paroîtra le matin avec sa chevelure qui semblera la précéder; et la terre étant vers 4, la comète se verra le soir avec une queue qu'elle traînera après soi.

Enfin, si la terre est vers 5, il est évident que nous ne pourrons voir cette comète, à cause de l'interposition du soleil, mais seulement une partie

137. Explication de l'apparition des chevrons de feu.

de sa queue ou chevelure, qui semblera un chevron de feu, et paroîtra le soir ou le matin, selon que la terre sera plus proche du point 4, ou du point 2 ; en sorte que si elle est justement au point 5, également distant de ces deux autres, peut-être que cette même comète nous fera voir deux chevrons de feu, l'un au soir et l'autre au matin, par le moyen des rayons courbés qui viennent d'H, et de D vers 5 ; je dis peut-être, à cause que si elle n'est fort grande, ses rayons ainsi courbés ne seront pas assez forts pour être aperçus de nos yeux.

138. Pourquoi la queue des comètes n'est pas toujours exactement droite ni directement opposée au soleil.

Au reste, cette queue ou chevelure des comètes ne paroît pas toujours entièrement droite, mais quelquefois un peu courbée, ni aussi toujours dans la même ligne droite, ou, ce qui revient à un, dans le même cercle qui passe par les centres du soleil et de la comète, mais souvent elle s'en écarte quelque peu, et enfin elle ne paroît pas toujours également large, mais quelquefois plus étroite et aussi plus lumineuse, lorsque les rayons qui viennent de ses côtés s'assemblent vers l'œil ; car toutes ces variétés doivent suivre de ce que la sphère DEFGH n'est pas régulière. Et, d'autant que sa figure est plus plate vers les poles qu'ailleurs, les queues des comètes y doivent être plus droites et plus larges ; mais quand elles s'étendent de travers entre les poles et l'écliptique, elles doivent être courbées, et s'écarter un peu de la ligne qui passe par les centres du soleil et de la comète; enfin, lorsqu'elles s'y étendent en long, elles doivent être plus lumineuses et plus étroites qu'aux autres lieux. Et je ne pense pas que l'on ait jamais fait aucune observation touchant les comètes, laquelle ne doive point être prise pour fable ni pour miracle, dont la raison n'ait été ici expliquée.

On peut seulement proposer encore une difficulté, savoir pourquoi il ne paroît point de chevelure autour des étoiles fixes, ni aussi autour des plus hautes planètes, Saturne et Jupiter, en même façon qu'autour des comètes; mais il est aisé d'y répondre. Premièrement, à cause que, même autour des comètes, cette chevelure n'a point coutume d'être vue, lorsque leur diamètre apparent n'est pas plus grand que celui des étoiles fixes, à cause que les rayons qui la forment n'ont point alors assez de force. Puis, en particulier, touchant les étoiles fixes, il faut remarquer que, d'autant qu'elles ont leur lumière en elles-mêmes, et ne l'empruntent point du soleil, s'il paroissoit quelque chevelure autour d'elles, il faudroit qu'elle y fût également éparse de tous côtés, et par conséquent aussi fort courte, ainsi qu'aux comètes qu'on nomme roses : mais on voit véritablement une telle chevelure autour d'elles, car leur figure n'est point limitée par aucune ligne qui soit uni-

139. Pourquoi les étoiles fixes et les planètes ne paroissent point avec de telles queues.

forme, et on les voit environnées de rayons de tous côtés ; et peut-être aussi que cela est la cause qui fait que leur lumière est si étincelante ou tremblante, bien qu'on en puisse encore donner d'autres raisons. Enfin, pour ce qui est de Jupiter et de Saturne, je ne doute point qu'ils ne paroissent aussi quelquefois avec une telle chevelure, aux pays où l'air est fort clair et fort pur ; et je me souviens fort bien d'avoir lu quelque part que cela a été autrefois observé, bien que je ne me souvienne point du nom de l'auteur. Outre que ce que dit Aristote au premier des Météores, chap. vi, que les Égyptiens ont quelquefois aperçu de telles chevelures autour des étoiles, doit, je crois, plutôt être entendu de ces planètes que non pas des étoiles fixes ; et quant à ce qu'il dit avoir vu lui-même une chevelure autour de l'une des étoiles qui sont en la cuisse du chien, cela doit être arrivé par quelque réfraction extraordinaire qui se faisoit en l'air, ou plutôt par quelque indisposition qui étoit en ses yeux, car il ajoute que cette chevelure paroissoit d'autant moins qu'il la regardoit plus fixement.

140. Comment les planètes ont pu commencer à se mouvoir.

Après avoir ainsi examiné tout ce qui appartient aux comètes, nous pouvons considérer en même façon les planètes, et supposer que l'astre N est moins solide, ou bien a moins de force pour continuer son mouvement en ligne droite, que les parties du second élément qui sont vers la circonférence de notre ciel, mais qu'il en a quelque peu plus que celles qui sont proches du centre où est le soleil; d'où il suit que sitôt qu'il est emporté par le cours de ce ciel, il doit continuellement descendre vers son centre, jusques à ce qu'il soit parvenu au lieu où sont celles de ses parties qui n'ont ni plus ni moins de force que lui à persévérer en leur mouvement; et que, lorsqu'il est descendu jusque là, il ne doit pas s'approcher ni se reculer du soleil, sinon en tant qu'il est poussé quelque peu çà ou là par d'autres causes, mais seulement tourner en rond autour de lui, avec ces parties du ciel qui lui sont égales en force, et ainsi que cet astre est une planète : car s'il descendoit plus bas vers le soleil, il s'y trouveroit environné de parties du ciel un peu plus petites, et qui, par conséquent, lui céderoient en force, mais qui, étant aussi plus agitées que lui, augmenteroient son agitation et ensemble sa force, laquelle le feroit aussitôt remonter; et, au contraire, s'il alloit plus haut, il y rencontreroit des parties du ciel un peu moins agitées, au moyen de quoi elles diminueroient son mouvement; et un peu plus grosses, au moyen de quoi elles auroient la force de le repousser vers le soleil.

Les autres causes qui peuvent quelque peu détourner çà ou là cette planète sont, première-

141.
Quelles sont les diverses

318 LES PRINCIPES DE LA PHILOSOPHIE.

causes qui détournent le mouvement des planètes.

La première.

ment, que l'espace dans lequel elle tourne avec toute la matière du premier ciel n'est pas exactement rond ; car il est nécessaire qu'aux lieux où cet espace est plus ample la matière du ciel se meuve plus lentement, et donne moyen à cette planète de s'éloigner un peu plus du soleil qu'aux lieux où il est plus étroit.

142. *La seconde.*

Et, en second lieu, que la matière du premier élément coulant sans cesse de quelques uns des tourbillons voisins vers le centre de celui que nous nommons notre ciel, et retournant de là vers quelques autres, pousse diversement cette planète selon les divers endroits où elle se trouve.

143. *La troisième.*

De plus, que les pores ou petits passages que les parties cannelées de ce premier élément se sont faits dans cette planète, ainsi qu'il a été dit ci-dessus, peuvent être plus disposés à recevoir celles de ces parties cannelées qui viennent de certains endroits du ciel, qu'à recevoir celles qui viennent des autres ; ce qui fait que les poles de la planète se doivent tourner vers ces endroits-là.

144. *La quatrième.*

Puis aussi, quelque mouvement peut avoir été imprimé auparavant en cette planète, lequel elle conserve encore long-temps après, nonobstant que les autres causes ici expliquées y répugnent. Car, comme nous voyons qu'une pirouette acquiert assez de force, de cela seul qu'un enfant la fait tourner entre ses doigts, pour continuer par après toute seule pendant quelques minutes, et faire peut-être pendant ce temps-là plus de deux ou trois mille tours sur son centre, nonobstant qu'elle soit fort petite, et que tant l'air qui l'environne que la terre qui la soutient lui résistent et retardent son mouvement de tout leur pouvoir, ainsi on peut aisément croire que si une planète avoit été agitée en même façon dès le commencement qu'elle a été créée, cela seul seroit suffisant pour lui faire encore à présent continuer le même mouvement sans aucune notable diminution, parceque d'autant plus qu'un corps est grand, d'autant plus long-temps aussi peut-il retenir l'agitation qui lui a été ainsi imprimée, et que la durée de cinq ou six mille ans qu'il y a que le monde est, si on le compare avec la grosseur d'une planète, n'est pas tant qu'une minute comparée avec la petitesse d'une pirouette.

Puis enfin, que la force de continuer ainsi à se mouvoir est plus durable et plus constante dans les planètes que dans la matière du ciel qui les environne, et même qu'elle est plus durable dans une grande planète que dans une moins grande. Dont la raison est que les moindres corps ayant plus de superficie à raison de la quantité de leur matière, que n'en ont ceux qui sont plus grands, rencontrent plus de choses en leur chemin qui empêchent ou détournent leur mouvement; et qu'une portion de la matière du ciel qui égale en

145.
La cinquième.

grosseur une planète est composée de plusieurs petites parties qui se doivent toutes accorder à un même mouvement pour égaler celui de cette planète, mais qui, n'étant point attachées les unes aux autres, peuvent être détournées de ce mouvement, chacune à part, par les moindres causes; d'où il suit qu'aucune planète ne se meut si vite que les petites parties de la matière du ciel qui l'environnent, parcequ'elle peut seulement égaler celui de leurs mouvements selon lequel elles s'accordent à suivre toutes un même cours; et que, d'autant qu'elles sont divisées, elles en ont toujours quelques autres qui leur sont particuliers. Il suit aussi de cela que lorsqu'il y a quelque cause qui augmente, ou retarde, ou détourne le mouvement de cette matière du ciel, la même cause ne peut pas si promptement ni si fort augmenter, ou retarder, ou détourner celui de la planète.ᵃ

146. Comment toutes les planètes peuvent avoir été formées.

Or, si on considère bien toutes ces choses, on en pourra tirer les raisons de tout ce qui a pu être observé jusques ici touchant les planètes, et voir qu'il n'y a rien en cela qui ne s'accorde parfaitement avec les lois de la nature ci-dessus expliquées: car rien n'empêche que nous ne pensions que ce grand espace que nous nommons le premier ciel a autrefois été divisé en quatorze tourbillons, ou en davantage, et que ces tourbillons ont été tellement disposés, que les astres qu'ils avoient en leurs centres se sont peu à peu couverts de plusieurs taches, ensuite de quoi les plus petits ont été détruits par les plus grands en la façon qui a été décrite. A savoir, on peut penser que les deux tourbillons qui avoient les astres que nous nommons maintenant Jupiter et Saturne en leurs centres étoient les plus grands, et qu'il y en avoit quatre moindres autour de celui de Jupiter, dont les astres sont descendus vers lui, et ce sont les quatre petites planètes que nous y voyons; puis qu'il y en avoit aussi deux autres autour de celui de Saturne, dont les astres sont descendus vers lui en même façon (au moins s'il est vrai que Saturne ait proche de soi deux autres moindres planètes, ainsi qu'il semble paroître); et que la lune est aussi descendue vers la terre lorsque le tourbillon qui la contenoit a été détruit; et, enfin, que les six tourbillons qui avoient Mercure, Vénus, la terre, Mars, Jupiter et Saturne en leurs centres étant détruits par un autre plus grand, au milieu duquel étoit le soleil, tous ces astres sont descendus vers lui, et s'y sont disposés en la façon qu'ils y paroissent à présent : mais que, s'il y a eu encore quelques autres tourbillons en l'espace qui comprend maintenant le premier ciel, les astres qu'ils avoient en leurs centres étant devenus plus solides que Saturne se sont convertis en comètes.

322 LES PRINCIPES DE LA PHILOSOPHIE.

147. Pourquoi toutes les planètes ne sont pas également distantes du soleil.

Ainsi, voyant maintenant que les principales planètes, Mercure, Vénus, la terre, Mars, Jupiter et Saturne, font leurs cours à diverses distances du soleil, nous devons juger que cela vient de ce qu'elles ne sont pas également solides, et que ce sont celles qui le sont moins qui s'en approchent davantage. Et nous n'avons pas sujet de trouver étrange que Mars en soit plus éloigné que la terre, nonobstant qu'il soit plus petit qu'elle, parceque ce n'est pas la seule grandeur qui fait que les corps sont solides, et qu'il le peut être plus que la terre, encore qu'il ne soit pas si grand.

148. Pourquoi les plus proches du soleil se meuvent plus vite que les plus éloignées, et toutefois ses taches, qui en sont fort proches, se meuvent moins vite qu'aucune planète.

Et voyant que les planètes qui sont plus proches du soleil se meuvent plus vite que celles qui en sont plus éloignées, nous penserons que cela arrive à cause que la matière du premier élément qui compose le soleil, tournant extrêmement vite sur son essieu, augmente davantage le mouvement des parties du ciel qui sont proches de lui, que de celles qui en sont plus loin. Et, cependant, nous ne trouverons point étrange que les taches qui paroissent sur sa superficie se meuvent plus lentement qu'aucune planète, en sorte qu'elles emploient environ vingt-six jours à faire leur tour qui est fort petit, au lieu que Mercure n'emploie pas trois mois à faire le sien, qui est plus de soixante fois plus grand; et que Saturne achève le sien en trente ans, ce qu'il ne devroit pas faire en cent, s'il n'alloit point plus vite que ces taches, à cause que le chemin qu'il fait est environ deux mille fois plus grand que le leur. Car on peut penser que ce qui les retarde est qu'elles sont jointes à l'air que j'ai dit ci-dessus devoir être autour du soleil, parceque cet air s'étend jusque vers la sphère de Mercure, ou peut-être même plus loin, et que les parties dont il est composé ayant des figures fort irrégulières, s'attachent les unes aux autres, et ne se peuvent mouvoir que toutes ensemble, en sorte que celles qui sont sur la superficie du soleil avec ses taches ne peuvent faire guère plus de tours autour de lui que celles qui sont vers la sphère de Mercure, et par conséquent doivent aller beaucoup plus lentement : ainsi qu'on voit en une roue, lorsqu'elle tourne, que les parties proches de son centre vont beaucoup moins vite que celles qui sont en sa circonférence.

149. Pourquoi la lune tourne autour de la terre.

Puis, voyant que la lune a son cours non seulement autour du soleil, mais aussi autour de la terre, nous jugerons que cela peut être arrivé de ce qu'elle est descendue dans le tourbillon qui avoit la terre en son centre, auparavant que la terre fût descendue vers le soleil, ainsi que quatre autres planètes sont descendues vers Jupiter; ou plutôt, de ce que n'étant pas moins solide que la terre, et toutefois étant plus petite, sa solidité est cause qu'elle doit prendre son cours à même distance du soleil, et sa petitesse qu'elle s'y doit mouvoir plus vite, ce qu'elle ne peut faire, sinon en tournant aussi autour de la terre. Soit par exemple S[1] le soleil, et NTZ le cercle suivant lequel la terre et la lune prennent leurs cours autour de lui; en quelque endroit de ce cercle que la lune ait été au commencement, elle a dû venir bientôt vers A, proche de la terre T, puisqu'elle alloit plus vite qu'elle; et, trouvant au point A que la terre avec l'air et la partie du ciel qui l'environne lui faisoit quelque résistance, elle a dû se détourner vers B, je dis vers B plutôt que vers D, parcequ'en cette façon le cours qu'elle a pris a été moins éloigné de la ligne droite. Et pendant que la lune est ainsi allée d'A vers B, elle a disposé la matière du ciel contenue dans le cercle ABCD à tourner avec l'air et la terre autour du centre T, et y faire comme un petit tourbillon, qui a toujours depuis continué son cours avec la lune et la terre, suivant le cercle TZN, autour du soleil.

150. Pourquoi la terre tourne autour de son centre.

Cela n'est pas toutefois la seule cause qui fait que la terre tourne sur son essieu; car, puisque nous la considérons comme si elle avoit été autrefois une étoile fixe qui occupoit le centre d'un tourbillon particulier dans le ciel, nous devons penser qu'elle tournoit dès lors en cette sorte, et que la matière du premier élément, qui est tou-

[1] Voyez planche VI, figure 2.

jours demeurée depuis en son centre, continue de la mouvoir en même façon.

Et on n'a point sujet de trouver étrange que la terre fasse presque trente tours sur son essieu pendant que la lune en fait seulement un, suivant le cercle ABCD, parceque la circonférence de ce cercle étant environ soixante fois aussi grande que le circuit de la terre, cela fait que le mouvement de la lune est encore deux fois aussi vite que celui de la terre. Et parceque c'est la matière du ciel qui les emporte toutes deux, et qui vraisemblablement se meut aussi vite contre la terre que vers la lune, je ne pense pas qu'il y ait d'autre raison pourquoi la lune a plus de vitesse que la terre, sinon parcequ'elle est plus petite.

<small>151. Pourquoi la lune se meut plus vite que la terre.</small>

On n'a pas sujet aussi de trouver étrange que ce soit toujours à peu près le même côté de la lune qui est tourné vers la terre. Car on peut aisément se persuader que cela vient de ce que son autre côté est quelque peu plus solide, et, par conséquent, doit décrire le plus grand cercle, suivant ce qui a ci-dessus été remarqué touchant les comètes. Et certainement toutes ces inégalités en forme de montagnes et de vallées, que les lunettes d'approche font voir sur celui de ses côtés qui est tourné vers nous, montrent qu'il n'est pas si solide que peut être son autre côté. Et on peut attribuer la cause de cette différence à l'action de la lumière,

<small>152. Pourquoi c'est toujours un même côté de la lune qui est tourné vers la terre.</small>

parceque celui des côtés de la lune qui nous regarde ne reçoit pas seulement la lumière qui vient du soleil ainsi que l'autre, mais aussi celle qui lui est envoyée par la réflexion de la terre, au temps des nouvelles lunes.

153. Pourquoi la lune va plus vite et s'écarte moins de sa route, étant pleine ou nouvelle, que pendant son croissant ou son décours.

On ne se doit pas non plus étonner de ce que la lune se meut un peu plus vite, et se détourne moins de sa route en tous sens lorsqu'elle est pleine ou nouvelle, c'est-à-dire lorsqu'elle est vers B ou vers D, que pendant son croissant ou son décours, c'est-à-dire pendant qu'elle est vers A ou vers C: car la matière du ciel qui est contenue en l'espace ABCD est composée des parties du second élément, semblables à celles qui sont vers N et vers Z, et par conséquent un peu plus grosses et un peu moins agitées que celles qui sont plus bas que D vers K, mais au contraire plus petites et plus agitées que celles qui sont plus haut que B vers L; ce qui fait qu'elles se mêlent plus aisément avec celles qui sont vers N et vers Z qu'avec celles qui sont vers K ou vers L; et, ainsi que le cercle ABCD n'est pas exactement rond, mais plus long que large en forme d'ellipse, et que la matière du ciel qu'il contient, allant plus lentement entre A et C qu'entre B et D, la lune qu'elle emporte avec soi y doit aussi aller plus lentement, et y faire ses excursions plus grandes, tant en s'éloignant qu'en s'approchant de la terre ou de l'écliptique.

De plus, on n'admirera point que les deux planètes qu'on dit être auprès de Saturne ne se meuvent que fort lentement ou peut-être point du tout autour de lui; et, au contraire, que les quatre qui sont autour de Jupiter s'y meuvent fort vite; et même que celles qui sont les plus proches de lui se meuvent plus vite que les autres. Car on peut penser que cette diversité est causée de ce que Jupiter, ainsi que le soleil et la terre, tourne sur son essieu; et que Saturne, qui est la plus haute planète, tient toujours un même côté tourné vers le centre du tourbillon qui la contient ainsi que la lune et les comètes.

154. Pourquoi les planètes qui sont autour de Jupiter y tournent fort vite, et qu'il n'en est pas de même de celles qu'on dit être autour de Saturne.

On n'admirera point aussi que l'essieu sur lequel la terre fait son tour en un jour ne soit pas parallèle à celui de l'écliptique sur lequel elle fait son tour en un an, et que leur inclination, qui fait la différence de l'été et de l'hiver, soit de plus de vingt-trois degrés. Car le mouvement annuel de la terre dans l'écliptique est principalement déterminé par le cours de toute la matière céleste qui tourne autour du soleil, comme il paroît de ce que toutes les planètes s'accordent en cela qu'elles prennent leurs cours à peu près suivant l'écliptique; mais ce sont les endroits du firmament d'où viennent les parties cannelées du premier élément qui sont les plus propres à passer par les pores de la terre, lesquelles déterminent

155. Pourquoi les poles de l'équateur sont fort éloignés de ceux de l'écliptique.

la situation de l'essieu sur lequel elle fait son tour chaque jour, ainsi que ces parties cannelées causent aussi la direction de l'aimant, comme il sera dit ci-après. Et puisque nous considérons tout l'espace dans lequel est maintenant le premier ciel comme ayant autrefois contenu quatorze tourbillons, ou plus, aux centres desquels il y avoit des astres qui sont convertis en planètes, nous ne pouvons supposer que les essieux sur lesquels se mouvoient tous ces astres fussent tournés vers un même côté, parceque cela ne s'accorderoit pas avec les lois de la nature, ainsi qu'il a été démontré ci-dessus ; mais nous avons raison de penser que les poles du tourbillon qui avoit la terre en son centre regardoient presque les mêmes endroits du firmament vis-à-vis desquels sont encore à présent les poles de la terre sur lesquels elle fait son tour chaque jour, et que ce sont les parties cannelées qui viennent de ces endroits du firmament, lesquelles étant plus propres à entrer en ses pores que celles qui viennent des autres lieux, la retiennent en cette situation.

156. Pourquoi ils s'en approchent peu à peu.

Mais cependant, à cause que le tour que la terre fait dans l'écliptique pendant une année, et celui qu'elle fait chaque jour sur son essieu, se feroient plus commodément si l'essieu de la terre et celui de l'écliptique étoient parallèles, les causes qui empêchent qu'ils ne le soient se changent par succession de temps peu à peu, ce qui fait que l'équateur s'approche insensiblement de l'écliptique.

Enfin, toutes les diverses erreurs des planètes, lesquelles s'écartent toujours plus ou moins en tous sens du mouvement circulaire auquel elles sont principalement déterminées, ne donneront aucun sujet d'admiration, si on considère que tous les corps qui sont au monde s'entre-touchent sans qu'il puisse y avoir rien de vide, en sorte que même les plus éloignés agissent toujours quelque peu les uns contre les autres par l'entremise de ceux qui sont entre deux, bien que leur effet soit moins grand et moins sensible, à raison de ce qu'ils sont plus éloignés, et ainsi que le mouvement particulier de chaque corps peut être continuellement détourné tant soit peu en autant de diverses façons qu'il y a d'autres divers corps qui se meuvent en l'univers. Je n'ajoute rien ici davantage, parcequ'il me semble y avoir rendu raison de tout ce qu'on observe dans les cieux, et que nous ne pouvons voir que de loin; mais je tâcherai ci-après d'expliquer en même façon tout ce qui paroît sur la terre, en laquelle il y a beaucoup plus de choses à remarquer, parceque nous la voyons de plus près.

157. La cause générale de toutes les variétés qu'on remarque aux mouvements des astres.

LES PRINCIPES
DE
LA PHILOSOPHIE.

QUATRIÈME PARTIE.

DE LA TERRE.

1.
Que, pour trouver les vraies causes de ce qui est sur la terre, il faut retenir l'hypothèse déjà prise, nonobstant qu'elle soit fausse.

Bien que je ne veuille point que l'on se persuade que les corps qui composent ce monde visible aient jamais été produits en la façon que j'ai décrite, ainsi que j'ai ci-dessus averti, je suis néanmoins obligé de retenir encore ici la même hypothèse pour expliquer ce qui est sur la terre; afin que, si je montre évidemment, ainsi que j'espère faire, qu'on peut par ce moyen donner des raisons très intelligibles et certaines de toutes les choses qui s'y remarquent, et qu'on ne puisse faire le semblable par aucune autre invention, nous ayons sujet de conclure que, bien que le monde n'ait pas été fait au commencement en cette façon, et qu'il ait été immédiatement créé de Dieu, toutes les choses qu'il contient ne laissent pas d'être maintenant de même nature que si elles avoient été ainsi produites.

Feignons donc que cette terre où nous sommes a été autrefois un astre composé de la matière du premier élément toute pure, laquelle occupoit le centre d'un de ces quatorze tourbillons qui étoient contenus en l'espace que nous nommons le premier ciel, en sorte qu'elle ne différoit en rien du soleil, sinon qu'elle étoit plus petite : mais que les moins subtiles parties de sa matière s'attachant peu à peu les unes aux autres, se sont assemblées sur sa superficie, et y ont composé des nuages, ou autres corps plus épais et obscurs, semblables aux taches qu'on voit continuellement être produites, et peu après dissipées sur la superficie du soleil, et que ces corps obscurs étant aussi dissipés peu de temps après qu'ils avoient été produits, les parties qui en restoient, et qui, étant plus grosses que celles des deux premiers éléments, avoient la forme du troisième, se sont confusément entassées autour de cette terre, et, l'environnant de toutes parts, ont composé un corps presque semblable à l'air que nous respirons : puis, enfin, que cet air étant de-

2. Quelle a été la génération de la terre suivant cette hypothèse.

venu fort grand, et épais, les corps obscurs qui continuoient à se former sur la superficie de la terre n'ont pu si facilement qu'auparavant y être détruits, de façon qu'ils l'ont peu à peu toute couverte et offusquée; et même que peut-être plusieurs couches de tels corps s'y sont entassées l'une sur l'autre, ce qui a tellement diminué la force du tourbillon qui la contenoit, qu'il a été entièrement détruit, et que la terre avec l'air et les corps obscurs qui l'environnoient est descendue vers le soleil jusques à l'endroit où elle est à présent.

3. Sa division en trois diverses régions, et la description de la première.

Et si nous la considérons en l'état qu'elle a dû être peu de temps auparavant qu'elle soit ainsi descendue vers le soleil, nous y pourrons remarquer trois régions fort diverses; dont la première et plus basse, qui est ici marquée I[1], semble ne devoir contenir que de la matière du premier élément, qui s'y meut en même façon que celle qui est dans le soleil, et qui n'est point d'autre nature, sinon qu'elle n'est peut-être pas du tout si subtile, à cause qu'elle ne se peut purifier ainsi que fait celle du soleil, qui rejette continuellement hors de soi la matière de ses taches. Et cette raison me pourroit persuader que l'espace I n'est maintenant presque rempli que de la matière du troisième élément, que les moins subtiles parties du premier ont composée, en s'attachant les unes aux

[1] Voyez planche VII, figure 1.

autres; sinon qu'il me semble que si cela étoit la terre seroit si solide qu'elle ne pourroit demeurer si proche du soleil qu'elle est. Outre qu'on peut imaginer diverses raisons qui empêchent qu'il ne puisse y avoir autre chose en l'espace I que de la plus pure matière du plus pur élément : car peut-être que les parties de cette matière qui sont les plus disposées à s'attacher les unes aux autres sont empêchées d'y entrer par le corps de sa seconde région; et peut-être aussi que son mouvement a tant de force, lorsqu'elle est enfermée en cet espace, que non seulement il empêche qu'aucunes de ses parties ne demeurent jointes, mais qu'il en détache aussi peu à peu quelques unes du corps qui l'environne.

Car la seconde ou moyenne région, qui est ici marquée M, est remplie d'un corps fort opaque ou obscur, et fort solide ou serré; en sorte qu'il ne contient aucuns pores plus grands que ceux qui donnent passage aux parties cannelées de la matière du premier élément; d'autant qu'il n'a été composé que des parties de cette matière, qui, étant extrêmement petites, n'ont pu laisser de plus grands intervalles parmi elles lorsqu'elles se sont jointes les unes aux autres. Et on voit, par expérience, que les taches du soleil qui sont produites en même façon qu'a été ce corps M, et ne sont point d'autre nature que lui, excepté qu'elles sont

4. Description de la seconde.

beaucoup plus minces et moins serrées, empêchent le passage de la lumière, ce qui montre qu'elles n'ont point de pores assez grands pour recevoir les petites parties du second élément. Car s'il y avoit en elles de tels pores, ils y seroient sans doute assez droits et unis pour ne point interrompre la lumière, à cause qu'ils se seroient formés en une matière qui a été au commencement fort molle et fort fluide, et qui n'a que des parties fort petites et fort faciles à plier.

5. Description de la troisième.

Or ces deux premières et plus basses régions de la terre nous importent fort peu, d'autant que jamais homme vivant n'est descendu jusques à elles. Mais nous aurons beaucoup plus de choses à remarquer en la troisième, à cause que c'est en elle que doivent se produire tous les corps que nous voyons autour de nous. Toutefois il n'y paroît encore ici autre chose sinon un amas confus de petites parties du troisième élément, qui ne sont point si étroitement jointes, qu'il n'y ait beaucoup de la matière du second parmi elles; et parceque nous pourrons connoître leur nature en considérant exactement de quelle façon elles ont été formées, nous pourrons aussi venir à une parfaite connoissance de tous les corps qui en doivent être composés.

6. Que les parties du troi-

Et, premièrement, puisque ces parties du troisième élément sont venues du débris des nuages ou taches qui se formoient autrefois sur la terre, lorsqu'elle étoit encore semblable au soleil, chacune d'elles doit être composée de plusieurs autres parties beaucoup plus petites, qui appartenoient au premier élément avant qu'elles fussent jointes ensemble, et doit aussi être assez solide et assez grande pour ne pouvoir être rompue par les petites boules de la matière du ciel qui roulent continuellement autour d'elles ; car toutes celles qui ont pu être ainsi rompues n'ont pas retenu la forme du troisième élément, mais ont repris celle du premier, ou bien ont acquis celle du second.

<small>sième élément qui sont en cette troisième région doivent être assez grandes.</small>

Il est vrai que, bien que ces parties du troisième élément soient assez grandes et solides pour n'être pas entièrement dissipées par la rencontre de celles du second, toutefois elles peuvent toujours quelque peu être changées par elles, et même par succession de temps entièrement détruites, à cause que chacune est composée de plusieurs qui, ayant eu la forme du premier élément, doivent être fort petites et fort flexibles.

<small>7. Qu'elles peuvent être changées par l'action des deux autres éléments.</small>

Et parceque ces parties du premier élément, qui composent celles du troisième, ont plusieurs diverses figures, elles n'ont pu se joindre si justement l'une à l'autre qu'il ne soit demeuré entre elles beaucoup d'intervalles, qui sont si étroits, qu'ils ne peuvent être remplis que de la plus fluide et

<small>8. Qu'elles sont plus grandes que celles du second, mais non pas si solides ni tant agitées.</small>

plus subtile matière de ce premier élément; ce qui fait que les parties du troisième, qui en sont composées, ne sont pas si massives ou solides ni capables d'une si forte agitation que celles du second, bien qu'elles soient beaucoup plus grosses. Joint que ces parties du second élément sont rondes, ce qui les rend fort propres à se mouvoir; au lieu que celles du troisième ne peuvent avoir que des figures fort irrégulières et diverses, à cause de la façon dont elles sont produites.

9. Comment elles se sont au commencement assemblées.

Et il faut ici remarquer qu'avant que la terre fût descendue vers le soleil, bien que ces parties du troisième élément qui étoient déjà autour d'elle fussent entièrement séparées les unes des autres, elles ne se répandoient pas toutefois confusément dans tout le ciel, mais demeuroient entassées et appuyées l'une sur l'autre, en la façon qu'elles sont ici représentées. Dont la raison est que les parties du second élément, qui composoient un tourbillon autour de cette terre, et qui étoient plus massives qu'elles, les poussoient continuellement vers son centre, en faisant effort pour s'en éloigner.

10. Qu'il est demeuré plusieurs intervalles autour d'elles, que les deux autres éléments ont remplis.

Il faut ici remarquer qu'encore qu'elles fussent ainsi appuyées l'une sur l'autre, toutefois, à cause de l'inégalité et irrégularité de leurs figures, et qu'elles s'étoient entassées sans ordre à mesure qu'elles avoient été formées, elles ne pouvoient être si pressées, ni si justement jointes, qu'il n'y eût quantité d'intervalles autour d'elles qui étoient assez grands pour donner passage non seulement à la matière du premier élément, mais aussi à celle du second.

De plus, il faut remarquer qu'entre les parties du second élément qui se trouvoient en ces intervalles, celles qui étoient les plus basses au regard de la terre étoient quelque peu plus petites que celles qui étoient plus hautes, pour la même raison qu'il a été dit ci-dessus que celles qui sont autour du soleil sont par degrés plus petites, selon qu'elles sont plus proches de sa superficie; et que toutes ces parties du second élément qui étoient en la plus haute région de la terre n'étoient point plus grosses que celles qui sont maintenant autour du soleil, au-dessous de la sphère de Mercure, mais que peut-être elles étoient plus petites, à cause que le soleil est plus grand que n'a jamais été la terre: d'où il suit qu'elles étoient aussi plus petites que celles qui sont à présent en cette même région de la terre, parceque celles-ci, étant plus éloignées du soleil que celles qui sont au-dessous de la sphère de Mercure, doivent par conséquent être plus grosses.

11. Que les parties du second élément étoient alors plus petites, proches de la terre, qu'un peu plus haut.

Il faut encore ici remarquer qu'à mesure que les parties terrestres de cette plus haute région ont été produites, elles se sont tellement entassées

12. Que les espaces par où elles passoient entre les par-

que les intervalles qui sont demeurés parmi elles ne se sont ajustés qu'à la grandeur de ces plus petites parties du second élément, ce qui a fait que, lorsque d'autres plus grosses leur ont succédé, elles n'y ont pas trouvé le passage entièrement libre.

<small>ties de la troisième région étoient plus étroits.</small>

<small>13. Que les plus grosses parties de cette troisième région n'étoient pas toujours les plus basses.</small>

Enfin, il faut remarquer qu'il est souvent arrivé pour lors que quelques unes des plus grosses et plus solides de ces parties du troisième élément se tenoient au-dessus de quelques autres qui étoient moindres, parceque, n'ayant qu'un mouvement uniforme autour de l'essieu de la terre, et s'arrêtant facilement l'une à l'autre, à cause de l'irrégularité de leurs figures, encore que chacune fût poussée vers le centre de la terre par les parties du second élément, d'autant plus fort qu'elle étoit plus grosse et plus solide, elle ne pouvoit pas toujours se dégager de celles qui l'étoient moins, afin de descendre plus bas, et ainsi elles retenoient à peu près le même ordre selon lequel elles avoient été formées, en sorte que celles qui venoient des taches qui se dissipoient les dernières étoient les plus basses.

<small>14. Qu'il s'est par après formé en elle divers corps.</small>

Or quand la terre, ainsi composée de trois diverses régions, est descendue vers le soleil, cela n'a pu causer grand changement aux deux plus basses, mais seulement en la plus haute, laquelle a dû premièrement se partager en deux divers corps, puis en trois et après en quatre, et ensuite en plusieurs autres.

Et je tâcherai d'expliquer ici en quelle sorte tous ces corps ont dû être produits : mais il est besoin que je die auparavant quelque chose de trois ou quatre des principales actions qui ont contribué à cette production. La première consiste au mouvement des petites parties de la matière du ciel considéré en général; la deuxième, en ce qu'on nomme la pesanteur; la troisième, en la lumière; et la quatrième, en la chaleur. Par le mouvement des petites parties de la matière du ciel en général, j'entends leur agitation continuelle, qui est si grande, que non seulement elle suffit à leur faire faire un grand tour chaque année autour du soleil, et un autre chaque jour autour de la terre, mais aussi à les mouvoir cependant en plusieurs autres façons. Et parceque, lorsqu'elles ont pris leur cours vers quelque côté, elles le continuent toujours autant qu'il se peut en ligne droite, de là vient qu'étant mêlées parmi les parties du troisième élément qui composent tous les corps de cette plus haute région de la terre, elles produisent plusieurs divers effets, dont je remarquerai ici trois des principaux.

15. *Quelles sont les principales actions par lesquelles ces corps ont été produits. Et l'explication de la première.*

Le premier est qu'elle rend transparents tous les corps liquides qui sont composés des parties du troisième élément, qui sont si petites et ensuite

16. *Le premier effet de cette première action, qui est*

de rendre les corps transparents.

si peu pressées, que celles du second peuvent passer de tous côtés autour d'elles ; car en passant ainsi entre les parties de ces corps, et ayant la force de leur faire changer de situation, elles ne manquent pas de s'y faire des passages qui suivent en tous sens des lignes droites, ou du moins des lignes qui sont aussi propres à transmettre l'action de la lumière que les droites, et ainsi de rendre ces corps transparents. Aussi nous voyons par expérience qu'il n'y a aucune liqueur sur la terre qui soit pure, et composée de parties assez petites, laquelle ne soit transparente : car, pour ce qui est de l'argent vif, ses parties sont si grosses, que, se pressant trop fort l'une l'autre, elles ne permettent pas à la matière du second élément de passer de tous côtés autour d'elles, mais seulement à celle du premier ; et pour ce qui est de l'encre, du lait, du sang, ou autres semblables liqueurs qui ne sont pas pures et simples, il y a en elles des parties fort grosses dont chacune compose un corps à part, ainsi que fait chaque grain de sable ou de poussière, ce qui les empêche d'être transparents. Et on peut remarquer, touchant les corps durs, que tous ceux-là sont transparents qui ont été faits de quelques liqueurs transparentes, dont les parties se sont arrêtées peu à peu l'une contre l'autre, sans qu'il se soit rien mêlé parmi elles qui ait changé leur ordre ; mais, au contraire que tous ceux-là sont opaques ou obscurs, dont les parties ont été jointes par quelque force étrangère qui n'obéissoit pas au mouvement de la matière du ciel : car, encore qu'il ne laisse pas d'y avoir aussi en ces corps plusieurs pores par où les parties du second élément peuvent passer, toutefois, à cause que ces pores sont bouchés ou interrompus en plusieurs lieux, ils ne peuvent transmettre l'action de la lumière.

Mais afin d'entendre comment il est possible qu'un corps fort dur et solide, par exemple du verre ou du cristal, ait en soi assez de pores pour donner passage, suivant des lignes droites en tout sens, à la matière du ciel, et ainsi avoir ce que j'ai dit être requis en un corps pour le rendre transparent, on peut considérer plusieurs pommes ou boules assez grosses et polies, qui soient enfermées dans un rets, et tellement pressées qu'elles composent toutes ensemble un corps dur; car, sur quelque côté que ce corps puisse être tourné, si on jette dessus des dragées de plomb, ou d'autres boules assez petites pour passer entre ces plus grosses ainsi pressées, on les verra couler tout droit en bas au travers de ce corps, par la force de leur pesanteur; et même si on accumule tant de ces dragées sur ce corps dur, que tous les passages où elles peuvent entrer en soient remplis, au même instant que les plus hautes presseront celles qui

17. Comment les corps durs et solides peuvent être transparents.

seront sous elles, cette action de leur pesanteur passera en ligne droite jusques aux plus basses : et ainsi on aura l'image d'un corps fort dur, fort solide, et avec cela fort transparent, à cause qu'il n'est pas besoin que les parties du second élément aient des passages plus droits pour transférer l'action de la lumière, que sont ceux par où descendent ces dragées entre ces pommes.

18. Le second effet de la première action, qui est de purifier les liqueurs et les diviser en divers corps.

Le second effet que produit l'agitation de la matière subtile dans les corps terrestres, principalement dans ceux qui sont liquides, est que lorsqu'il y a deux ou plusieurs sortes de parties en ces corps confusément mêlées ensemble, ou bien elle les sépare et en fait deux ou plusieurs corps différents, ou bien elle les ajuste les unes aux autres et les distribue également en tous les endroits de ce corps, et ainsi le purifie et fait que chacune de ses gouttes devient entièrement semblable aux autres : dont la raison est que, se glissant de tous côtés entre ces parties terrestres qui sont inégales, elle pousse continuellement celles qui, à cause de leur grosseur, ou de leur figure, ou de leur situation, se trouvent plus avancées que les autres dans les chemins par où elle passe, jusques à ce qu'elle ait tellement changé leur situation, qu'elles soient également répandues par tous les endroits de ce corps, et si bien ajustées avec les autres qu'elles n'empêchent plus ses mouvements; ou bien, si elles ne peuvent être ainsi ajustées, elle les sépare entièrement de ces autres et en fait un corps différent du leur. Ainsi il y a plusieurs impuretés dans le vin nouveau, qui en sont séparées par cette action de la matière subtile : car elles ne vont pas seulement au-dessus ou au-dessous du vin, ce que l'on pourroit attribuer à leur légèreté ou pesanteur, mais il y en a aussi qui s'attachent aux côtés du tonneau ; et, bien que ce vin demeure encore composé de plusieurs parties de diverses grosseurs et figures, elles y sont tellement agencées après qu'il est clarifié par l'action de cette matière subtile, que celui qui est au haut du tonneau n'est pas différent de celui qui est au milieu ou vers le bas au-dessus de la lie : et on voit arriver le semblable en quantité d'autres liqueurs.

Le troisième effet de cette matière céleste est qu'elle fait devenir rondes les gouttes de toutes les liqueurs, lorsqu'elles sont entièrement environnées d'air ou d'une autre liqueur dont la nature est si différente de la leur qu'elles ne se mêlent point avec elle, ainsi que j'ai déjà expliqué dans les Météores. Car, d'autant que cette matière subtile trouve des pores autrement disposés en une goutte d'eau, par exemple, que dans l'air qui l'environne, et qu'elle tend toujours à se mouvoir suivant des lignes droites, ou le moins différentes

19. Le troisième effet, qui est d'arrondir les gouttes de ces liqueurs.

de la droite qu'il est possible, il est évident que la superficie de cette goutte d'eau empêche moins non seulement les parties de la matière subtile qui est en ses pores, mais aussi les parties de celle qui est en l'air qui l'environne, de continuer ainsi leur mouvement suivant des lignes les plus droites qu'elles peuvent être sans passer d'un corps en l'autre, lorsque cette superficie est toute ronde, que si elle avoit quelque autre figure; et que lorsqu'elle ne l'est pas, les mouvements de la matière subtile qui est en l'air d'alentour sont plus détournés par les parties de sa superficie qui sont les plus éloignées du centre que par les autres, ce qui est cause qu'elle les pousse davantage vers ce centre; et, au contraire, les mouvements de celle qui est dans la goutte d'eau sont plus détournés par les parties de sa superficie qui sont les plus proches du centre, ce qui est cause qu'elle fait effort pour les en éloigner. Et ainsi la matière subtile qui est au dedans de cette goutte, aussi bien que celle qui est au dehors, contribue à faire que toutes les parties de sa superficie soient également distantes de son centre, c'est-à-dire à la rendre ronde ou sphérique. Pour mieux entendre ceci, on doit remarquer que l'angle que fait une ligne droite avec une courbe qu'elle touche est plus petit qu'aucun angle qui puisse être fait par deux lignes droites, et que de toutes les lignes courbes il n'y a que la circulaire en toutes les parties de laquelle cet angle d'attouchement soit égal; d'où il suit que les mouvements qui sont empêchés d'être droits par quelque cause qui les détourne également en toutes leurs parties doivent être circulaires lorsqu'ils se font en une seule ligne, et sphériques lorsqu'ils se font vers tous les côtés de quelque superficie.

20. L'explication de la seconde action, en laquelle consiste la pesanteur.

La seconde action dont j'ai entrepris ici de parler est celle qui rend les corps pesants, laquelle a beaucoup de rapport avec celle qui fait que les gouttes d'eau deviennent rondes; car c'est la même matière subtile qui, par cela seul qu'elle se meut indifféremment de tous côtés autour d'une goutte d'eau, pousse également toutes les parties de sa superficie vers son centre, et qui, par cela seul qu'elle se meut autour de la terre, pousse aussi vers elle tous les corps qu'on nomme pesants, lesquels en sont les parties.

21. Que chaque partie de la terre, étant considérée toute seule, est plutôt légère que pesante.

Mais, afin d'entendre plus parfaitement en quoi consiste la nature de cette pesanteur, il faut remarquer que si tout l'espace qui est autour de la terre, et qui n'est rempli par aucune de ses parties, étoit vide, c'est-à-dire s'il n'étoit rempli que d'un corps qui ne pût aider ni empêcher les mouvements des autres corps (car c'est ce qu'on doit proprement entendre par le nom de vide), et que cependant elle ne laissât pas de tourner en vingt-quatre heures sur son essieu, ainsi qu'elle fait à présent, toutes celles de ses parties qui ne seroient point fort étroitement jointes à elle, s'en sépareroient, et s'écarteroient de tous côtés vers le ciel, en même façon que la poussière qu'on jette sur une pirouette pendant qu'elle tourne n'y peut demeurer, mais est rejetée par elle vers l'air de tous côtés ; et, si cela étoit, tous les corps terrestres pourroient être appelés légers plutôt que pesants.

22. En quoi consiste la légèreté de la matière du ciel.

Mais à cause qu'il n'y a point de vide autour de la terre, et qu'elle n'a pas de soi-même la force qui fait qu'elle tourne en vingt-quatre heures sur son essieu, mais qu'elle est emportée par le cours de la matière du ciel qui l'environne, et qui pénètre partout en ses pores, on la doit considérer comme un corps qui n'a aucun mouvement, et penser aussi que la matière du ciel ne seroit ni légère ni pesante à son regard, si elle n'avoit point d'autre agitation que celle qui la fait tourner en vingt-quatre heures avec la terre ; mais que, d'autant qu'elle en a beaucoup plus qu'il ne lui en faut pour cet effet, elle emploie ce qu'elle a de plus, tant à tourner plus vite que la terre en même sens, qu'à faire divers autres mouvements de tous côtés, lesquels ne pouvant être continués en lignes si droites qu'ils seroient si la terre ne se rencontroit point en leur chemin, non seulement ils font effort pour la rendre ronde ou sphérique, ainsi qu'il a été dit des gouttes d'eau, mais aussi cette matière du ciel a plus de force à s'éloigner du centre autour duquel elle tourne que n'ont aucunes des parties de la terre, ce qui fait qu'elle est légère à leur égard.

Et il faut remarquer que la force dont la matière du ciel tend à s'éloigner du centre de la terre, ne peut avoir son effet, si ce n'est que celles de ses parties qui s'en éloignent montent en la place de quelques parties terrestres qui descendent au même temps en la leur : car, d'autant qu'il n'y a aucun espace autour de la terre qui ne soit rempli de sa matière, ou bien de celle du ciel, et que toutes les parties du second élément qui composent celles du ciel ont pareille force, elles ne se chassent point l'une l'autre hors de leurs places; mais, parceque la même force n'est pas en la terre, lorsqu'il se trouve quelqu'une de ses parties plus éloignée de son centre que ne sont des parties du ciel qui peuvent monter en sa place, il est certain qu'elles y doivent monter, et par conséquent la faire descendre en la leur. Ainsi chacun des corps qu'on nomme pesants n'est pas poussé vers le centre de la terre par toute la matière du ciel qui l'environne, mais seulement par les parties de cette matière qui montent en sa place lorsqu'il descend, et qui par conséquent sont toutes en-

23.
Que c'est la légèreté de cette matière du ciel qui rend les corps terrestres pesants.

semble justement aussi grosses que lui. Par exemple, si B est un corps terrestre dont les parties soient plus serrées que celles de l'air qui l'environne, en sorte que ses pores contiennent moins de la matière du ciel que ceux de la portion de cet air qui doit monter en sa place en cas qu'il descende, il est évident que ce qu'il y a de plus de la matière du ciel en cette portion d'air qu'en ce corps B, tendant à s'éloigner du centre de la terre, a la force de faire qu'il s'en approche, et ainsi de lui donner la qualité qu'on nomme sa pesanteur.

24. De combien les corps sont plus pesants les uns que les autres.

Mais, afin de pouvoir exactement calculer combien est grande cette pesanteur, il faut considérer qu'il y a quelque quantité de matière céleste dans les pores de ce corps B, laquelle ayant autant de force qu'une pareille quantité de celle qui est dans les pores de la portion d'air qui doit monter en sa place, fait qu'il n'y a que le surplus qui doive être compté, et que tout de même il y a quelque quantité de la matière du troisième élément en cette portion d'air, laquelle doit aussi être rabattue avec une égale quantité de celle qui compose le corps A; si bien que toute la pesanteur de ce corps consiste en ce que le reste de la matière subtile qui est en cette portion d'air a plus de force à s'éloigner du centre de la terre que le reste de la matière terrestre qui le compose.

Et, afin de ne rien oublier, il faut prendre garde que, par la matière céleste ou subtile, je n'entends pas seulement celle du second élément, mais aussi ce qu'il y a du premier mêlé entre ses parties : et même, outre cela, qu'on y doit comprendre en quelque façon les parties du troisième qui sont emportées par le cours de cette matière du ciel plus vite que toute la masse de la terre, et toutes celles qui composent l'air sont de ce nombre. Il faut aussi prendre garde que ce qu'il y a du premier élément, en ce que je comprends sous le nom de matière subtile, a plus de force à s'éloigner du centre de la terre qu'une pareille quantité du second, à cause qu'elle se meut plus vite ; et par la même raison, que le second élément a plus de force qu'une pareille quantité des parties du troisième qui composent l'air, et qu'elles meuvent avec soi ; ce qui est cause que la pesanteur seule ne suffit pas pour faire connoître combien il y a de matière terrestre en chaque corps. Et il se peut faire que, bien que, par exemple, une masse d'or soit vingt fois plus pesante qu'une quantité d'eau de même grosseur, elle ne contienne pas néanmoins vingt fois plus de matière, mais quatre ou cinq fois seulement, parcequ'il en faut autant soustraire de l'eau que de l'or, à cause de l'air dans lequel on les pèse, puis aussi parceque les parties terrestres de l'eau, et généralement de toutes les

25.
Que leur pesanteur n'a pas toujours même rapport avec leur matière.

liqueurs, ainsi qu'il a été dit de celles de l'air, ont quelque mouvement qui, s'accordant avec ceux de la matière subtile, empêche qu'elles ne soient si pesantes que celles des corps durs.

26. Pourquoi les corps pesants n'agissent point lorsqu'ils ne sont qu'entre leurs semblables.

Il faut aussi se souvenir que tous les mouvements sont circulaires, au sens qui a été ci-dessus expliqué; d'où il suit qu'un corps ne peut être porté en bas par la force de sa pesanteur si au même instant un autre corps qui occupe autant d'espace, et soit toutefois moins pesant, ne monte en haut : et cela est cause que les plus hautes parties de l'eau, ou d'une autre liqueur qui est contenue en un vase, tant grand et tant profond qu'il puisse être, n'agissent point contre les plus basses, et même que chaque endroit du fond de ce vase n'est pressé que par autant de parties de cette liqueur qu'il y en a qui sont directement posées sur lui. Par exemple, en la cuve ABC [1], la goutte d'eau marquée 1 n'est point poussée par les autres 2,3,4, qui sont au-dessus, d'autant que si celles-ci descendoient, il ne pourroit y avoir que d'autres gouttes d'eau, telles que 5,6,7, qui montassent en leur place, et parceque celles-ci ne sont pas moins pesantes, elles les tiennent en balance, au moyen de quoi elles les empêchent de se pousser l'une l'autre; et toutes les gouttes d'eau qui sont en la ligne droite 1,2,3,4 pressent ensemble la partie du fond de

[1] Voyez planche VII, figure 2.

la cuve qui est marquée B, parceque si B descendoit, toutes ces gouttes pourroient aussi descendre au même instant, et faire monter en leur place, par le dehors de la cuve, les parties d'air 8,9 ou semblables, qui sont plus légères. Mais cette partie B n'est pressée que par le petit cylindre d'eau 1,2,3,4 dont elle est la base, parcequ'en cas qu'elle commence à descendre, il ne peut y avoir que l'eau de ce cylindre 1,2,3,4 (ou une autre pareille quantité) qui la suive au même instant. Et la considération de ceci peut servir à rendre raison de plusieurs particularités qu'on remarque touchant les effets de la pesanteur, et qui semblent fort admirables à ceux qui n'en savent pas les vraies causes.

Au reste il faut remarquer que, encore que les parties du ciel se meuvent en plusieurs diverses façons en même temps, elles s'accordent néanmoins à se balancer et à s'opposer l'une à l'autre, en telle sorte qu'elles étendent également leur action vers tous les côtés où elles peuvent l'étendre; et ainsi que de cela seul que la masse de la terre par sa dureté répugne à leurs mouvements, elles tendent toutes à s'éloigner également de tous côtés de son voisinage, suivant les lignes droites tirées de son centre, si ce n'est qu'il y ait des causes particulières qui mettent en cela quelque diversité; et je puis bien concevoir deux ou trois

27. Pourquoi c'est vers le centre de la terre qu'ils tendent.

telles causes, mais je n'ai encore su faire aucune expérience qui m'assure si leurs effets sont sensibles ou non.

<small>28.
Et la troisième action, qui est la lumière, comment elle agite les parties de l'air.</small>

Quant à la lumière, qui est la troisième action que nous avons ici à considérer, je pense avoir déjà ci-dessus assez expliqué sa nature ; il reste seulement à remarquer que, bien que tous ses rayons viennent en même façon du soleil, et ne fassent autre chose que presser en ligne droite les corps qu'ils rencontrent, ils causent néanmoins divers mouvements dans les parties du troisième élément dont la plus haute région de la terre est composée, parceque ces parties étant mues aussi par d'autres causes, ne se présentent pas toujours à eux de même sorte. Par exemple, si AB[1] est une de ces parties du troisième élément, appuyée sur une autre marquée C, et qui en a plusieurs autres, comme DEF, au-dessus d'elle, il est aisé à entendre que les rayons du soleil qui viennent de GG peuvent maintenant être moins empêchés par l'interposition de ces autres de presser celle de ses extrémités qui est marquée A, que de presser celle qui est marquée B, de façon qu'ils la doivent faire baisser davantage ; et que, incontinent après, ces parties DEF changeant de situation, à cause qu'elles sont mues par la matière du ciel qui coule autour d'elles, il arrivera qu'elles empêcheront moins

---

[1] Voyez planche VII, figure 3.

les rayons du soleil de presser B que A; ce qui doit donner à cette partie terrestre AB un mouvement tout contraire au précédent : et il en est de même de toutes les autres, ce qui fait qu'elles sont continuellement agitées çà et là par la lumière du soleil[1].

Or c'est une telle agitation des petites parties des corps terrestres, qu'on nomme en eux la chaleur (soit qu'elle ait été excitée par la lumière du soleil, soit par quelque autre cause), principalement lorsqu'elle est plus grande que de coutume, et qu'elle peut mouvoir assez fort les nerfs de nos mains pour être sentie; car cette dénomination de chaleur se rapporte au sens de l'attouchement. Et on peut ici remarquer la raison pourquoi la chaleur qui a été produite par la lumière demeure par après dans les corps terrestres, encore que cette lumière soit absente, jusques à ce que quelque autre cause l'en ôte : car elle ne consiste qu'au mouvement des petites parties de ces corps, et ce mouvement étant une fois excité en elles y doit demeurer (suivant les lois de la nature) jusques à ce qu'il puisse être transféré à d'autres corps.

29. Explication de la quatrième action, qui est la chaleur; et pourquoi elle demeure après la lumière qui l'a produite.

On doit aussi remarquer que les parties terrestres qui sont ainsi agitées par la lumière du soleil, en agitent d'autres qui sont sous elles, et que

30. Comment elle pénètre dans les corps qui ne sont point transparents.

[1] Voyez planche VII, figure 4.

celles-ci en agitent encore d'autres qui sont plus bas, et ainsi de suite; en sorte que, bien que les rayons du soleil ne passent point plus avant que jusques à la première superficie des corps terrestres qui sont opaques ou obscurs, toutefois, à cause qu'il y a toujours une moitié de la terre qui est échauffée par le soleil en même temps, sa chaleur parvient jusques aux plus basses parties du troisième élément qui composent sa seconde ou moyenne région.

<small>31. Pourquoi elle a coutume de dilater les corps où elle est, et pourquoi elle en condense aussi quelques uns.</small>

Enfin, on doit remarquer que cette agitation des petites parties des corps terrestres est ordinairement cause qu'elles occupent plus d'espace que lorsqu'elles sont en repos, ou bien qu'elles sont moins agitées : dont la raison est qu'ayant des figures irrégulières, elles peuvent être mieux agencées l'une contre l'autre lorsqu'elles retiennent toujours une même situation, que lorsque leur mouvement la fait changer; et de là vient que la chaleur raréfie presque tous les corps terrestres, les uns toutefois plus que les autres, selon la diversité des figures et des arrangements de leurs parties; en sorte qu'il y en a aussi quelques uns qu'elle condense, parceque leurs parties s'arrangent mieux et s'approchent davantage l'une de l'autre étant agitées que ne l'étant pas, ainsi qu'il a été dit de la glace et de la neige dans les Météores.

Après avoir remarqué les diverses actions qui peuvent causer quelques changements en l'ordre des petites parties de la terre, si nous considérons derechef cette terre comme étant tout nouvellement descendue vers le soleil, et ayant sa plus haute région composée des parties du troisième élément, qui sont entassées l'une sur l'autre, sans être fort étroitement liées ou jointes ensemble, en sorte qu'il y a parmi elles beaucoup de petits espaces qui sont remplis de parties du second élément, un peu plus petites que celles qui composent, non seulement les endroits du ciel par où elle passe en descendant, mais aussi celui où elle s'arrête autour du soleil, il nous sera aisé de juger que ces petites parties du second élément doivent quitter leurs places à ces plus grosses, et que celles-ci, entrant avec impétuosité en ces places qui sont un peu trop étroites pour les recevoir, poussent les parties terrestres qu'elles rencontrent en leur chemin, les faisant par ce moyen descendre au-dessous des autres; et que ce sont principalement les plus grosses qu'elles font ainsi descendre, parceque la pesanteur de ces plus grosses leur aide à cet effet, et que ce sont celles qui empêchent le plus leurs mouvements; et d'autant que ces parties terrestres ainsi poussées au-dessous des autres ont des figures fort irrégulières et diverses, elles se pressent, s'accrochent et se

32. Comment la troisième région de la terre a commencé à se diviser en deux divers corps.

joignent bien plus étroitement que celles qui demeurent plus haut, ce qui est cause qu'elles interrompent aussi le cours de la matière du ciel qui les pousse. Et ainsi la plus haute région de la terre ayant été auparavant comme elle est représentée vers A, est par après divisée en deux corps fort différents, tels que sont B et C, dont le plus haut B est rare, liquide et transparent, et l'autre, à savoir C, est à comparaison de lui fort solide, dur et opaque.

33. Qu'il y a trois divers genres de parties terrestres.

On pourra facilement aussi juger qu'il s'est dû encore former un troisième corps entre B et C, pourvu qu'on considère que, bien que les parties du troisième élément qui composent cette plus haute région de la terre aient une infinité de figures fort irrégulières et diverses, ainsi qu'il a été dit ci-dessus, elles se réduisent toutefois à trois genres principaux, dont le premier comprend toutes celles qui ont des figures fort empêchantes, et dont les extrémités s'étendent diversement çà et là, ainsi que des branches d'arbres, ou choses semblables, et ce sont principalement les plus grosses de ceux qui appartiennent à ce genre, qui, ayant été poussées en bas par l'action de la matière du ciel, se sont accrochées les unes aux autres et ont composé le corps C. Le second genre contient toutes celles qui ont quelque figure qui les rend plus massives et solides que les précédentes; et il n'est pas besoin pour cela qu'elles soient parfaitement rondes ou carrées, mais elles peuvent avoir toutes les diverses figures qu'ont des pierres qui n'ont jamais été taillées, et les plus grosses de ce genre ont dû se joindre au corps C, à cause de la pesanteur, mais les plus petites sont demeurées vers B entre les intervalles de celles du premier genre. Le troisième est de celles qui étant longues et menues, ainsi que des joncs ou des bâtons, ne sont point embarrassantes comme les premières, ni massives comme les secondes, et elles se mêlent aussi bien que ces secondes dans les corps B et C; mais, parcequ'elles ne s'y attachent point, elles en peuvent aisément être tirées.

Ensuite de quoi il est raisonnable de croire que, lorsque les parties du premier genre dont le corps C est composé ont commencé à se joindre, plusieurs de celles du troisième ont été mêlées parmi elles; mais que, lorsque l'action de la matière du ciel les a par après davantage pressées, ces parties du troisième genre sont sorties du corps C, et se sont assemblées au-dessus vers D, où elles ont composé un corps fort différent des deux précédents B et C, en même façon que, lorsqu'on marche sur la terre d'un marais, la seule force dont on la presse avec les pieds suffit pour faire qu'il sorte de l'eau de ses pores, et que toutes les parties de cette eau s'assemblent en un corps qui couvre sa superficie.

<small>34. Comment il s'est formé un troisième corps entre les deux précédents.</small>

358 LES PRINCIPES DE LA PHILOSOPHIE.

Il est aussi fort raisonnable de croire que, pendant que ces parties du troisième genre sont montées de C vers D, il en est descendu d'autres de B, tant de ce même genre que du second, lesquelles ont augmenté ces deux corps C et D.

<small>35.
Que ce corps ne s'est composé que d'un seul genre de parties.</small>

Or, encore qu'il y ait eu au commencement plusieurs parties du second genre, aussi bien que de celles du troisième, mêlées avec celles du premier, qui composoient le corps C, il est toutefois à remarquer que ces parties du second genre n'ont pu sortir si facilement de ce corps (lorsqu'il a été davantage pressé) que celles du troisième; ou bien, si quelques unes en sont sorties, qu'elles y sont rentrées par après plus facilement : dont la raison est que celles du troisième genre ayant plus de superficie, à raison de la quantité de leur matière, ont eté plus aisément chassées hors de ce corps C par la matière du ciel qui coule en ses pores; et à cause qu'elles sont longues, elles se sont couchées de travers sur sa superficie, après être sorties de ses pores, de façon qu'elles n'ont pu y rentrer comme ont fait celles du second.

<small>36.
Que toutes les parties de ce genre se sont réduites à deux espèces.</small>

Ainsi plusieurs parties du troisième genre se sont assemblées vers D, et bien qu'elles n'aient peut-être pas été d'abord toutes égales, ni entièrement semblables, elles ont toutefois eu cela de commun, qu'elles n'ont pu s'attacher les unes aux autres, ni à aucuns autres corps, et qu'elles ont suivi le cours de la matière du ciel qui couloit autour d'elles ; car c'est cela qui a été cause qu'elles se sont assemblées vers D. Et parceque la matière du ciel qui est là parmi elles n'a cessé de les agiter, et de faire qu'elles s'entre-suivent et succèdent à la place l'une de l'autre, elles ont dû, par succession de temps, devenir fort unies et glissantes, et à peu près d'égale grosseur, afin de pouvoir remplir les mêmes places ; en sorte qu'elles se sont toutes réduites à deux espèces, à savoir celles qui étoient au commencement les plus grosses sont demeurées toutes droites sans se plier, et les autres qui étoient assez petites pour être pliées par l'agitation de la matière du ciel se sont entortillées autour de ces plus grosses, et se sont mues conjointement avec elles. Or ces deux espèces de parties, dont les unes sont pliantes et les autres ne le sont pas, ont pu continuer plus aisément à se mouvoir, étant ainsi mêlées ensemble, qu'elles n'auroient pu faire étant séparées ; ce qui est cause qu'elles ne se sont point réduites à une seule espèce. Et bien qu'au commencement il y en ait eu de plus et de moins flexibles ou inflexibles par degrés, toutefois, parceque celles qui ont pu d'abord être pliées par l'action de la matière du ciel ont toujours continué par après à être pliées et repliées en diverses façons par cette même action, elles sont toutes devenues fort flexibles, ainsi que des petites anguilles ou des bouts de cordes, qui sont si courts qu'ils ne se nouent point les uns aux autres. Et, au contraire, celles qui n'ont point été pliées d'abord ne l'ont pu être aussi par après ; ce qui fait qu'elles sont toutes fort roides et inflexibles.

<small>37. Comment le corps marqué C s'est divisé en plusieurs autres.</small>

Et il faut ici remarquer que le corps D a commencé à être séparé des deux autres B et C avant qu'ils fussent entièrement formés, c'est-à-dire avant que C fût devenu si dur que la matière du ciel ne pût serrer davantage ses parties, ni les faire descendre plus bas ; et aussi avant que les parties du corps B fussent toutes réduites à tel ordre que cette matière du ciel pût librement passer de tous côtés parmi elles en lignes droites. De façon qu'il y a eu encore plusieurs parties de ce corps B qu'elle a fait descendre, quelques unes desquelles ont été plus solides que celles qui composent le corps D, et les autres l'ont été moins. Or, pour celles qui l'ont été davantage, elles ont facilement passé au travers de ce corps D, parce qu'il est liquide ; et, descendant jusques à C, quelques unes sont entrées dans ses pores, et les autres, dont la grosseur ou la figure ne l'a pas permis, sont demeurées sur sa superficie ; et ainsi le corps C a été divisé en plusieurs diverses régions, selon les diverses espèces de parties qui l'ont composé, et leurs divers arrangements ; en sorte qu'il y a même peut-être quelques unes de ces régions où il est entièrement fluide, à cause qu'il ne s'y est assemblé que des parties de telles figures, qu'elles ne se peuvent attacher les unes aux autres. Mais il est impossible d'expliquer tout.

Quant aux parties du troisième élément qui ont été poussées hors du corps B par l'action de la matière du ciel, et qui étoient moins solides que celles du corps D, elles ont dû demeurer au-dessus de sa superficie; et d'autant que plusieurs avoient des figures irrégulières, ainsi que sont celles des branches d'arbres, ou semblables, elles se sont peu à peu entrelacées et attachées les unes aux autres, en sorte qu'elles ont composé le corps E, qui est dur et fort différent des deux liquides B et D, entre lesquels il est. Et bien que ce corps E n'ait eu au commencement que fort peu d'épaisseur, et qu'il n'ait été que comme une petite peau ou écorce qui couvroit la superficie du corps D, il a dû devenir peu à peu plus épais, à cause qu'il y a eu beaucoup de parties qui se sont jointes à lui, tant de celles qui sont descendues du corps B, que de celles qui sont montées de D, en la façon que je dirai aux deux articles suivants. Et parceque les actions de la lumière et de la chaleur ont contribué à faire monter et descendre ces parties du troisième élément qui se sont join-

38. Comment il s'est formé un quatrième corps au-dessus du troisième.

tes au corps E, celles qui s'y sont jointes en chaque lieu durant l'été ou durant le jour ont été autrement disposées que celles qui s'y sont jointes l'hiver ou la nuit; ce qui a mis quelque distinction entre les parties de ce corps, en sorte qu'il est maintenant composé de plusieurs couches de matière qui sont comme autant de petites peaux étendues l'une sur l'autre.

39. Comment ce quatrième corps s'est accru, et le troisième s'est purifié.

Or il n'a pas été besoin de beaucoup de temps pour diviser la plus haute région de la terre en deux corps tels que B et C, ni pour assembler vers D les parties du troisième, ni même pour commencer vers E la première couche du quatrième : mais ce ne peut avoir été qu'en plusieurs années que toutes les parties du corps D se sont réduites aux deux espèces tantôt décrites, et que toutes les couches du corps E se sont achevées, parcequ'au commencement il n'y a eu aucune raison qui ait empêché que les parties du troisième élément qui s'assembloient vers D ne fussent quelque peu plus longues ou plus grosses les unes que les autres; et même elles ont pu avoir diverses figures en leur longueur, et être plus grosses par un bout que par l'autre, et enfin avoir des superficies qui n'étoient pas tout-à-fait glissantes et polies, mais quelque peu rudes et inégales, pourvu qu'elles ne l'aient point tant été que cela les ait empêchées de se séparer des corps C ou E; mais parcequ'elles n'étoient pas jointes l'une à l'autre, et que la matière du ciel qui couloit autour d'elles ne cessoit de les agiter, elles ont dû, en s'entre-suivant, et passant toutes par les mêmes chemins, devenir fort glissantes et unies, et se réduire aux deux espèces de figures que j'ai décrites : ou bien celles qui n'ont pu s'y réduire ont dû sortir de ce corps D; et si elles ont été plus solides que celles qui y demeuroient, elles sont descendues vers C; mais celles qui l'ont été moins sont montées en haut, dont la plupart se sont arrêtées entre B et D, où elles ont servi de matière pour augmenter le corps E.

Car, pendant le jour et l'été, la lumière et la chaleur du soleil, qui agissoient conjointement contre toute une moitié du corps D[1], augmentoient tellement l'agitation des petites parties de cette moitié qu'elles ne pouvoient être contenues en si peu d'espace qu'auparavant; de façon que, se trouvant enfermées entre les deux corps durs C et E, plusieurs étoient contraintes de passer par les pores du corps E pour monter vers B, lesquelles par après, pendant l'hiver, descendoient derechef vers D, par le moyen de leur pesanteur, à cause que leur agitation étoit moindre. Mais plusieurs causes pouvoient les empêcher de retourner jusques à ce corps D, et faire que la plupart se joignissent au corps E : car la lumière et la cha-

40. Comment l'épaisseur de ce troisième corps s'est diminuée, en sorte qu'il est demeuré de l'espace entre lui et le quatrième corps, lequel espace s'est rempli de la matière du premier.

[1] Voyez planche VIII, figure 1.

leur, en les agitant lorsqu'elles étoient enfermées entre B et C, les incitoient bien plus à monter, que par après leur pesanteur ne les incitoit à descendre; et ainsi plusieurs se faisoient des passages au travers du corps E lorsqu'elles montoient, qui, n'y en rencontrant point en descendant, s'arrêtoient sur sa superficie, où elles servoient de matière pour l'augmenter; et même quelques unes se trouvoient tellement engagées en ses pores que, ne pouvant monter plus avant, elles fermoient le chemin à celles qui descendoient. Et, enfin, c'étoit presque toujours les plus petites, et même celles qui avoient des figures plus différentes du commun des autres, qui, pouvant être chassées du corps D par la plus ordinaire action de la matière subtile, se présentoient les premières pour monter vers E et vers B, où rencontrant les parties de ces corps elles s'attachoient quelquefois à elles, mais le plus souvent elles se divisoient et changeoient de figure, et ainsi cessoient d'être propres à composer le corps D. Ce qui est cause qu'après plusieurs années il y a eu beaucoup moins de matière en ce corps D qu'il n'y en avoit lorsque le corps E a commencé se former, et qu'il n'est demeuré en lui que celles de ses parties qui ont pu se réduire aux deux espèces que j'ai décrites; et aussi que le corps E a été assez épais et serré, d'autant que la plupart des parties qui sont sorties de D se sont arrêtées en ses pores, et ainsi l'ont rendu plus serré, ou bien, changeant de figures, et se joignant à quelques unes de celles du corps B, sont retombées sur sa superficie, et ainsi l'ont rendu plus épais. Et, enfin, cela est cause qu'il est demeuré entre D et E un espace assez grand, tel qu'est F, qui n'a pu être rempli que de la matière qui compose le corps B, en laquelle il y a eu des parties fort déliées qui ont pu aisément passer par les pores du corps E, pour entrer en la place de celles qui sont sorties du corps D.

Ainsi, encore que le corps E fût beaucoup plus massif et plus pesant que celui qui étoit vers F, et même aussi peut-être que le corps D, il a dû toutefois pendant quelque temps se soutenir au-dessus comme une voûte, à cause de sa dureté. Mais il est à remarquer que, lorsqu'il a commencé à se former, les parties du corps D, à la superficie duquel il étoit joint, ont dû se réserver en lui plusieurs pores par où elles pussent passer, à cause qu'il y en avoit continuellement plusieurs que la chaleur faisoit monter vers B durant le jour, et que leur pesanteur faisoit redescendre vers D durant la nuit; en sorte qu'elles remplissoient toujours ces pores du corps E, par lesquels elles passoient. Au lieu que, par après, commençant à y avoir quelque espace entre D et E, qui contenoit le corps F, quelques unes des parties de ce corps F

41.
Comment il s'est fait plusieurs fentes dans le quatrième corps.

sont entrées en quelques uns de ces pores du corps E; mais étant plus petites que celles du corps D, qui avoient coutume d'y être, elles ne les pouvoient entièrement remplir. Et parcequ'il n'y a aucun vide en la nature, et que la matière des deux premiers éléments achève toujours de remplir les espaces que les parties du troisième laissent autour d'elles, cette matière des deux premiers éléments entrant avec impétuosité dans ces pores avec les parties du corps F, a fait tel effort pour en élargir quelques uns que les autres qui leur étoient voisins en devenoient plus étroits; et ainsi qu'il s'est fait plusieurs fentes dans le corps E, lesquelles sont peu à peu devenues fort grandes, en même façon et pour les mêmes raisons qu'il a coutume aussi de s'en faire dans la terre des lieux marécageux lorsque les chaleurs de l'été la dessèchent.

42. Comment ce quatrième corps s'est rompu en plusieurs pièces.

Or y ayant ainsi plusieurs fentes dans le corps E, lesquelles s'augmentoient de plus en plus, elles sont enfin devenues si grandes qu'il n'a pu se soutenir plus long-temps par la liaison de ses parties, et que la voûte qu'il composoit se crevant tout d'un coup, sa pesanteur l'a fait tomber en grandes pièces sur la superficie du corps C[1]; mais parceque cette superficie n'étoit pas assez large pour recevoir toutes les pièces de ce corps en la

---

[1] Voyez planche VIII, figure 2.

même situation qu'elles avoient été auparavant, il a fallu que quelques unes soient tombées de côté, et se soient appuyées les unes contre les autres; en sorte que si, par exemple, en la partie du corps E, qui est ici représenté, les principales fentes ont été aux endroits marqués 1,2,3,4,5,6,7, et que les deux pièces 2,3 et 6,7 aient commencé à tomber un peu plus tôt que les autres, et aussi que les bouts des quatre autres marqués 2,3,5 et 6 soient tombés plus tôt que leurs autres bouts marqués 1,2 et V, et enfin que 5, l'un des bouts de la pièce 4,5, soit tombé un peu plus tôt que le V, l'un des bouts de la pièce V6, ces pièces doivent se trouver après leur chute disposées sur la superficie du corps C en la façon qu'elles paroissent en cette figure, où les pièces 2,3 et 6,7 sont couchées tout plat sur cette superficie, et les autres quatre sont penchées sur leurs côtés et se soutiennent les unes les autres.

43. Comment une partie du troisième est montée au-dessus du quatrième.

De plus, à cause que la matière du corps D est liquide et moins pesante que les pièces du corps E, elle a dû non seulement occuper tous les recoins et tous les passages qu'elle a trouvés au-dessous d'elles, mais aussi, à cause qu'elle n'y pouvoit être toute contenue, elle a dû monter en même temps au-dessus des plus basses, telles que sont 2,3, et 6,7, et par même moyen se former des passages pour entrer ou sortir du dessous des unes au-dessus des autres.

44.
Comment ont été produites les montagnes, les plaines, les mers, etc.

Ensuite de quoi, si nous pensons que les corps B et F ne sont autre chose que de l'air, que D est de l'eau, et C une croûte de terre intérieure fort solide et fort pesante de laquelle viennent tous les métaux, et enfin que E est une autre croûte de terre moins massive, qui est composée de pierres, d'argile, de sable et de limon, nous verrons clairement en quelle façon les mers se sont faites au-dessus des pièces 2,3,6;7 et semblables, et que ce qu'il y a des autres pièces qui n'est point couvert d'eau ni beaucoup plus élevé que le reste a fait des plaines; mais que ce qui a été plus élevé et fort en pente, comme 1,2 et 9,4V, a fait des montagnes; et enfin, considérant que ces grandes pièces n'ont pu tomber en la façon qui a été dite sans que leurs extrémités aient été brisées en beaucoup d'autres moindres pièces par la force de leur pesanteur et l'impétuosité de leur chute, nous verrons pourquoi il y a des rochers en quelques endroits au bord de la mer, comme 1,2, et même des écueils au dedans, comme 3 et 6; et enfin pourquoi il y a ordinairement plusieurs diverses pointes de montagnes en une même contrée, dont les unes sont fort hautes, comme vers 4, les autres le sont moins, comme vers 9 et vers V.

45.
Quelle est la nature de l'air.

On peut aussi connoître de ceci quelle est la vraie nature de l'air, de l'eau, des minéraux et de tous les autres corps qui sont sur la terre, ainsi que je tâcherai maintenant d'expliquer. Premièrement on en peut déduire que l'air n'est autre chose qu'un amas des parties du troisième élément, qui sont si déliées, et tellement détachées les unes des autres qu'elles obéissent à tous les mouvements de la matière du ciel qui est parmi elles : ce qui est cause qu'il est rare, liquide et transparent, et que les petites parties dont il est composé peuvent être de toutes sortes de figures. La raison qui me fait dire que ces parties doivent être entièrement détachées les unes des autres, est que si elles se pouvoient attacher, elles se seroient jointes avec le corps E ; mais parcequ'elles sont ainsi déjointes, chacune se meut séparément de ses voisines et retient tellement à soi tout le petit espace sphérique dont elle a besoin pour se mouvoir de tous côtés autour de son centre, qu'elle en chasse toutes les autres sitôt qu'elles se présentent pour y entrer, sans qu'il importe pour cet effet de quelles figures elles soient.

Et cela fait que l'air est aisément condensé par le froid et dilaté par la chaleur ; car ses parties étant presque toutes fort molles et flexibles, ainsi que des petites plumes ou des bouts de cordes fort déliées, chacune se doit d'autant plus étendre qu'elle est plus agitée, et par ce moyen occuper un espace sphérique d'autant plus grand ; mais, suivant ce qui a été dit de la nature de la chaleur

46.
Pourquoi il peut être facilement dilaté et condensé.

elle doit augmenter leur agitation, et le froid la doit diminuer.

47. D'où vient qu'il a beaucoup de force à se dilater étant pressé en certaines machines.

Enfin, lorsque l'air est renfermé en quelque vaisseau dans lequel on en fait entrer beaucoup plus grande quantité qu'il n'a coutume d'en contenir, cet air en sort par après avec autant de force qu'on en a employé à l'y faire entrer, dont la raison est que, lorsque l'air est ainsi pressé, chacune de ses parties n'a pas à soi seule tout l'espace sphérique dont elle a besoin pour se mouvoir, à cause que les autres sont contraintes de prendre une partie du même espace, et que retenant cependant l'agitation qu'elles avoient, à cause que la matière subtile qui continue toujours de couler autour d'elles leur fait retenir le même degré de chaleur, elles se frappent ou se poussent les unes les autres en se remuant, et ainsi s'accordent toutes ensemble à faire effort pour occuper plus d'espace qu'elles n'en ont : ce qui a servi de fondement à l'invention de diverses machines, dont les unes sont des fontaines, où l'air ainsi renfermé fait sauter l'eau tout de même que si elle venoit d'une source fort élevée ; et les autres sont comme de petits canons, qui, n'étant chargés que d'air, poussent des balles ou des flèches presque aussi fort que s'ils étoient chargés de poudre.

48. De la nature de l'eau, et

Pour ce qui est de l'eau, j'ai déjà montré comment elle est composée de deux sortes de parties, toutes deux longues et unies, dont les unes sont *pourquoi elle se change aisément en air et en glace.* molles et pliantes, et les autres sont roides et inflexibles; en sorte que, lorsqu'elles sont séparées, celles-ci composent le sel, et les autres composent l'eau douce. Et parceque j'ai assez curieusement fait voir dans les Météores comment toutes les propriétés qu'on peut remarquer dans le sel et dans l'eau douce suivent de cela seul qu'ils sont composés de telles parties, je n'ai pas besoin d'en dire autre chose, sinon qu'on y peut remarquer la suite et la liaison des choses que j'ai écrites, et comment, de ce que la terre s'est formée en la façon que je viens d'expliquer, on peut conclure qu'il y a maintenant telle proportion entre la grosseur des parties de l'eau et celle des parties de l'air, et aussi entre ces mêmes parties et la force dont elles sont mues par la matière du second élément, que lorsque cette force est quelque peu moindre qu'à l'ordinaire cela suffit pour faire que les vapeurs qui se trouvent en l'air prennent la forme de l'eau, et que l'eau prenne celle de la glace; comme au contraire, lorsqu'elle est tant soit peu plus grande, elle élève en vapeurs les plus flexibles parties de l'eau, et ainsi leur donne la forme de l'air.

J'ai aussi expliqué dans les Météores les causes des vents, par lesquels l'eau de la mer est agitée en plusieurs façons irrégulières; mais il y a encore en elle un autre mouvement, qui fait qu'elle se *49. Du flux et reflux de la mer.*

hausse et se baisse réglément deux fois le jour en chaque lieu, et que cependant elle coule sans cesse du levant vers le couchant, de quoi je tâcherai ici de dire la cause. Soit ABCD[1] la partie du premier ciel qui compose un petit tourbillon autour de la terre T, dans lequel la lune est comprise, et qui les fait mouvoir toutes deux autour de son centre, pendant qu'elle les emporte aussi autour du soleil. Et posant pour plus grande facilité que la mer 1,2,3,4 couvre toute la superficie de la terre EFGH, comme elle est aussi couverte de l'air 5,6,7,8, considérons que la lune empêche que le point T, qui est le centre de la terre, ne soit justement au même lieu que le point M, qui est le centre de ce tourbillon, et qu'elle est cause que T est un peu plus éloigné que M du point B. Dont la raison est que la lune et la terre ne se pouvant mouvoir si vite que la matière de ce tourbillon par qui elles sont emportées, si le point T n'étoit point un peu plus éloigné de B que de D, la présence de la lune empêcheroit que cette matière ne coulât si librement entre B et T qu'entre T et D; et parcequ'il n'y a rien qui détermine le lieu de la terre en ce tourbillon, sinon l'égalité des forces dont elle est pressée par lui de tous côtés, il est évident qu'elle doit un peu s'approcher vers D quand la lune est vers B, afin que

[1] Voyez planche VIII, figure 3.

la matière de ce tourbillon ne la presse point plus vers F que vers H ; tout de même, lorsque la lune est vers C, la terre se doit un peu retirer vers A ; et généralement, en quelque lieu que la lune se trouve, le centre de la terre T doit toujours être un peu plus éloigné d'elle que le centre du tourbillon M. Considérons aussi que lorsque la lune est vers B elle fait que la matière du tourbillon ABCD a moins d'espace pour couler non seulement entre B et T, mais aussi entre T et D, qu'elle n'auroit si la lune étoit hors du diamètre BD, et que par conséquent elle s'y doit mouvoir plus vite, et presser davantage les superficies de l'air et de l'eau, tant vers 6 et 2 que vers 8 et 4 ; et, ensuite, que l'air et l'eau étant des corps liquides, qui cèdent lorsqu'ils sont pressés, et s'écoulent aisément ailleurs, ils doivent avoir moins de hauteur ou profondeur sur les endroits de la terre marqués F et H, et par même moyen en avoir plus sur les endroits E et G que si la lune étoit ailleurs.

Considérons outre cela que, d'autant que la terre fait un tour sur son centre en vingt-quatre heures, sa partie marquée F, qui est maintenant vis-à-vis de B, où l'eau de la mer est fort basse, doit arriver en six heures vis-à-vis de C, où la mer est fort haute : et de plus que la lune, qui fait aussi un tour en un mois dans le tourbillon BCDA, s'avance quelque peu de B vers C, pendant les six

50. Pourquoi l'eau de la mer emploie douze heures et environ vingt-quatre minutes à monter et descendre en chaque marée.

heures que l'endroit de la terre marqué F emploie à être transporté jusques au lieu où est maintenant G; en sorte que ce point marqué F ne doit pas seulement employer six heures, mais aussi environ douze minutes de plus, pour parvenir jusques au lieu de la plus grande hauteur de la mer, qui sera pour lors un peu au-delà de G, à cause de ce que la lune se sera cependant avancée; et tout de même qu'en six autres heures et douze minutes le point de la terre marqué F sera un peu au-delà du lieu où est H, où la mer sera pour lors la plus basse. Et ainsi on voit clairement que la mer doit employer environ douze heures et vingt-quatre minutes à monter et descendre en chaque lieu.

51. Pourquoi les marées sont plus grandes lorsque la lune est pleine ou nouvelle qu'aux autres temps.

De plus il faut remarquer que ce tourbillon ABCD n'est pas exactement rond, et que celui de ses diamètres dans lequel la lune se trouve étant pleine ou nouvelle est le plus petit de tous, et celui qui le coupe à angles droits est le plus grand, ainsi qu'il a été dit ci-dessus; d'où il suit que la présence de la lune presse davantage les eaux de la mer, et les fait hausser et baisser davantage, lorsqu'elle est pleine ou nouvelle, que lorsqu'elle n'est qu'à demi pleine.

52. Pourquoi elles sont aussi plus grandes aux équi-

Il faut aussi remarquer que la lune est toujours fort proche du plan de l'écliptique, au lieu que la terre tourne sur son centre suivant le plan de

l'équateur, qui en est assez éloigné, et que ces deux plans s'entre-coupent aux lieux où se font les équinoxes, mais qu'ils sont fort éloignés l'un de l'autre en ceux des solstices. D'où il suit que c'est au commencement du printemps et de l'automne, c'est-à-dire au temps des équinoxes, que la lune agit le plus directement contre la terre, et ainsi rend les marées plus grandes. *noxes qu'aux solstices.*

Il y a encore ici à remarquer que, pendant que la terre tourne d'E par F vers G, c'est-à-dire de l'occident vers l'orient, l'enflure de l'eau 4,1,2, et celle de l'air 8,5,6, que je suppose maintenant sur l'endroit de la terre marqué E, passent peu à peu vers ses autres parties qui sont plus à l'occident; en sorte que dans six heures et douze minutes elles seront sur l'endroit de la terre marqué H, et dans douze heures et vingt-quatre minutes, sur celui qui est marqué G, et en même façon que les enflures de l'eau et de l'air marquées 2,3,4 et 6,7,8 passent de G vers F, en sorte que l'air et l'eau de la mer ont un cours continu qui les porte des parties orientales de la terre vers les occidentales. *53. Pourquoi l'eau et l'air coulent sans cesse des parties orientales de la terre vers les occidentales.*

Il est vrai que ce cours n'est pas fort rapide, mais il ne laisse pas d'être tel qu'on le peut aisément remarquer : premièrement, à cause que dans les longues navigations il faut toujours employer plus de temps lorsqu'on va vers l'orient que lors- *54. Pourquoi les pays qui ont la mer à l'orient sont ordinairement moins chauds que ceux qui* l'ont au couchant.

qu'on retourne vers l'occident; puis aussi à cause qu'il y a des détroits dans la mer où l'on voit que l'eau coule sans cesse vers le couchant; et enfin, à cause que les terres qui ont la mer vers l'orient ont coutume d'être moins échauffées par le soleil que celles qui sont en même climat et ont la mer vers l'occident. Comme on voit, par exemple, qu'il fait moins chaud au Brésil qu'en la Guinée; dont on ne peut donner autre raison, sinon que le Brésil est plus rafraîchi par l'air qui lui vient de la mer, que la Guinée par celui qui lui vient des terres qu'elle a au levant.

55. Pourquoi il n'y a point de flux et reflux dans les lacs, et pourquoi vers les bords de la mer il ne se fait pas aux mêmes heures qu'au milieu.

Enfin, il faut remarquer que, bien que la terre ne soit pas toute couverte des eaux de la mer, ainsi qu'elle est ici représentée, toutefois, à cause que celles de l'Océan l'environnent, elles doivent être mues par la lune en même façon que si elles la couvroient entièrement: mais que pour ce qui est des lacs et des étangs qui sont du tout séparés de l'Océan, d'autant qu'ils ne couvrent pas de si grandes parties de la terre qu'un côté de leur superficie soit jamais beaucoup plus pressé que l'autre par la présence de la lune, leurs eaux ne peuvent être ainsi mues par elles; et que bien que celles qui sont au milieu de l'Océan s'y haussent et baissent réglément en la façon que j'ai décrite, toutefois leur flux et reflux vient différemment et à divers temps aux divers endroits de ses bords, à cause qu'ils sont fort irréguliers, et beaucoup plus avancés en un lieu qu'en l'autre.

Et on peut de ce qui a déjà été dit déduire les causes particulières de toutes les diversités du flux et reflux, pourvu qu'on sache que, lorsque la lune est pleine ou nouvelle, les eaux qui sont au milieu de l'Océan, aux lieux les plus éloignés de ses bords, comme vers l'équateur et l'écliptique, sont le plus enflées aux endroits où il est six heures du soir ou du matin, ce qui fait qu'elles s'écoulent de là vers les bords ; et qu'elles sont au même temps le moins enflées aux lieux où il est midi ou minuit, ce qui fait qu'elles y coulent des bords vers le milieu ; et que selon que ces bords sont plus proches ou plus éloignés, et que ces eaux passent par des chemins plus ou moins droits et larges et profonds, elles y arrivent plus tôt ou plus tard, et en plus ou moins grande quantité : et aussi que les divers détours de ces chemins causés par l'interposition des îles, par les différentes profondeurs de la mer, par la descente des rivières, et par l'irrégularité des bords ou rivages, font souvent que les eaux qui vont vers un bord sont rencontrées par celles qui viennent d'un autre, ce qui avance ou retarde leur cours en plusieurs diverses façons ; et enfin qu'il peut aussi être avancé ou retardé par les vents, quelques uns desquels soufflent toujours réglément en certains lieux à

56. Comment on peut rendre raison de toutes les différences particulières des flux et reflux.

certains temps ; car je crois qu'il n'y a rien de particulier à observer touchant les flux et reflux de la mer, dont la cause ne soit comprise en ce peu que je viens de dire.

57. De la nature de la terre intérieure qui est au-dessous des plus basses eaux.

Touchant la terre intérieure marquée C, qui s'est formée au-dessous des eaux, on peut remarquer qu'elle est composée de parties de toutes sortes de figures, et qui sont si grosses que la matière du second élément n'a pas la force par son mouvement ordinaire de les emporter avec soi, comme elle emporte celles de l'air et de l'eau, mais qu'elle en a seulement assez pour les rendre pesantes, en les pressant vers le centre de la terre, et aussi pour les ébranler quelque peu, en coulant par les intervalles qui doivent être parmi elles en grand nombre, à cause de l'irrégularité de leurs figures ; et qu'elles sont aussi ébranlées, tant par la matière du premier élément qui remplit tous ceux de ces intervalles qui sont si étroits qu'aucun autre corps n'y peut entrer que par les parties de l'eau, de l'air et de la terre extérieure qui s'est formée au-dessus de l'eau, lesquelles descendent souvent dans les plus grands de ces intervalles, et agitent si fort quelques parties de la terre intérieure qu'elles les détachent des autres, et les font par après monter avec elles : car il est aisé à juger que les plus hautes parties de cette terre intérieure C doivent être véritablement fort entrelacées, et fermement jointes les unes aux autres, parceque ce sont elles qui ont été les premières à soutenir l'effort et rompre le cours de la matière subtile qui passoit en lignes droites par les corps B et D, pendant que C se formoit; mais que néanmoins étant assez grosses, et ayant des figures fort irrégulières, elles n'ont pu s'ajuster si bien l'une à l'autre qu'il ne soit demeuré parmi elles plusieurs espaces assez grands pour donner passage à quelques unes des parties terrestres qui étoient au-dessus, comme particulièrement à celles du sel et de l'eau douce : mais que les autres parties de ce corps C, qui étoient au-dessous de ces plus hautes, n'ont point été si fermement jointes, ce qui est cause qu'elles ont pu être séparées par les parties du sel ou autres semblables qui venoient vers elles.

Et même il y a eu peut-être quelque endroit au-dedans ou bien au-dessous de ce corps C, où il s'est assemblé plusieurs de ces parties qui ont des figures si unies et si glissantes, qu'encore que leur pesanteur soit cause qu'elles s'appuient l'une sur l'autre, en sorte que la matière du second élément ne coule pas librement de tous côtés autour d'elles, ainsi qu'elle fait autour de celles de l'eau, elles ne sont toutefois aucunement attachées l'une à l'autre, mais sont continuellement mues, tant par la matière du premier élément qui remplit tous les

58.
De la nature de l'argent vif.

intervalles qu'elles laissent autour d'elles, que par les plus petites du second qui peuvent aussi passer par quelques uns de ces intervalles, au moyen de quoi elles composent une liqueur qui, étant beaucoup plus pesante que l'eau, et n'étant aucunement transparente comme elle, a la forme de l'argent vif.

<small>59.
Des inégalités de la chaleur qui est en cette terre intérieure.</small>

Outre cela, on doit remarquer que, comme nous voyons que les taches qui s'engendrent journellement autour du soleil ont des figures fort irrégulières et diverses, ainsi la moyenne région de la terre marquée M, qui est composée de même matière que ces taches, n'est pas également solide partout, mais qu'il y a en elle quelques endroits où ses parties sont moins serrées qu'aux autres; ce qui fait que la matière du premier élément, qui vient du centre de la terre vers le corps C, passe par quelques endroits de cette moyenne région en plus grande quantité que par les autres, et ainsi a plus de force pour agiter ou ébranler les parties de ce corps C, qui sont au-dessus de ces endroits-là. On doit aussi remarquer que la chaleur du soleil, qui, comme il a été dit ci-dessus, pénètre jusques aux plus intérieures parties de la terre, n'agit pas également contre tous les endroits de ce corps C, parcequ'elle lui est plus abondamment communiquée par les parties de la terre extérieure E qui le touchent, que par les eaux D; et que les côtés des montagnes qui sont exposés au midi sont beaucoup plus échauffés par le soleil que ceux qui regardent les poles; et enfin que les terres situées vers l'équateur sont autrement échauffées que celles qui en sont fort loin, et que la vicissitude, tant des jours et des nuits que des étés et des hivers, cause aussi en cela de la diversité.

Ensuite de quoi il est évident que toutes les petites parties de ce corps C ont toujours quelque agitation, laquelle y est inégale, selon les lieux et les temps; et ceci ne doit pas seulement être entendu des parties de l'argent vif, ou de celles du sel et de l'eau douce, et autres semblables, qui sont descendues de la terre extérieure E dans les plus grands pores de l'intérieure C, où elles ne sont aucunement attachées; mais aussi de toutes celles de cette terre intérieure, tant dures et fermement jointes les unes aux autres qu'elles puissent être; non pas que ces parties ainsi jointes aient coutume d'être entièrement séparées par l'action de la chaleur; mais comme nous voyons que le vent agite les branches des arbres, et fait qu'elles s'approchent et se reculent quelque peu les unes des autres, sans pour cela être arrachées ni rompues, ainsi on doit penser que la plupart des parties du corps C ont diverses branches, tellement entrelacées et liées ensemble que la chaleur, en les ébran-

60. Quel est l'effet de cette chaleur.

lant, ne les peut pas entièrement déjoindre, mais seulement faire que les intervalles qui sont parmi elles deviennent tantôt plus étroits et tantôt plus larges. Et que d'autant qu'elles sont beaucoup plus dures que les parties des corps D et E, qui descendent en ces intervalles quand ils s'élargissent, elles les pressent lorsqu'ils deviennent plus étroits; et les frappant à diverses reprises, elles les froissent ou les plient en telle façon qu'elles les réduisent à deux genres de figures qui méritent d'être ici considérés.

61. Comment s'engendrent les sucs aigres ou corrosifs qui entrent en la composition du vitriol, de l'alun, et autres tels minéraux.

Le premier genre vient des parties du sel, ou autres semblables, assez dures et solides, qui, étant engagées dans les pores du corps C, y sont tellement pressées et agitées, qu'au lieu qu'elles ont été auparavant rondes et roides, ainsi que des petits bâtons, elles deviennent plates et pliantes, en même façon qu'une verge de fer ou d'autre métal se change en une lame à force d'être battue à coups de marteau. Et de plus, ces parties des corps D ou E, ainsi aplaties, en se glissant çà et là contre celles du corps C, qui les surpassent en dureté, s'y aiguisent et s'y polissent en telle sorte que, devenant tranchantes et pointues, elles prennent la forme de certains sucs aigres et corrosifs, qui, montant par après vers le corps E, où sont les mines, composent du vitriol, de l'alun, ou d'autres minéraux, selon qu'ils se mêlent en se congelant avec des métaux, ou des pierres, ou d'autres matières.

L'autre genre vient des parties des corps D et E, qui, étant moins dures que les précédentes, sont tellement froissées dans les pores du corps C par l'agitation de ses parties, qu'elles se divisent en plusieurs branches fort déliées et flexibles, qui étant écartées les unes des autres par la matière du premier élément, et emportées vers le corps E, s'attachent à quelques unes de ses parties, et par ce moyen composent le soufre, le bitume, et généralement toutes les matières grasses ou huileuses qui sont dans les mines.

<small>62. Comment s'engendre la matière huileuse qui entre en la composition du soufre, du bitume, etc.</small>

J'ai donc ici expliqué trois sortes de corps qui me semblent avoir beaucoup de rapport avec ceux que les chimistes ont coutume de prendre pour leurs trois principes, et qu'ils nomment le sel, le soufre et le mercure : car on peut prendre ces sucs corrosifs pour leur sel, ces petites branches qui composent une matière huileuse pour leur soufre, et le vif argent pour leur mercure : et mon opinion est que la vraie cause qui fait que les métaux viennent dans les mines est que ces sucs corrosifs coulant çà et là dans les pores du corps C font que quelques unes de ses parties se détachent des autres, lesquelles par après se trouvant enveloppées et comme revêtues des petites branches de la matière huileuse, sont facilement poussés de C vers E

<small>63. Des principes de la chimie, et de quelle façon les métaux viennent dans les mines.</small>

par les parties de l'argent vif, lorsqu'il est agité et raréfié par la chaleur ; et selon les diverses grandeurs et figures qu'ont ces parties du corps C, elles composent diverses espèces de métaux, lesquelles j'aurois peut-être ici plus particulièrement expliquées si j'avois eu la commodité de faire toutes les expériences qui sont requises pour vérifier les raisonnements que j'ai faits sur ce sujet.

64. De la nature de la terre extérieure, et de l'origine des fontaines.

Mais, sans nous arrêter à cela davantage, commençons à examiner la terre extérieure E, que nous avons déjà dit être divisée en plusieurs pièces dont les plus basses sont couvertes de l'eau de la mer, les plus hautes font les montagnes, et celles qui sont entre deux font les plaines ; et voyons maintenant quelles y sont les sources des fontaines et des rivières, et pourquoi elles ne s'épuisent jamais, bien que leurs eaux ne cessent de couler dans la mer, comme aussi pourquoi toutes ces eaux douces qui vont dans la mer ne la rendent point plus grande ni moins salée. A cet effet il faut considérer qu'il y a de grandes concavités pleines d'eau sous les montagnes, d'où la chaleur élève continuellement plusieurs vapeurs, lesquelles n'étant autre chose que des petites parties d'eau séparées l'une de l'autre et fort agitées se glissent en tous les pores de la terre extérieure, et ainsi parviennent jusques aux plus hautes superficies des plaines et des montagnes. Car, puisque nous voyons quelques unes de ces vapeurs passer bien loin au-delà jusque dans l'air, où elles composent les nues, nous ne pouvons douter qu'il n'y en ait davantage qui montent jusques aux sommets des montagnes, à cause qu'il leur est plus aisé de s'élever en coulant entre les parties de la terre qui aide à les soutenir, qu'en passant par l'air qui, étant fluide, ne les peut soutenir en même façon ; de plus, il faut considérer que lorsque ces vapeurs sont parvenues vers le haut des montagnes, et qu'elles ne se peuvent élever davantage, à cause que leur agitation diminue, leurs petites parties se joignent plusieurs ensemble; et que, reprenant par ce moyen la forme de l'eau, elles ne peuvent descendre par les pores par où elles sont montées, à cause qu'ils sont trop étroits, mais qu'elles rencontrent d'autres passages un peu plus larges entre les diverses croûtes ou écorces dont j'ai dit que la terre extérieure est composée, par lesquels elles se vont rendre dans les fentes que j'ai dit aussi se trouver en cette terre extérieure ; et les remplissant, elles font des sources qui demeurent cachées sous terre jusques à ce qu'elles rencontrent quelques ouvertures en sa superficie, et sortant par ces ouvertures elles composent des fontaines dont les eaux, coulant par le penchant des vallées, s'assemblent en rivières et descendent enfin jusques à la mer.

65.
Pourquoi l'eau de la mer ne croît point de ce que les rivières y entrent.

Or, encore qu'il sorte ainsi continuellement beaucoup d'eau des concavités qui sont sous les montagnes, d'où étant élevée elle coule par les rivières jusques à la mer, toutefois ces concavités ne s'épuisent point, et la mer n'en devient point plus grande : dont la raison est que la terre extérieure n'a pu être formée en la façon que j'ai décrite par le débris du corps E dont les pièces sont tombées inégalement sur la superficie du corps C, qu'il ne soit demeuré plusieurs grands passages au-dessous de ces pièces, par où il retourne autant des eaux de la mer vers le bas des montagnes qu'il en sort par le haut qui va dans la mer ; de façon que le cours de l'eau en cette terre imite celui du sang dans le corps des animaux, où il fait un cercle, en coulant sans cesse fort promptement de leurs veines dans leurs artères, et de leurs artères dans leurs veines.

66.
Pourquoi l'eau de la plupart des fontaines est douce, et la mer demeure salée.

Et, bien que la mer soit salée, toutefois la plupart des fontaines ne le sont point : dont la raison est que les parties de l'eau de la mer qui sont douces, étant molles et pliantes, se changent aisément en vapeurs, et passent par les chemins détournés qui sont entre les petits grains de sable et les autres telles parties de la terre extérieure ; au lieu que celles qui composent le sel étant dures et roides, sont plus difficilement élevées par la chaleur, et ne peuvent passer par les pores de la terre, si ce n'est qu'ils soient plus larges qu'ils n'ont coutume d'être. Et les eaux de ces fontaines en s'écoulant dans la mer ne la rendent point douce, à cause que le sel qu'elles y ont laissé en s'élevant en vapeurs dans les montagnes se mêle derechef avec elles.

Mais nous ne devons pas pour cela trouver étrange qu'il se rencontre aussi quelques sources d'eau salée en des lieux fort éloignés de la mer : car la terre s'étant entre-fendue en plusieurs endroits, ainsi qu'il a été dit, il se peut faire que l'eau de la mer vient jusques aux lieux où sont ces sources sans passer que par des conduits qui sont si larges qu'elle amène facilement son sel avec soi, non seulement lorsque ces conduits se rencontrent en des puits si profonds qu'elles ne sont pas moins basses que l'eau de la mer, auquel cas elles participent ordinairement à son flux et reflux, mais aussi lorsqu'elles sont beaucoup plus hautes, à cause que les parties du sel étant soutenues par la pente de ces conduits, peuvent monter avec celles de l'eau douce : comme on voit par expérience, en faisant chauffer de l'eau de mer dans une cuve telle que ABC, qui est plus large par le haut que par le bas, qu'il s'élève du sel le long de ses bords, lequel s'y attache de tous côtés en forme de croûte, pendant que l'eau douce qui l'accompagnoit s'évapore.

67. Pourquoi il y a aussi quelques fontaines dont l'eau est salée.

68.
Pourquoi il y a des mines de sel en quelques montagnes.

Et cet exemple sert aussi à entendre comment il s'est assemblé quantité de sel en certaines montagnes, dont on le tire en forme de pierres pour s'en servir ainsi que de celui qui se fait de l'eau de la mer : car cela vient de ce que les parties de l'eau douce qui ont amené du sel de la mer jusque là ont passé outre en s'évaporant, et qu'il ne les a pu suivre plus loin.

69.
Pourquoi, outre le sel commun, on en trouve aussi de quelques autres espèces.

Mais il arrive aussi quelquefois que le sel qui vient de la mer passe par des pores de la terre si étroits, ou tellement disposés, qu'ils changent quelque chose en la figure de ses parties, au moyen de quoi il perd la forme du sel commun, et prend celle du salpêtre, du sel ammoniac, ou de quelque autre espèce de sel. Et outre cela, plusieurs des petites parties de la terre, sans être venues de la mer, peuvent être de telles figures qu'elles entrent en la composition de ces sels : car rien n'est requis à cet effet, sinon qu'elles soient assez longues et roides, sans être divisées en branches ; et selon les autres différences qu'elles ont elles composent des sels de diverses espèces.

70.
Quelle différence il y a ici entre les vapeurs, les esprits et les exhalaisons.

Outre les vapeurs qui s'élèvent des eaux qui sont sous la terre extérieure E, il sort aussi de la terre intérieure grande quantité d'esprits pénétrants et corrosifs, et plusieurs exhalaisons grasses ou huileuses, et même de l'argent vif, lequel, montant en forme de vapeur, amène avec soi des par-

QUATRIÈME PARTIE. 589

ties des autres métaux ; et, selon les diverses façons que ces choses se mêlent ensemble, elles composent divers minéraux. Je prends ici pour des esprits tant les parties des sucs corrosifs que celles des sels volatils, lorsqu'elles sont séparées l'une de l'autre, et tellement mues que la force de leur agitation surpasse celle de leur pesanteur. Et, bien que le mot d'exhalaisons soit général, je ne le prends néanmoins maintenant que pour signifier des parties de la matière du troisième élément, séparées et agitées, comme celles des vapeurs ou des esprits, mais qui sont fort déliées et divisées en plusieurs branches fort pliantes, en sorte qu'elles peuvent servir à composer tous les corps gras et les huiles. Ainsi, encore que les eaux, les sucs corrosifs et les huiles soient des corps liquides, il y a néanmoins cette différence, que leurs parties ne font que ramper et glisser l'une contre l'autre, au lieu que ces mêmes parties, lorsqu'elles composent des vapeurs, des esprits, ou des exhalaisons, sont tellement séparées et agitées qu'on peut dire qu'elles volent.

Et ce sont les esprits qui doivent être mus le plus fort pour voler en cette façon ; ce sont ceux aussi qui pénètrent le plus aisément dans les petits pores des corps terrestres, à cause de la force dont ils sont mus, et de la figure de leurs parties; ensuite de quoi ils s'y arrêtent et s'y attachent aussi

71. Comment leur mélange compose diverses espèces de pierres, dont quelques unes sont transparentes et les autres ne le sont pas.

le plus fort; c'est pourquoi ils rendent ces corps plus durs que ne font les exhalaisons ni les vapeurs. Au reste, à cause qu'il y a grande différence entre ces trois sortes de fumées, que je nomme vapeurs, esprits et exhalaisons, selon que leurs parties se mêlent et se joignent diversement, soit avec les petites parties des corps terrestres, soit entre elles, elles composent toutes les diverses sortes de pierres et autres corps qui se trouvent sous terre. Et quelques uns de ces corps sont transparents, les autres ne le sont pas : car lorsque ces fumées ne font que s'arrêter dans les pores de quelque partie de la terre extérieure sans changer leur situation, il est évident que les corps qu'elles composent ne peuvent être transparents, à cause que cette terre ne l'est pas; mais lorsqu'elles s'assemblent hors de ces pores en quelques fentes ou concavités de la terre, les corps qu'elles composent sont liquides au commencement, et par même moyen transparents, ce qu'ils retiennent encore par après, bien que les fluides de leurs parties s'évaporant peu à peu, ils deviennent durs; et c'est ainsi que les diamants, les agates, le cristal, et autres telles pierres, se produisent.

72. Comment les métaux viennent dans les mines, et comment s'y

Ainsi les vapeurs de l'argent vif qui montent par les petites fentes et les plus larges pores de la terre intérieure amenant aussi avec soi des parties d'or, d'argent, de plomb, ou de quelque autre métal,

QUATRIÈME PARTIE. 391

lesquelles y demeurent par après, bien que souvent l'argent vif ne s'y arrête pas, à cause qu'étant fort fluide il passe outre, ou bien redescend; mais il arrive aussi quelquefois qu'il s'y arrête, à savoir lorsqu'il rencontre plusieurs exhalaisons dont les parties fort déliées enveloppent les siennes, et par ce moyen le changent en vermillon. Au reste, ce n'est pas le seul argent vif qui peut amener avec soi les métaux de la terre intérieure en l'extérieure, les esprits et les exhalaisons font aussi le semblable au regard de quelques uns, comme du cuivre, du fer et de l'antimoine.

fait le vermillon.

Et il faut remarquer que ces métaux ne peuvent guère monter que des endroits de la terre intérieure auxquels touchent les pièces de l'extérieure qui sont tombées sur elle; comme par exemple en cette figure ils montent de 5 vers V; et ce qui empêche qu'ils ne montent aussi des autres lieux, est qu'il y a de l'eau entre deux, au travers de laquelle ils ne peuvent être élevés; ce qui est cause qu'on ne trouve pas des métaux en tous les endroits de la terre.

73. Pourquoi les métaux ne se trouvent qu'en certains endroits de la terre.

Il faut aussi remarquer que c'est ordinairement par le pied des montagnes que montent ces métaux, comme ici de 5 vers V; et que c'est là qu'ils s'arrêtent le plus aisément pour faire des mines d'or, d'argent, de cuivre, ou semblables, à cause qu'il s'y trouve quantité de petites fentes ou de

74. Pourquoi c'est principalement au pied des montagnes, du côté qui regarde le midi ou l'orient, qu'ils se trouvent.

pores fort larges que ces métaux peuvent remplir; et même qu'ils ne s'assemblent guère en ces montagnes que vers les côtés qui sont exposés au midi ou à l'orient, à cause que ce sont ceux que la chaleur du soleil, qui aide à les faire monter, échauffe le plus ; ce qui s'accorde avec l'expérience, parceque ceux qui cherchent des mines n'ont coutume d'en trouver qu'en ces côtés-là.

75.
Que toutes les mines sont en la terre extérieure, et qu'on ne sauroit creuser jusques à l'intérieure.

Mais il ne faut pas espérer qu'on puisse jamais, à force de creuser, parvenir jusques à cette terre intérieure que j'ai dit être entièrement métallique ; car, outre que l'extérieure, qui est au-dessus, est si épaisse qu'à peine la force des hommes pourroit suffire pour creuser au-delà, on ne manqueroit pas d'y rencontrer diverses sources, par lesquelles l'eau sortiroit avec d'autant plus d'impétuosité qu'elles seroient ouvertes plus bas, en sorte que les mineurs ne pourroient éviter d'être noyés.

76.
Comment se composent le soufre, le bitume, l'huile minérale et l'argile.

Quant aux exhalaisons que j'ai décrites, et qui viennent de la terre intérieure, leurs parties sont si déliées qu'elles ne peuvent composer, étant seules, aucun autre corps que de l'air; mais elles se joignent aisément avec les plus subtiles parties des esprits, lesquelles, cessant par ce moyen d'être unies et glissantes, acquièrent des petites branches qui font qu'elles peuvent aussi s'attacher à d'autres corps : à savoir elles s'attachent quelquefois avec des parties des sucs corrosifs, mêlées de quelques autres qui sont métalliques, et ainsi elles composent du soufre; quelquefois elles se joignent avec des parties de la terre extérieure parmi lesquelles il y a quantité des mêmes sucs, et ainsi composent des terres qui sont propres à brûler, comme du bitume, de la naphte, et semblables; quelquefois aussi elles ne se mêlent qu'avec des parties de terre, et lors elles composent de l'argile : enfin, quelquefois elles s'assemblent presque toutes seules, à savoir lorsque leur agitation est si foible que leur pesanteur est suffisante pour faire qu'elles se pressent les unes les autres, au moyen de quoi elles composent les huiles qu'on trouve en quelques endroits dans les mines.

Mais lorsque ces exhalaisons, jointes aux plus subtiles parties des esprits, sont trop agitées pour se convertir ainsi en huile, et qu'elles se rencontrent sous terre en des fentes ou concavités qui n'ont auparavant contenu que de l'air, elles y composent une fumée grasse et épaisse qu'on peut comparer à celle qui sort d'une chandelle lorsqu'elle vient d'être éteinte : et comme celle-ci s'embrase fort aisément sitôt qu'on en approche la flamme d'une autre chandelle, ainsi, lorsque quelque étincelle de feu est excitée en ces concavités, elle s'éprend incontinent en toute la fumée dont elles sont pleines, et par ce moyen la matière de cette fumée

77.
Quelle est la cause des tremblements de terre.

se changeant en flamme, se raréfie tout-à-coup, et pousse avec grande violence tous les côtés du lieu où elle est enfermée, principalement s'il y a en elle quantité d'esprits ou de sels volatils. Et c'est ainsi que se font les tremblements de terre ; car, lorsque les concavités qu'elle occupe sont fort grandes, elle peut ébranler en un moment tout le pays qui les couvre et même qui les environne.

<small>78. D'où vient qu'il y a des montagnes dont il sort quelquefois de grandes flammes.</small>

Il arrive aussi quelquefois que la flamme qui cause ces tremblements entr'ouvre la terre vers le sommet de quelque montagne, et sort en grande abondance par là ; car les concavités où elle est n'étant pas assez grandes pour la contenir, elle fait effort de tous côtés pour en sortir et se fait plus aisément un passage par le sommet d'une montagne que par aucun autre lieu ; premièrement, à cause qu'il ne se rencontre guère de concavités qui soient fort grandes et propres à recevoir ces fumées, sinon au-dessous des plus hautes montagnes, puis aussi à cause qu'il n'est pas besoin de tant de force pour entr'ouvrir et séparer les extrémités de ces grandes pièces de terre extérieure que j'ai dit être appuyées de côté l'une contre l'autre, aux lieux où elles composent les sommets des montagnes, que pour y faire une nouvelle ouverture en quelque autre endroit ; et, bien que la pesanteur de ces grandes pièces de terre ainsi entr'ouvertes soit cause qu'elles se rejoignent fort proprement·lorsque la flamme est sortie, toutefois, à cause que cette flamme qui sort avec grande impétuosité pousse ordinairement devant soi beaucoup de terre mêlée de soufre ou de bitume, il se peut faire que ces montagnes brûlent encore longtemps après, jusques à ce que tout ce soufre ou ce bitume soit consumé : et lorsque ces mêmes concavités se remplissent derechef de semblables fumées qui s'embrasent, la flamme en sort plus aisément par l'endroit qui a déjà été ouvert que par d'autres ; ce qui est cause qu'il y a des montagnes où plusieurs tels embrasements ont été vus, comme sont Etna en Sicile, le Vésuve près de Naples, Hécla en Islande.

79. D'où vient que les tremblements de terre se font souvent à plusieurs secousses.

Au reste, les tremblements de terre ne finissent pas toujours après la première secousse, mais il s'en fait quelquefois plusieurs pendant quelques heures ou quelques jours de suite : dont la raison est que les fumées qui s'enflamment ne sont pas toujours en une seule concavité, mais ordinairement en plusieurs, qui ne sont séparées que d'un peu de terre bitumineuse ou soufrée, en sorte que lorsque le feu s'éprend en l'une de ces concavités, et donne par ce moyen la première secousse à la terre, il ne peut entrer pour cela dans les autres jusques à ce qu'il ait consumé la matière qui est entre deux, à quoi il a besoin de quelque temps.

80. Quelle est la nature du feu.

Mais je n'ai point encore dit en quelle façon le

feu se peut éprendre dans les concavités de la terre, à cause qu'il faut savoir auparavant quelle est sa nature, laquelle je tâcherai maintenant d'expliquer. Toutes les petites parties des corps terrestres, de quelque grosseur ou figure qu'elles soient, prennent la forme du feu, lorsqu'elles sont séparées l'une de l'autre, et tellement environnées de la matière du premier élément qu'elles sont contraintes de suivre son cours; comme aussi elles prennent la forme de l'air lorsqu'elles sont environnées de la matière du second élément, de laquelle elles suivent le cours. De façon que la première et la principale différence qui est entre l'air et le feu consiste en ce que les parties du feu se meuvent beaucoup plus vite que celles de l'air, d'autant que l'agitation du premier élément est incomparablement plus grande que celle du second. Mais il y a encore entre eux une autre différence fort remarquable, qui consiste en ce que ce sont les plus grosses parties des corps terrestres qui sont les plus propres à conserver et nourrir le feu, au lieu que ce sont les plus petites qui retiennent le mieux la forme de l'air; car, bien que les plus grosses, comme par exemple, celles de l'argent vif, la puissent aussi recevoir lorsqu'elles sont fort agitées par la chaleur, elles la perdent par après d'elles-mêmes, lorsque cette agitation diminuant, leur pesanteur les fait descendre.

QUATRIÈME PARTIE.

Or les parties du second élément occupent tous les intervalles autour de la terre et dans ses pores qui sont assez grands pour les recevoir, et y sont tellement entassées qu'elles s'entre-touchent et se soutiennent l'une l'autre; en sorte qu'on n'en peut mouvoir aucune sans mouvoir aussi ses voisines (si ce n'est peut-être qu'on la fasse tourner sur son centre), ce qui est cause que, bien que la matière du premier élément achève de remplir tous les recoins où ces parties du second ne peuvent être, et qu'elle s'y meuve extrêmement vite, toutefois, pendant qu'elle n'y occupe point d'autres plus grands espaces, elle ne peut avoir la force d'emporter avec soi les parties des corps terrestres, et leur faire suivre son cours, ni par conséquent de leur donner la forme du feu, parcequ'elles se soutiennent toutes les unes les autres, et sont soutenues par les parties du second élément qui sont autour d'elles. Mais, afin qu'il commence à y avoir du feu quelque part, il est besoin que quelque autre force chasse les parties du second élément de quelques uns des intervalles qui sont entre les parties des corps terrestres, afin que, cessant de se soutenir les unes les autres, il y en ait quelqu'une qui se trouve environnée tout autour de la seule matière du premier élément, au moyen de quoi elle doit suivre son cours.

81. Comment il peut être produit.

Puis, afin que le feu ainsi produit ne soit pas

82. Comment il est conservé.

incontinent éteint, il est besoin que ces parties terrestres soient assez grosses et solides, et assez propres à se mouvoir pour avoir la force, en s'écartant de tous côtés avec l'impétuosité qui leur est communiquée par le premier élément, de repousser les parties du second qui se présentent sans cesse pour rentrer en la place du feu, d'où elles ont été chassées, et ainsi empêcher que, se joignant derechef les unes aux autres, elles ne l'éteignent.

83. Pourquoi il doit toujours avoir quelque corps à consumer, afin de se pouvoir entretenir.

Outre cela, ces parties terrestres, en repoussant celles du second élément, peuvent bien les empêcher de rentrer dans le lieu où est le feu, mais elles ne peuvent pas être empêchées par elles de passer outre vers l'air, où, perdant peu à peu leur agitation, elles cessent d'avoir la forme du feu et prennent celle de la fumée : ce qui est cause que le feu ne peut demeurer long-temps en un même lieu, si ce n'est qu'il y ait quelque corps qu'il consume successivement pour s'entretenir; et, à cet effet, il est besoin, premièrement, que les parties de ce corps soient tellement disposées qu'elles en puissent être séparées l'une après l'autre par l'action du feu, duquel elles prennent la forme à mesure que celles qui l'ont se changent en fumée; puis aussi qu'elles soient en assez grand nombre et assez grosses pour avoir la force de repousser les parties du second élément qui tendent à suffoquer ce feu, ce que ne pourroient faire celles de l'air seul ; c'est pourquoi il ne suffit pas pour l'entretenir.

Mais, afin que ceci puisse être plus parfaitement entendu, j'expliquerai ici les divers moyens par lesquels le feu a coutume d'être produit, puis aussi toutes les choses qui servent à le conserver, et enfin quels sont les effets qui dépendent de son action. Le plus ordinaire moyen qu'on emploie pour avoir du feu, quand on en manque, est d'en faire sortir d'un caillou en le frappant avec un fusil, ou bien avec un autre caillou : et je crois que la cause du feu, ainsi produit, consiste en ce que les cailloux sont durs et roides (c'est-à-dire tels que, si on plie tant soit peu quelques unes de leurs parties, elles tendent à se remettre en leur première figure, tout de même qu'un arc qui est bandé) et qu'avec cela ils sont cassants : car, de ce qu'ils sont durs et roides, il arrive qu'en les frappant, plusieurs de leurs petites parties s'approchent quelque peu les unes des autres sans se joindre entièrement pour cela, et que les intervalles qui sont autour d'elles deviennent si étroits que les parties du second élément en sortent toutes, de façon qu'ils ne demeurent remplis que du premier ; puis derechef, de ce qu'ils sont roides, sitôt que le coup a cessé, leurs parties tendent à reprendre leur première figure ; et, de ce qu'ils sont

84.
Comment on peut allumer du feu avec un fusil.

cassants, la force dont elles tendent ainsi à retourner en leurs places fait que quelques unes se séparent entièrement des autres, au moyen de quoi, ne se trouvant environnées que de la matière du premier élément, elles se convertissent en feu. Par exemple, on peut penser que les petites boules qu'on voit entre les parties du caillou A[1] représentent le second élément qui est en ses pores, et que lorsqu'il est frappé d'un fusil, comme on voit vers B, toutes ces petites boules sortent de ses pores, lesquels deviennent si étroits qu'ils ne contiennent que le premier élément; et enfin, qu'après le coup, ces parties du caillou étant rompues tombent en pirouettant, à cause de la violente agitation du premier élément qui les environne, et ainsi composent des étincelles de feu.

85. Comment on en allume aussi en frottant un bois sec. Si on frappe du bois en même façon, tant sec qu'il puisse être, on n'en fera point sortir de feu pour cela; car il s'en faut toujours beaucoup qu'il ne soit aussi dur qu'un caillou, et les premières de ses parties qui sont pressées par la violence du coup se replient sur celles qui les suivent et se joignent à elles avant que ces secondes se replient sur les troisièmes, ce qui fait que les parties du second élément (qui devroient sortir de plusieurs de leurs intervalles en même temps, afin que le premier élément qui leur succède y pût agir avec

---

[1]. Voyez planche VIII, figure 4.

quelque force) n'en sortent que successivement des premiers en premier lieu, après des seconds, et ainsi de suite. Mais si on frotte assez fort ce même bois pendant quelque temps, le branle que cette agitation donne à ses parties peut suffire pour chasser le second élément d'autour d'elles, et faire que quelques unes se détachent des autres ; au moyen de quoi, ne se trouvant environnées que du premier élément, elles se convertissent en feu.

On peut aussi allumer du feu par le moyen d'un miroir concave ou d'un verre convexe, en faisant que plusieurs rayons du soleil tendant vers un même point y joignent leurs forces : car, encore que ces rayons n'agissent que par l'entremise du second élément, leur action ne laisse pas d'être beaucoup plus prompte que celle qui lui est ordinaire; et elle l'est assez pour exciter du feu, à cause qu'elle vient du premier élément qui compose le corps du soleil : elle peut aussi être assez forte, lorsque plusieurs rayons se joignent ensemble, pour séparer des corps terrestres quelques unes de leurs parties, et leur communiquer la vitesse du premier élément, en laquelle consiste la forme du feu.

86. Comment avec un miroir creux ou un verre convexe.

Car, enfin, partout où se trouve une telle vitesse dans les parties des corps terrestres il y a du feu, sans qu'il importe qu'elle en soit la cause. Et

87. Comment la seule agitation d'un corps le peut embraser.

comme il est vrai que ces parties terrestres ne peuvent être environnées de la seule matière du premier élément sans acquérir cette vitesse, bien qu'elles n'en eussent point du tout auparavant, en même façon qu'un bateau ne peut être au milieu d'un torrent sans suivre son cours, lorsqu'il n'y a point d'ancres ni de cordes qui le retiennent; il est vrai aussi que lorsque, par quelque cause que ce soit, elles acquièrent cette grande vitesse, bien qu'il y ait plusieurs parties du second élément qui les touchent, et qu'elles se touchent aussi les unes les autres, elles chassent incontinent d'autour de soi tout ce qui peut empêcher leur agitation, en sorte qu'il n'y demeure que le premier élément, lequel sert à l'entretenir. Ainsi tous les mouvements violents suffisent pour produire du feu : et cela fait voir comment la foudre, les éclairs et les tourbillons de vent se peuvent enflammer; parceque, suivant ce qui a été dit dans les Météores, ils sont causés de ce que l'air qui est enfermé entre deux nues en sort avec une très grande vitesse lorsque la plus haute de ces nues tombe sur la plus basse.

88. Comment le mélange de deux corps peut aussi faire qu'ils s'embrasent.

Toutefois cette vitesse n'est peut-être jamais la seule cause des feux qui s'allument dans les nues, parcequ'il y a ordinairement des exhalaisons dedans l'air qui leur servent de matière, et qui sont de telle nature qu'elles s'embrasent fort aisément, ou du moins elles composent des corps qui jettent quelque lumière, encore qu'ils ne se consument pas; et c'est de ces exhalaisons que se font les feux follets en la plus basse région de l'air, et les éclairs qu'on voit quelquefois sans qu'il tonne en la moyenne; et en la plus haute, les lumières en forme d'étoiles qui semblent tomber du ciel, ou y courir d'un lieu à l'autre : car les exhalaisons, ainsi qu'il a été dit, sont composées de parties fort déliées, et divisées en plusieurs branches qui se sont attachées à d'autres parties un peu plus grosses, tirées des sels volatils et des sucs aigres et corrosifs; et il est à remarquer que les intervalles qui sont entre ces branches fort déliées sont si petits, qu'ils ne sont ordinairement remplis que de la matière du premier élément; ce qui est cause que, bien que les parties du second occupent tous les autres plus grands intervalles qui se trouvent entre les parties des sels ou sucs qui sont revêtues de ces branches, elles en peuvent facilement être chassées lorsque ces exhalaisons étant pressées de divers côtés par d'autres, quelques unes de leurs parties entrent et s'insinuent en ces plus grands intervalles : car l'action du premier élément, qui est entre les petites branches qui environnent ces sucs, leur aide à les chasser; et par ce moyen ces parties des exhalaisons se changent en flamme.

89.
Comment s'allume le feu de la foudre, des éclairs et des étoiles qui traversent.

Et la cause qui presse ainsi les exhalaisons pour faire qu'elles s'enflamment quand elles composent la foudre ou les éclairs, est évidente, parce-qu'elles sont enfermées entre deux nues, dont l'une tombe sur l'autre. Mais celle qui leur fait composer les lumières en forme d'étoiles qu'on voit en temps calme et serein courir çà et là par le ciel, n'est pas du tout si manifeste : néanmoins on peut penser qu'elle consiste en ce que, lorsqu'une exhalaison est déjà aucunement condensée et arrêtée par le froid en quelque lieu de l'air, les parties d'une autre qui viennent d'un lieu plus chaud, et sont par conséquent plus agitées, ou seulement qui, à cause de leurs figures, continuent plus long-temps à se mouvoir, ou bien aussi qui sont portées vers elle par un peu de vent, s'insinuent en ses pores et en chassent le second élément; au moyen de quoi, si elles peuvent aussi déjoindre ses parties, elles en composent une flamme qui, consumant promptement cette exhalaison, ne dure que fort peu de temps, et semble une étoile qui passe d'un lieu en un autre.

90.
Comment s'allument les étoiles qui tombent, et quelle est la cause de tous les autres tels feux qui luisent et ne brûlent point.

Au lieu que, si les parties de l'exhalaison sont si bien jointes qu'elles ne puissent ainsi être séparées par l'action des autres exhalaisons qui s'insinuent en ses pores, elle ne s'embrase pas tout-à-fait, mais rend seulement quelque lumière, ainsi que font aussi quelquefois les bois pourris, les poissons salés, les gouttes de l'eau de mer, et quantité d'autres corps : car il n'est besoin d'autre chose pour produire de la lumière, sinon que les parties du second élément soient poussées par la matière du premier, ainsi qu'il a été dit ci-dessus. Et lorsque quelque corps terrestre a plusieurs pores qui sont si étroits qu'ils ne peuvent donner passage qu'à cette matière du premier élément, il peut arriver que, bien qu'elle n'y ait pas assez de force pour détacher les parties de ce corps les unes des autres, et par ce moyen le brûler, elle en ait néanmoins assez pour pousser les parties du second élément qui sont en l'air d'alentour, et ainsi causer quelque lumière. Or on peut penser que les étoiles qui tombent ne sont que des lumières de cette sorte ; car on trouve souvent sur la terre aux lieux où elles sont tombées une matière visqueuse et gluante qui ne brûle point. Toutefois on peut croire aussi que la lumière qui paroît en elles ne vient pas proprement de cette matière visqueuse, mais d'une autre plus subtile qui l'environne, et qui étant enflammée se consume pour l'ordinaire avant qu'elle parvienne jusques à la terre.

Mais pour ce qui est de l'eau de mer dont j'ai ci-dessus expliqué la nature, il est aisé à juger que la lumière qui paroît autour de ses gouttes, lorsqu'elles sont agitées par quelque tempête, ne vient que de ce que cette agitation fait que, pendant que

91. Quelle est la lumière de l'eau de mer, des bois pourris, etc.

celles de leurs parties qui sont molles et pliantes demeurent jointes ensemble, les pointes des autres qui sont roides et droites s'avancent ainsi que des petits dards hors de leurs superficies, et poussent avec impétuosité les parties du second élément qu'elles rencontrent. Je crois aussi que les bois pourris, les poissons salés, et autres tels corps, ne luisent point que lorsqu'il se fait en eux quelque altération, qui rétrécit tellement plusieurs de leurs pores qu'ils ne peuvent contenir que de la matière du premier élément, soit que cette altération vienne de ce que quelques unes de leurs parties s'approchent lorsque quelques autres s'éloignent, comme il semble arriver aux bois pourris, soit de ce que quelque autre corps se mêle avec eux, comme il arrive aux poissons salés, qui ne luisent que pendant les jours que les parties du sel entrent dans leurs pores.

. 92.
Quelle est la cause des feux qui brûlent ou échauffent et ne luisent point, comme lorsque le foin s'échauffe de soi-même.

Et lorsque les parties d'un corps s'insinuent ainsi entre celles d'un autre, elles ne peuvent pas seulement le faire luire sans l'échauffer en la façon que je viens d'expliquer, mais souvent aussi elles l'échauffent sans le faire luire, et enfin quelquefois elles l'embrasent tout-à-fait : comme il paroît au foin qu'on a renfermé avant qu'il fût sec, et en la chaux vive sur laquelle on verse de l'eau, et en toutes les fermentations qu'on voit communément en la chimie. Car il n'y a point d'autre raison qui

QUATRIÈME PARTIE. 407

fasse que le foin qu'on a renfermé avant qu'il fût sec s'échauffe peu à peu jusques à s'embraser, sinon que les sucs ou esprits qui ont coutume de monter de la racine des herbes tout le long de leurs tiges pour leur servir de nourriture, n'étant pas encore tous sortis de ces herbes lorsqu'on le renferme, continuent par après leur agitation, et sortant des unes de ces herbes entrent dans les autres, à cause que le foin étant renfermé ces sucs ne se peuvent évaporer; et parceque ces herbes commencent à se sécher, ils y trouvent plusieurs pores un peu plus étroits que de coutume, qui, ne les pouvant plus recevoir avec le second élément, les reçoivent seulement environnés du premier, lequel les agitant fort promptement leur donne la forme du feu. Pensons, par exemple, que l'espace qui est entre les corps B et C [1] représente un des pores qui sont dans les herbes encore vertes, et que les petits bouts des cordes 1,2,3, avec les petites boules qui les environnent, représentent les parties des sucs ou esprits environnés du second élément, ainsi qu'elles ont coutume d'être lorsqu'elles coulent le long de ces pores, et de plus, que l'espace qui est entre les corps D et E soit l'un des pores d'une autre herbe qui commence à se sécher, ce qui est cause qu'il est si étroit que, lorsque les mêmes parties des sucs 1,2,3 y viennent, elles n'y

---

[1] Voyez planche IX, figure 1.

peuvent être environnées du second élément, mais seulement de quelque peu du premier ; et nous verrons évidemment que, pendant que les sucs 1, 2, 3 coulent par dedans l'herbe verte et humide BC, ils n'y suivent que le cours du second élément, mais que, lorsqu'ils passent dans l'herbe sèche DE, ils y doivent suivre le cours du premier, lequel est beaucoup plus rapide. Car, encore qu'il n'y ait que fort peu du premier élément autour des parties de ces sucs, c'est assez qu'il les environne en telle sorte qu'elles ne soient aucunement retenues par le second, ni par aucun autre corps qui les touche, pour faire qu'il ait la force de les emporter avec soi : ainsi qu'un bateau peut être emporté par le cours d'un ruisseau, qui n'a justement qu'autant de largeur qu'il en faut pour le contenir, avec quelque peu d'eau tout autour qui empêche qu'il ne touche à la terre, aussi bien que par le cours d'une rivière également rapide et beaucoup plus large. Or, quand ces parties des sucs suivent ainsi le cours du premier élément, elles ont beaucoup plus de force à pousser les corps qu'elles rencontrent que n'auroit pas ce premier élément s'il étoit seul : comme on voit aussi qu'un bateau qui suit le cours d'une rivière en a beaucoup plus que l'eau de cette rivière, qui toutefois est seule la cause de son mouvement. C'est pourquoi ces parties des sucs ainsi agitées rencontrant les plus dures parties du foin, les poussent avec tant d'impétuosité, qu'elles les séparent aisément de leurs voisines, principalement lorsqu'il arrive que plusieurs en poussent une seule en même temps, et lorsqu'elles en séparent ainsi un assez grand nombre, qui étant proches les unes des autres suivent le cours du premier élément, le foin s'embrase tout-à-fait : mais lorsqu'elles n'en meuvent que quelques unes qui n'ont pas assez d'espace autour d'elles pour en aller choquer d'autres, elles font seulement que ce foin devient chaud et se corrompt peu à peu sans s'embraser, en sorte qu'alors il y a en lui une espèce de feu qui est sans lumière.

En même façon nous pouvons penser que lorsqu'on cuit de la chaux, l'action du feu chasse quelques unes des parties du troisième élément qui sont dans les pierres dont elle se fait; ce qui est cause que plusieurs des pores qui étoient en ces pierres s'élargissent jusques à telle mesure, qu'au lieu qu'ils ne pouvoient auparavant donner passage qu'au second élément, ils peuvent par après, lorsqu'elles sont converties en chaux, le donner aux parties de l'eau, environnées de quelque peu de la matière du premier élément : ensuite de quoi il est évident que, lorsqu'on jette de l'eau sur cette chaux, les parties de cette eau entrant en ses pores en chassent le second élément, et y demeurent seules avec le premier, lequel augmentant leur agi-

93. Pourquoi, lorsqu'on jette de l'eau sur de la chaux vive, et généralement lorsque deux corps de diverses natures sont mêlés ensemble, cela excite en eux de la chaleur.

tation échauffe la chaux. Et afin que j'achève en peu de mots tout ce que j'ai à dire sur ce sujet, je crois généralement de tous les corps qui peuvent être échauffés par le seul mélange de quelque liqueur, que cela vient de ce que ces corps ont des pores de telle grandeur que les parties de cette liqueur peuvent entrer dedans, en chasser le second élément, et n'y demeurer environnées que du premier. Je crois aussi que c'est la même raison qui fait échauffer diverses liqueurs lorsqu'on les mêle l'une avec l'autre, car toujours l'une de ces liqueurs est composée de parties qui ont quelques petites branches par le moyen desquelles se joignant et s'accrochant quelque peu les unes aux autres, elles font l'office d'un corps dur : et ceci peut même être entendu des exhalaisons, suivant ce qui a tantôt été dit.

94. Comment le feu peut être allumé dans les concavités de la terre.

Au reste, le feu peut être allumé en toutes les façons qui viennent d'être expliquées, non seulement sur la superficie de la terre, mais aussi dans les concavités qui sont au-dessous : car il peut y avoir des esprits qui, se glissant entre les parties des exhalaisons, les enflamment; et il y a des pièces de rochers demi-rompues, qui, étant minées peu à peu par le cours des eaux ou par d'autres causes, peuvent tomber tout-à-coup du haut de ces concavités, et par ce moyen faire du feu, soit à cause qu'en tombant elles frappent d'autres pierres, ainsi qu'un fusil, soit aussi à cause que, lorsqu'elles sont grandes, elles chassent l'air qui est sous elles avec fort grande violence, ainsi qu'est chassé celui qui est entre deux nues lorsque l'une tombe sur l'autre.

Or après que le feu s'est épris en quelque corps, il passe facilement de là dans les autres voisins, lorsqu'ils sont propres à le recevoir : car les parties du premier corps qui est enflammé étant fort violemment agitées par le feu, rencontrent celles des autres qui sont proches de lui, et leur communiquent leur agitation. Mais ceci n'appartient pas tant à la façon dont le feu est produit qu'à celle dont il est conservé, laquelle je dois maintenant expliquer. Considérons, par exemple, le flambeau AB[1] qui est allumé, et pensons qu'il y a plusieurs petites parties de la cire ou autre matière grasse ou huileuse dont il est composé, comme aussi plusieurs du second élément, qui se meuvent fort vite en tout l'espace CD, où elles composent la flamme, à cause qu'elles y suivent le cours du premier élément, et que, bien qu'elles se rencontrent souvent et s'entre-poussent, elles ne se touchent pas toutefois de tant de côtés, et ne se soutiennent pas si bien (ainsi qu'elles font aux autres endroits où il n'y a point du tout de feu) qu'elles se puissent arrêter l'une l'autre, et s'empêcher d'être emportées par lui.

95.
De la façon que brûle un flambeau.

[1] Voyez planche IX, figure 2.

96.
Ce que c'est qui conserve sa flamme.

Pensons aussi que la matière du premier élément, qui est en grande quantité avec les parties du second et avec celles de la cire en cette flamme, tend toujours à en sortir, à cause qu'elle ne peut continuer son mouvement en ligne droite, qu'en s'éloignant du lieu où elle est ; et qu'elle tend même à en sortir en montant plus haut et s'éloignant du centre de la terre, à cause que, suivant ce qui a été dit ci-dessus, elle est légère, non seulement à comparaison des parties de l'air d'alentour, mais aussi à comparaison de celles du second élément qui sont en ses pores : c'est pourquoi ces parties de l'air et du second élément tendent aussi à descendre en sa place, laquelle elles occuperoient incontinent, et ainsi suffoqueroient cette flamme, si elle n'étoit composée que du premier ; mais les parties de la cire qui commencent à suivre son cours dès lors qu'elles sortent de la mèche FG, vont rencontrer ces parties de l'air et du second élément qui sont disposées à descendre en la place de la flamme, et les repoussent avec plus de force que ce premier élément seul ne pourroit faire, au moyen de quoi cette flamme se conserve.

97.
Pourquoi elle monte en pointe, et d'où vient la fumée.

Et parceque ces parties de la cire suivent le cours du premier élément, elles tendent principalement à monter en haut, ce qui est cause de la figure pointue de la flamme ; mais parcequ'elles ont plus de force que les parties de l'air d'alentour, tant à cause qu'elles sont plus grosses, qu'à cause qu'elles se meuvent plus vite, bien qu'elles empêchent cet air de descendre vers la flamme, elles ne peuvent pas être empêchées par lui en même façon de monter plus haut vers H, où, perdant peu à peu leur agitation, elles se changent en fumée.

Et cette fumée ne trouveroit aucune place où se mettre hors de la flamme, à cause qu'il n'y a point de vide, si, à même temps qu'elle entre dans l'air, une pareille quantité de cet air ne prenoit son cours circulairement vers le lieu qu'elle quitte; c'est pourquoi lorsqu'elle monte vers H, elle en chasse de l'air qui descend par I et K vers B, où, rasant le haut du flambeau B et le bas de la mèche F, il coule de là dans la flamme et sert de matière pour l'entretenir. Toutefois, à cause que ses parties sont fort déliées, elles ne pourroient suffire à cela toutes seules; mais elles font aussi monter avec soi, par les pores de la mèche, des parcelles de cire à qui la chaleur du feu a déjà donné quelque agitation ; ce qui fait que la flamme se conserve en changeant continuellement de matière, et en ne demeurant jamais deux moments de suite la même, que comme fait une rivière en laquelle il afflue incessamment de nouvelles eaux.

98. Comment l'air et les autres corps nourrissent la flamme.

Et ce mouvement circulaire de l'air vers la flamme peut aisément être connu par expérience; car lorsqu'il y a un assez grand feu dans une

99. Que l'air revient circulairement vers le feu en la

place de la fumée.

chambre où toutes les portes et fenêtres sont bien fermées, et où, excepté le tuyau de la cheminée par où la fumée sort, il n'y a rien d'ouvert que quelque vitre cassée ou quelque autre trou assez étroit, si on met la main auprès de ce trou l'on sent manifestement le vent que fait l'air en venant par là vers le feu en la place de la fumée.

100. Comment les liqueurs éteignent le feu, et d'où vient qu'il y a des corps qui brûlent dans l'eau.

Ainsi on peut voir qu'il y a toujours deux choses requises pour faire que le feu ne s'éteigne point. La première est qu'il y ait en lui des parcelles du troisième élément, qui, étant mues par le premier, aient assez de force pour repousser le second élément avec l'air ou les autres liqueurs qui sont au-dessus de lui, et empêcher qu'elles ne le suffoquent. Je ne parle ici que des liqueurs qui sont au-dessus, à cause que, n'y ayant que leur pesanteur qui les fasse aller vers lui, celles qui sont au-dessous n'y vont jamais en cette façon pour l'éteindre, et elles y vont seulement lorsqu'elles y sont attirées pour le nourrir, comme on voit que la même liqueur qui sert à entretenir la flamme d'un flambeau quand il est droit le peut éteindre quand il est renversé; et, au contraire, on peut faire des feux qui brûlent sous l'eau, à cause qu'ils contiennent des parcelles du troisième élément si solides, si agitées, et en si grand nombre, qu'elles ont la force de repousser l'eau de tous côtés, et ainsi l'empêcher d'éteindre le feu.

L'autre chose qui est requise pour la durée du feu est qu'il y ait auprès de lui quelque corps qui lui fournisse toujours de la matière pour succéder à la fumée qui en sort; et à cet effet il faut que ce corps ait en soi plusieurs parties assez déliées, à raison du feu qu'il doit entretenir, et qui soient jointes entre elles ou à d'autres plus grosses, en telle sorte que les parties qui sont déjà embrasées puissent les séparer de ce corps, et aussi des parties du second élément qui sont proches d'elles, afin de leur donner par ce moyen la forme du feu.

101. Quelles matières sont propres à le nourrir.

Je dis qu'il faut que ce corps ait en soi des parties assez déliées à comparaison du feu qu'elles doivent entretenir, parcequ'elles ne pourroient y servir si elles étoient si grosses qu'elles ne pussent être mues et séparées par les parties du troisième élément qui composent ce feu, et qui ont d'autant moins de force qu'elles sont plus déliées. Comme on voit qu'ayant mis le feu à de l'eau-de-vie dont un linge est mouillé, ce linge n'en peut être brûlé, ni par conséquent nourrir ce feu : dont la raison est que les parties de la flamme qui vient de l'eau-de-vie sont trop déliées et trop foibles pour mouvoir celles du linge ainsi mouillé.

102. Pourquoi la flamme de l'eau-de-vie ne brûle point un linge mouillé de cette même eau.

J'ajoute qu'elles doivent être jointes en telle sorte que le feu les puisse séparer les unes des

103. D'où vient que l'eau-de-

autres, et aussi des parties du second élément qui sont proches d'elles. Et afin qu'elles puissent être séparées les unes des autres, ou bien elles doivent être si petites et si peu jointes ensemble, qu'encore que la flamme ne touche que la superficie du corps qu'elles composent, son action suffise pour les tirer de cette superficie l'une après l'autre; et c'est ainsi que brûle l'eau-de-vie. Mais le linge est composé de parties trop grosses et trop bien jointes pour être séparées en même façon; ou bien il doit y avoir plusieurs pores en ce corps qui soient assez grands pour recevoir les parties de la flamme, afin que les parties de la flamme coulant autour des siennes aient plus de force à les séparer : et parcequ'il y a quantité de tels pores dans le linge, de là vient qu'il peut aisément être brûlé, même par la flamme de l'eau-de-vie, lorsqu'il n'est point du tout mouillé; mais lorsqu'il est mouillé, encore que ce ne soit que d'eau-de-vie, les parties de cette eau qui ne sont point enflammées remplissent ses pores, et ainsi empêchent celles de la flamme qui est au-dessus d'y entrer. De plus, afin que les parties du corps qui sert à entretenir le feu puissent être séparées du second élément qui les environne, ou bien elles doivent être assez fermement jointes les unes aux autres, en sorte que les parties du second élément résistant moins qu'elles à la flamme en soient chassées les premières, et cette condition se trouve en tous les corps durs qui peuvent brûler, ou bien si les parties du corps qui brûle sont si petites et si peu jointes ensemble, qu'encore que la flamme ne touche que la superficie de ce corps elle ait la force de les séparer, il est besoin qu'elles aient plusieurs petites branches si déliées et si proches les unes des autres, qu'il n'y ait que le seul premier élément qui puisse remplir les petits intervalles qui sont autour d'elles. Et parceque l'eau-de-vie brûle fort aisément, il est à croire que ses parties ont de telles branches, mais qui sont fort courtes; car si ces branches étoient un peu longues, elles se lieroient les unes aux autres, et ainsi composeroient de l'huile.

L'eau commune est en cela fort différente de l'eau-de-vie, car elle est plus propre à éteindre le feu qu'à l'entretenir; dont la raison est que ses parties sont assez grosses, et avec cela si glissantes, unies et pliantes, que non seulement les parties du second élément qui se joignent à elles de tous côtés n'y laissent que fort peu de place pour le premier, mais aussi elles entrent facilement dans les pores des corps qui brûlent, et, en chassant les parties qui ont déjà l'agitation du feu, empêchent que les autres ne s'embrasent.

104. D'où vient que l'eau commune éteint le feu.

Toutefois cela dépend de la proportion qui est entre la grosseur de ses parties et la violence du feu, ou la grandeur des pores du corps qui brûle.

105. D'où vient qu'elle peut aussi quelquefois l'augmen-

ter, et que tous les sels font le semblable.

Car, comme il a déjà été dit de la chaux vive, qu'elle s'échauffe avec de l'eau froide, ainsi il y a une espèce de charbon qui en doit être arrosé lorsqu'il brûle, afin que sa flamme en soit plus vive; et tous les feux qui sont fort ardents le deviennent encore plus lorsqu'on jette dessus quelque peu d'eau. Mais si on jette du sel, leur ardeur sera encore plus augmentée que par l'eau douce, à cause que les parties du sel étant longues et roides, et s'élançant de pointe comme des flèches, ont beaucoup de force, lorsqu'elles sont enflammées, pour ébranler les parties des corps qu'elles rencontrent. Et c'est pour cette raison qu'on a coutume de mêler certains sels parmi les métaux, pour les fondre plus aisément.

106. Quels corps sont les plus propres à entretenir le feu.

Pour ce qui est du bois et des autres corps durs dont on peut entretenir le feu, ils doivent être composés de diverses parties; quelques unes desquelles soient assez petites, les autres un peu plus grosses, et qu'il y en ait ainsi par degrés jusques à celles qui sont les plus grosses de toutes; et il y en doit avoir dont les figures soient assez irrégulières et comme divisées en plusieurs branches, en sorte qu'il y ait parmi elles d'assez grands pores, afin que les parties du troisième élément qui sont enflammées, entrant en ces pores, puissent premièrement agiter les plus petites, puis par leur moyen les médiocres, et par le moyen de celles-ci les plus grosses ; et en même temps chasser le second élément, premièrement des plus petits pores, puis aussi de tous les autres, et enfin emporter avec soi toutes les parties de ce corps, excepté les plus grosses, qui demeurent et composent les cendres.

Et lorsque les parties qui sortent en un même temps du corps qui brûle sont en assez grand nombre pour avoir la force de chasser les parties du second élément qui sont en quelque endroit de l'air proche de ce corps, elles remplissent tout cet endroit de flamme : mais si elles sont en trop petit nombre, ce corps brûle sans s'enflammer. Et, s'il est composé de parties si égales et tellement disposées que les premières qui s'embrasent aient la force d'embraser leurs voisines en se glissant parmi elles, le feu se conserve en ce corps jusques à ce qu'il l'ait consumé, comme on voit arriver aux mèches dont se servent les soldats pour leurs mousquets.

107. Pourquoi il y a des corps qui s'enflamment, et d'autres que le feu consume sans les enflammer.

Mais si les parties de ce corps ne sont point ainsi disposées, le feu ne s'y conserve qu'en tant que les plus subtiles qui sont déjà embrasées, se trouvant engagées entre plusieurs autres plus grosses qui ne le sont pas, ont besoin de quelque temps pour s'en dégager. Ce qu'on expérimente aux charbons, qui, étant couverts de cendres, conservent le feu pendant quelques heures, par cela seul que ce feu

108. Comment le feu se conserve dans le charbon.

consiste en l'agitation de certaines parties du troisième élément assez petites, qui ont plusieurs branches, et qui, se trouvant engagées entre d'autres plus grosses, n'en peuvent sortir que l'une après l'autre, nonobstant qu'elles soient fort agitées, et qui peut-être aussi ont besoin de quelque temps pour être diminuées ou divisées peu à peu par la force de leur agitation avant qu'elles puissent sortir des lieux où elles sont.

<small>109. De la poudre à canon, qui se fait de soufre, de salpêtre et de charbon; et, premièrement, du soufre.</small>

Mais il n'y a rien qui prenne sitôt feu et qui le retienne moins long-temps que fait la poudre à canon : de quoi on peut voir clairement la cause, en considérant la nature du soufre, du salpêtre et du charbon, qui sont les seuls ingrédients dont on la compose. Car, premièrement, le soufre est de soi-même extrêmement prompt à s'enflammer, d'autant qu'il est composé des parcelles des sucs aigres ou corrosifs, environnées de la matière huileuse qui se trouve avec eux dans les mines, et qui est divisée en petites branches si déliées et si proches les unes des autres qu'il n'y a que le premier élément qui puisse passer parmi elles; ce qui fait aussi que pour l'usage de la médecine on estime le soufre fort chaud.

<small>110. Du salpêtre.</small>

Puis, pour ce qui est du salpêtre, il est composé des parties qui sont toutes longues et roides, ainsi que celles du sel commun, dont elles diffèrent seulement en cela, qu'un de leurs bouts est plus menu et plus pointu que l'autre, au lieu que les deux bouts des parties du sel commun sont égaux entre eux ; ce qu'on peut connoître par expérience, en faisant dissoudre ces deux sels dans de l'eau : car, à mesure que cette eau s'évapore, les parties du sel commun demeurent couchées sur sa superficie, où elles composent des petits carrés, ainsi que j'ai expliqué dans les Météores ; mais les parties du salpêtre descendent au fond ou s'attachent aux côtés du vaisseau, et montrent par là que l'un de leurs bouts est beaucoup plus gros ou plus pesant que l'autre.

Et il faut remarquer qu'il y a telle proportion entre les parties du salpêtre et celles du soufre, que bien que celles-ci soient plus petites ou moins massives que les autres, toutefois, étant enflammées, elles ont la force de chasser fort vite tout ce qu'il y a du second élément entre elles et ces autres, et par même moyen de faire que le premier élément les agite.

111. Du mélange de ces deux ensemble.

Il faut aussi remarquer que c'est principalement le bout le plus pointu de chacune de ces parties du salpêtre qui se meut pendant qu'elles sont ainsi agitées, et qu'il décrit un cercle en tournoyant, au lieu que son autre bout, qui est plus gros et plus pesant, se tient en bas vers le centre de ce cercle : en sorte, par exemple, que si B¹ est une par celle

112. Quel est le mouvement des parties du salpêtre.

¹ Voyez planche IX, figure 3.

du salpêtre qui n'est point encore agitée, C la représente lorsqu'elle commence à s'agiter, et que le cercle qu'elle décrit n'est pas encore fort grand ; mais il s'augmente incontinent après, et devient aussi grand qu'il peut être, comme on voit vers D, et cependant les parties du soufre qui ne tournoient pas en même façon, passent fort promptement plus loin de tous côtés en ligne droite vers les autres parties du salpêtre, qu'elles enflamment tout-à-coup en même façon en chassant le second élément d'autour d'elles.

113. Pourquoi la flamme de la poudre se dilate beaucoup, et pourquoi son action tend en haut.
Ce qui fait déjà voir la cause pourquoi la poudre à canon se dilate beaucoup lorsqu'elle s'enflamme, et aussi pourquoi son effort tend en haut, en sorte que, lorsqu'elle est bien fine, on la peut faire brûler dans le creux de la main sans en recevoir aucun mal. Car chacune des parties du salpêtre chasse toutes les autres du cercle qu'elle décrit; et elles s'entre-chassent aussi avec grande force, à cause qu'elles sont dures et roides : mais parceque ce ne sont que leurs pointes qui décrivent ces cercles, et qu'elles tendent toujours vers le haut, de là vient que si leur flamme se peut étendre librement vers là, elle ne brûle aucunement ce qui est sous elle.

114. Quelle est la nature du charbon.
Au reste, on mêle du charbon avec le salpêtre et le soufre; et de ces trois choses ensemble, humectées de quelque liqueur afin qu'elles se puis-

sent mieux joindre, on compose de petites boules ou de petits grains, qui, étant parfaitement séchés en sorte qu'il n'y reste rien de la liqueur, font la poudre. Et en considérant que le charbon est ordinairement fait de bois duquel on a éteint le feu avant qu'il fût entièrement brûlé, on voit qu'il doit y avoir en lui plusieurs pores qui sont fort grands ; premièrement à cause qu'il y en a eu beaucoup dans le bois ou autre matière dont il est fait, puis aussi à cause qu'il est sorti beaucoup de parties terrestres hors de ce bois pendant qu'il a brûlé, lesquelles se sont changées en fumée. On voit aussi qu'il n'est composé que de deux sortes de parties, dont les unes sont si grosses qu'elles ne sauroient être converties en fumée par l'action du feu, mais seroient demeurées pour les cendres si le charbon avoit achevé de brûler; et les autres sont plus petites, à savoir celles qui en seroient sorties : et celles-ci ayant déjà été ébranlées par l'action du feu, sont déliées et molles, et aisées à embraser derechef, et avec cela elles ont des figures assez embarrassantes, en sorte qu'elles ne se dégagent pas aisément des lieux où elles sont; comme il paroît de ce que beaucoup d'autres en étant déjà sorties, et changées en fumée, elles y sont demeurées les dernières.

Ainsi les parcelles du salpêtre et du soufre entrent aisément dans les pores du charbon, parce-

115. Pourquoi on grène la pou-

qu'ils sont grands, et elles y sont enveloppées et liées ensemble par celles de ses parties qui sont molles et embarrassantes; principalement lorsque le tout ensemble, après avoir été humecté et formé en grains, est desséché. Et la raison pourquoi on grène la poudre est afin que les parties du salpêtre ne s'embrasent pas seulement l'une après l'autre, ce qui leur donneroit moins de force, mais qu'il y en ait plusieurs qui prennent feu toutes ensemble : car chaque grain de poudre ne s'allume pas au même instant qu'il est touché de quelque flamme, mais cette flamme doit premièrement passer de la superficie de ce grain jusques au dedans, et y embraser les parties du soufre, par l'entremise desquelles celles du salpêtre sont agitées et décrivent au commencement de fort petits cercles; puis, tendant à en décrire de plus grands, elles font effort toutes ensemble pour rompre les parties du charbon qui les retiennent, au moyen de quoi tout le grain s'enflamme. Et bien que le temps qui est requis pour toutes ces choses soit extrêmement court, si on le compare avec des heures ou des journées, en sorte qu'il ne nous est presque point sensible, il ne laisse pas d'être assez long lorsqu'on le compare avec l'extrême vitesse dont la flamme qui sort ainsi d'un grain de poudre s'étend de tous côtés en l'air qui l'environne. Ce qui est cause, par exemple, que, lorsqu'un canon

dre, et en quoi principalement consiste sa force.

est chargé, la flamme de l'amorce ou des premiers grains de poudre qui prennent feu, a loisir de s'étendre en tout l'air qui est autour des autres grains, et de les toucher tous avant qu'il y en ait aucun qui s'enflamme; puis incontinent après, bien que les plus proches de la lumière soient les premiers disposés à s'enflammer, toutefois, à cause qu'en se dilatant ils ébranlent les autres et leur aident à se rompre, cela fait qu'ils s'enflamment et se dilatent tous en un même instant, au moyen de quoi toutes leurs forces, jointes ensemble, chassent la balle avec très grande vitesse. A quoi la résistance que font les parties du charbon sert beaucoup, à cause qu'elle retarde au commencement la dilatation des parties du salpêtre, ce qui augmente incontinent après la vitesse dont elles se dilatent. Il sert aussi que la poudre soit composée de grains, et même que la grosseur de ces grains et la quantité du charbon soit proportionnée à la grandeur du canon, afin que les intervalles que ces grains laissent entre eux soient assez larges pour donner passage à la flamme de l'amorce, et faire qu'elle ait loisir de s'étendre par toute la poudre, et de parvenir jusques aux grains les plus éloignés avant qu'elle ait embrasé les plus proches.

Après le feu de la poudre, qui est l'un de ceux qui durent le moins, considérons si, tout au contraire, il peut y avoir quelque feu qui dure fort

116. Ce qu'on peut juger des lampes qu'on dit avoir conser-

vé leur flamme durant plusieurs siècles.

long-temps sans avoir besoin de nouvelle matière pour s'entretenir, comme on raconte de certaines lampes qu'on a trouvées ardentes en des tombeaux lorsqu'on les a ouverts après qu'ils avoient été fermés plusieurs siècles. Je ne veux point être garant de la vérité de telles histoires; mais il me semble qu'en un lieu souterrain, qui est si exactement clos de tous côtés que l'air n'y est jamais agité par aucun vent qui vienne du dedans ou du dehors de la terre, les parties de l'huile qui se changent en fumée, et de fumée en suie, lorsqu'elles s'arrêtent et s'attachent les unes aux autres, se peuvent arrêter tout autour de la flamme d'une lampe, et y composer comme une petite voûte qui soit suffisante pour empêcher que l'air d'alentour ne vienne suffoquer cette flamme; et aussi pour la rendre si foible et si débile qu'elle n'ait pas la force d'enflammer aucune des parties de l'huile ni de la mèche, si tant est qu'il en reste encore qui n'aient point été brûlées : au moyen de quoi le premier élément demeurant seul en cette flamme, à cause que les parties de l'huile qu'elle contenoit se sont toutes peu à peu attachées à la petite voûte de suie qui l'environne, et tournant en rond là-dedans en forme d'une petite étoile, a la force de repousser de toutes parts le second élément, qui seul tend encore à venir vers la flamme par les pores qu'il s'est réservés en cette voûte, et ainsi d'envoyer de la lumière en l'air d'alentour ; laquelle ne peut être que fort foible pendant que le lieu demeure fermé ; mais à l'instant qu'il est ouvert, et que l'air qui vient de dehors dissipe la petite voûte de fumée qui l'environnoit, elle peut reprendre sa vigueur et faire paroître la lampe assez ardente, bien que peut-être elle s'éteigne bientôt après, à cause qu'il est vraisemblable que cette flamme n'a pu ainsi se conserver sans aliment qu'après avoir consumé toute son huile.

Passons maintenant aux effets du feu que l'explication des divers moyens qui servent à le produire ou conserver n'a pu encore faire entendre. Et parceque, de ce qui a déjà été dit, on connoît assez pourquoi il luit et échauffe, et dissout en plusieurs petites parties tous les corps qui lui servent de nourriture, et aussi pourquoi ce sont les plus petites et plus glissantes parties de ces corps qu'il en chasse les premières, et pourquoi elles sont suivies par après de celles qui, bien qu'elles ne soient peut-être pas moins petites que les précédentes, sortent toutefois moins aisément, à cause que leurs figures sont embarrassantes et divisées en plusieurs branches (d'où vient que, s'attachant aux tuyaux des cheminées, elles se changent en suie); puis enfin pourquoi il ne laisse rien que les plus grosses qui composent les cendres, il reste seulement ici à expliquer comment

117.
Quels sont les autres effets du feu.

un même feu peut faire que certains corps, qui ne servent point à l'entretenir, deviennent liquides et qu'ils bouillent; et que les autres, au contraire, se sèchent et se durcissent; et enfin que les uns se changent en vapeurs, les autres en chaux, et les autres en verre.

118. Quels sont les corps qu'il fait fondre et bouillir. Tous les corps durs, composés de parties si égales ou si semblables qu'elles peuvent être toutes agitées et séparées aussi aisément l'une que l'autre, deviennent liquides lorsque leurs parties sont ainsi agitées et séparées par l'action du feu. Car un corps est liquide par cela seul que les parties dont il est composé se meuvent séparément les unes des autres : et lorsque leur mouvement est si grand que quelques unes, se changeant en air ou en feu, requièrent beaucoup plus d'espace que de coutume pour le continuer, elles font élever par bouillons la liqueur d'où elles sortent.

119. Quels sont ceux qu'il rend secs et durs. Mais au contraire le feu sèche les corps qui sont composés de parties inégales, plusieurs desquelles sont longues, pliantes et glissantes; de façon que, n'étant aucunement attachées à ces corps, elles en sortent aisément lorsque la chaleur du feu les agite. Car, quand on dit d'un corps dur qu'il est sec, cela ne signifie autre chose sinon qu'il ne contient en ses pores ni sur sa superficie aucunes de ces parties unies et glissantes qui, lorsqu'elles sont jointes ensemble, composent de l'eau ou quelque autre liqueur. Et parceque ces parties glissantes étant dans les pores des corps durs, les élargissent quelque peu et communiquent leur mouvement aux autres parties de ces corps, cela diminue ordinairement leur dureté; mais lors qu'elles sont chassées par l'action du feu hors de leurs pores, cela fait que leurs autres parties ont coutume de se joindre plus fort les unes aux autres, et ainsi que ces corps deviennent plus durs.

Et les parties qui peuvent être chassées hors des corps terrestres par l'action du feu sont de divers genres, comme on expérimente fort clairement par la chimie. Car, outre celles qui sont si mobiles et si petites qu'elles ne composent étant seules aucun autre corps que de l'air, il y en a d'autres, tant soit peu plus grosses, qui sortent fort aisément hors de ces corps; à savoir celles qui, étant ramassées et jointes ensemble par le moyen d'un alambic, composent des eaux-de-vie, telles qu'on a coutume de les tirer du vin, du blé et de quantité d'autres matières; puis il y en a d'autres un peu plus grosses, dont se composent les eaux douces et insipides qu'on tire aussi par distillation hors des plantes ou des autres corps ; et il y en a encore d'autres un peu plus grosses qui composent les eaux-fortes, et se tirent des sels avec grande violence de feu.

120. Comment on tire diverses eaux par distillation.

121.
Comment on tire aussi des sublimés et des huiles.

Derechef, il y en a qui sont encore plus grosses, à savoir celles des sels, lorsqu'elles demeurent entières, et celles de l'argent vif, qui, étant élevées par l'action d'un assez grand feu, ne demeurent pas liquides, mais, s'attachant au haut du vaisseau qui les contient, y composent des sublimés. Les dernières, ou celles qui sortent avec plus de difficulté des corps durs et secs, sont les huiles; et ce n'est pas tant par la violence du feu que par un peu d'industrie qu'elles en peuvent être tirées : car, d'autant que leurs parties sont fort déliées et ont des figures fort embarrassantes, l'action d'un grand feu les feroit rompre et changeroit entièrement leur nature, en les tirant avec force d'entre les autres parties des corps où elles sont; mais on a coutume de tremper ces corps dans une grande quantité d'eau commune, dont les parties qui sont unies et glissantes s'insinuent fort aisément dans leurs pores et en détachent peu à peu les parties des huiles, en sorte que cette eau, montant par après par l'alambic, les amène tout entières avec soi.

122.
Qu'en augmentant ou diminuant la force du feu on change souvent son effet.

Or, en toutes ces distillations, le degré du feu se doit observer; car selon qu'on le fait plus ou moins ardent, les effets qu'il produit sont divers : et il y a plusieurs corps qu'on peut rendre fort secs, et par après tirer d'eux diverses liqueurs par distillation, lorsqu'on les expose au commencement à un feu lent lequel on augmente après peu à peu, qui seroient fondus d'abord, en sorte qu'on ne pourroit tirer d'eux les mêmes liqueurs s'ils étoient exposés à un grand feu.

Et ce n'est pas seulement le degré du feu, mais aussi la façon de l'appliquer qui peut changer ses effets. Ainsi on voit plusieurs corps qui se fondent lorsque toutes leurs parties sont échauffées également, et qui se calcinent ou convertissent en chaux lorsqu'une flamme fort ardente agit seulement contre leur superficie, d'où séparant quelques parties elle fait que les autres demeurent en poudre. Car, selon la façon de parler des chimistes, on dit qu'un corps dur est calciné lorsqu'il est ainsi mis en poudre par l'action du feu; en sorte qu'il n'y a point d'autre différence entre les cendres et la chaux, sinon que les cendres sont ce qui reste des corps entièrement brûlés après que le feu en a séparé beaucoup de parties qui ont servi à l'entretenir, et que la chaux est ce qui reste de ceux qu'il a pulvérisés, sans en pouvoir séparer que peu de parties qui servoient de liaison aux autres.

123. Comment on calcine plusieurs corps.

Au reste, le dernier et l'un des principaux effets du feu est qu'il peut convertir toutes sortes de cendres et de chaux en verre. Car les cendres et la chaux n'étant autre chose que ce qui reste des corps brûlés, après que le feu en a fait sortir tou-

124. Comment se fait le verre.

tes les parties qui étoient assez petites pour être chassées ou rompues par lui, toutes leurs parties sont si solides et si grosses qu'elles ne sauroient être élevées comme les vapeurs par son action, et avec cela elles ont pour la plupart des figures assez irrégulières et inégales : ce qui fait que, bien qu'elles soient appuyées l'une sur l'autre et s'entre-soutiennent, elles ne s'attachent point toutefois les unes aux autres et même ne se touchent pas immédiatement, si ce n'est peut être en quelques points extrêmement petits. Mais lorsqu'elles cuisent par après dans un feu fort ardent, c'est-à-dire lorsque plusieurs parties du troisième élément moindres qu'elles, et plusieurs de celles du second, qui, étant agitées par le premier, composent ce feu, passent avec très grande vitesse de tous côtés parmi elles, cela fait que les pointes de leurs angles s'émoussent peu à peu, et que leurs petites superficies s'aplanissent, et peut-être aussi que quelques unes de ces parties se plient; en sorte qu'elles peuvent enfin couler de biais les unes sur les autres, et ainsi se toucher immédiatement, non pas seulement en des points, mais aussi en quelques unes de leurs superficies, par lesquelles demeurant jointes elles composent le verre.

125. Comment ses parties se joignent ensemble.
Car il est à remarquer que, lorsque deux corps dont les superficies ont quelque étendue se rencontrent de front, ils ne se peuvent approcher si

fort l'un de l'autre qu'il ne demeure quelque peu d'espace entre deux, qui est occupé par le second élément ; mais que, lorsqu'ils coulent de biais l'un sur l'autre, leurs superficies se peuvent entièrement joindre. Par exemple, si les corps B et C¹ s'approchent l'un de l'autre suivant la ligne droite AD, les parties du second élément qui se trouvent entre deux n'en peuvent être chassées, c'est pourquoi elles empêchent qu'ils ne se touchent ; mais les corps G et H qui viennent l'un vers l'autre suivant la ligne EF, se peuvent tellement joindre, qu'il ne demeure rien entre deux, au moins si leurs superficies sont toutes plates et polies ; et si elles ne le sont pas, le mouvement dont elles glissent ainsi l'une sur l'autre fait que peu à peu elles le deviennent. Ainsi les corps B et C représentent la façon dont les parties des cendres sont jointes ensemble, et G et H représentent celle dont se joignent les parties du verre. Et de la seule différence qui est entre ces deux façons de se joindre, dont il est évident que la première est dans les cendres, et que la seconde y doit être introduite par une longue et violente agitation du feu, on peut connoître parfaitement la nature du verre, et rendre raison de toutes ses propriétés.

La première de ses propriétés est qu'il est liquide lorsqu'il est fort échauffé par le feu, et peut

126. Pourquoi il est liquide et

¹ Voyez planche IX, figure 4.

gluant lorsqu'il est embrasé.

aisément recevoir toutes sortes de figures, lesquelles il retient étant refroidi; et même qu'il peut être tiré en filets aussi déliés que des cheveux. Il est liquide, à cause que l'action du feu ayant déjà eu la force de faire couler ses parties l'une sur l'autre pour les polir et plier, et ainsi les changer de cendres en verre, a infailliblement aussi la force de les mouvoir séparément l'une de l'autre; et tous les corps que le feu a rendus liquides ont cela de commun, qu'ils prennent aisément toutes les figures qu'on leur veut donner, à cause que leurs petites parties qui sont alors en continuelle agitation s'y accommodent; et en se refroidissant ils retiennent la dernière qu'on leur a donnée, à cause que le mouvement de leurs parties est arrêté par le froid. Mais outre cela le verre est comme gluant, en sorte qu'il peut être tiré en filets sans se rompre, pendant qu'il est encore chaud et qu'il commence à se refroidir; dont la raison est que, ses parties étant mues de telle façon qu'elles glissent continuellement les unes sur les autres, il leur est plus aisé de continuer ce mouvement, et ainsi de s'étendre en filets, que non pas de se séparer.

127. Pourquoi il est fort dur étant froid.

Une autre propriété du verre est qu'étant froid il est fort dur, et avec cela fort cassant, et même qu'il est d'autant plus cassant qu'il est plus promptement devenu froid. La cause de sa dureté est que chacune de ses parties est si grosse et si dure, et avec cela si difficile à plier, que le feu n'a pas eu la force de les rompre, et qu'elles ne sont pas jointes ensemble par l'entrelacement de leurs branches, mais par cela seul qu'elles se touchent immédiatement les unes les autres. Car il y a plusieurs corps qui sont mous à cause que leurs parties sont pliantes, ou du moins qu'elles ont quelques branches dont les extrémités sont pliantes, et qu'elles ne sont jointes les unes aux autres que par l'entrelacement de ces branches ; mais jamais les parties d'un corps ne peuvent être mieux jointes que lorsqu'elles se touchent immédiatement, et qu'elles ne sont point en action pour se mouvoir séparément l'une de l'autre ; ce qui arrive aux parties du verre sitôt qu'il est retiré du feu, d'autant qu'elles sont si grosses et tellement posées les unes sur les autres, et ont des figures si irrégulières et inégales, que l'air n'a pas la force d'entretenir en elles l'agitation que le feu leur avait donnée.

La cause qui rend le verre cassant est que ses parties ne se touchent immédiatement qu'en des superficies qui sont fort petites et en petit nombre. Et on ne doit pas trouver étrange que plusieurs corps beaucoup moins durs sont plus difficiles à diviser : car cela vient de ce que leurs parties étant engagées l'une dans l'autre, ainsi que les anneaux d'une chaîne, on peut bien les plier de tous côtés, mais non pas pour cela les déjoin-

128. Pourquoi il est aussi fort cassant.

dre sans les rompre ; et qu'il y a bien plus de petites parties à rompre dans ces corps avant qu'ils soient entièrement divisés, qu'il n'y a de petites superficies à séparer dans le verre.

<small>129. Pourquoi il devient moins cassant lorsqu'on le laisse refroidir lentement.</small>

Mais la cause qui le rend plus cassant lorsqu'on le tire tout-à-coup du fourneau que lorsqu'on le laisse recuire et se refroidir peu à peu, consiste en ce que ses pores sont un peu plus larges lorsqu'il est liquide que lorsqu'il est froid, et que s'il devient froid trop promptement, ses parties n'ont pas loisir de s'agencer comme il faut pour les rétrécir tous autant l'un que l'autre ; de façon que le second élément qui passe par après dans ces pores fait effort pour les rendre égaux, au moyen de quoi le verre se casse ; car ses parties ne se tenant que par des superficies fort petites, sitôt que deux de ces superficies se séparent, toutes les autres qui les suivent en même ligne se séparent aussi : c'est pourquoi les verriers ont coutume de recuire leurs verres, c'est-à-dire de les remettre dans le feu après les avoir faits, et puis de les en retirer par degrés, afin qu'ils ne deviennent pas froids trop promptement. Et lorsqu'un verre froid est exposé au feu, en sorte qu'il s'échauffe beaucoup plus d'un côté que d'autre, cela le fait rompre, à cause que la chaleur dilate ses pores, et que les uns ne peuvent être notablement plus dilatés que les autres sans que ses parties se séparent. Mais si on chauffe un verre également de tous côtés, en telle sorte qu'un même degré de chaleur parvienne en même temps à toutes ses parties, il ne cassera point, à cause que tous ses pores s'élargiront également.

130. Pourquoi il est transparent.

De plus, le verre est transparent, à cause qu'ayant été liquide lorsqu'il a été fait, la matière du feu qui couloit de tous côtés entre ses parties, y a laissé plusieurs pores par où le second élément peut après transmettre en tous sens l'action de la lumière, suivant des lignes droites; et il n'est pas besoin pour cela que ses pores soient exactement droits, il suffit qu'ils s'entre-suivent sans être fermés ni interrompus en aucun lieu : en sorte que si un corps étoit composé de parties exactement rondes qui s'entre-touchassent, et fussent si grosses que le second élément pût passer par les petits espaces triangulaires qui demeurent entre trois telles parties lorsqu'elles se touchent, ce corps seroit plus solide que n'est aucun verre que nous ayons, et ne laisseroit pas pour cela d'être fort transparent, ainsi qu'il a déjà été expliqué.

131. Comment on le teint de diverses couleurs.

Mais lorsqu'on mêle parmi le verre quelques métaux, ou autres matières, dont les parties résistent davantage, et ne peuvent pas si aisément être polies par l'action du feu que celles des cendres dont on le compose, cela le rend moins transparent et lui donne diverses couleurs, à cause que ces parties des métaux étant plus grosses et autrement figurées que celles des cendres, avancent quelque peu au dedans de certains pores, au moyen de quoi elles changent le mouvement des parties du second élément qui y passent, et font que ces parties passant par les autres y roulent en diverses façons; et j'ai prouvé dans les Météores que c'est ce roulement qui cause les couleurs.

132. Ce que c'est qu'être roide ou faire ressort, et pourquoi cette qualité se trouve aussi dans le verre.

Au reste, le verre peut être plié quelque peu sans se casser, comme on voit clairement lorsqu'il est tiré en filets fort déliés; car, quand il est ainsi plié, il fait ressort comme un arc, et tend à reprendre sa première figure. Et cette propriété de plier et faire ressort, qu'on peut appeler en un mot être roide, se trouve généralement en tous les corps dont les parties sont jointes par le parfait attouchement de leurs petites superficies, et non par le seul entrelacement de leurs branches; dont la raison contient trois circonstances : la première est que ces corps ont tous plusieurs pores par où il coule sans cesse quelque matière; la seconde, que la figure de ces pores est disposée à donner libre passage à cette matière, d'autant que c'est toujours par son action ou par quelque autre semblable qu'ils ont été formés, comme, par exemple, lorsque le verre devient dur, ses pores, qui ont été élargis par l'action du feu pendant qu'il étoit liquide, sont rétrécis par l'action du second élément qui les ajuste à la grosseur de ses parties ; et la troisième est que ces corps ne peuvent être pliés que la figure de leurs pores ne se change quelque peu, en sorte que la matière qui a coutume de les remplir, n'y pouvant plus couler si facilement que de coutume, pousse les parties de ce corps qui l'en empêchent, et ainsi fait effort pour les remettre en leur première figure. Par exemple, si, dans un arc qui n'est point bandé, les pores qui donnent passage au second élément sont exactement ronds, il est évident qu'après qu'il est bandé, ces mêmes pores doivent être un peu plus longs que larges, en forme d'ovales, et que les parties du second élément pressent les côtés de ces ovales, afin de les faire derechef devenir rondes; et bien que la force dont elles les pressent, étant considérée en chacune de ces parties en particulier, ne soit pas fort grande, toutefois, à cause qu'il y en a toujours un fort grand nombre qui agissent ensemble, ce n'est pas merveille qu'elles fassent que l'arc se débande avec beaucoup de violence. Mais si on tient un arc long-temps bandé, principalement un arc de bois ou d'autre matière qui ne soit pas des plus dures, la force dont il tend à se débander diminue avec le temps; dont la raison est que les parties de la matière subtile qui pressent les côtés de ses pores, les élargissent peu à peu à force de couler par dedans, et ainsi les accommodent à leur figure.

133.
Explication de la nature de l'aimant.

Jusques ici j'ai tâché d'expliquer la nature et toutes les principales propriétés de l'air, de l'eau, des terres et du feu, parceque ce sont les corps qui se trouvent le plus généralement partout en cette région sublunaire que nous habitons, de laquelle on les nomme les quatre éléments ; mais il y a encore un autre corps, à savoir l'aimant, qu'on peut dire avoir plus d'étendue qu'aucun de ces quatre, à cause que même toute la masse de la terre est un aimant, et que nous ne saurions aller en aucun lieu où sa vertu ne se remarque ; c'est pourquoi, ne désirant rien oublier de ce qu'il y a de plus général en cette terre, il est besoin maintenant que je l'explique. A cet effet remettons-nous en la mémoire ce qui a été dit ci-dessus, en l'article 87 de la troisième partie, et aux suivants, touchant les parties cannelées du premier élément de ce monde visible ; et appliquant ici à la terre tout ce qui a été dit en cet endroit-là, depuis l'article 105 jusques à l'article 109, de l'astre qui étoit marqué I, pensons qu'il y a en sa moyenne région plusieurs pores ou petits conduits parallèles à son essieu par où les parties cannelées passent librement d'un pole vers l'autre ; et que ces conduits sont tellement creusés et ajustés à la figure de ces parties cannelées, que ceux qui reçoivent les parties qui viennent du pole austral ne sauroient recevoir celles qui viennent du pole boréal ; et que réciproquement les conduits qui reçoivent les parties qui viennent du pole septentrional ne sont pas propres à recevoir celles qui viennent du pole austral, à cause qu'elles sont tournées à vis tout au rebours les unes des autres. Pensons aussi que ces parties cannelées peuvent bien entrer par un côté dans les pores qui sont propres à les recevoir, mais qu'elles ne peuvent pas retourner par l'autre côté des mêmes pores, à cause qu'il y a certains petits poils, ou certaines branches très déliées, qui avancent tellement dans les replis de ces conduits qu'elles n'empêchent aucunement le cours des parties cannelées quand elles y viennent par le côté qu'elles ont coutume d'y entrer, mais qui se rebroussent et redressent quelque peu leurs extrémités lorsque ces parties cannelées se présentent pour y entrer par l'autre côté, et ainsi leur bouchent le passage, comme il a été dit en l'article 106. C'est pourquoi, après qu'elles ont traversé toute la terre, d'une moitié à l'autre, suivant des lignes parallèles à son essieu, il y en a plusieurs qui retournent par l'air d'alentour, vers la même moitié par où elles étoient entrées; et passant ainsi réciproquement de la terre dans l'air, et de l'air dans la terre, y composent une espèce de tourbillon qui a été expliqué en l'article 108.

De plus, il a été dit en l'article 113 de la même troisième partie, qu'il ne pouvoit y avoir de pores

134.
Qu'il n'y a point de pores

442 LES PRINCIPES DE LA PHILOSOPHIE.

dans l'air ni dans l'eau qui soient propres à recevoir les parties cannelées.

dans l'air qui environnoit l'astre marqué I, c'est-à-dire la terre, sinon dans les plus grosses parcelles de cet air, dans lesquelles il étoit demeuré des traces des conduits qui y avoient été formés auparavant : et il a été dit depuis en cette dernière partie, que toute la masse de cet air s'est distinguée en quatre divers corps, qui sont l'air que nous respirons, l'eau tant douce que salée, la terre sur laquelle nous marchons, et une autre terre intérieure d'où viennent les métaux, en laquelle toutes les plus grosses parcelles qui étoient auparavant en l'air se sont assemblées; d'où il suit qu'il ne peut y avoir aucuns conduits propres à recevoir les parties cannelées, ni dans l'eau, ni dans l'air qui est maintenant, tant à cause que les parcelles qui les composent sont trop menues, comme aussi à cause qu'elles sont toutes en action pour se mouvoir séparément les unes des autres, de façon que, quand même il y auroit eu de tels conduits en quelques unes, il y auroit déjà long-temps qu'ils auroient été gâtés par un changement si fréquent, à cause qu'ils ont besoin d'une situation ferme et arrêtée pour se conserver.

135. Qu'il n'y en a point aussi en aucun autre corps sur cette terre, excepté dans le fer.

Et parcequ'il a aussi été dit que la terre intérieure, d'où viennent les métaux, est composée de deux sortes de parties, dont les unes sont divisées en branches qui se tiennent accrochées ensemble, et les autres se meuvent incessamment çà et là dans les intervalles qui sont entre ses branches, nous devons penser qu'il n'y a point de tels conduits en ces dernières, pour la raison qui vient d'être dite, et qu'il n'y a que celles qui sont divisées en branches qui en puissent avoir. Nous devons aussi penser qu'il n'y en a eu aucuns au commencement en cette terre extérieure où nous habitons, parceque s'étant formée entre l'eau et l'air, toutes les parcelles qui l'ont composée étoient fort petites; mais par succession de temps elle a reçu en soi plusieurs métaux qui sont venus de la terre intérieure; et, bien qu'il n'y ait point aussi de tels conduits en ceux de ces métaux qui sont composés de parties très solides et très fluides, comme l'or et le vif argent, il est néanmoins fort croyable qu'il y en a en celui ou en ceux dont les parties sont divisées en branches, et ne sont pas solides à proportion de ce qu'elles sont grosses : ce qui se peut dire du fer ou de l'acier, et non point d'aucun autre métal.

Car nous n'en avons aucun qui obéisse plus malaisément au marteau sans l'aide du feu, qu'on fasse fondre avec tant de peine, ni qui se puisse rendre si dur sans le mélange d'aucun autre corps, ce qui témoigne que les parcelles dont il est composé ont plus d'inégalités ou de branches, par le moyen desquelles elles se peuvent joindre et lier ensemble, que n'ont les parcelles des autres métaux. Il est

136. Pourquoi il y a de tels pores dans le fer.

vrai qu'on n'a pas tant de peine à le fondre la première fois après qu'il est tiré de la mine, mais cela vient de ce que ses parties étant alors tout-à-fait séparées les unes des autres, peuvent plus aisément être agitées par l'action du feu ; et, bien que le fer soit plus dur et plus malaisé à fondre que les autres métaux, il ne laisse pas d'être l'un des moins pesants, et de ceux qui peuvent le plus aisément être dissous par les eaux-fortes, et même la rouille seule peut le corrompre ; ce qui sert à prouver que les parcelles dont il est composé ne sont pas plus solides que celles des autres métaux, à proportion de ce qu'elles sont plus grosses, et que par conséquent il y a en elles plusieurs pores.

137. Comment peuvent être ces pores en chacune de ses parties.

Je ne veux pas toutefois assurer que ces conduits tournés à vis, qui donnent passage aux parties cannelées, soient tous entiers en chacune des parcelles du fer, comme aussi je n'ai aucune raison pour le nier ; mais il suffira ici que nous pensions que les figures des moitiés de ces conduits sont tellement formées sur les superficies de ces parcelles du fer, que lorsque deux de ces superficies sont bien ajustées l'une à l'autre, ces conduits s'y trouvent entiers : et parceque lorsqu'un corps dur dans lequel il y a plusieurs trous ronds est rompu, c'est ordinairement suivant des lignes qui passent justement par le milieu de ces trous qu'il se divise, les parties de la terre intérieure dans lesquelles il y avoit de tels trous étant celles dont le fer est composé, il est bien aisé à croire qu'elles n'ont pu être tant divisées par la force des esprits ou sucs corrosifs qui les ont amenées dans les mines, qu'il n'y soit au moins demeuré de telles moitiés de ces trous gravés sur leurs superficies.

Et il est à remarquer que pendant que les parcelles du fer sont ainsi montées dans les mines, elles n'ont pu retenir toujours une même situation, parcequ'ayant des figures irrégulières, et les chemins par où elles passoient étant inégaux, elles ont roulé en montant et se sont tournées tantôt sur un côté, tantôt sur un autre, et que, lorsque leur situation a été telle que les parties cannelées (qui, sortant avec grande vitesse de la terre intérieure, cherchent en toute l'extérieure les passages qui sont les plus propres pour les recevoir) ont rencontré ceux qui étoient en ces parcelles du fer tournés à contre-sens, soit qu'ils fussent entiers ou non, elles ont fait rebrousser les pointes de ces petites branches que j'ai dit être couchées dans leurs replis, et ont fait peu à peu qu'elles se sont entièrement renversées, en sorte qu'elles ont pu entrer par le côté de ces pores par où elles sortoient auparavant ; et que, lorsque par après la situation de ces parcelles du fer a été changée, l'action des parties cannelées a fait derechef que les petites branches qui avancent dans leurs pores se sont couchées de l'autre côté ;

138. Comment ils y sont disposés à recevoir les parties cannelées des deux côtés.

et, enfin, que lorsqu'il est arrivé que ces petites branches ont été ainsi repliées plusieurs fois, maintenant sur un côté, et après sur le côté contraire, elles ont acquis une grande facilité à pouvoir par après derechef être repliées d'un côté sur l'autre.

<small>139. Quelle différence il y a entre l'aimant et le fer.</small>

Or la différence qui est entre l'aimant et le fer consiste en ce que les parcelles dont le fer est composé ont ainsi changé plusieurs fois de situation depuis qu'elles sont sorties de la terre intérieure, ce qui est cause que les petites pointes qui avancent dans les replis de leurs pores peuvent aisément être renversées de tous côtés; et qu'au contraire celles de l'aimant ont retenu toujours, ou du moins fort long-temps, une même situation; ce qui est cause que les pointes des branches qui sont en leurs pores ne peuvent que difficilement être renversées. Ainsi l'aimant et le fer participent beaucoup de la nature l'un de l'autre, et ce ne sont que ces parcelles de la terre intérieure dans lesquelles il y a des pores propres à recevoir les parties cannelées qui leur donnent la forme, bien qu'ordinairement il y ait beaucoup d'autre matière mêlée avec elles, non seulement en la mine de fer, d'où cette autre matière est aisément séparée par la fonte, mais encore plus en l'aimant; car souvent la cause qui a fait que les parcelles de l'aimant ont plus long-temps demeuré en une même situation que les parcelles qui composent le fer est qu'elles sont engagées entre les parties de quelque pierre fort dure; et cela fait aussi quelquefois qu'il est presque impossible de les fondre pour en faire du fer, à cause qu'elles sont plutôt calcinées et consumées par le feu que dégagées des lieux où elles sont.

Pour ce qui est de la mine de fer, lorsqu'on la fait fondre afin de la convertir en fer ou en acier, il faut penser que les parcelles du métal, étant agitées par la chaleur, se dégagent premièrement des autres matières avec qui elles sont mêlées, et ne cessent après de se remuer séparément les unes des autres jusques à ce que leurs superficies, où les moitiés des conduits ci-dessus décrits sont imprimées, soient tellement ajustées les unes aux autres que ces conduits s'y trouvent entiers. Mais, lorsque cela est, les parties cannelées, qui ne sont pas en moins grand nombre dans le feu que dans tous les autres corps terrestres, prenant incontinent leur cours par dedans ces conduits, empêchent que les petites superficies, par la conjonction desquelles ils sont faits, ne changent si aisément de situation qu'elles faisoient auparavant; outre que leur mutuel attouchement, et la force de la pesanteur qui presse toutes les parties du métal l'une contre l'autre, aident à les retenir ainsi jointes. Et, parceque cependant ces parties du métal ne laissent pas de continuer à être agitées par le

140. Comment on fait du fer ou de l'acier en fondant la mine.

feu, cela fait que plusieurs s'accordent ensemble à suivre un même mouvement, et ainsi que toute la liqueur du métal fondu se divise en plusieurs petits tas ou petites gouttes dont les superficies deviennent polies. Car toutes les parcelles du métal, qui sont en quelque façon jointes ensemble, composent une de ces gouttes, laquelle étant pressée de tous côtés par les autres gouttes qui l'environnent, et qui se meuvent en autre sens qu'elle, pas une de ces pointes ou branches de ces parcelles ne sauroit avancer tant soi peu plus que les autres hors de sa superficie qu'elle ne soit incontinent repoussée vers son centre par les autres gouttes, ce qui polit cette superficie; et cela fait aussi que les parcelles qui composent chaque goutte se resserrent et se joignent d'autant mieux ensemble.

141. Pourquoi l'acier est fort dur et roide et cassant.

Lorsque le métal est ainsi fondu et divisé en petites gouttes qui se défont sans cesse et se refont pendant qu'il demeure liquide, si on le fait promptement refroidir il devient de l'acier, qui est fort dur et roide, et cassant à peu près comme le verre. Il est dur, à cause que ses parties sont fort étroitement jointes; il est roide et fait ressort, à cause que ce n'est pas l'arrangement de ses parties, mais seulement la figure de ses pores qu'on peut changer en le pliant, ainsi qu'il a tantôt été dit du verre; et il est cassant, à cause que les petites gouttes dont il est composé ne sont jointes que par l'attouchement de leurs superficies, lesquelles ne se touchent immédiatement qu'en fort peu de petites parties.

Mais toutes les mines dont on tire du fer ne sont pas propres à faire de bon acier, et la mine dont on en peut faire de très bon ne donne que de simple fer lorsqu'on la fait fondre à un feu qui n'est pas tempéré comme il faut. Car, si les parcelles de la mine sont trop rudes et inégales, en sorte qu'elles s'accrochent les unes aux autres avant qu'elles aient eu le loisir d'ajuster leurs petites superficies, et se distinguer en plusieurs petites gouttes en la façon que j'ai expliquée; ou bien si le feu n'est pas assez fort pour faire que la mine fondue se distingue ainsi en plusieurs gouttes, et que les parcelles de chacune de ces gouttes se resserrent ensemble; ou, enfin, s'il est si violent qu'il trouble leur juste situation, elles ne composent pas de l'acier, mais seulement du fer commun.

Et lorsqu'on a de l'acier déjà fait, si on le remet dans le feu, il ne peut pas aisément être refondu et rendu semblable au fer commun, à cause que les petites gouttes dont il a été composé sont trop grosses et trop solides pour être remuées tout entières par l'action du feu, et que les parcelles de chacune de ces gouttes sont aussi trop bien jointes et trop serrées pour être tout-à-fait

142. Quelle différence il y a entre le simple fer et l'acier.

143. Quelle est la raison des diverses trempes qu'on donne à l'acier.

séparées par cette même action : mais il peut être ramolli, à cause que toutes ses parties sont ébranlées par la chaleur. Et si on le laisse par après refroidir assez lentement, il ne devient point si dur, si roide et si cassant comme il a été, mais demeure mou et pliant comme du fer; dont la raison est que, pendant qu'il se refroidit, les petites branches des parcelles qui composent chacune de ses gouttes, et que j'ai dit être repoussées en dedans par l'action des autres gouttes qui l'environnent, ont le loisir, à mesure que la force de cette action diminue, de s'avancer quelque peu hors de sa superficie (suivant en cela leur plus naturelle situation), et par ce moyen de s'accrocher et s'entrelacer avec celles qui s'avancent en même façon hors des superficies des autres gouttes : ce qui fait que les parcelles de chaque goutte ne sont plus si étroitement jointes et resserrées ensemble, et aussi que ces gouttes ne se touchent plus immédiatement, mais sont seulement liées par les petites pointes ou branches qui sortent de leurs superficies, au moyen de quoi l'acier n'est plus si dur, ni si roide, ni si cassant comme il a été. Mais il demeure toujours cette différence entre l'acier et le simple fer, qu'on lui peut rendre sa première dureté en le faisant rougir dans le feu et après refroidir tout-à-coup ; au lieu que le fer commun ne peut être rendu si dur en même façon; dont la raison est que les parcelles de l'acier ne sont point si éloignées de la situation en laquelle il faut qu'elles soient pour le rendre fort dur, qu'elles n'y puissent être remises par l'action du feu, et la retenir lorsque le froid succède fort promptement à la chaleur; au lieu que les parties du fer n'ayant jamais eu une telle situation, ne la peuvent ainsi acquérir. Or, afin de faire que le fer ou l'acier se refroidisse fort promptement, on a coutume de le tremper dans de l'eau ou dans quelques autres liqueurs froides; comme, au contraire, afin qu'il se refroidisse lentement et devienne plus mou, on le trempe dans de l'huile ou dans quelque autre liqueur grasse; et parcequ'à mesure qu'il se rend plus dur il devient aussi plus cassant, les artisans qui en font des épées, des scies, des limes, et autres instruments, n'emploient pas toujours les plus froides liqueurs à le tremper, mais celles qui sont tempérées et proportionnées à l'effet qu'ils désirent. Ainsi, la trempe des limes ou des burins est différente de celle des scies, des épées, ou autres semblables instruments, selon que la dureté est plus requise aux uns qu'aux autres, et qu'il est plus ou moins à craindre qu'ils ne se cassent : c'est pourquoi on peut dire avec raison qu'on tempère l'acier lorsqu'on le trempe bien à propos.

Pour ce qui est des petits conduits propres à recevoir les parties cannelées, on connoît de ce qui

144. Quelle différence il y a

entre les pores de l'aimant, de l'acier et du fer.

a été dit qu'il y en doit avoir en très grand nombre tant dans l'acier que dans le fer, et même beaucoup plus que dans l'aimant, dans lequel il y a toujours plusieurs parties qui ne sont point métalliques. On connoît aussi que ces conduits doivent être beaucoup plus entiers et plus parfaits dans l'acier que dans le fer, et que les petites pointes que j'ai dit être couchées dans leurs replis ne s'y renversent pas si aisément d'un côté sur l'autre qu'ils font dans le fer; premièrement à cause que la mine dont on fait l'acier est la plus pure, et celle dont les parcelles ont le moins changé depuis qu'elles sont sorties de la terre intérieure, puis aussi à cause qu'elles y sont mieux agencées et plus serrées que dans le fer. Enfin, on connoît que ces conduits ne sont point tous tournés ni dans l'acier ni dans le fer, ainsi qu'ils sont dans l'aimant; à savoir, en sorte que toutes les entrées des conduits par où les parties cannelées qui viennent du pole austral peuvent passer regardent un même côté, et que toutes celles qui peuvent recevoir les parties cannelées qui viennent du pole septentrional regardent le côté contraire; mais que ces conduits y sont tournés en diverses façons et sans aucun ordre certain, à cause que l'action du feu a diversement changé leur situation. Il est vrai que pendant le moment que cette action cesse, et que le fer ou l'acier embrasé se refroidit, les parties cannelées qui coulent toujours par le dessus de la terre d'un de ses poles vers l'autre, peuvent disposer quelques uns de leurs conduits en la façon qu'ils doivent être, afin qu'elles y aient libre passage; et elles peuvent aussi disposer ainsi peu à peu quelques uns des pores de l'acier ou du fer qui n'est point embrasé, lorsqu'il demeure long-temps en une même situation, mais parce qu'il y a beaucoup plus de tels conduits dans le fer et dans l'acier que les parties cannelées qui passent par l'air n'en peuvent remplir, elles n'en peuvent ainsi disposer que fort peu; ce qui est cause qu'il n'y a point de fer ni d'acier qui n'ait quelque chose de la vertu de l'aimant, bien qu'il n'y en ait presque point qui en ait tant qu'il n'en puisse avoir encore davantage.

Et toutes ces choses suivent si clairement des principes qui ont été ci-dessus exposés, que je ne laisserois pas de juger qu'elles sont telles que je viens de dire, quand bien je n'aurois aucun égard aux propriétés qui en peuvent être déduites; mais j'espère maintenant faire voir que toutes celles de ces propriétés que les plus curieuses expériences des admirateurs de l'aimant ont pu découvrir jusques à présent peuvent si facilement être expliquées par leur moyen, que cela seul suffiroit pour persuader qu'elles sont vraies, encore qu'elles n'eussent point été déduites des premiers prin-

145. Le dénombrement de toutes les propriétés de l'aimant.

cipes de la nature. Et afin qu'on remarque mieux quelles sont toutes ces propriétés, je les réduirai ici à certains articles, qui sont :

1. Qu'il y a deux poles en chaque aimant, l'un desquels, en quelque lieu de la terre que ce soit, tend toujours à être tourné vers le septentrion, et l'autre vers le midi.

2. Que ces poles de l'aimant tendent aussi à se pencher vers la terre, et ce diversement, à raison des divers lieux où il est transporté.

3. Que lorsque deux aimants de figure ronde sont proches, chacun d'eux se tourne et se penche vers l'autre, en même façon qu'un seul se tourne et penche vers la terre.

4. Que lorsqu'ils sont ainsi tournés l'un vers l'autre, ils s'approchent jusques à ce qu'ils se touchent.

5. Que s'ils sont retenus par contrainte en une situation contraire à celle-là, ils se fuient et se reculent l'un de l'autre.

6. Que si un aimant est divisé en deux pièces, suivant la ligne qui joint ses deux poles, les parties de chacune de ces pièces tendent à s'éloigner de celles de l'autre pièce dont elles étoient les plus proches avant la division.

7. Que s'il est divisé en un autre sens, en sorte que le plan de la division coupe à angles droits la ligne qui joint ses poles, les deux points de cette

ligne ainsi coupée, qui se touchoient auparavant, et dont l'un est en l'une des pièces de l'aimant, et l'autre en l'autre, y sont deux poles de vertu contraire; en sorte que l'un tend à se tourner vers le nord, et l'autre vers le sud.

8. Que bien qu'il n'y ait que deux poles en chaque aimant, l'un boréal et l'autre austral, il ne laisse pas d'y en avoir aussi deux en chacune de ses parties lorsqu'elle est seule, et ainsi que la vertu de chaque partie est semblable à celle qui est dans le tout.

9. Que le fer peut recevoir cette vertu de l'aimant lorsqu'il en est touché ou seulement approché.

10. Que selon le côté qu'on le tourne en l'approchant de l'aimant, il reçoit diversement cette vertu.

11. Que néanmoins, de quelque façon qu'on en approche un morceau de fer, qui est beaucoup plus long que large, il la reçoit toujours suivant sa longueur.

12. Que l'aimant ne perd rien de cette vertu, encore qu'il la communique au fer.

13. Qu'il la lui communique en fort peu de temps; mais que si le fer demeure fort long-temps en une même situation contre l'aimant, elle s'y fortifie et s'y affermit davantage.

14. Que le plus dur acier reçoit une vertu plus

forte, et retient celle qu'il a reçue beaucoup mieux que le fer commun.

15. Qu'il en reçoit davantage d'une bonne pierre que d'une moins bonne.

16. Que toute la terre est un aimant, et qu'elle communique aussi au fer quelque peu de sa vertu.

17. Que, bien que la terre soit grande, cette vertu ne paroît pas en elle si forte qu'en la plupart des pierres d'aimant, qui sont incomparablement plus petites.

18. Que les aiguilles touchées de l'aimant tournent leurs bouts l'un vers le nord, l'autre vers le sud, ainsi que l'aimant tourne ses poles.

19. Mais que ni les poles de ces aiguilles, ni ceux des pierres d'aimant, ne se tournent pas si justement vers les poles de la terre qu'ils ne s'en écartent souvent quelque peu, et ce plus ou moins, selon les divers lieux où elles sont.

20. Et que cela peut aussi changer avec le temps, en sorte qu'il y a maintenant des lieux où cette déclinaison de l'aimant est moindre qu'elle n'a été au siècle passé, et d'autres où elle est plus grande.

21. Que cette déclinaison est nulle, ainsi que quelques uns disent, ou peut-être qu'elle n'est pas la même, ni si grande, quand un aimant est perpendiculairement élevé sur l'un de ses poles, que lorsque ses deux poles sont également distants de la terre.

QUATRIÈME PARTIE. 457

22. Que l'aimant attire le fer.

23. Qu'étant armé il en peut soutenir une plus grande quantité que lorsqu'il ne l'est pas.

24. Que, bien que ses poles soient de vertu contraire en autre chose, ils s'aident néanmoins à soutenir un même morceau de fer.

25. Que pendant qu'une pirouette de fer tourne, soit à droite, soit à gauche, si on la tient suspendue à un aimant, elle n'est point empêchée par lui de continuer à se mouvoir.

26. Que la vertu d'un aimant est quelquefois augmentée, et quelquefois diminuée, par le voisinage d'un morceau de fer ou d'un autre aimant, selon les divers côtés qu'ils ont tournés vers lui.

27. Qu'un morceau de fer et un aimant, tant foible qu'il soit, étant joints ensemble, ne peuvent être séparés par un autre aimant, bien que très fort, pendant qu'il ne les touche point;

28. Et qu'au contraire le fer joint à un aimant qui est très fort en peut souvent être séparé par un aimant plus foible lorsqu'il le touche.

29. Que le côté de l'aimant qui tend vers le nord peut soutenir plus de fer en ces régions septentrionales que ne fait son autre côté.

30. Que la limure de fer s'arrange en certain ordre autour des pierres d'aimant.

31. Qu'appliquant une lame de fer contre l'un des poles de l'aimant, on détourne la vertu qu'il

a pour attirer d'autre fer vers ce même pole.

32. Et que cette vertu ne peut être détournée ni empêchée par aucun autre corps qui soit mis en la place de cette lame de fer.

33. Que si un aimant demeure long-temps autrement tourné au regard de la terre, ou des autres aimants dont il est proche, qu'il ne tend naturellement à se tourner, cela lui fait peu à peu perdre sa force.

34. Et enfin, que cette force lui peut être ôtée par le feu, et diminuée par la rouille et par l'humidité, mais non point par aucune autre chose qui nous soit connue.

146. Comment les parties cannelées prennent leur cours au travers et autour de la terre.

Maintenant, pour entendre les raisons de ces propriétés de l'aimant, considérons cette figure en laquelle ABCD représente la terre, dont A est le pole austral ou celui du sud, et B est le boréal ou celui du nord : et toutes ces petites viroles qu'on a peintes autour représentent les parties cannelées, touchant lesquelles il faut remarquer que les unes sont tournées tout au rebours des autres, ce qui est cause qu'elles ne peuvent passer par les mêmes pores, et que toutes celles qui viennent de la partie du ciel marquée E, qui est le sud, sont tournées en un même sens et ont en la moitié de la terre CAD les entrées des pores par où elles passent sans cesse en ligne droite, jusques à la superficie de son autre moitié CBD, puis de là retournent circulairement de part et d'autre par dedans l'air, l'eau, et les autres corps de la terre supérieure vers CAD[1]; et qu'en même façon toutes celles qui sont tournées de l'autre sens viennent du nord F, et, entrant par l'hémisphère CBD, prennent leur cours en lignes droites au dedans de la terre, jusques à l'autre hémisphère CAD par où étant sorties elles retournent par l'air vers CBD : car il a été dit que les pores par où elles passent au travers de la terre sont tels qu'elles n'y peuvent entrer par le même côté par où elles peuvent sortir.

147. Qu'elles passent plus difficilement par l'air et par le reste de la terre extérioure que par l'intérieure.

Il faut aussi remarquer qu'il afflue toujours cependant de nouvelles parties cannelées vers la terre, des endroits du ciel qui sont au sud et au nord, bien qu'elles n'aient pu commodément être ici représentées, mais qu'il y en a autant d'autres qui retournent dans le ciel vers G et vers H, ou bien qui perdent leur figure en y allant. Il est vrai qu'elles ne la peuvent jamais perdre pendant qu'elles traversent le dedans de la terre, à cause qu'elles y trouvent des conduits si ajustés à leur mesure, qu'elles y passent sans aucun empêchement; mais pendant qu'elles retournent par l'air, ou par l'eau, ou par les autres corps de la terre extérieure, dans lesquels elles ne trouvent point de tels pores, elles y passent avec beaucoup plus de difficulté; et parcequ'elles y sont continuellement

[1] Voyez planche IX, figure 5.

heurtées par les parties du second et du troisième élément, il est aisé à croire que souvent elles y changent de figure.

148. Qu'elles n'ont pas la même difficulté à passer par l'aimant.

Or, pendant que ces parties cannelées ont ainsi de la difficulté à couler par dedans la terre extérieure si elles y rencontrent une pierre d'aimant dans laquelle il y a des conduits ajustés à leur mesure, tout de même qu'en la terre intérieure, elles doivent sans doute passer plus aisément par dedans cette pierre qu'elles ne font par l'air ou par les autres corps d'alentour : au moins si elle est en telle situation que les entrées de ses pores soient tournées vers les côtés d'où viennent les parties cannelées qu'ils peuvent aisément recevoir.

149. Quels sont ses poles.

Et comme le pole austral de la terre est justement au milieu de celle de ses moitiés par où entrent les parties cannelées qui viennent du ciel du côté du sud, ainsi je nomme le pole austral de l'aimant celui de ses points qui est au milieu de celle de ses moitiés par où entrent les mêmes parties, et je prends le point opposé pour son pole septentrional, nonobstant que je sache bien que cela est contre l'usage de plusieurs, qui, voyant que le pole de l'aimant que je nomme austral se tourne naturellement vers le septentrion (comme j'expliquerai tout maintenant), l'ont nommé son pole septentrional, et pour la même raison ont nommé l'autre son pole austral. Car il me semble qu'il n'y a que le peuple auquel on doive laisser le droit d'autoriser par un long usage les noms qu'il a mal imposés aux choses; mais, parceque le peuple n'a point coutume de parler de celle-ci, mais seulement ceux qui philosophent et qui désirent savoir la vérité, je m'assure qu'ils ne trouveront pas mauvais que je préfère la raison à l'usage.

Lorsque les poles de l'aimant ne sont pas tournés vers les côtés de la terre d'où viennent les parties cannelées qu'ils peuvent recevoir, elles se présentent de biais pour y entrer; et, par la force qu'elles ont à continuer leur mouvement en ligne droite, elles poussent celles de ses parties qu'elles rencontrent jusques à ce qu'elles leur aient donné la situation qui leur est la plus commode; au moyen de quoi, si cet aimant n'est point retenu par d'autres corps plus forts, elles le contraignent de se mouvoir jusques à ce que celui de ses poles que je nomme austral soit entièrement tourné vers le boréal de la terre, et celui que je nomme boréal soit tourné vers l'austral. Dont la raison est que les parties cannelées qui viennent du côté du nord vers l'aimant sont les mêmes qui sont entrées dans la terre intérieure par le côté du sud, et en sont sorties par le nord; comme aussi celles qui viennent du sud vers l'aimant sont les mêmes qui sont entrées par le nord en la terre intérieure, et en sont sorties par le sud.

150. Pourquoi ils se tournent vers les poles de la terre.

151.
Pourquoi ils se penchent aussi diversement vers son centre, à raison des divers lieux où ils sont.

La force qu'ont les parties cannelées pour continuer leur mouvement en ligne droite fait aussi que les poles de l'aimant se penchent l'un plus que l'autre vers la terre, et ce diversement, selon les divers lieux où il est. Par exemple, en l'aimant L, qui est ici directement posé sur l'équateur de la terre, les parties cannelées font bien que son pole austral a est tourné vers B, le boréal de la terre, et son autre pole b vers l'austral A, parceque celles qui entrent par son côté CaG sont aussi entrées en la terre par CAD, et sorties par CBD; mais elles ne font point pencher l'un de ces poles plus que l'autre, à cause que celles qui viennent du nord n'ont pas plus de force à faire baisser l'un, que celles qui viennent du sud à faire baisser l'autre. Et, au contraire, en l'aimant N, qui est sur le pole boréal de la terre, les parties cannelées font que son pole austral a s'abaisse entièrement vers la terre, et que l'autre b demeure élevé tout droit au-dessus. Et en l'aimant M, qui est entre l'équateur et le nord, elles font pencher son pole austral plus ou moins bas, selon que le lieu où est cet aimant est plus proche du septentrion ou du midi. Et, en l'autre hémisphère, elles font pencher le pole boréal des aimants I et K en même façon que l'austral des aimants N et M en celui-ci. Dont les raisons sont évidentes; car les parties cannelées qui sortent de la terre par B, et entrent en l'aimant N par *a*, y doivent continuer leur cours en ligne droite, à cause de la facilité du passage qu'elles y trouvent, et que les autres parties cannelées qui viennent d'A par H et par G vers N n'entrent pas en lui beaucoup plus difficilement pour cela par son pole *b*. Tout de même, les parties cannelées qui entrent par *a*, le côté austral de l'aimant M, sortent de la superficie de la terre intérieure qui est entre B et M, c'est pourquoi elles doivent faire pencher son pole *a* environ vers le milieu de cette superficie; et cela ne peut être empêché par les autres parties cannelées qui entrent par l'autre côté de cet aimant, à cause que, venant de l'autre hémisphère de la terre, et ainsi devant nécessairement faire tout un demi-tour pour y entrer, elles ne se détournent pas davantage en passant par cet aimant, lorsqu'il est ainsi situé, que si elles ne passoient que par l'air.

Ainsi on voit que les parties cannelées prennent leur cours par les pores de chaque pierre d'aimant, en même façon que par ceux de la terre : d'où il suit que lorsque deux aimants de figure ronde sont proches l'un de l'autre, chacun d'eux se doit tourner et pencher vers l'autre, en même façon qu'il se pencheroit vers la terre s'il étoit seul. Car il faut remarquer qu'il y a toujours beaucoup plus de ces parties cannelées autour des pierres d'aimant qu'il n'y en a aux autres endroits de l'air, à cause

152. Pourquoi deux pierres d'aimant se tournent l'une vers l'autre, ainsi que chacune se tourne vers la terre, laquelle est aussi un aimant.

qu'après qu'elles sont sorties par l'un des côtés de l'aimant, la résistance qu'elles trouvent en l'air qui les environne, fait que la plupart retournent par cet air vers l'autre côté de cet aimant, par lequel elles entrent derechef : et ainsi plusieurs demeurant autour de lui, elles y font une espèce de tourbillon, tout de même qu'il a été dit qu'elles font autour de la terre. De sorte que toute cette terre peut aussi être prise pour un aimant; lequel ne diffère point des autres, sinon en ce qu'il est beaucoup plus grand, et que, sur sa superficie où nous vivons, sa vertu ne paroît pas être bien forte.

153. Pourquoi deux aimants s'approchent l'un de l'autre, et quelle est la sphère de leur vertu.

Outre que deux aimants qui sont proches se tournent jusques à ce que le pole austral de l'un regarde le pole boréal de l'autre, ils s'approchent en se tournant, ou bien, après être ainsi tournés, jusques à ce qu'ils viennent à se toucher, lorsque rien n'empêche leur mouvement; car il faut remarquer que les parties cannelées passent beaucoup plus vite par les conduits de l'aimant que par l'air, dans lequel leur cours est arrêté par le second et troisième élément, qu'elles rencontrent; au lieu qu'en ces conduits elles ne se mêlent qu'avec la plus subtile matière du premier élément, laquelle augmente leur vitesse. C'est pourquoi elles continuent quelque peu en ligne droite, après être sorties de l'aimant, avant que la résistance de l'air les puisse détourner; et si en l'espace par où elles vont ainsi en ligne droite, elles rencontrent les conduits d'un autre aimant qui soient disposés à les recevoir, elles entrent en cet autre aimant au lieu de se détourner, et, chassant l'air qui est entre ces deux aimants, font qu'ils s'approchent l'un de l'autre. Par exemple, les parties cannelées qui coulent dans les conduits de l'aimant marqué O[1], les unes de B vers A, et les autres d'A vers B, ont la force de passer outre en ligne droite des deux côtés jusqu'à R et S, avant que la résistance de l'air les contraigne de prendre leur cours de part et d'autre vers V. Et notez que tout l'espace RVS, qui contient le tourbillon que font les parties cannelées autour de cet aimant O se nomme la sphère de son activité ou de sa vertu, et que cette sphère est d'autant plus ample qu'il est plus grand, ou du moins qu'il est plus long, parceque les parties cannelées y coulant par de plus longs conduits, ont loisir d'y acquérir la force de passer plus avant dans l'air en ligne droite; ce qui fait que la vertu des grands aimants s'étend toujours beaucoup plus loin que celle des petits, bien que d'ailleurs elle soit quelquefois plus foible, à savoir lorsqu'il n'y a pas tant de conduits propres à recevoir les parties cannelées dans un grand aimant que dans un moindre. Or, si la sphère de la vertu de l'aimant O étoit entièrement séparée de celle de l'aimant P, qui

[1] Voyez planche IX, figure 6.

est TXS, encore que les parties cannelées qui sortent de cet aimant O poussassent l'air qui est vers R et vers S comme elles font, elles ne le chasseroient point pour cela des lieux où il est, à cause qu'il n'auroit point d'autre lieu où il pût aller pour éviter d'être poussé par elles, et rendre leur cours plus facile. Mais maintenant que les sphères de ces deux aimants sont tellement jointes en S, que le pole boréal de l'un regarde le pole austral de l'autre, il se trouve un lieu où l'air qui est vers S peut se retirer, à savoir vers R et vers T, derrière ces deux aimants, en faisant qu'ils s'approchent l'un de l'autre; car il est évident que cela facilite le cours des parties cannelées, auxquelles il est plus aisé de passer en ligne droite d'un aimant dans l'autre, que de faire deux tourbillons séparés autour d'eux; et elles peuvent ainsi passer en ligne droite de l'un dans l'autre, d'autant plus aisément qu'ils sont plus proches : c'est pourquoi elles chassent vers R et vers T l'air qui se trouve entre deux; et cet air ainsi chassé fait avancer les deux aimants d'R et T vers S.

154. Pourquoi aussi quelquefois ils se fuient. Mais cela n'arrive que lorsque le pole austral de l'un de ces aimants est tourné vers le boréal de l'autre; car, au contraire, ils se reculent et se fuient l'un l'autre lorsque ceux de leurs poles qui se regardent sont de même vertu, et que leur situation, ou quelque autre cause, les empêche tellement de se tourner qu'elle ne les empêche pas pour cela de se mouvoir en ligne droite ; dont la raison est que les parties cannelées qui sortent de ces deux aimants, ne pouvant entrer de l'un dans l'autre, se doivent réserver entre deux quelque espace pour passer en l'air d'alentour. Par exemple, si l'aimant O[1] flotte sur l'eau dans une petite gondole, en laquelle il soit tellement planté sur son pole boréal B qu'il ne se puisse mouvoir qu'avec elle, et que tenant l'aimant P avec la main, en sorte que son pole austral a soit tourné vers A, le pole austral de l'autre, on l'avance peu à peu de P vers Y, il doit faire que l'aimant O se recule d'O vers Z avant que de le toucher, à cause que les parties cannelées qui sortent de l'endroit de chacun de ces aimants qui est vis-à-vis de l'autre aimant doivent avoir quelque espace entre ces deux aimants par où elles puissent passer.

Des choses qui ont déjà été dites, on voit clairement que si un aimant est divisé en deux pièces, suivant la ligne qui joint ses deux poles, et qu'on tienne l'une de ces pièces pendue à un filet au-dessus de l'autre, elle se doit tourner de soi-même et prendre une situation contraire à celle qu'elle a eue : car avant la division ses parties australes étoient jointes aux parties australes de l'autre pièce, et les boréales aux boréales ; mais lors-

155. Pourquoi, lorsqu'un aimant est divisé, les parties qui ont été jointes se fuient.

[1] Voyez planche X, figure 1.

qu'elles sont séparées, les parties cannelées qui sortent du pole austral de l'une de ces pièces prennent leur cours par-dedans l'air vers le pole boréal de l'autre ; au moyen de quoi elles font que a [1], le pole austral de celle qui est suspendue, se tourne vers B, le pole boréal de l'autre, et b vers A.

156. Comment il arrive que deux parties d'un aimant qui se touchent deviennent deux poles de vertu contraire lorsqu'on le divise.

On voit aussi pourquoi lorsqu'un aimant est divisé, en telle sorte que le plan de la division coupe à angles droits la ligne AB [2] qui joint ses deux poles, les deux points de cette ligne qui se touchoient avant qu'elle fût divisée, et qui sont l'une en l'une de ses pièces, et l'autre en l'autre, comme sont ici b et a, y sont deux poles de vertu contraire, à cause que les parties cannelées qui peuvent sortir par l'un peuvent entrer par l'autre.

157. Comment la vertu qui est en chaque petite pièce d'un aimant est semblable à celle qui est dans le tout.

De plus, on voit comment la vertu de tout un aimant n'est pas d'autre nature que celle de chacune de ses parties, encore qu'elle paroisse tout autrement en ses poles qu'ailleurs : car elle n'y est pas autre pour cela ; mais elle y est seulement plus grande, à cause que la ligne qui les joint est la plus longue, et qu'elle tient le milieu entre toutes les lignes suivant lesquelles les parties cannelées passent au travers de cet aimant, au moins dans un aimant sphérique, à l'exemple duquel on

---

[1] Voyez planche X, figure 2.
[2] Voyez planche X, figure 3.

juge que les poles des autres aimants sont les points où leur vertu paroît le plus; et cette vertu n'est pas aussi autre dans le pole austral que dans le boréal, sinon en tant que ce qui entre par l'un doit sortir par l'autre. Mais il n'y a point de pièce d'aimant, tant petite qu'elle soit, en laquelle il y ait quelque pore par où passent les parties cannelées, qu'il n'y ait un côté par où elles entrent, et un autre par où elles sortent, et par conséquent qui n'ait ses deux poles.

Et nous n'avons pas sujet de trouver étrange qu'un morceau de fer ou d'acier étant approché d'une pierre d'aimant en acquière incontinent la vertu: car, suivant ce qui a été dit, il a déjà des pores propres à recevoir les parties cannelées aussi bien que l'aimant, et même en plus grand nombre; c'est pourquoi il ne lui manque rien pour avoir la même vertu, sinon que les petites pointes qui avancent dans les replis de ses pores y sont tournées sans ordre, les unes d'une façon, et les autres d'une autre, au lieu que toutes celles des pores qui peuvent recevoir les parties cannelées qui viennent du nord devroient être couchées sur un même côté, et toutes les autres sur le côté contraire; mais lorsqu'un aimant est proche de lui, les parties cannelées qui sortent de cet aimant entrent en tel ordre et avec tant d'impétuosité dans ses pores, qu'elles ont la force d'y dis-

158. Comment cette vertu est communiquée au fer par l'aimant.

poser ces petites pointes en la façon qu'il faut; et ainsi elles donnent au fer tout ce qui lui manquoit pour avoir la vertu de l'aimant.

<small>159. Comment elle est communiquée au fer diversement, à raison des diverses façons que l'aimant est tourné vers lui.</small>

Nous ne devons point admirer non plus que le fer reçoive diversement cette vertu, selon les divers côtés de l'aimant auxquels il est appliqué. Car, par exemple, si R[1], l'un des bouts du fer RST, est mis contre B, le pole boréal de l'aimant P, ce fer recevra tellement la vertu de cet aimant, que R sera son pole austral, et T le boréal; à cause que les parties cannelées qui viennent du sud dans la terre, et en sortent par le nord, entrent par R, et que celles qui viennent du nord, après être sorties de la terre par A, et avoir fait le tour de part et d'autre par l'air, entrent par T dans le fer. Si ce même fer est couché sur l'équateur de cet aimant (c'est-à-dire sur le cercle également distant de ses poles), et que son point R soit tourné vers B, comme on le voit sur la partie de l'équateur marquée C, il y recevra sa vertu en même sens qu'auparavant, et R sera encore son pole austral, à cause que les mêmes parties cannelées y entreront; mais si on tourne ce point R vers A, comme on le voit sur l'endroit de l'équateur marqué D, il perdra la vertu du pole austral, et deviendra le pole septentrional de ce fer, à cause que les parties cannelées qui entroient auparavant par R entreront

---

[1] Voyez planche X, figure 4.

par T, et celles qui entroient par T entreront par R. Enfin, si S, le point du milieu de ce fer, touche le pole austral de cet aimant, les parties cannelées qui viennent du nord entreront dans le fer par S, et sortiront par ses extrémités R et T, au moyen de quoi il aura en son milieu la vertu du pole boréal, et en ses deux bouts celle du pole austral.

160. Pourquoi néanmoins un fer qui est plus long que large ni épais, la reçoit toujours suivant sa longueur.

Et il n'y a point en tout cela de difficulté, sinon qu'on peut demander pourquoi les parties cannelées qui, sortant du pole A de l'aimant, entrent par S, le milieu du fer, ne vont pas plus outre en ligne droite vers E, au lieu de se détourner de part et d'autre vers R et vers T : à quoi il est aisé de répondre que ces parties cannelées trouvant des pores dans le fer qui sont propres à les recevoir, et n'en trouvant point dedans l'air, sont détournées par la résistance de cet air, et coulent le plus longtemps qu'elles peuvent par dedans le fer, lequel pour cette cause reçoit toujours la vertu de l'aimant suivant sa longueur lorsqu'il est notablement plus long que large ou épais.

161. Pourquoi l'aimant ne perd rien de sa vertu en la communiquant au fer.

Il est aisé aussi de répondre à ceux qui demandent pourquoi l'aimant ne perd rien de sa force, encore qu'on fasse qu'il la communique à une fort grande quantité de fer : car il n'arrive aucun changement en l'aimant de ce que les parties cannelées qui sortent de ses pores entrent dans le fer plutôt que dans quelque autre corps, sinon en tant que passant plus facilement par le fer que par d'autres corps, cela fait qu'elles passent aussi plus librement et en plus grande quantité par l'aimant lorsqu'il a du fer autour de lui que lorsqu'il n'en a point ; ainsi, au lieu de diminuer sa vertu, il l'augmente en la communiquant au fer.

162. Pourquoi elle se communique au fer fort promptement, et comment elle y est affermie par le temps.

Et cette vertu est acquise fort promptement par le fer, à cause qu'il ne faut guère de temps aux parties cannelées qui vont très vite pour passer de l'un de ses bouts jusques à l'autre, et que dès la première fois qu'elles y passent, elles lui communiquent la vertu de l'aimant duquel elles viennent. Mais si on retient long-temps un même fer en même situation contre une pierre d'aimant, il y acquiert une vertu plus ferme, et qui ne peut pas si aisément lui être ôtée, à cause que les petites branches qui avancent dans les replis de ses pores, demeurant fort long-temps couchées sur un même côté, perdent peu à peu la facilité qu'elles ont eue à se renverser sur l'autre côté.

163. Pourquoi l'acier la reçoit mieux que le simple fer.

Et l'acier reçoit mieux cette vertu que le simple fer, parceque ses pores qui sont propres à recevoir les parties cannelées sont plus parfaits et en plus grand nombre, et après qu'il l'a reçue, elle ne peut pas sitôt être ôtée, à cause que les petites branches qui avancent en ses conduits ne se peuvent pas si aisément renverser.

Et selon qu'un aimant est plus grand et plus parfait, il lui communique une vertu plus forte, à cause que les parties cannelées entrant avec plus d'impétuosité dans ses pores renversent plus parfaitement toutes les petites branches qu'elles rencontrent en leurs replis, et aussi à cause que, venant en plus grande quantité toutes ensemble, elles se préparent plus grand nombre de pores; car il est à remarquer qu'il y a toujours beaucoup plus de tels pores dans le fer ou l'acier, duquel toutes les parties sont métalliques, que dans l'aimant, où ces parties métalliques sont mêlées avec celles d'une pierre; et ainsi que, ne pouvant sortir en même temps que peu de parties cannelées d'un aimant foible, elles n'entrent pas en tous les pores de l'acier, mais seulement en ceux où il y a moins de petites branches qui leur résistent, ou bien où ces branches sont plus faciles à plier, et que les autres parties cannelées qui viennent après, ne passent que par ces mêmes pores où elles trouvent le chemin déjà ouvert, si bien que les autres pores ne servent de rien, sinon lorsque ce fer est approché d'un aimant plus parfait, qui, envoyant vers lui plus de parties cannelées, lui donne une vertu plus forte.

164. Pourquoi il la reçoit plus grande d'un fort bon aimant que d'un moindre.

Et parceque les petites branches qui avancent dans les pores du plus simple fer y peuvent fort aisément être pliées, de là vient que la terre même lui peut en un moment communiquer la vertu de

165. Comment la terre seule peut communiquer cette vertu au fer.

l'aimant, encore qu'elle semble n'en avoir qu'une fort foible : de quoi l'expérience étant assez belle, je mettrai ici le moyen de la faire. On prend un morceau de simple fer, quel qu'il soit, pourvu que sa figure soit longue et qu'il n'ait point encore en soi aucune vertu d'aimant qui soit notable ; on baisse un peu l'un de ses bouts plus que l'autre vers la terre, puis, les tenant tous deux également distants de l'horizon, on approche une boussole de celui qui a été baissé le dernier, et l'aiguille de cette boussole tourne vers lui le même côté qu'elle a coutume de tourner vers le sud ; puis, haussant quelque peu le même bout de ce fer, et le remettant incontinent parallèle à l'horizon proche de la même boussole, on voit que l'aiguille lui présente son autre côté ; et si on le hausse et baisse ainsi plusieurs fois, on trouve toujours en ces régions septentrionales que le côté que l'aiguille a coutume de tourner vers le sud se tourne vers le bout du fer qui a été baissé le dernier, et que celui qu'elle a coutume de tourner vers le nord se tourne contre le bout du fer qui a été haussé le dernier ; ce qui montre que la seule situation qu'on lui donne au regard de la terre lui communique la vertu de faire ainsi tourner cette aiguille ; et on le peut hausser et baisser si adroitement, que ceux qui le voient, ne pouvant remarquer la cause qui lui change si subitement sa vertu, ont occasion de l'admirer.

Mais on peut ici demander pourquoi la terre, qui est un fort grand aimant, a moins de vertu que n'en ont ordinairement les pierres d'aimant, qui sont incomparablement plus petites. A quoi je réponds que mon opinion est qu'elle en a beaucoup davantage en la seconde région, en laquelle j'ai dit ci-dessus qu'il y a quantité de pores par où les parties cannelées prennent leur cours, mais que la plupart de ces parties cannelées, après être sorties par l'un des côtés de cette seconde région, retournent vers l'autre par la plus basse partie de la troisième région d'où viennent les métaux, en laquelle il y a aussi beaucoup de tels pores, ce qui est cause qu'elles ne viennent qu'en fort petit nombre jusques à cette superficie de la terre où nous habitons ; car je crois que les entrées et sorties des pores par où elles passent sont tournées en cette troisième région de la terre tout autrement qu'en la seconde, en sorte que les parties cannelées qui viennent du sud vers le nord par les pores de cette seconde région, retournent du nord vers le sud par la troisième, en passant presque toutes par son plus bas étage, et aussi par les mines d'aimant et de fer, à cause qu'elles y trouvent des pores commodes ; ce qui fait qu'il n'en reste que fort peu qui s'efforcent de passer par l'air et par les autres corps proches de nous, où il n'y a point de tels pores : de quoi on peut examiner la vérité par l'expérience ;

166. D'où vient que de fort petites pierres d'aimant paroissent souvent avoir plus de force que toute la terre.

car, si ce que j'en écris est vrai, le même côté de l'aimant qui regarde le nord pendant qu'il est encore joint à la mine se doit toujours tourner de soi-même vers le nord après qu'il en est séparé et qu'on le laisse librement flotter sur l'eau, sans qu'il soit proche d'aucun autre aimant que de la terre. Et Gilbert, qui a découvert le premier que toute la terre est un aimant, et qui en a très curieusement examiné les vertus, assure qu'il a éprouvé que cela est. Il est vrai que quelques autres disent aussi qu'ils ont éprouvé le contraire; mais peut-être qu'ils se sont trompés, en faisant flotter l'aimant dans le lieu même d'où ils l'avoient coupé, pour voir s'il changeroit de situation, et que lors véritablement il l'a changée, à cause que le reste de la mine dont on l'avoit séparé étoit aussi un aimant, suivant ce qui a été dit en l'article 155; au lieu que, pour bien faire cette expérience, il faut après avoir remarqué quels sont les côtés de l'aimant qui regardent le nord et le sud pendant qu'il est joint à la mine, le tirer tout-à-fait hors de là, et ne le tenir proche d'aucun autre aimant que de la terre pour voir vers où ses mêmes côtés se tourneront.

167. Pourquoi les aiguilles aimantées ont toujours les poles de leur vertu en leurs extrémités.

Or, d'autant que le fer ou l'acier qui est de figure longue reçoit toujours la vertu de l'aimant suivant sa longueur, encore qu'il lui soit appliqué en un autre sens, il est certain que les aiguilles aimantées doivent toujours avoir les poles de leur

QUATRIÈME PARTIE. 477

vertu précisément en leurs deux bouts, et les tourner vers les mêmes côtés qu'un aimant parfaitement sphérique tourneroit ses poles s'il étoit aux mêmes endroits de la terre où elles sont.

Et parcequ'on peut beaucoup plus aisément observer vers quel côté se tourne la pointe d'une aiguille, que vers lequel se tourne le pole d'une pierre ronde, on a découvert par le moyen de ces aiguilles que l'aimant ne tourne pas toujours ses poles exactement vers les poles de la terre, mais qu'il les en détourne ordinairement quelque peu, et quelquefois plus, quelquefois moins, selon les divers pays où l'on le porte. De quoi la raison doit être attribuée aux inégalités qui sont en la superficie de la terre, ainsi que Gilbert a fort bien remarqué : car il est évident qu'il y a des endroits en cette terre où il y a plus d'aimant ou de fer que dans le reste, et que par conséquent les parties cannelées qui sortent de la terre intérieure vont en plus grande quantité vers ces endroits-là que vers les autres, ce qui fait qu'elles se détournent souvent du chemin qu'elles prendroient si tous les endroits de la terre étoient semblables; et parcequ'il n'y a rien que ces parties cannelées qui fassent tourner çà ou là les poles de l'aimant, ils doivent suivre toutes les variations de leur cours: ce qui peut être confirmé par l'expérience, si on met une fort petite aiguille d'acier sur une assez

168.
Pourquoi les poles de l'aimant ne se tournent pas toujours exactement vers les poles de la terre.

grosse pierre d'aimant qui ne soit pas ronde, car on verra que les bouts de cette aiguille ne se tourneront pas toujours exactement vers les mêmes points de cette piérre, mais qu'ils s'en détourneront diversement suivant les inégalités de sa figure. Et, bien que les inégalités qui paroissent en la superficie de la terre ne soient pas fort grandes à raison de toute la grosseur de son corps, elles ne laissent pas de l'être assez à raison des divers endroits de cette superficie pour y causer la variation des poles de l'aimant qu'on y observe.

169. Comment cette variation peut changer avec le temps en un même endroit de la terre.

Il y en a qui disent que cette variation n'est pas seulement différente aux différents endroits de la terre, mais qu'elle peut aussi changer avec le temps en un même lieu, en sorte que celle qu'on observe maintenant en certains lieux ne s'accorde pas avec celle qu'on y a observée au siècle passé : ce qui ne me semble nullement étrange, en considérant qu'elle ne dépend que de la quantité du fer et de l'aimant qui se trouve plus ou moins grande vers l'un des côtés de ces lieux-là que vers l'autre, non seulement à cause que les hommes tirent continuellement du fer de certains endroits de la terre et le transportent en d'autres, mais principalement aussi à cause qu'il y a eu autrefois des mines de fer en des lieux où il n'y en a plus, parcequ'elles s'y sont corrompues avec le temps; et qu'il y en a maintenant en d'autres où il n'y en avoit point auparavant, parcequ'elles y ont depuis peu été produites.

Il y en a aussi qui disent que cette variation est nulle en un aimant de figure ronde planté sur l'un de ses poles, à savoir sur son pole austral lorsqu'il est en ces parties septentrionales, et sur le boréal lorsqu'il est en l'autre hémisphère; en sorte que cet aimant ainsi planté dans une petite gondole qui flotte sur l'eau tourne toujours un même côté vers la terre, sans s'écarter en aucune façon lorsqu'il est transporté en divers lieux. Mais encore que je n'aie point fait d'expérience qui m'assure que cela soit vrai, je juge néanmoins que la déclinaison d'un aimant ainsi planté n'est pas la même, et peut-être aussi qu'elle n'est pas si grande que lorsque la ligne qui joint ses poles est parallèle à l'horizon; car en tous les endroits de cette terre extérieure, excepté en l'équateur et sur les poles, il y a des parties cannelées qui prennent leur cours en deux façons, à savoir les unes le prennent suivant des lignes parallèles à l'horizon, parcequ'elles viennent de plus loin et passent outre; et les autres le prennent de bas en haut ou de haut en bas, parcequ'elles sortent de la terre intérieure ou qu'elles y entrent en ces endroits-là. Et ce sont principalement ces dernières qui font tourner l'aimant planté sur ces poles, au lieu que ce sont les premières qui causent la

170. Comment elle peut aussi être changée par la diverse situation de l'aimant.

variation qu'on y observe lorsqu'il est en cette autre situation.

171. Pourquoi l'aimant attire le fer.

La propriété de l'aimant qui est la plus commune et qui a été remarquée la première, est qu'il attire le fer, ou plutôt que le fer et l'aimant s'approchent naturellement l'un de l'autre lorsqu'il n'y a rien qui les retienne ; car, à proprement parler, il n'y a aucune attraction en cela : mais sitôt que le fer est dans la sphère de la vertu de l'aimant, cette vertu lui est communiquée, et les parties cannelées qui passent de cet aimant en ce fer chassent l'air qui est entre deux, faisant par ce moyen qu'ils s'approchent, ainsi qu'il a été dit de deux aimants en l'article 153 ; et même le fer a plus de facilité à se mouvoir vers l'aimant, que l'aimant à se mouvoir vers le fer, à cause que toute la matière du fer a des pores propres à recevoir les parties cannelées, au lieu que l'aimant est appesanti par la matière destituée de ces pores dont il a coutume d'être composé.

172. Pourquoi il soutient plus de fer lorsqu'il est armé que lorsqu'il ne l'est pas.

Mais il y en a plusieurs qui admirent qu'un aimant étant armé, c'est-à-dire ayant quelque morceau de fer attaché à l'un de ses poles, puisse, par le moyen de ce fer, soutenir beaucoup plus d'autre fer qu'il ne feroit étant désarmé : de quoi néanmoins on peut assez facilement découvrir la cause, en remarquant que, bien que son armure lui aide à soutenir le fer qu'elle touche, elle ne lui aide point en même façon à faire approcher celui dont elle est tant soit peu séparée, ni même à le soutenir quand il y a quelque chose entre lui et elle, encore que ce ne fût qu'une feuille de papier fort déliée : car cela montre que la force de l'armure ne consiste en autre chose, sinon en ce qu'elle touche le fer d'autre façon que ne peut faire l'aimant : à savoir, parceque cette armure est de fer, tous ses pores se rencontrent vis-à-vis du fer qu'elle soutient, et les parties cannelées, qui passent de l'un en l'autre de ces fers, chassent tout l'air qui est entre deux, faisant par ce moyen que leurs superficies se touchent immédiatement, et c'est en cette sorte d'attouchement que consiste la plus forte liaison qui puisse joindre deux corps l'un à l'autre, ainsi qu'il a été prouvé ci-dessus : mais, à cause de la matière non métallique qui a coutume d'être en l'aimant, ses pores ne peuvent ainsi se rencontrer justement vis-à-vis de ceux du fer, c'est pourquoi les parties cannelées qui sortent de l'un ne peuvent entrer en l'autre qu'en coulant quelque peu de biais entre leurs superficies ; et ainsi, encore qu'elles les fassent approcher l'un de l'autre, elles empêchent néanmoins qu'ils ne se touchent tout-à-fait, à cause qu'elles retiennent entre deux autant d'espace qu'il leur en faut pour couler ainsi de biais des pores de l'un en ceux de l'autre.

173.
Comment les deux poles de l'aimant s'aident l'un l'autre à soutenir le fer.

Il y en a aussi quelques uns qui admirent que, bien que les deux poles d'un même aimant aient des vertus toutes contraires, en ce qui est de se tourner vers le sud et vers le nord, ils s'accordent néanmoins et s'entr'aident en ce qui est de soutenir le fer; en sorte qu'un aimant, armé de ses deux poles, peut porter presque deux fois autant de fer que lorsqu'il n'est armé qu'en l'un de ses poles. Par exemple, si AB[1] est un aimant aux deux poles duavancées en dehors vers D et F, que le fer GH quel sont jointes les armures CD et EF, tellement qu'elles soutiennent les puisse toucher en des superficies assez larges, ce fer GH peut être presque deux fois aussi pesant que s'il ne touchoit qu'à l'une de ces deux armures. Mais la raison en est évidente à ceux qui considèrent le mouvement des parties cannelées qui a été expliqué; car, bien qu'elles soient contraires les unes aux autres en ce que celles qui sortent de l'aimant par l'un de ses poles n'y peuvent rentrer que par l'autre, cela n'empêche pas qu'elles ne joignent leurs forces ensemble pour attacher le fer à l'aimant; à cause que celles qui sortent d'A, le pole austral de cet aimant, étant détournées par l'armure CD vers b, où elles font le pole boréal du fer GH, coulent de b vers a, le pole austral du même fer; et d'a, par l'armure FE, entrent dans B, le pole boréal de l'aimant;

[1] Voyez planche X, figure 5.

comme aussi en même façon celles qui sortent de B retournent circulairement vers A par EF, HG et DC. Et ainsi elles attachent le fer autant à l'une de ces armures qu'à l'autre.

Mais ce mouvement des parties cannelées ne semble pas s'accorder si bien avec une autre propriété de l'aimant, qui est de pouvoir soutenir en l'air une petite pirouette de fer pendant qu'elle tourne (soit qu'elle tourne à droite, soit à gauche), et de n'empêcher point qu'elle continue à se mouvoir étant suspendue à l'aimant plus long-temps qu'elle ne feroit étant appuyée sur une table. En effet, si les parties cannelées n'avoient qu'un mouvement droit, et que le fer et l'aimant se pussent tellement ajuster que tous les pores de l'un se trouvassent exactement vis-à-vis de ceux de l'autre, je croirois que ces parties cannelées, en passant de l'un en l'autre, devroient ajuster ainsi tous leurs pores, et par ce moyen empêcher la pirouette de tourner. Mais, parcequ'elles tournent elles-mêmes sans cesse les unes à droite, les autres à gauche, et qu'elles se réservent toujours quelque peu d'espace entre les superficies de l'aimant et du fer, par où elles coulent de biais des pores de l'un en ceux de l'autre, à cause qu'ils ne se rapportent pas les uns aux autres, elles peuvent tout aussi aisément passer des pores de l'aimant en ceux d'une pirouette lorsqu'elle tourne soit à droite, soit à

174. Pourquoi une pirouette de fer n'est point empêchée de tourner par l'aimant auquel elle est suspendue.

gauche, que si elle étoit arrêtée, c'est pourquoi elles ne l'arrêtent point. Et parceque, pendant qu'elle est ainsi suspendue, il y a toujours quelque peu d'espace entre elle et l'aimant, son attouchement l'arrête bien moins que ne fait celui d'une table quand elle est appuyée dessus, et qu'elle la presse par sa pesanteur.

175. Comment deux aimants doivent être situés pour s'aider ou s'empêcher l'un l'autre à soutenir du fer.

Au reste, la force qu'a une pierre d'aimant à soutenir le fer peut diversement être augmentée ou diminuée par un autre aimant, ou par un autre morceau de fer, selon qu'il lui est diversement appliqué : mais il n'y a en cela qu'une règle générale à remarquer, qui est que toutes fois et quantes qu'un fer ou un aimant est tellement posé au regard d'un autre aimant qu'il fait aller quelques parties cannelées vers lui, il augmente sa force; et au contraire, s'il est cause qu'il y en aille moins, il la diminue. Car, d'autant que les parties cannelées qui passent par un aimant sont en plus grand nombre ou plus agitées, il a d'autant plus de force, et elles peuvent venir vers lui en plus grand nombre et plus agitées d'un morceau de fer ou d'un autre aimant que de l'air seul, ou de quelque autre corps qu'on mette en leur place. Ainsi, non seulement lorsque le pole austral d'un aimant est joint au pole septentrional d'un autre, ils s'aident mutuellement à soutenir le fer qui est vers leurs autres poles, mais ils s'aident aussi lorsqu'ils sont séparés à soutenir le fer qui est entre deux. Par exemple, l'aimant C¹ est aidé par l'aimant F à soutenir contre soi le fer DE, qui lui est joint; et réciproquement l'aimant F est aidé par l'aimant C à soutenir en l'air le bout de ce fer marqué E; car il pourroit être si pesant que cet aimant F ne le soutiendroit pas ainsi en l'air si l'autre bout marqué D, au lieu d'être joint à l'aimant C, étoit appuyé sur quelque autre corps qui le retiendroit en la place où il est sans empêcher E de se baisser.

Mais pendant que l'aimant F est ainsi aidé par l'aimant C à soutenir le fer DE, il est empêché par ce même aimant de faire approcher ce fer vers soi : car il est à remarquer que pendant que ce fer touche C, il ne peut être attiré par F, lequel il ne touche point, nonobstant qu'on suppose ce dernier beaucoup plus puissant que le premier : dont la raison est que les parties cannelées passant au travers de ces deux aimants et de ce fer, ainsi que s'ils n'étoient qu'un seul aimant, en la façon déjà expliquée, n'ont point notablement plus de force en l'un des endroits qui est entre C et F qu'en l'autre, et par conséquent ne peuvent faire que le fer DE quitte C pour aller vers F, d'autant qu'il n'est pas retenu vers C, par la seule force qu'a cet aimant pour l'attirer,

176. Pourquoi un aimant bien fort ne peut attirer le fer qui pend à un aimant plus foible.

¹ Voyez planche X, figure 6.

mais principalement aussi parcequ'ils se touchent, bien que ce ne soit pas en tant de parties que si cet aimant étoit armé.

177. Pourquoi quelquefois, au contraire, le plus foible aimant attire le fer d'un autre plus fort.

Et ceci fait entendre pourquoi un aimant qui a peu de force, ou même un simple morceau de fer, peut souvent détacher un autre fer d'un aimant fort puissant auquel il est joint. Car il faut remarquer que cela n'arrive jamais, si ce n'est que le plus foible aimant touche aussi le fer qu'il doit séparer de l'autre; et que lorsqu'un fer de figure longue, comme DE, touche deux aimants situés comme C et F, en sorte qu'il touche de ses deux bouts deux de leurs poles qui aient diverse vertu, si on retire ces deux aimants l'un de l'autre, le fer qui les touchoit tous deux ne demeurera pas toujours joint au plus fort, ni toujours aussi au plus foible, mais quelquefois à celui-ci, et quelquefois à celui-là. Ce qui montre que la seule raison qui fait qu'il en suit l'un plutôt que l'autre, est qu'il se rencontre qu'il touche en une superficie tant soit peu plus grande, ou bien en plus de points, celui auquel il demeure attaché.

178. Pourquoi en ces pays septentrionaux le pole austral de l'aimant peut tirer plus de fer que l'autre.

On peut aussi entendre pourquoi le pole austral de toutes les pierres d'aimant semble avoir plus de force, et soutient plus de fer en cet hémisphère septentrional que leur autre pole; en considérant comment l'aimant C est aidé par l'aimant F à soutenir le fer DE. Car la terre étant aussi un aimant, elle augmente la force des autres aimants, lorsque leur pole austral est tourné vers son pole boréal, en même façon que l'aimant F augmente celle de l'aimant C; comme aussi au contraire elle la diminue lorsque le pole septentrional de ces autres aimants est tourné vers elle en cet hémisphère septentrional.

Et si on s'arrête à considérer en quelle façon la poudre ou limure de fer qu'on a jetée autour d'un aimant s'y arrange, on y pourra remarquer beaucoup de choses qui confirmeront la vérité de celles que je viens de dire. Car, en premier lieu, on y verra que les petits grains de cette poudre ne s'entassent pas confusément, mais que, se joignant en long les uns aux autres, ils composent comme des filets qui sont autant de petits tuyaux par où passent les parties cannelées plus librement que par l'air, et qui pour ce sujet peuvent servir à faire connoître les chemins qu'elles tiennent après être sorties de l'aimant. Mais, afin qu'on puisse voir à l'œil quelle est l'inflexion de ces chemins, il faut répandre cette limure sur un plan bien uni, au milieu duquel soit enfoncé un aimant sphérique, en telle sorte que ses deux poles le touchent, comme on a coutume d'enfoncer les globes dans le cercle de l'horizon pour représenter la sphère droite : car les petits grains de cette limure s'ar-

179. Comment s'arrangent les grains de la limure d'acier autour d'un aimant.

rangeront sur ce plan suivant des lignes qui marqueront exactement le chemin que j'ai dit ci-dessus que prennent les parties cannelées autour de chaque aimant et aussi autour de toute la terre. Puis si on enfonce en même façon deux aimants dans ce plan, et que le pole boréal de l'un soit tourné vers l'austral de l'autre, comme ils sont en cette figure, la limure mise autour fera voir que les parties cannelées prennent leur cours autour de ces deux aimants en même façon que s'ils n'étoient qu'un : car les lignes suivant lesquelles s'arrangeront ses petits grains, seront droites entre les deux poles qui se regardent, comme sont ici celles qu'on voit entre A et *b*, et les autres seront repliées des deux côtés, comme on voit celles que désignent les lettres BRVXT*a*. On peut aussi voir, en tenant un aimant avec la main, l'un des poles duquel, par exemple l'austral, soit tourné vers la terre, et qu'il y ait de la limure de fer pendue à ce pole, que s'il y a un autre aimant au-dessous, dont le pôle de même vertu, à savoir l'austral, soit tourné vers cette limure, les petits filets qu'elle compose, qui pendent tout droit de haut en bas lorsque ces deux aimants sont éloignés l'un de l'autre, se replient de bas en haut lorsqu'on les approche; à cause que les parties cannelées de l'aimant supérieur qui coulent le long de ces filets, sont repoussées vers en haut par leurs semblables qui sortent de l'aimant inférieur. Et même si cet aimant inférieur est plus fort que l'autre, il en détachera cette limure et la fera tomber sur soi lorsqu'ils seront proches; à cause que ses parties cannelées faisant effort pour passer par les pores de la limure, et ne pouvant y entrer que par les superficies de ses grains qui sont jointes à l'autre aimant, elles les sépareront de lui. Mais si, au contraire, on tourne le pole boréal de l'aimant inférieur vers l'austral du supérieur, auquel pend cette limure, elle alongera ses petits filets en ligne droite, à cause que leurs pores seront disposés à recevoir toutes les parties cannelées qui passeront de l'un de ses poles à l'autre; mais la limure ne se détachera point pour cela de l'aimant supérieur pendant qu'elle ne touchera point à l'autre, à cause de la liaison qu'elle acquiert par l'attouchement, ainsi qu'il a tantôt été dit. Et à cause de cette même liaison, si la limure qui pend à un aimant fort puissant est touchée par un autre aimant beaucoup plus foible, ou seulement par quelque morceau de fer, il y aura toujours plusieurs de ses grains qui quitteront le plus fort aimant, et demeureront attachés au plus foible, ou bien au morceau de fer, lorsqu'on les retirera d'auprès de lui : dont la raison est que les petites superficies de cette limure étant fort diverses et inégales, il se rencontre toujours que plusieurs de

490 LES PRINCIPES DE LA PHILOSOPHIE.

ces grains touchent en plus de points ou par une plus grande superficie le plus foible aimant que le plus fort.

180. Comment une lame de fer jointe à l'un des poles de l'aimant empêche sa vertu.

Une lame de fer qui, étant appliquée contre l'un des poles d'un aimant, lui sert d'armure et augmente de beaucoup la force qu'il a pour soutenir d'autre fer, empêche celle qu'a ce même aimant pour attirer ou faire tourner vers soi les aiguilles qui sont proche de ce pole. Par exemple, la lame DCD empêche que l'aimant AB, au pole duquel elle est jointe, ne fasse tourner ou approcher de soi l'aiguille EF, ainsi qu'il feroit si cette lame étoit ôtée. Dont la raison est que les parties cannelées qui continueroient leur cours de B[1] vers EF, s'il n'y avoit que de l'air entre deux, entrant en cette lame par son milieu C, sont détournées par elle vers les extrémités DD, d'où elles retournent vers A, et ainsi à peine peut-il y en avoir aucune qui aille vers l'aiguille EF : en même façon qu'il a été dit ci-dessus qu'il en vient peu jusques à nous de celles qui passent par la seconde région de la terre, à cause qu'elles retournent presque toutes d'un pole vers l'autre, par la croûte intérieure de la troisième région où nous sommes ; et que c'est ce qui fait que la vertu de l'aimant nous paroît en elle si foible.

[1] Voyez planche X, figure 7.

Mais, excepté le fer et l'aimant, nous n'avons aucun corps en cette terre extérieure qui, étant mis en la place où est cette lame CD, puisse empêcher que la vertu de l'aimant AB ne passe jusques à l'aiguille EF : car nous n'en avons aucun, tant solide et tant dur qu'il puisse être, dans lequel il n'y ait plusieurs pores, non pas véritablement qui soient ajustés à la figure des parties cannelées, comme sont ceux du fer et de l'aimant, mais qu'ils sont beaucoup plus grands, en sorte que le second élément les occupe; ce qui fait que les parties cannelées passent aussi aisément par dedans ces corps durs que par l'air, par lequel elles ne peuvent passer, non plus que par eux, sinon en se faisant faire place par les parties du second élément qu'elles rencontrent.

181. Que cette même vertu ne peut être empêchée par l'interposition d'aucun autre corps.

Je ne sais aussi aucune chose qui fasse perdre la vertu à l'aimant ou au fer, excepté lorsqu'on le retient long-temps en une situation contraire à celle qu'il prend naturellement, quand rien ne l'empêche de tourner ses poles vers ceux de la terre ou des autres aimants dont il est proche, et aussi lorsque l'humidité ou la rouille le corrompt, et enfin lorsqu'il est mis dans le feu. Mais s'il est retenu long-temps hors de sa situation naturelle, les parties cannelées qui viennent de la terre, ou des autres aimants proches font effort pour entrer à contre-sens dans ses pores, et par ce moyen, chan-

182. Que la situation de l'aimant, qui est contraire à celle qu'il prend naturellement quand rien ne l'empêche, lui ôte peu à peu sa vertu.

geant peu à peu leurs figures, lui font perdre sa vertu.

183. Que cette vertu peut aussi lui être ôtée par le feu et diminuée par la rouille.

La rouille aussi en sortant hors des parties métalliques de l'aimant bouche les entrées de ses pores, en sorte que les parties cannelées n'y sont pas si aisément reçues, et l'humidité fait en quelque façon le semblable, en tant qu'elle dispose à la rouille; et enfin, le feu étant assez fort trouble l'ordre des parties du fer ou de l'aimant en les agitant, et même il peut être si violent qu'il change aussi la figure de leurs pores. Au reste, je ne crois pas qu'on ait encore jamais observé aucune chose touchant l'aimant qui soit vraie, et en laquelle l'observateur ne se soit point mépris, dont la raison ne soit comprise en ce que je viens d'expliquer, et n'en puisse facilement être déduite.

184. Quelle est l'attraction de l'ambre, du jayet, de la cire, du verre, etc.

Mais, après avoir parlé de la vertu qu'a l'aimant pour attirer le fer, il semble à propos que je dise aussi quelque chose de celle qu'ont l'ambre, le jayet, la cire, la résine, le verre, et plusieurs autres corps, pour attirer toutes sortes de petits fétus. Car, encore que mon dessein ne soit pas d'expliquer ici la nature d'aucun corps particulier, sinon en tant qu'elle peut servir à confirmer la vérité de ce que j'ai écrit touchant ceux qui se trouvent le plus universellement partout, et qui peuvent être pris pour les éléments de ce monde visible, encore aussi que je ne puisse savoir assurément pourquoi l'ambre ou le jayet a telle vertu, si je ne fais premièrement plusieurs expériences qui me découvrent intérieurement quelle est leur nature, toutefois à cause que la même vertu est dans le verre duquel j'ai été ci-dessus obligé de parler entre les effets du feu, si je n'expliquois point en quelle sorte cette vertu est en lui, on auroit sujet de douter des autres choses que j'en ai écrites, vu principalement que ceux qui remarquent que presque tous les autres corps où est cette vertu sont gras ou huileux, se persuaderoient peut-être qu'elle consiste en ce que, lorsqu'on frotte ces corps (car il est ordinairement besoin de les frotter afin qu'elle soit excitée), il y a quelques unes des plus petites de leurs parties qui se répandent par l'air d'alentour, et qui, étant composées de plusieurs petites branches, demeurent tellement liées les unes aux autres qu'elles retournent incontinent après vers le corps d'où elles sont sorties, et apportent vers lui les petits fétus auxquels elles se sont attachées; ainsi qu'on voit quelquefois qu'en secouant un peu le bout d'une baguette auquel pend une goutte de quelque liqueur fort gluante, qu'une partie de cette liqueur file en l'air, ét descend jusques à une certaine distance, puis remonte incontinent de soi-même vers le reste de la goutte qui est demeuré joint à la baguette, et y apporte aussi des fétus si elle en rencontre en son chemin : car on ne peut imaginer rien de semblable dans le verre, au moins si sa nature est telle que je l'ai décrite ; c'est pourquoi il est besoin que je cherche en lui une autre cause de cette attraction.

<small>135. Quelle est la cause de cette attraction dans le verre.</small>

Or en considérant de quelle façon j'ai dit qu'il se fait, on peut connoître que les intervalles qui sont entre ses parties doivent être pour la plupart de figure longue, et que c'est seulement le milieu de ces intervalles qui est assez large pour donner passage aux parties du second élément, lesquelles rendent le verre transparent, de sorte qu'il demeure des deux côtés en chacun de ces intervalles des petites fentes si étroites qu'il n'y a rien que le premier élément qui les puisse occuper ; ensuite de quoi il faut remarquer touchant ce premier élément, dont la propriété est de prendre toujours la figure des lieux où il se trouve, que pendant qu'il coule par ces petites fentes, les moins agitées de ses parties s'attachent les unes aux autres, et composent des bandelettes qui sont fort minces, mais qui ont un peu de largeur et beaucoup plus de longueur, et qui vont et viennent en tournoyant de tous côtés entre les parties du verre, sans jamais guère s'en éloigner, à cause que les passages qu'elles trouvent dans l'air, ou dans les autres corps qui l'environnent, ne sont pas si ajustés à leur mesure, ni si propres à les recevoir. Car, encore que le premier élément soit très fluide, il a néanmoins en soi

QUATRIÈME PARTIE. 495

des parties qui sont moins agitées que le reste de sa matière, ainsi qu'il a été expliqué aux articles 87 et 88 de la troisième partie, et il est raisonnable de croire que, pendant que ce qu'il y a de plus fluide en sa matière passe continuellement de l'air dans le verre, et du verre dans l'air, les moins fluides de ses parties qui se trouvent dans le verre y demeurent dans les fentes auxquelles ne répondent pas les pores de l'air, et que là se joignant les unes aux autres elles composent ces bandelettes, lesquelles acquièrent par ce moyen en peu de temps des figures si fermes qu'elles ne peuvent pas aisément être changées ; ce qui est cause que lorsqu'on frotte le verre assez fort, en sorte qu'il s'échauffe quelque peu, ces bandelettes qui sont chassées hors de ses pores par cette agitation, sont contraintes d'aller vers l'air et vers les autres corps d'alentour, où ne trouvant pas des pores si propres à les recevoir, elles retournent aussitôt dans le verre, et y amènent avec soi les fétus, ou autres petits corps dans les pores desquels elles se trouvent engagées.

186. *Que la même cause semble aussi avoir lieu en toutes les autres attractions.*

Et ce qui est dit ici du verre se doit aussi entendre de tous les autres corps, ou du moins de la plupart, en qui est cette attraction, à savoir qu'il y a quelques intervalles entre leurs parties, qui, étant trop étroits pour le second élément, ne peuvent recevoir que le premier ; et qui étant plus grands que ne sont dans l'air ceux où le seul premier élément peut passer, retiennent en soi les parties de ce premier élément qui sont les moins agitées, lesquelles se joignant les unes aux autres, y composent des bandelettes qui ont à la vérité diverses figures, selon la diversité des pores par où elles passent, mais qui conviennent toutes en cela qu'elles sont longues, plates, pliantes, et qu'elles coulent çà et là entre les parties de ces corps ; car, d'autant que les intervalles par où elles passent sont si étroits que le second élément n'y peut entrer, ils ne pourroient être plus grands que le sont dans l'air ceux où le même second élément n'entre point, s'ils ne s'étendoient plus qu'eux en longueur, étant comme autant de petites fentes qui rendent ces bandelettes larges et minces : et ces intervalles doivent être plus grands que ceux de l'air, afin que les parties les moins agitées du premier élément s'arrêtent en eux, pendant qu'il sort continuellement autant du même premier élément par quelques autres pores de ces corps qu'il y en vient des pores de l'air. C'est pourquoi, encore que je ne nie pas que l'autre cause d'attraction que j'ai tantôt expliquée ne puisse avoir lieu en quelque corps, toutefois, parcequ'elle ne semble pas assez générale pour pouvoir convenir à tant de divers corps, comme fait cette dernière, et que néanmoins il y en a un fort grand nombre en qui cette propriété de lever des fétus se remarque, je crois que nous devons penser qu'elle est en eux, ou du moins en la plupart, semblable à celle qui est dans le verre.

Au reste, je désire ici qu'on prenne garde que ces bandelettes, ou autres petites parties longues et remuantes, qui se forment ainsi de la matière du premier élément dans les intervalles des corps terrestres, y peuvent être la cause, non seulement des diverses attractions, telles que sont celles de l'aimant et de l'ambre, mais aussi d'une infinité d'autres effets très admirables : car celles qui se forment dans chaque corps ont quelque chose de particulier en leur figure qui les rend différentes de toutes celles qui se forment dans les autres corps. Et, d'autant qu'elles se meuvent sans cesse fort vite, suivant la nature du premier élément duquel elles sont des parties, il se peut faire que des circonstances très peu remarquables les déterminent quelquefois à tournoyer çà et là dans le corps où elles sont, sans s'en écarter; et quelquefois au contraire à passer en fort peu de temps jusques à des lieux fort éloignés, sans qu'aucun corps qu'elles rencontrent en leur chemin les puisse arrêter ou détourner, et que rencontrant là une matière disposée à recevoir leur action, elles y produisent des effets entièrement rares et merveilleux : comme peuvent être de faire saigner

187. Qu'à l'exemple des choses qui ont été expliquées, on peut rendre raison de tous les plus admirables effets qui sont sur la terre.

les plaies du mort lorsque le meurtrier s'en approche, d'émouvoir l'imagination de ceux qui dorment, ou même aussi de ceux qui sont éveillés, et leur donner des pensées qui les avertissent des choses qui arrivent loin d'eux, en leur faisant ressentir les grandes afflictions ou les grandes joies d'un intime ami, les mauvais desseins d'un assassin, et choses semblables. Et enfin, quiconque voudra considérer combien les propriétés de l'aimant et du feu sont admirables, et différentes de toutes celles qu'on observe communément dans les autres corps; combien est grande la flamme que peut exciter en fort peu de temps une seule étincelle de feu quand elle tombe en une grande quantité de poudre, et combien elle peut avoir de force; jusques à quelle extrême distance les étoiles fixes étendent leur lumière en un instant; et quels sont tous les autres effets dont je crois avoir ici donné des raisons assez claires, sans les déduire d'aucuns autres principes que de ceux qui sont généralement reçus et connus de tout le monde, à savoir de la grandeur, figure, situation et mouvement des diverses parties de la matière; il me semble qu'il aura sujet de se persuader qu'on ne remarque aucunes qualités qui soient si occultes, ni aucuns effets de sympathie ou d'antipathie si merveilleux et si étranges, ni enfin aucune autre chose si rare en la nature (pourvu qu'elle ne procède que des causes purement matérielles et destituées de pensées ou de libre arbitre) que la raison n'en puisse être donnée par le moyen de ces mêmes principes. Ce qui me fait ici conclure que tous les autres principes qui ont jamais été ajoutés à ceux-ci, sans qu'on ait eu aucune autre raison pour les ajouter, sinon qu'on n'a pas cru que sans eux quelques effets naturels pussent être expliqués, sont entièrement superflus.

188. Quelles choses doivent encore être expliquées, afin que ce traité soit complet.

Je finirois ici cette quatrième partie des principes de la philosophie, si je l'accompagnois de deux autres, l'une touchant la nature des animaux et des plantes; l'autre touchant celle de l'homme, ainsi que je m'étois proposé lorsque j'ai commencé ce traité. Mais parceque je n'ai pas encore assez de connoissance de plusieurs choses que j'avois envie de mettre aux deux dernières parties, et que par faute d'expérience ou de loisir je n'aurai peut-être jamais le moyen de les achever, afin que celles-ci ne laissent pas d'être complètes, et qu'il n'y manque rien de ce que j'aurois cru y devoir mettre, si je ne me fusse point réservé à l'expliquer dans les suivantes, j'ajouterai ici quelque chose touchant les objets de nos sens : car jusques ici j'ai décrit cette terre, et généralement tout le monde visible, comme si c'étoit seulement une machine en laquelle il n'y eût rien du tout à considérer que les figures et les mouvements de ses parties; et toutefois il est certain que nos sens nous y font paroître plusieurs autres choses, à savoir des couleurs, des odeurs, des sons, et toutes les autres qualités sensibles, desquelles si je ne parlois point on pourroit penser que j'aurois omis l'explication de la plupart des choses qui sont en la nature.

Ce que c'est que le sens, et en quelle façon nous sentons.

C'est pourquoi il est ici besoin que nous remarquions qu'encore que notre âme soit unie à tout le corps, elle exerce néanmoins ses principales fonctions dans le cerveau, et que c'est là non seulement qu'elle entend et qu'elle imagine, mais aussi qu'elle sent; et ce par l'entremise des nerfs, qui sont étendus comme des filets très déliés, depuis le cerveau jusques à toutes les parties des autres membres, auxquelles ils sont tellement attachés, qu'on n'en sauroit presque toucher aucune qu'on ne fasse mouvoir les extrémités de quelque nerf, et que ce mouvement ne passe, par le moyen de ce nerf, jusqu'à cet endroit du cerveau où est le siége du sens commun, ainsi que j'ai assez amplement expliqué au quatrième discours de la Dioptrique; et que les mouvements qui passent ainsi par l'entremise des nerfs jusques à cet endroit du cerveau auquel notre âme est étroitement jointe et unie, lui font avoir diverses pensées, à raison des diversités qui sont en eux; et, enfin, que ce sont ces diverses pensées de notre âme qui viennent immédiatement des mouvements qui sont excités par l'entremise des nerfs dans le cerveau, que nous appelons proprement nos sentiments, ou bien les perceptions de nos sens.

Il est besoin aussi de considérer que toutes les variétés de ces sentiments dépendent premièrement de ce que nous avons plusieurs nerfs, puis aussi de ce qu'il y a divers mouvements en chaque nerf; mais que néanmoins nous n'avons pas autant de sens différents que nous avons de nerfs. Et je n'en distingue principalement que sept, deux desquels peuvent être nommés intérieurs, et les cinq autres extérieurs. Le premier sens, que je nomme intérieur, comprend la faim, la soif, et tous les autres appétits naturels; et il est excité en l'âme par les mouvements des nerfs de l'estomac, du gosier, et de toutes les autres parties qui servent aux fonctions naturelles, pour lesquelles on a de tels appétits. Le second comprend la joie, la tristesse, l'amour, la colère, et toutes les autres passions, et il dépend principalement d'un petit nerf qui va vers le cœur, puis aussi de ceux du diaphragme, et des autres parties intérieures. Car, par exemple, lorsqu'il arrive que notre sang est fort pur et bien tempéré, en sorte qu'il se dilate dans le cœur plus aisément et plus fort que de coutume, cela fait tendre les petits nerfs qui sont aux entrées de ses

190. Combien il y a de divers sens, et quels sont les intérieurs, c'est-à-dire les appétits naturels et les passions.

concavités, et les meut d'une certaine façon qui répond jusques au cerveau, et y excite notre âme à sentir naturellement de la joie. Et toutes et quantes fois que ces mêmes nerfs sont mus de la même façon, bien que ce soit pour d'autres causes, ils excitent en notre âme ce même sentiment de joie. Ainsi, lorsque nous pensons jouir de quelque bien, l'imagination de cette jouissance ne contient pas en soi le sentiment de la joie, mais elle fait que les esprits animaux passent du cerveau dans les muscles auxquels ces nerfs sont insérés; et faisant par ce moyen que les entrées du cœur se dilatent, elle fait aussi que ces nerfs se meuvent en la façon qui est instituée de la nature pour donner le sentiment de la joie. Ainsi, lorsqu'on nous dit quelque nouvelle, l'âme juge premièrement si elle est bonne ou mauvaise; et, si elle la trouve bonne, elle s'en réjouit en elle-même, d'une joie qui est purement intellectuelle, et tellement indépendante des émotions du corps, que les stoïques n'ont pu la dénier à leur sage, bien qu'ils aient voulu qu'il fût exempt de toute passion. Mais sitôt que cette joie spirituelle vient de l'entendement en l'imagination, elle fait que les esprits coulent du cerveau vers les muscles qui sont autour du cœur, et là excitent le mouvement des nerfs, par lequel est excité un autre mouvement dans le cerveau, qui donne à l'âme le sentiment ou la passion de la joie. Tout de même, lorsque le sang est si grossier qu'il ne coule et ne se dilate qu'à peine dans le cœur, il excite dans les mêmes nerfs un mouvement tout autre que le précédent, et qui est institué de la nature pour donner à l'âme le sentiment de la tristesse, bien que souvent elle ne sache pas elle-même ce que c'est qui fait qu'elle s'attriste; et toutes les autres causes qui meuvent ces nerfs en même façon, donnent aussi à l'âme le même sentiment. Mais les autres mouvements des mêmes nerfs lui font sentir d'autres passions, à savoir celles de l'amour, de la haine, de la crainte, de la colère, etc., en tant que ce sont des sentiments ou passions de l'âme; c'est-à-dire en tant que ce sont des pensées confuses que l'âme n'a pas de soi seule, mais de ce qu'étant étroitement unie au corps elle reçoit l'impression des mouvements qui se font en lui : car il y a une grande différence entre ces passions et les connoissances ou pensées distinctes que nous avons de ce qui doit être aimé, ou haï, ou craint, etc., bien que souvent elles se trouvent ensemble. Les appétits naturels, comme la faim, la soif, et tous les autres, sont aussi des sentiments excités en l'âme par le moyen des nerfs de l'estomac, du gosier, et des autres parties; et ils sont entièrement différents de l'appétit ou de la volonté qu'on a de manger, de boire, et d'avoir tout ce que nous pensons être propre à la conservation de notre corps;

mais, à cause que cet appétit ou volonté les accompagne presque toujours, on les a nommés des appétits.

191. Des sens extérieurs, et en premier lieu de l'attouchement.

Pour ce qui est des sens extérieurs, tout le monde a coutume d'en compter cinq, à cause qu'il y a autant de divers genres d'objets qui meuvent les nerfs, et que les impressions qui viennent de ces objets excitent en l'âme cinq divers genres de pensées confuses. Le premier est l'attouchement, qui a pour objet tous les corps qui peuvent mouvoir quelque partie de la chair ou de la peau de notre corps, et pour organe tous les nerfs qui, se trouvant en cette partie de notre corps, participent à son mouvement. Ainsi les divers corps qui touchent notre peau meuvent les nerfs qui se terminent en elle, d'une façon par leur dureté, d'une autre par leur pesanteur, d'une autre par leur chaleur, d'une autre par leur humidité, etc.; et ces nerfs excitent autant de divers sentiments en l'âme qu'il y a de diverses façons dont ils sont mus, ou dont leur mouvement ordinaire est empêché : à raison de quoi on a aussi attribué autant de diverses qualités à ces corps; et on a donné à ces qualités les noms de dureté, de pesanteur, de chaleur, d'humidité, et semblables, qui ne signifient rien autre chose, sinon qu'il y a en ces corps ce qui est requis pour faire que nos nerfs excitent en notre âme les sentiments de dureté, de pesanteur, de chaleur, etc. Outre cela, lorsque ces nerfs sont mus un peu plus fort que de coutume, et toutefois en telle sorte que notre corps n'en est aucunement endommagé, cela fait que l'âme sent un chatouillement qui est aussi en elle une pensée confuse; et cette pensée lui est naturellement agréable, d'autant qu'elle lui rend témoignage de la force du corps avec lequel elle est jointe, en ce qu'il peut souffrir l'action qui cause ce chatouillement sans être offensé. Mais si cette même action a tant soit peu plus de force, en sorte qu'elle offense notre corps en quelque façon, cela donne à notre âme le sentiment de la douleur. Et ainsi l'on voit pourquoi la volupté du corps et la douleur sont en l'âme des sentiments entièrement contraires, nonobstant que souvent l'un suive de l'autre, et que leurs causes soient presque semblables.

Le sens qui est le plus grossier après l'attouchement est le goût, lequel a pour organe les nerfs de la langue et des autres parties qui lui sont voisines; et pour objet les petites parties des corps terrestres, lorsque, étant séparées les unes des autres, elles nagent dans la salive qui humecte le dedans de la bouche : car, selon qu'elles sont différentes en figure, en grosseur ou en mouvement, elles agitent diversement les extrémités de ces nerfs, et par leur moyen font sentir à l'âme toutes sortes de goûts différents.

192.
Du goût.

193.
De l'odorat.

Le troisième est l'odorat, qui a pour organe deux nerfs, lesquels ne semblent être que des parties du cerveau qui s'avancent vers le nez, parcequ'ils ne sortent point hors du crâne; et il a pour objet les petites parties des corps terrestres qui, étant séparées les unes des autres, voltigent par l'air, non pas toutes indifféremment, mais seulement celles qui sont assez subtiles et pénétrantes pour entrer par les pores de l'os qu'on nomme spongieux, lorsqu'elles sont attirées avec l'air de la respiration, et aller mouvoir les extrémités de ces nerfs, ce qu'elles font en autant de différentes façons que nous sentons de différentes odeurs.

194.
De l'ouïe.

Le quatrième est l'ouïe, qui n'a pour objet que les divers tremblements de l'air; car il y a des nerfs au dedans des oreilles tellement attachés à trois petits os qui se soutiennent l'un l'autre, et dont le premier est appuyé contre la petite peau qui couvre la concavité qu'on nomme le tambour de l'oreille, que tous les divers tremblements que l'air de dehors communique à cette peau sont rapportés à l'âme par ces nerfs, et lui font ouïr autant de divers sons.

195.
De la vue.

Enfin, le plus subtil de tous les sens est celui de la vue; car les nerfs optiques qui en sont les organes ne sont point mus par l'air, ni par les autres corps terrestres, mais seulement par les parties du second élément, qui, passant par les pores de toutes les humeurs et peaux transparentes des yeux, parviennent jusqu'à ces nerfs; et selon les diverses façons qu'elles se meuvent, elles font sentir à l'âme toutes les diversités des couleurs et de la lumière, comme j'ai déjà expliqué assez au long dans la Dioptrique et dans les Météores.

Et on peut aisément prouver que l'âme ne sent pas, en tant qu'elle est en chaque membre du corps, mais seulement en tant qu'elle est dans le cerveau, où les nerfs, par leurs mouvements, lui rapportent les diverses actions des objets extérieurs qui touchent les parties du corps dans lesquelles ils sont insérés. Car, premièrement, il y a plusieurs maladies qui, bien qu'elles n'offensent que le cerveau seul, ôtent néanmoins l'usage de tous les sens, comme fait aussi le sommeil, ainsi que nous expérimentons tous les jours, et toutefois il ne change rien que dans le cerveau. De plus, encore qu'il n'y ait rien de mal disposé, ni dans le cerveau, ni dans les membres où sont les organes des sens extérieurs, si seulement le mouvement de l'un des nerfs qui s'étendent du cerveau jusques à ces membres, est empêché en quelque endroit de l'espace qui est entre deux, cela suffit pour ôter le sentiment à la partie du corps où sont les extrémités de ces nerfs. Et, outre cela, nous sentons quelquefois de la douleur, comme si elle étoit en quelques

196. Comment on prouve que l'âme ne sent qu'en tant qu'elle est dans le cerveau.

uns de nos membres, dont la cause n'est pas en ces membres où elle se sent, mais en quelque lieu plus proche du cerveau par où passent les nerfs qui en donnent à l'âme le sentiment : ce que je pourrois prouver par plusieurs expériences ; mais je me contenterai ici d'en rapporter une fort manifeste. On avoit coutume de bander les yeux à une jeune fille lorsque le chirurgien la venoit panser d'un mal qu'elle avoit à la main, à cause qu'elle n'en pouvoit supporter la vue ; et la gangrène s'étant mise à son mal, on fut contraint de lui couper jusques à la moitié du bras, ce qu'on fit sans l'en avertir, parcequ'on ne la vouloit pas attrister ; et on lui attacha plusieurs linges liés l'un sur l'autre en la place de la partie qu'on lui avoit coupée, en sorte qu'elle demeura long-temps après sans le savoir. Et ce qui est en ceci fort remarquable, elle ne laissoit pas cependant d'avoir diverses douleurs qu'elle pensoit être dans la main qu'elle n'avoit plus, et de se plaindre de ce qu'elle sentoit, tantôt en l'un de ses doigts, et tantôt à l'autre ; de quoi on ne sauroit donner d'autre raison, sinon que les nerfs de sa main, qui finissoient alors vers le coude, y étoient mus en la même façon qu'ils auroient dû être auparavant dans les extrémités de ses doigts, pour faire avoir à l'âme dans le cerveau le sentiment de semblables douleurs. Et cela montre évidemment que la douleur de la main n'est pas sentie par l'âme en tant qu'elle est dans la main, mais en tant qu'elle est dans le cerveau.

On peut aussi prouver fort aisément que notre âme est de telle nature que les seuls mouvements qui se font dans le corps sont suffisants pour lui faire avoir toutes sortes de pensées, sans qu'il soit besoin qu'il y ait en eux aucune chose qui ressemble à ce qu'ils lui font concevoir, et particulièrement qu'ils peuvent exciter en elle ces pensées confuses qui s'appellent des sentiments. Car, premièrement, nous voyons que les paroles, soit proférées de la voix, soit écrites sur du papier, lui font concevoir toutes les choses qu'elles signifient, et lui donnent ensuite diverses passions. Sur un même papier, avec la même plume et la même encre, en remuant tant soit peu le bout de la plume en certaine façon, vous tracez des lettres qui font imaginer des combats, des tempêtes ou des furies à ceux qui les lisent, et qui les rendent indignés ou tristes ; au lieu que si vous remuez la plume d'une autre façon presque semblable, la seule différence qui sera en ce peu de mouvement leur peut donner des pensées toutes contraires, comme de paix, de repos, de douceur, et exciter en eux des passions d'amour et de joie. Quelqu'un répondra peut-être que l'écriture et les paroles ne représentent immédiatement à l'âme que la figure des lettres et leurs sons, ensuite de quoi, elle

197. Comment on prouve qu'elle est de telle nature que le seul mouvement de quelque corps suffit pour lui donner toutes sortes de sentiments.

qui entend la signification de ces paroles, excite en soi-même les imaginations et passions qui s'y rapportent. Mais que dira-t-on du chatouillement et de la douleur? Le seul mouvement d'une épée coupant quelque partie de notre peau, nous fait sentir de la douleur, sans nous faire sentir pour cela quel est le mouvement ou la figure de cette épée. Et il est certain que l'idée que nous avons de cette douleur n'est pas moins différente du mouvement qui la cause, ou de celui de la partie de notre corps que l'épée coupe, que sont les idées que nous avons des couleurs, des sons, des odeurs ou des goûts. C'est pourquoi on peut conclure que notre âme est de telle nature que les seuls mouvements de quelques corps peuvent aussi bien exciter en elle tous ces divers sentiments que celui d'une épée y excite de la douleur.

198. Qu'il n'y a rien dans les corps qui puisse exciter en nous quelque sentiment, excepté le mouvement, la figure ou situation, et la grandeur de leurs parties.

Outre cela nous ne saurions remarquer aucune différence entre les nerfs qui nous fasse juger que les uns puissent apporter au cerveau quelque autre chose que les autres, bien qu'ils causent en l'âme d'autres sentiments, ni aussi qu'ils y apportent aucune autre chose que les diverses façons dont ils sont mus. Et l'expérience nous montre quelquefois très clairement que les seuls mouvements excitent en nous non seulement du chatouillement et de la douleur, mais aussi des sons et de la lumière. Car si nous recevons en l'œil quelque coup assez fort, en sorte que le nerf optique en soit ébranlé, cela nous fait voir mille étincelles de feu, qui ne sont point toutefois hors de notre œil; et quand nous mettons le doigt un peu avant dans notre oreille nous oyons un bourdonnement dont la cause ne peut être attribuée qu'à l'agitation de l'air que nous y tenons enfermé. Nous pouvons aussi souvent remarquer que la chaleur, la dureté, la pesanteur, et les autres qualités sensibles, en tant qu'elles sont dans les corps que nous appelons chauds, durs, pesants, etc., et même aussi les formes de ces corps qui sont purement matérielles, comme la forme du feu, et semblables, y sont produites par le mouvement de quelques autres corps, et qu'elles produisent aussi par après d'autres mouvements en d'autres corps. Et nous pouvons fort bien concevoir comment le mouvement d'un corps peut être causé par celui d'un autre, et diversifié par la grandeur, la figure et la situation de ses parties; mais nous ne saurions concevoir en aucune façon comment ces mêmes choses, à savoir la grandeur, la figure et le mouvement, peuvent produire des natures entièrement différentes des leurs, telles que sont celles des qualités réelles et des formes substantielles, que la plupart des philosophes ont supposé être dans les corps; ni aussi comment ces formes ou qualités, étant dans un corps, peuvent avoir la force d'en mouvoir d'autres. Or, puisque nous savons que notre âme est de telle nature que les divers mouvements de quelque corps suffisent pour lui faire avoir tous les divers sentiments qu'elle a, et que nous voyons bien par expérience que plusieurs de ses sentiments sont véritablement causés par de tels mouvements, mais que nous n'apercevons point qu'aucune autre chose que ces mouvements passe jamais par les organes des sens jusques au cerveau, nous avons sujet de conclure que nous n'apercevons point aussi en aucune façon que tout ce qui est dans les objets que nous appelons leur lumière, leurs couleurs, leurs odeurs, leurs goûts, leurs sons, leur chaleur ou froideur, et leurs autres qualités qui se sentent par l'attouchement, et aussi ce que nous appelons leurs formes substantielles, soit en eux autre chose que les diverses figures, situations, grandeurs et mouvements de leurs parties, qui sont tellement disposées qu'elles peuvent mouvoir nos nerfs en toutes les diverses façons qui sont requises pour exciter en notre âme tous les divers sentiments qu'ils y excitent.

199. Qu'il n'y a aucun phénomène en la nature qui ne soit compris. Et ainsi je puis démontrer par un dénombrement très facile qu'il n'y a aucun phénomène en la nature dont l'explication ait été omise en ce traité; car il n'y a rien qu'on puisse mettre au

QUATRIÈME PARTIE. 513

nombre de ces phénomènes, sinon ce que nous pouvons apercevoir par l'entremise des sens; mais, excepté le mouvement, la grandeur, la figure et la situation des parties de chaque corps, qui sont des choses que j'ai ici expliquées le plus exactement qu'il m'a été possible, nous n'apercevons rien hors de nous par le moyen de nos sens que la lumière, les couleurs, les odeurs, les goûts, les sons, et les qualités de l'attouchement. Or je viens de prouver que nous n'apercevons point que toutes ces sortes de qualités soient rien hors de notre pensée, sinon les mouvements, les grandeurs, et les figures de quelques corps, si bien que j'ai prouvé qu'il n'y a rien en tout ce monde visible, en tant qu'il est seulement visible ou sensible, sinon les choses que j'y ai expliquées.

en ce qui a été expliqué en ce traité.

Mais je désire aussi que l'on remarque que, bien que j'aie ici tâché de rendre raison de toutes les choses matérielles, je ne m'y suis néanmoins servi d'aucun principe qui n'ait été reçu et approuvé par Aristote et par tous les autres philosophes qui ont jamais été au monde; en sorte que cette philosophie n'est point nouvelle, mais la plus ancienne et la plus vulgaire qui puisse être : car je n'ai rien du tout considéré que la figure, le mouvement et la grandeur de chaque corps, ni examiné aucune autre chose que ce que les lois des mécaniques, dont la vérité peut être prouvée par

200.
Que ce traité ne contient aussi aucuns principes qui n'aient été reçus de tout temps de tout le monde; en sorte que cette philosophie n'est pas nouvelle, mais la plus ancienne et la plus commune qui puisse être.

une infinité d'expériences, enseignent devoir suivre de ce que des corps qui ont diverses grandeurs, ou figures, ou mouvements, se rencontrent ensemble. Mais personne n'a jamais douté qu'il n'y eût des corps dans le monde qui ont diverses grandeurs et figures, et se meuvent diversement, selon les diverses façons qu'ils se rencontrent, et même qui quelquefois se divisent, au moyen de quoi ils changent de figure et de grandeur. Nous expérimentons la vérité de cela tous les jours, non par le moyen d'un seul sens, mais par le moyen de plusieurs, savoir de l'attouchement, de la vue, et de l'ouïe ; notre imagination en reçoit des idées très distinctes, et notre entendement le conçoit très clairement. Ce qui ne se peut dire d'aucune des autres choses qui tombent sous nos sens, comme sont les couleurs, les odeurs, les sons, et semblables : car chacune de ces choses ne touche qu'un seul de nos sens, et n'imprime en notre imagination qu'une idée de soi qui est fort confuse, et enfin ne fait point connoître à notre entendement ce qu'elle est.

201. Qu'il est certain que les corps sensibles sont composés de parties insensibles.

On dira peut-être que je considère plusieurs parties en chaque corps qui sont si petites qu'elles ne peuvent être senties, et je sais bien que cela ne sera pas approuvé par ceux qui prennent leurs sens pour la mesure des choses qui se peuvent connoître. Mais c'est, ce me semble, faire grand tort au raisonnement humain de ne vouloir pas qu'il aille plus loin que les yeux ; et il n'y a personne qui puisse douter qu'il n'y ait des corps qui sont si petits qu'ils ne peuvent être aperçus par aucun de nos sens, pourvu seulement qu'il considère quels sont les corps qui sont ajoutés à chaque fois aux choses qui s'augmentent continuellement peu à peu, et quels sont ceux qui sont ôtés des choses qui diminuent en même façon. On voit tous les jours croître les plantes, et il est impossible de concevoir comment elles deviennent plus grandes qu'elles n'ont été, si on ne conçoit que quelque corps est ajouté au leur : mais qui est-ce qui a jamais pu remarquer par l'entremise des sens quels sont les petits corps qui sont ajoutés en chaque moment, à chaque partie d'une plante qui croît? Pour le moins, entre les philosophes, ceux qui avouent que les parties de la quantité sont divisibles à l'infini, doivent avouer qu'en se divisant elles peuvent devenir si petites qu'elles ne seront aucunement sensibles. Et la raison qui nous empêche de pouvoir sentir les corps qui sont fort petits est évidente : car elle consiste en ce que tous les objets que nous sentons doivent mouvoir quelques unes des parties de notre corps qui servent d'organes à nos sens, c'est-à-dire quelques petits filets de nos nerfs, et que chacun de ces petits filets ayant quelque grosseur, les corps qui sont beaucoup plus petits qu'eux n'ont point la force de les mouvoir : ainsi, étant assurés que chacun des corps que nous sentons est composé de plusieurs autres corps si petits que nous ne les saurions apercevoir, il n'y a, ce me semble, personne, pourvu qu'il veuille user de raison, qui ne doive avouer que c'est beaucoup mieux philosopher de juger de ce qui arrive en ces petits corps que leur seule petitesse nous empêche de pouvoir sentir par l'exemple de ce que nous voyons arriver en ceux que nous sentons, et de rendre raison par ce moyen de tout ce qui est en la nature (ainsi que j'ai tâché de faire en ce traité), que, pour rendre raison des mêmes choses, en inventer je ne sais quelles autres qui n'ont aucun rapport avec celles que nous sentons, comme sont la matière première, les formes substantielles, et tout ce grand attirail de qualités, que plusieurs ont coutume de supposer, chacune desquelles peut plus difficilement être connue que toutes les choses qu'on prétend expliquer par leur moyen.

202. Que ces principes ne s'accordent pas mieux avec ceux de Démocrite qu'avec ceux d'Aristote ou des autres.

Peut-être aussi que quelqu'un dira que Démocrite a déjà ci-devant imaginé des petits corps qui avoient diverses figures, grandeurs et mouvements, par le divers mélange desquels tous les corps sensibles étoient composés, et que néanmoins sa philosophie est communément rejetée. A quoi je réponds qu'elle n'a jamais été rejetée de personne parcequ'il faisoit considérer des corps plus petits que ceux qui sont aperçus de nos sens, et qu'il leur attribuoit diverses grandeurs, diverses figures et divers mouvements; car il n'y a personne qui puisse douter qu'il n'y en ait véritablement de tels, ainsi qu'il a déjà été prouvé: mais elle a été rejetée, premièrement à cause qu'elle supposoit que ces petits corps étoient indivisibles, ce que je rejette aussi entièrement; puis à cause qu'il imaginoit du vide entre deux, et je démontre qu'il est impossible qu'il y en ait; puis aussi à cause qu'il leur attribuoit de la pesanteur, et moi je nie qu'il y en ait en aucun corps, en tant qu'il est considéré seul, parceque c'est une qualité qui dépend du mutuel rapport que plusieurs corps ont les uns aux autres; puis, enfin, on a eu sujet de la rejeter à cause qu'il n'expliquoit point en particulier comment toutes choses avoient été formées par la seule rencontre de ces petits corps, ou bien, s'il l'expliquoit de quelques unes, les raisons qu'il en donnoit ne dépendoient pas tellement les unes des autres que cela fît voir que toute la nature pouvoit être expliquée en même façon (au moins on ne peut le connoître de ce qui nous a été laissé par écrit de ses opinions). Mais je laisse à juger aux lecteurs si les raisons que j'ai mises en ce Traité se suivent assez, et si on en peut déduire assez de choses : et d'autant que la considération des figures, des grandeurs et des mouvements a été reçue par Aristote et par tous les autres, aussi bien que par Démocrite, et que je rejette tout ce que ce dernier a supposé outre cela, ainsi que je rejette généralement tout ce qui a été supposé par les autres, il est évident que cette façon de philosopher n'a pas plus d'affinité avec celle de Démocrite qu'avec toutes les autres sectes particulières.

<small>203. Comment on peut parvenir à la connoissance des figures, grandeurs et mouvements des corps insensibles.</small>

Enfin, quelqu'un pourra aussi demander d'où j'ai appris quelles sont les figures, les grandeurs et les mouvements des petites parties de chaque corps, plusieurs desquelles j'ai ici déterminées tout de même que si je les avois vues, bien qu'il soit certain que je n'ai pu les apercevoir par l'aide des sens, puisque j'avoue qu'elles sont insensibles. A quoi je réponds que j'ai premièrement considéré en général toutes les notions claires et distinctes qui peuvent être en notre entendement touchant les choses matérielles; et que n'en ayant point trouvé d'autres, sinon celles que nous avons des figures, des grandeurs et des mouvements, et des règles suivant lesquelles ces trois choses peuvent être diversifiées l'une par l'autre, lesquelles règles sont les principes de la géométrie et des mécaniques, j'ai jugé qu'il falloit nécessairement que toute la connoissance que les hommes peuvent avoir de la na-

QUATRIÈME PARTIE. 519

ture fût tirée de cela seul; parceque toutes les autres notions que nous avons des choses sensibles, étant confuses et obscures, ne peuvent servir à nous donner la connoissance d'aucune chose hors de nous, mais plutôt la peuvent empêcher. Ensuite de quoi j'ai examiné toutes les principales différences qui se peuvent trouver entre les figures, grandeurs et mouvements de divers corps, que leur seule petitesse rend insensibles, et quels effets sensibles peuvent être produits par les diverses façons dont ils se mêlent ensemble, et par après, lorsque j'ai rencontré de semblables effets dans les corps que nos sens aperçoivent, j'ai pensé qu'ils avoient pu être ainsi produits; puis j'ai cru qu'ils l'avoient infailliblement été, lorsqu'il m'a semblé être impossible de trouver en toute l'étendue de la nature aucune autre cause capable de les produire. A quoi l'exemple de plusieurs corps composés par l'artifice des hommes m'a beaucoup servi : car je ne reconnois aucune différence entre les machines que font les artisans, et les divers corps que la nature seule compose, sinon que les effets des machines ne dépendent que de l'agencement de certains tuyaux, ou ressorts, ou autres instruments, qui, devant avoir quelque proportion avec les mains de ceux qui les font, sont toujours si grands que leurs figures et mouvements se peuvent voir; au lieu que les tuyaux, ou ressorts, qui causent les effets des corps naturels, sont ordinairement trop petits pour être aperçus de nos sens. Et il est certain que toutes les règles des mécaniques appartiennent à la physique, en sorte que toutes les choses qui sont artificielles sont avec cela naturelles : car, par exemple, lorsqu'une montre marque les heures par le moyen des roues dont elle est faite, cela ne lui est pas moins naturel, qu'il est à un arbre de produire ses fruits. C'est pourquoi tout de même qu'un horloger, en considérant une montre qu'il n'a pas faite, peut ordinairement juger par le moyen de quelques unes de ses parties qu'il regarde, quelles sont toutes les autres qu'il ne voit pas ; ainsi, en considérant les effets et les parties sensibles des corps naturels, j'ai tâché de connoître quelles doivent être celles de leurs parties qui sont insensibles.

204. Que, touchant les choses que nos sens n'aperçoivent point, il suffit d'expliquer comment elles peuvent être : et que c'est tout ce qu'Aristote a tâché de faire.

On répliquera peut-être encore à ceci que, bien que j'aie peut-être imaginé des causes qui pourroient produire des effets semblables à ceux que nous voyons, nous ne devons pas pour cela conclure que ceux que nous voyons soient produits par elles : parceque, comme un horloger industrieux peut faire deux montres qui marquent les heures en même façon, et entre lesquelles il n'y ait aucune différence en ce qui paroît à l'extérieur, qui n'aient toutefois rien de semblable en la composition de leurs roues, ainsi il est certain que Dieu a une infinité de divers moyens par chacun desquels il peut avoir fait que toutes les choses de ce monde paroissent telles que maintenant elles paroissent, sans qu'il soit possible à l'esprit humain de connoître lequel de tous ces moyens il a voulu employer à les faire, ce que je ne fais aucune difficulté d'accorder. Et je croirai avoir assez fait, si les causes que j'ai expliquées sont telles que tous les effets qu'elles peuvent produire se trouvent semblables à ceux que nous voyons dans le monde, sans m'informer si c'est par elles ou par d'autres qu'ils sont produits. Même je crois qu'il est aussi utile pour la vie de connoître des causes ainsi imaginées que si on avoit la connoissance des vraies : car la médecine, les mécaniques, et généralement tous les arts à quoi la connoissance de la physique peut servir, n'ont pour fin que d'appliquer tellement quelques corps sensibles les uns aux autres que, par la suite des causes naturelles, quelques effets sensibles soient produits ; ce que l'on pourra faire tout aussi bien en considérant la suite de quelques causes ainsi imaginées, quoique fausses, que si elles étoient les vraies, puisque cette suite est supposée semblable en ce qui regarde les effets sensibles. Et, afin qu'on ne pense pas s'imaginer qu'Aristote ait jamais prétendu rien faire de plus que cela, il dit lui-même, au commencement du septième chapitre du premier livre de ses Météores, que, « pour « ce qui est des choses qui ne sont pas manifestes » aux sens, il pense les démontrer suffisamment et » autant qu'on peut désirer avec raison, s'il fait seu- » lement voir qu'elles peuvent être telles qu'il les » explique. »

205. *Que néanmoins on a une certitude morale que toutes les choses de ce monde sont telles qu'il a été ici démontré qu'elles peuvent être.*

Mais néanmoins, afin que je ne fasse point de tort à la vérité, en la supposant moins certaine qu'elle n'est, je distinguerai ici deux sortes de certitude. La première est appelée morale, c'est-à-dire suffisante pour régler nos mœurs; ou aussi grande que celle des choses dont nous n'avons point coutume de douter touchant la conduite de la vie, bien que nous sachions qu'il se peut faire, absolument parlant, qu'elles soient fausses. Ainsi ceux qui n'ont jamais été à Rome ne doutent point que ce ne soit une ville en Italie, bien qu'il se pourroit faire que tous ceux desquels ils l'ont appris les eussent trompés. Et si quelqu'un, pour deviner un chiffre écrit avec les lettres ordinaires, s'avise de lire un B partout où il y aura un A, et de lire un C partout où il y aura un B, et ainsi de substituer en la place de chaque lettre celle qui la suit en l'ordre de l'alphabet, et que, le lisant en cette façon, il y trouve des paroles qui aient du sens, il ne doutera point que ce ne soit le vrai sens de ce chiffre qu'il aura ainsi trouvé, bien qu'il se pourroit faire que celui qui l'a écrit y en ait mis un autre tout différent en donnant une autre signification à chaque lettre : car cela peut si difficilement arriver, principalement lorsque le chiffre contient beaucoup de mots, qu'il n'est pas moralement croyable. Or si on considère combien de diverses propriétés de l'aimant, du feu, et de toutes les autres choses qui sont au monde, ont été très évidemment déduites d'un fort petit nombre de causes que j'ai proposées au commencement de ce traité, quand bien même on voudroit s'imaginer que je les ai supposées par hasard et sans que la raison me les ait persuadées, on ne laissera pas d'avoir pour le moins autant de raison de juger qu'elles sont les vraies causes de tout ce que j'en ai déduit, qu'on en a de croire qu'on a trouvé le vrai sens d'un chiffre lorsqu'on le voit suivre de la signification qu'on a donnée par conjecture à chaque lettre : car le nombre des lettres de l'alphabet est beaucoup plus grand que celui des premières causes que j'ai supposées ; et on n'a pas coutume de mettre tant de mots ni même tant de lettres dans un chiffre que j'ai déduit de divers effets de ces causes.

L'autre sorte de certitude est lorsque nous pensons qu'il n'est aucunement possible que la chose soit autre que nous la jugeons. Et elle est fondée sur un principe de métaphysique très assuré, qui est que Dieu étant souverainement bon et la source de toute vérité, puisque c'est lui qui nous a créés,

206. Et même qu'on en a une certitude plus que morale.

il est certain que la puissance ou faculté qu'il nous a donnée pour distinguer le vrai d'avec le faux ne se trompe point lorsque nous en usons bien, et qu'elle nous montre évidemment qu'une chose est vraie. Ainsi cette certitude s'étend à tout ce qui est démontré dans la mathématique ; car nous voyons clairement qu'il est impossible que deux et trois joints ensemble fassent plus ou moins que cinq, ou qu'un carré n'ait que trois côtés, et choses semblables. Elle s'étend aussi à la connoissance que nous avons qu'il y a des corps dans le monde, pour les raisons ci-dessus expliquées au commencement de la seconde partie; puis ensuite elle s'étend à toutes les choses qui peuvent être démontrées, touchant ces corps, par les principes de la mathématique ou par d'autres aussi évidents et certains, au nombre desquelles il me semble que celles que j'ai écrites en ce traité doivent être reçues, au moins les principales et plus générales; et j'espère qu'elles le seront en effet par ceux qui les auront examinées avec tant de soin, qu'ils verront clairement toute la suite des déductions que j'ai faites, et combien sont évidents tous les principes desquels je me suis servi, principalement s'ils comprennent bien qu'il ne se peut faire que nous sentions aucun objet, sinon par le moyen de quelque mouvement local que cet objet excite en nous, et que les étoiles fixes ne peuvent exciter ainsi aucun mouvement en nos yeux, sans mouvoir aussi en quelque façon toute la matière qui est entre elles et nous. D'où il suit très évidemment que les cieux doivent être fluides, c'est-à-dire composés de petites parties qui se meuvent séparément les unes des autres, ou du moins qu'il doit y avoir en eux de telles parties ; car tout ce qu'on peut dire que j'ai supposé, et qui se trouve en l'article 46 de la troisième partie, peut être réduit à cela seul que les cieux sont fluides. En sorte que ce seul point étant reconnu pour suffisamment démontré par tous les effets de la lumière, et par la suite de toutes les autres choses que j'ai expliquées, je pense qu'on doit aussi reconnoître que j'ai prouvé par démonstration mathématique (suivant les principes que j'ai établis) toutes les choses que j'ai écrites, au moins les plus générales qui concernent la fabrique du ciel et de la terre ; et même de la façon que je les ai écrites : car j'ai eu soin de proposer comme douteuses toutes celles que j'ai pensé l'être.

Toutefois, à cause que je ne veux pas me fier trop à moi-même, je n'assure ici aucune chose, et je soumets toutes mes opinions au jugement des plus sages et à l'autorité de l'église. Même je prie les lecteurs de n'ajouter point du tout de foi à tout ce qu'ils trouveront ici écrit, mais seule-

207.
Mais que je soumets toutes mes opinions au jugement des plus sages, et à l'autorité de l'église.

ment de l'examiner, et de n'en recevoir que ce que la force et l'évidence de la raison les pourra contraindre de croire.

FIN DU TOME TROISIÈME.

TABLE

DES MATIÈRES CONTENUES DANS LE TOME TROISIÈME.

LES PRINCIPES DE LA PHILOSOPHIE.

Épître dédicatoire a la princesse Élisabeth... PAGE	3
Lettre de l'auteur au traducteur de ce livre....	9
Table des principes de la philosophie..........	33
Ire Partie. — Des principes de la connoissance humaine.............................	63
IIe Partie. — Des principes des choses matérielles..	120
IIIe Partie. — Du monde visible.............	180
IVe Partie. — De la terre.................	330

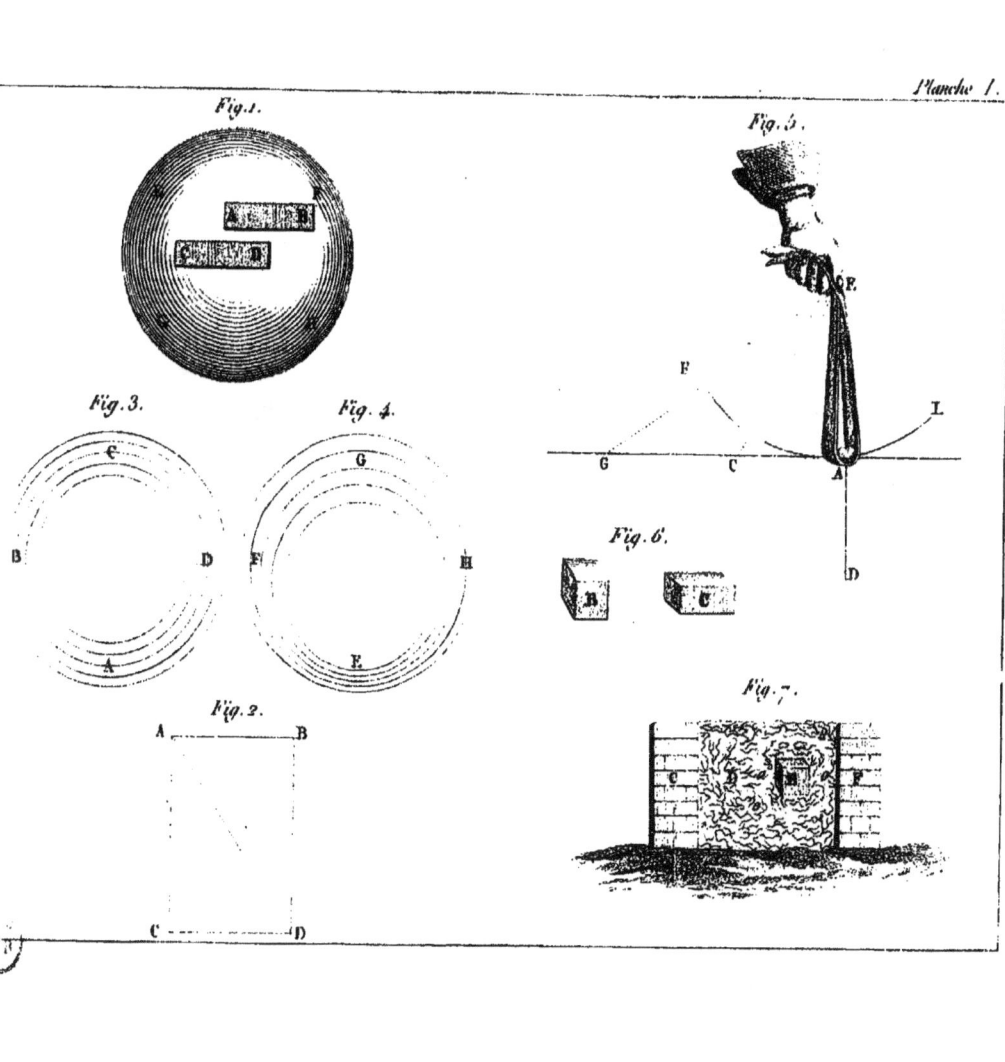

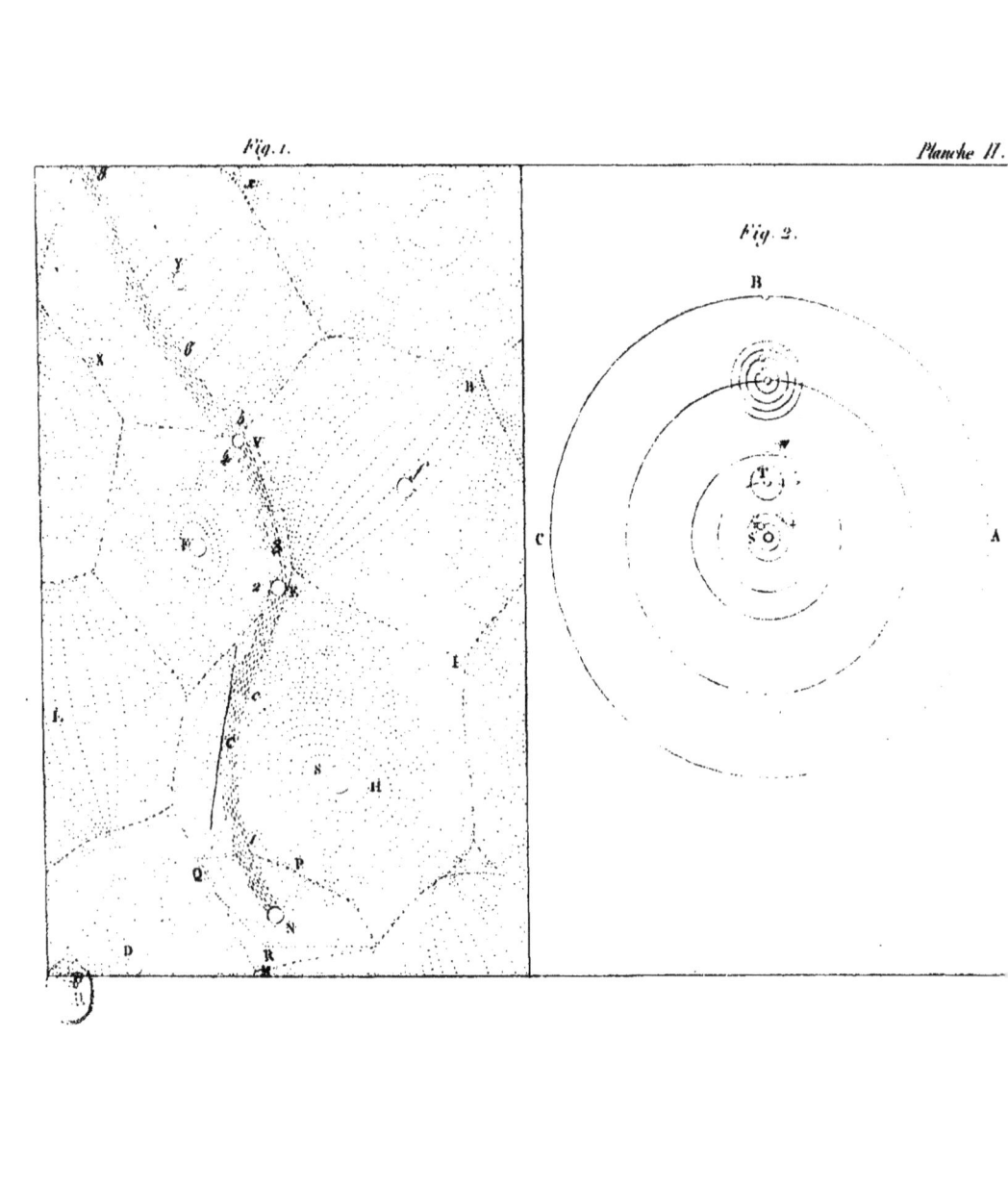

Planche III.

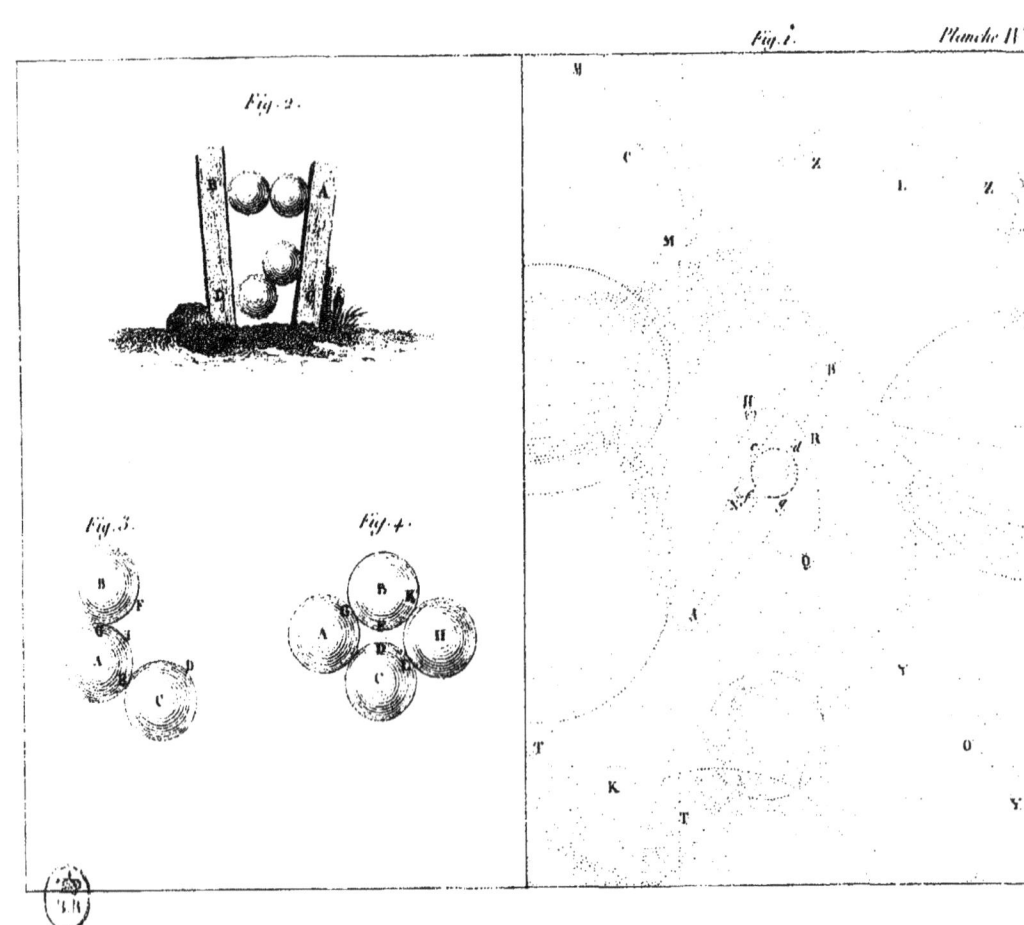

Fig. 1. Planche I.

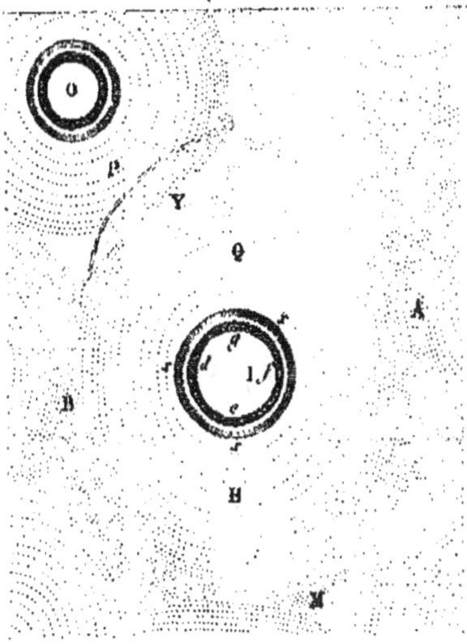

Fig. 3.

Fig. 2.

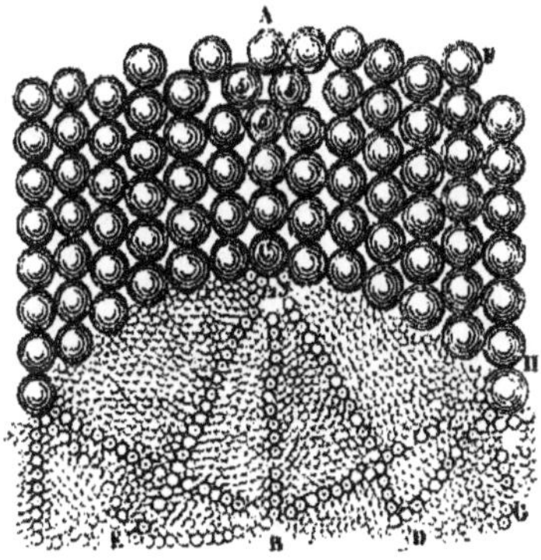

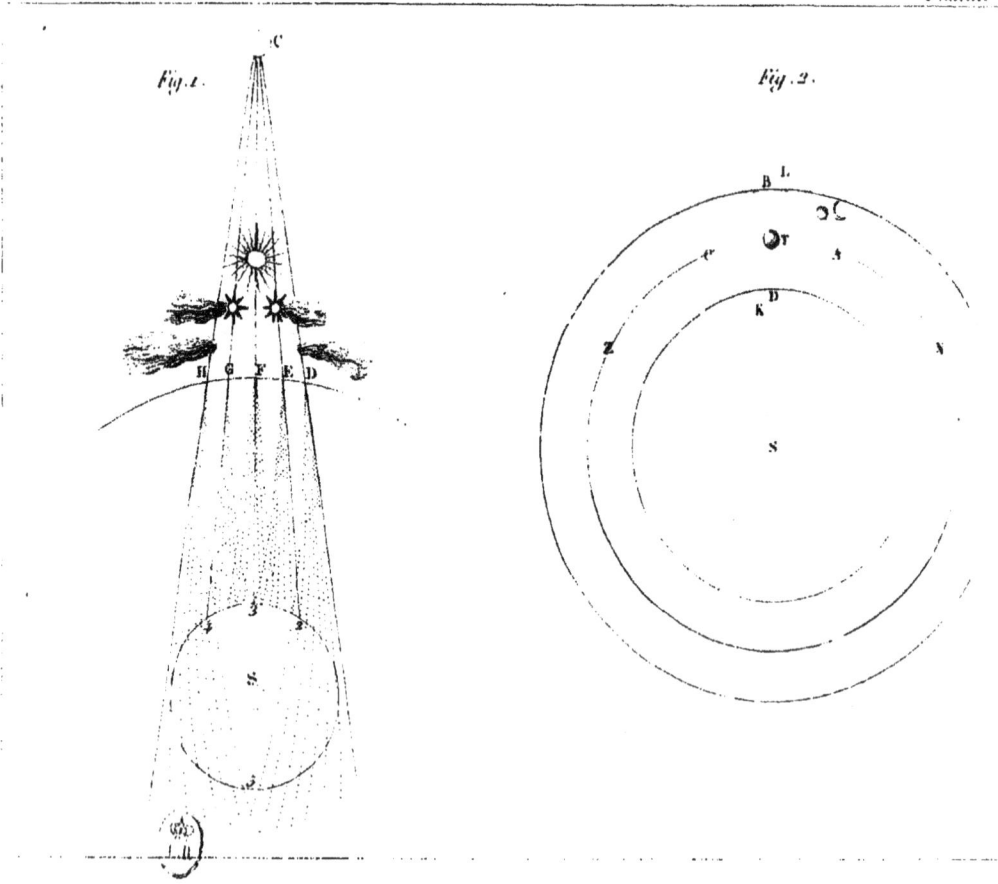

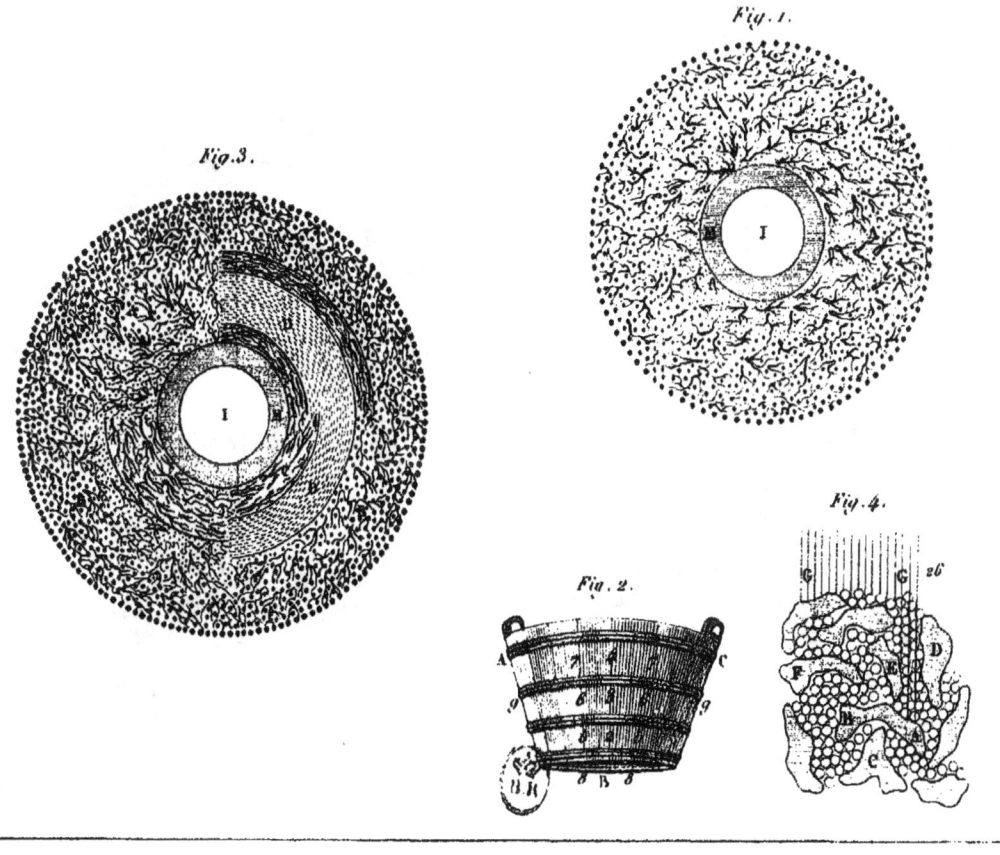

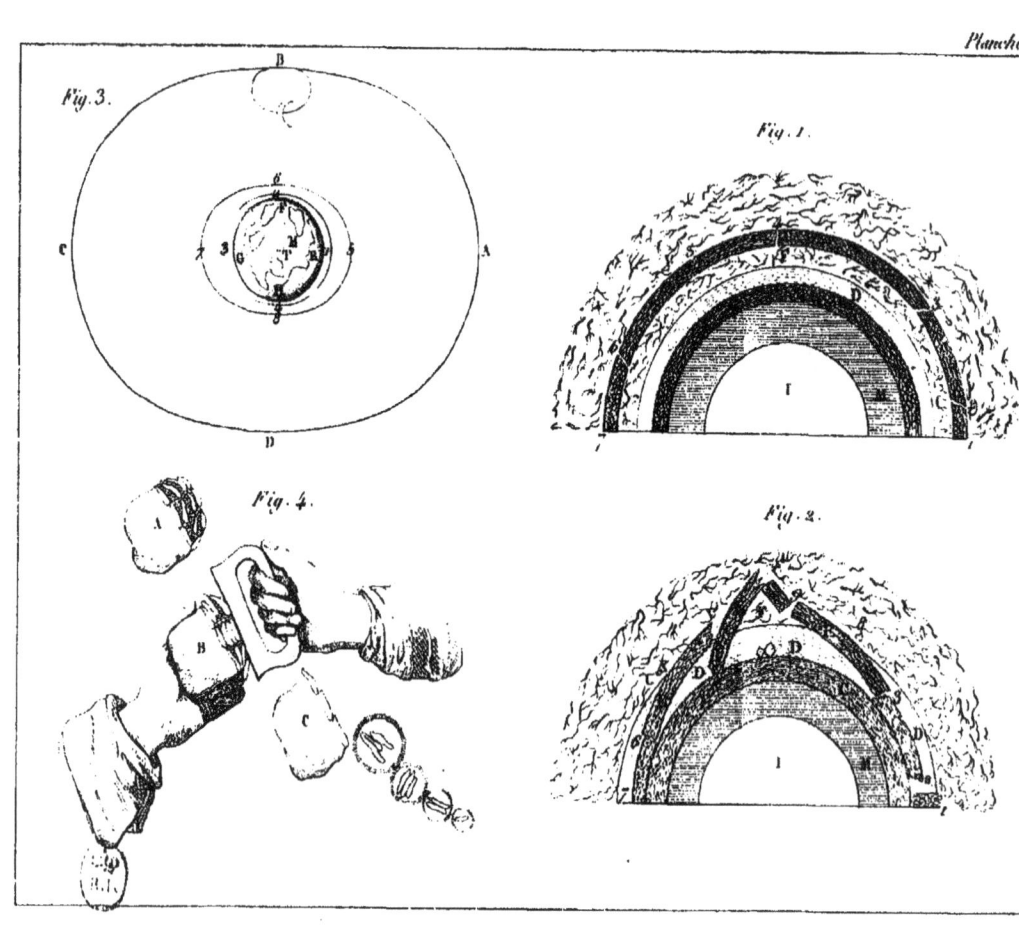

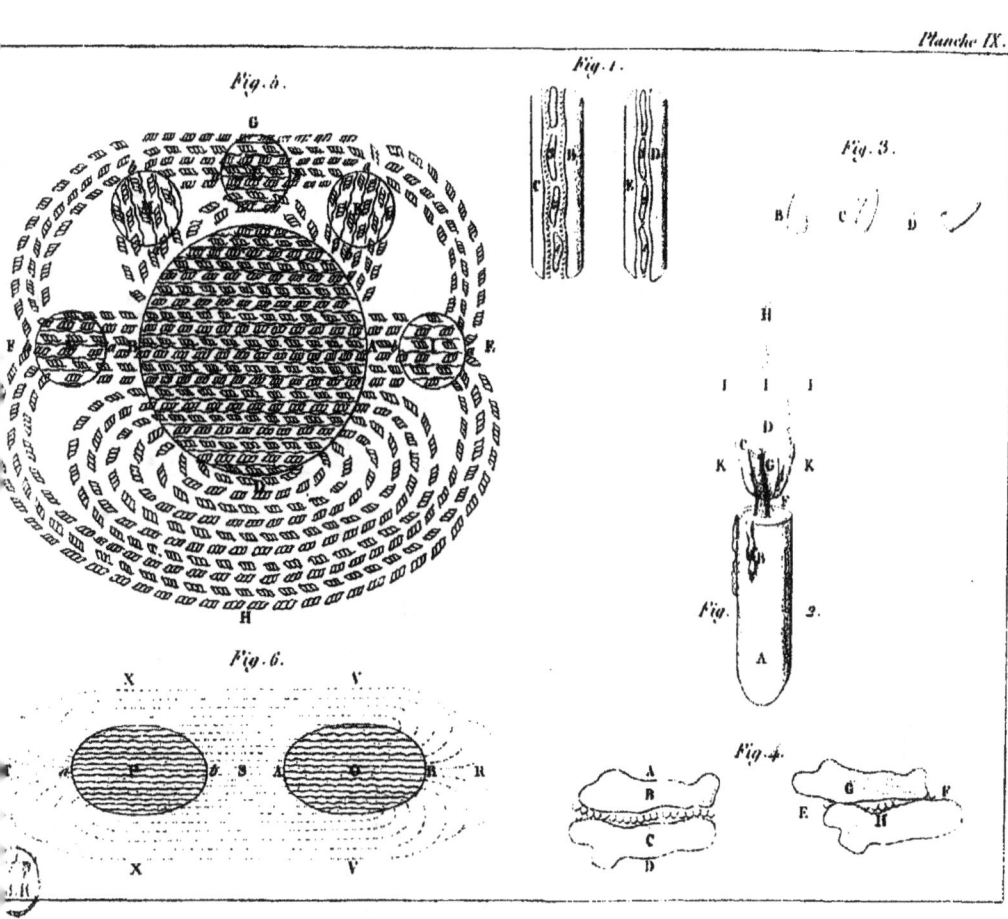

Planche IX.

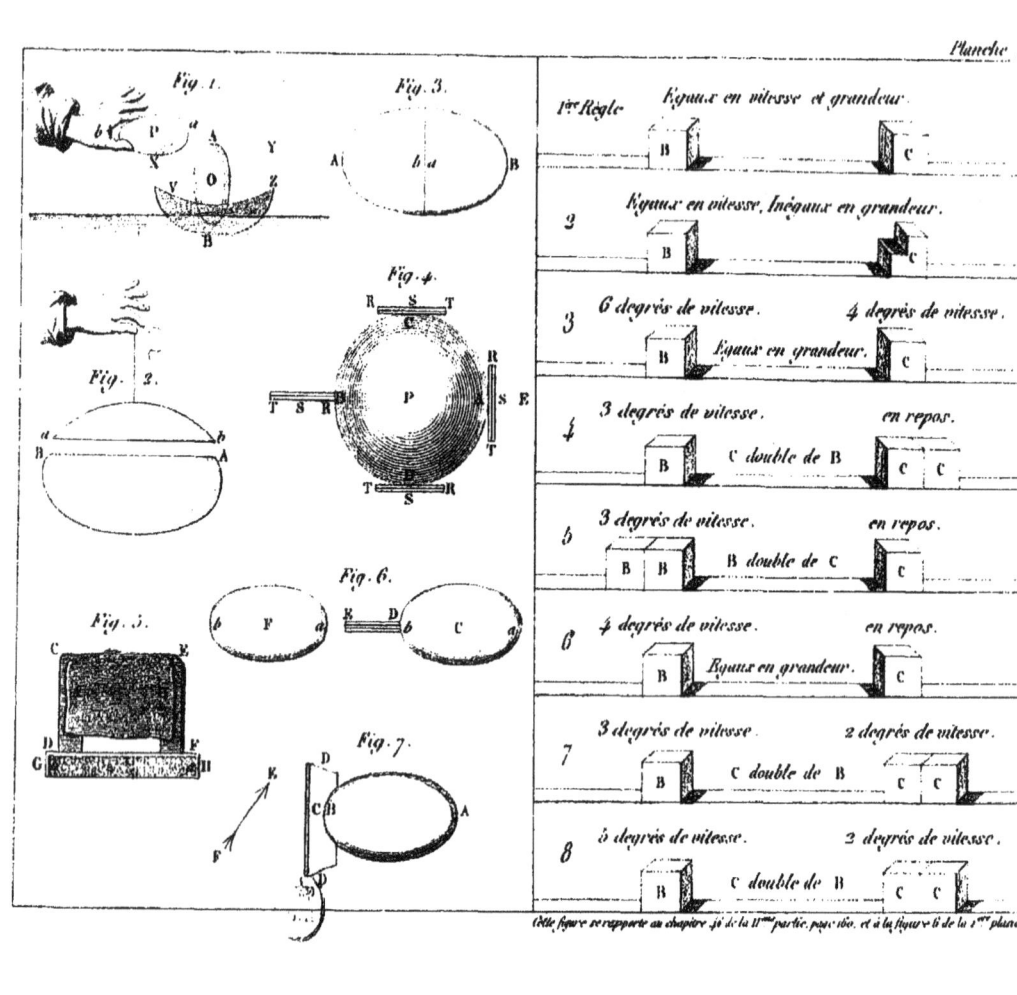

Planche X.

www.ingramcontent.com/pod-product-compliance
Lightning Source LLC
Chambersburg PA
CBHW071409230426
43669CB00010B/1494